Horst Flachmann/Otto Mai/Gerd Stamer
Elektrische Maschinen und Steuerungstechnik

Die Meisterprüfung in der Elektrotechnik

Ing. (grad.) Horst Flachmann
Ing. (grad.) Otto Mai
Ing. (grad.) Gerd Stamer

Elektrische Maschinen und Steuerungstechnik

3., korrigierte Auflage

VOGEL-VERLAG

Weiterer Mitarbeiter dieses Bandes
Ing. (grad.) Hans-Günter Boy

Bisher sind in der Reihe „Die Meisterprüfung in der Elektrotechnik“ folgende Titel erschienen:

Aufgaben mit Lösungen (Titel-Nr. 535)
Mathematische und elektrotechnische Grundlagen (Titel-Nr. 553)
Installationstechnik (Titel-Nr. 559)
Elektrische Maschinen und Schaltungstechnik (Titel-Nr. 558)
Hausgeräte-, Licht- und Klimatechnik (Titel-Nr. 557)
Meß- und Regeltechnik (Titel-Nr. 560)

außerdem sind im gleichen Verlag erschienen:

Bauelemente der Elektronik (Titel-Nr. 529)
Grundschaltungen der Elektronik (Titel-Nr. 555)

CIP-Kurztitelaufnahme der Deutschen Bibliothek

Flachmann, Horst:
Elektrische Maschinen und Steuerungstechnik/Horst Flachmann; Otto Mai; Gerd Stamer. – 3. korrigierte Aufl. – Würzburg: Vogel, 1980.
(Die Meisterprüfung in der Elektrotechnik)
ISBN 3-8023-0558-2
NE: Mai, Otto; Stamer, Gerd

ISBN 3-8023-0558-2
3. Auflage 1980

Printed in Germany

Herstellung: VOGEL-DRUCK WÜRZBURG

Vorwort

Dieses Buch erscheint in der Reihe **„Die Meisterprüfung in der Elektrotechnik“** und behandelt ausführlich alle wichtigen Teile der elektrischen Maschinen und Schaltungstechnik.
Der Teil **elektrische Maschinen** behandelt insbesondere die Gleichstromgeneratoren und -motoren, die Wechselstrom- und Drehstrommotoren. Aber auch die Transformatoren mit ihren Schaltgruppen werden dargestellt.

Innerhalb der **Schalt- und Steuerungstechnik** werden sowohl die Schaltungsalgebra und die Grundschaltungen als auch spezielle Schaltungsbeispiele dargestellt. Ein Kapitel ist den Schaltgeräten gewidmet.

Leserkreis

Dieser Band ist **für jeden Elektrofachmann in der Energietechnik** von Bedeutung, da Antriebe und Steuerungen zur elementaren Ausrüstung aller Betriebe gehören.
Besondere Bedeutung erlangt er bei der **Meisterausbildung** von Elektrikern der energietechnischen Berufe wie Elektroinstallateuren, Elektromechanikern, Elektromaschinenbauern sowohl im Handwerk als auch in der Industrie.

Voraussetzungen und Lernziele

Da zu dieser Buchreihe der Band **„Mathematische und elektrotechnische Grundlagen“** gehört, wurden grundlegende Kenntnisse auf diesen Gebieten **vorausgesetzt**.
Hierzu zählen der Umgang mit mathematischen Formeln, das magnetische Feld, die elektrischen Grundgesetze der Gleichstrom- und Wechselstromtechnik und die grundlegenden Zusammenhänge der Drehstromtechnik.
Die mit diesem Buch erreichbaren **Lernziele** entsprechen jenen Anforderungen, die der **Zentralverband der Deutschen Elektrohandwerke** für die Meisterprüfung im Elektroinstallationshandwerk, Elektromaschinenbauer- und Elektromechanikerhandwerk festgelegt hat.

Fachlicher und didaktischer Aufbau

Die heutige Form der Buchreihe entwickelte sich aus den bekannten zwei Bänden „Die Meisterprüfung in der Elektrotechnik“. Sie ist das Ergebnis ständiger Erprobungen mit Meisterschülern der Bundes-Fachlehranstalt für das Elektrohandwerk in Oldenburg und bringt die umfangreichen Erfahrungen der Autoren im Handwerk und in der Industrie zum Ausdruck.
Die übersichtliche Gliederung der Fachthemen erleichtert dem Leser die Einarbeitung. **Beispiele** tragen zum besseren Verständnis der Fachprobleme bei.

Es wurden, soweit möglich, bereits die **neuesten Normen** für Anschlußbezeichnungen elektrischer Maschinen nach DIN 42401 und 42402 verwendet, die sich in der Zeit bis Januar 79 geändert haben. Das Gleiche gilt für die Symbole und Kennbuchstaben in der Schaltungstechnik. Zum besseren Verständnis befinden sich im Buch **Gegenüberstellungen der alten mit den neuen Normen.** (Seite 12 und 13, 188 und 240)

Für Lehr- und Übungszwecke sind wertvolle weitere Aufgaben mit Lösungen in dem zu dieser Buchreihe gehörenden Aufgabenband enthalten.

Verfasser und Verlag

Inhaltsverzeichnis

Gegenüberstellung üblicher alter und neuer Anschlußbezeichnungen elektrischer Maschinen

Maschinenart	Maschinenteil	Alte Bezeichnung	Neue Bezeichnung	DIN-Entwurf
Gleichstrommaschinen				
	Ankerwicklung	A—B	A1—A2	42401 Blatt 3
	Wendepolwicklung	G—H	B1—B2	
Bemerkung:	Kompensationswicklung	G—H	C1—C2	
Weitere Untergliederung siehe Seite 4	Reihenschlußwicklung	E—F	D1—D2	
	Nebenschlußwicklung	C—D	E1—E2	
DIN 42401	Fremderregte Wicklung	I—K	F1—F2	
Wechselstrommaschinen ohne Stromwender				
A. *Einphasen-Kurzschlußläufermaschinen*	Ständerwicklung			42401 Blatt 2
	a) Hauptstrang	U—V	U1—U2	
	b) Hilfsstrang	W—Z	Z1—Z2	
B. *Drehstrom-Kurzschlußläufermaschinen*	1. Ständerwicklung mit herausgeführtem Sternpunkt	U—V—W —Mp	U—V—W —N	42401 Blatt 2
	2. Ständerwicklung in offener Schaltung	U—X V—Y W—Z	U1—U2 V1—V2 W1—W2	
C. *Drehstrom-Schleifringläufermaschinen*	1. Ständerwicklung ohne herausgeführten Sternpunkt (oder wie unter Drehstrom-Kurzschlußläufermaschinen)	U—V—W	U—V—W	42401 Blatt 2
	2. Läuferwicklung			
	a) dreiphasig	u—v—w	K—L—M	
	b) zweiphasig	u—v—x/y	K—L—Q	
D. *Drehstrom-Synchroninnenpolmaschinen*	1. Ständerwicklung mit herausgeführtem Sternpunkt (oder wie unter Kurzschluß- bzw. Schleifringläufermaschinen)	U—V—W —Mp	U—V—W —N	42401 Blatt 2
	2. Polradwicklung (fremderregt)	I—K	F1—F2	42401 Blatt 3
Transformatoren				
A. *Einphasen-Transformatoren mit getrennten Wicklungen*	1. Oberspannungswicklung	U—V	1.1—1.2	42402
	2. Unterspannungswicklung	u—v	2.1—2.2	

Maschinenart	Maschinenteil	Alte Bezeichnung	Neue Bezeichnung	DIN-Entwurf
B. *Einphasen-Spartransformatoren*	1. Oberspannungsseite 2. Unterspannungsseite	U—V u—v	1.1—2.1—2	42402
C. *Drehstrom-Transformatoren mit herausgeführtem Sternpunkt*	1. Oberspannungswicklung 2. Unterspannungswicklung	W—V—U—Mp w—v—u—mp	1W—1V—1U—1N 2W—2V—2U—2N	42402
D. *Drehstrom-Spartransformatoren mit herausgeführtem Sternpunkt*	1. Oberspannungsseite 2. Unterspannungsseite	W—V—U Mp w—v—u Mp	1W—1V—1U N 2W—2V—2U N	42402

1. Elektrische Maschinen

Unter elektrischer Maschine wird allgemein Generator oder auch Motor verstanden.
Der **Generator** wird von einer Arbeitsmaschine angetrieben und wandelt somit mechanische in elektrische Energie um. Der **Motor** treibt Arbeitsmaschinen an und wandelt somit elektrische in mechanische Energie um. Beide Maschinenarten sind heutzutage in unserer hochindustrialisierten Zeit nicht mehr fortzudenken. Je nach Spannungsarten werden in der Praxis Gleich- und Wechselstrommaschinen angewendet.

1.1. Gleichstrommaschinen

1.1.1. Mechanischer Aufbau der Gleichstrommaschinen

Der mechanische Aufbau einer Gleichstrommaschine besteht aus dem Ständer und dem Anker. Der Anker ist stets derjenige Teil, in dessen Wicklungen Spannungen induziert werden. Hierbei kann der Anker als drehender oder ruhender Teil ausgeführt werden. So gehört z.B. die Gleichstrommaschine zu den Außenpolmaschinen, hierbei ist der rotierende Teil der Anker. Bei der Synchronmaschine (Innenpolmaschine) ist der Ständer der Anker, der drehende Teil das Polrad. Bei den Asynchronmotoren wird der Ständer als Primäranker, der Läufer dagegen als Sekundäranker bezeichnet.

Bild 1.1/1a Aufbau einer zweipoligen Gleichstrommaschine

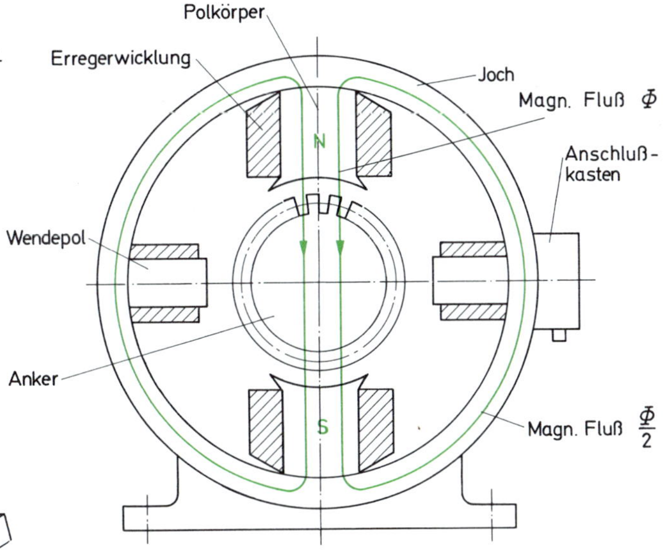

Bild 1.1/1b Polkörper

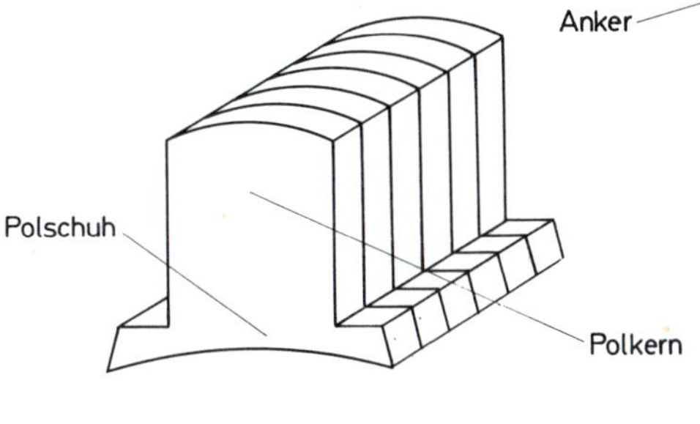

Mechanischer Aufbau

Ständer
- Polkörper
- Erregerwicklung
- Wendepolwicklung
- Bürstenhalter
- Kohlebürsten
- Lagerschilder
- Gleitlager
- Anschlußbrett

Anker
- Ankerkörper
- Ankerwicklung
- Welle
- Stromwender
- Lüfter

a) **Ständer** (Magnetgestell)

Er stellt den ruhenden Teil der Maschine dar (Bild 1.1/1a). Er wird aus massivem Werkstoff (Stahl- oder Grauguß) in einem Stück oder in geschweißter Bauweise hergestellt. Durch das Joch erfolgt der magnetische Rückfluß. Im Inneren der Maschine befinden sich die ausgeprägten Hauptpole (Bild 1.1/1b) mit den dazugehörenden Erregerspulen. Bei mittleren und größeren Maschinen werden zwischen den Hauptpolen die Hilfs- oder Wendepole angeordnet. Auf den Wendepolen ist die mit dickem Draht ausführte Wendepolwicklung angeordnet, die in Gegenreihe zum Anker geschaltet ist.

Zur Vermeidung der Wirbelstromverluste müssen die Polschuhe der Hauptpole aus geschichteten Dynamoblechen zusammengesetzt werden, die gegenseitig durch Seidenpapier, Lack oder Zundèrung isoliert werden.

Aus fertigungstechnischen Gründen werden oftmals die gesamten Hauptpole aus geschichteten Dynamoblechen hergestellt.

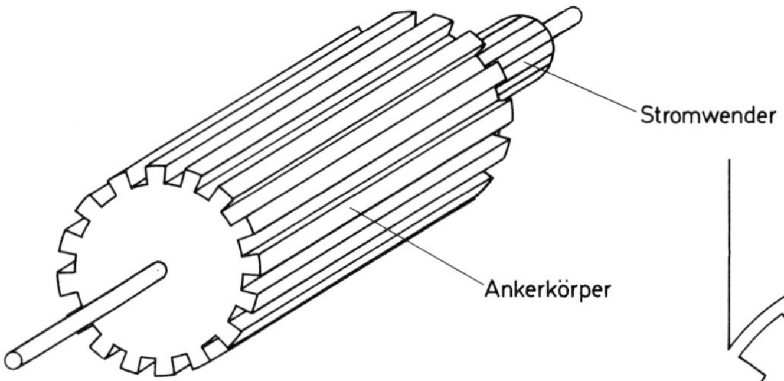

Bild 1.1/2a Genuteter Trommelanker

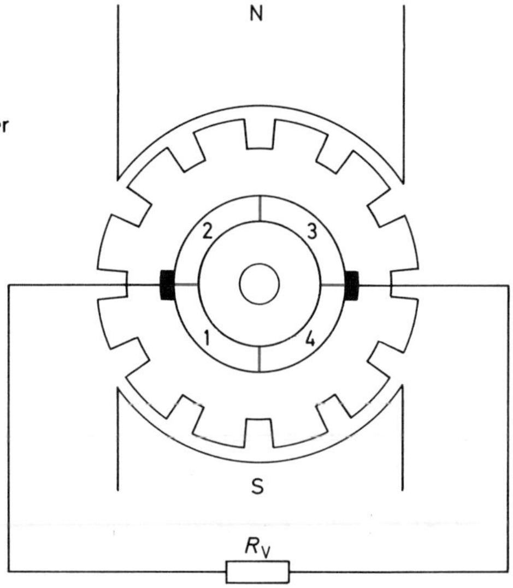

Bild 1.1/2b Vorderansicht Stromwenderseite

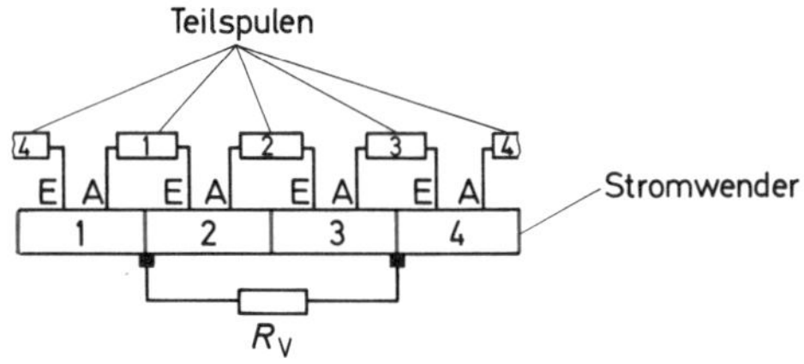

Bild 1.1/2d Abwicklung der Ankerwicklung (einfache Schleifenwicklung)

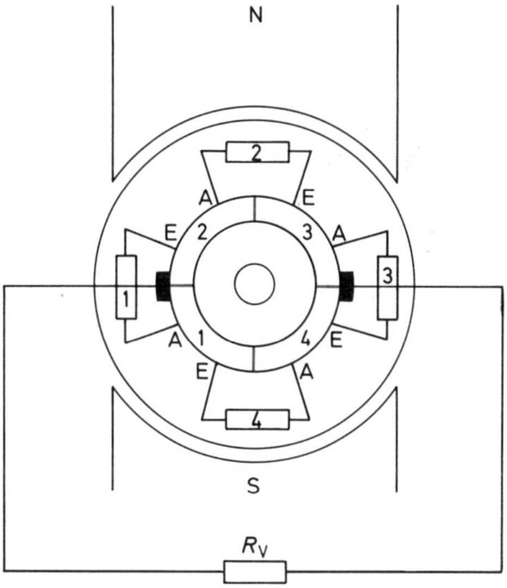

Bild 1.1/2c Ersatzschaltbild

Die Wicklungsanschlüsse (Erreger- und Ankerwicklung) werden zum Anschlußbrett herausgeführt und dort je nach Schaltungsart miteinander verbunden.

b) **Anker**

Der genutete Ankerkörper (Bild 1.1/2a) ist aus Dynamoblechen zusammengeschichtet, um ebenfalls Wirbelstrombildung zu verhindern. Die von den Nuten (Bild 1.1/2b) aufgenommene Ankerwicklung wird je nach Strombelastung als Runddraht oder Profilstab ausgeführt. Wegen der großen Fliehkräfte muß die Wicklung in den einzelnen Nuten durch Hartholz- oder Kunststoffstäbe gesichert werden. Meistens wird um die komplette Ankerwicklung noch eine zusätzliche Drahtbandage gezogen. Die Ankerwicklung ist in sich geschlossen und besteht aus einzelnen Teilspulen (Bild 1.1/2c). Durch die räumlich angeordneten einzelnen Ankerspulen werden im konstanten Magnetfeld Wechselspannungen induziert, die gegeneinander zeitlich verschoben sind. Der Anfang einer Spule und das Ende der nächsten werden in die Lötfahne einer Stromwenderlamelle geführt (Bild 1.1/2d) und dort durch Weich- oder Hartlot verbunden.
Die Ankerwicklung kann als ohmscher Widerstand mit — je nach Polzahl und Wicklungsart — zwei bzw. mehreren parallelen Ankerzweigen aufgefaßt werden.

c) **Stromwender** (Bild 1.1/3a und 1.1/3b)

Der Stromwender (Kollektor, Kommutator) besteht aus einzelnen in Umfangsrichtung angeordneten Hartkupferlamellen. Die Lamellen sind einzeln und gegen die Welle durch Glimmerzwischenlagen oder Mikanitplatten isoliert. Bei kleinen Maschinen wird der Stromwender auf die Welle gepreßt, bei großen Maschinen wird er zusätzlich durch eine Paßfeder gesichert.
Er hat die Aufgabe, die induzierte Wechselspannung in der Ankerwicklung in die Gleichspannung des Netzes umzuformen. Die elektrische Verbindung zwischen Stromwender und dem ruhenden Teil wird durch Kohlebürsten hergestellt. Diese befinden sich im Bürstenhalter, die es gestatten, je nach Bedarf den geforderten Druck der Bürste (etwa $2\ N \cdot cm^{-2}$) auf den Stromwender einzustellen.

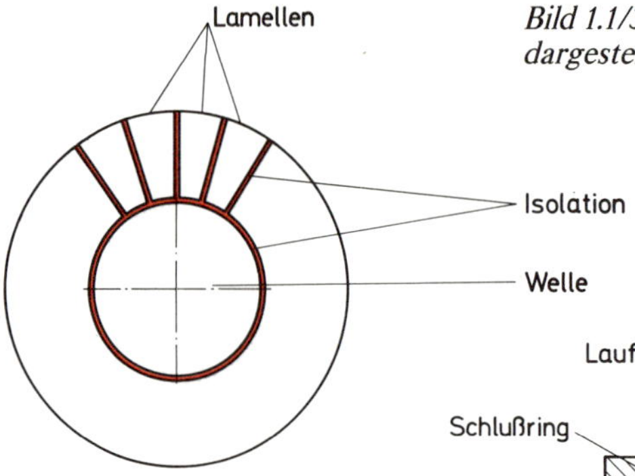

Bild 1.1/3a Stromwender (schematisch dargestellt)

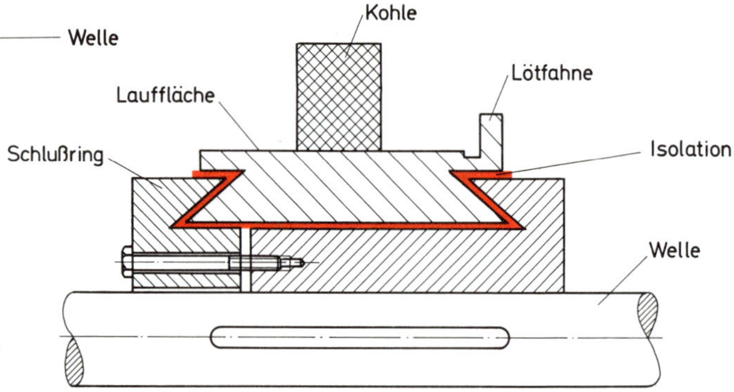

Bild 1.1/3b Schnittzeichnung des Stromwenders

Durch die dauernde Berührung und den Abrieb sind die Kohlebürsten störanfälliger und bedürfen einer regelmäßigen Wartung. Der Stromwender wird damit zu einem empfindlichen Bauteil der Gleichstrommaschine.

1.1.2. Anschlußbezeichnungen von Gleichstrommaschinen, Feldstellern und Anlassern

a) **Die Anschlußbezeichnungen** für Gleichstrommaschinen sind in den VDE-Vorschriften 0570 festgelegt worden (Tab. 1/1a und 1/1b).

b) **Feldsteller** (Bild 1.1/4)

Soll die Spannung eines fremderregten Generators, Nebenschluß- oder Doppelschlußgenerators bei Belastung konstant gehalten werden, schaltet man in Reihe mit der Erregerwicklung einen Feldsteller. Der Feldsteller ist ein hochohmiger, veränderlicher Widerstand. Er wird auch für Drehzahländerungen von Gleichstrommotoren angewendet. Wird der Feldsteller vor das Erregerfeld geschaltet, sind die Anschlußbezeichnungen folgende:

1. Anschluß t an positiven Netzpol (L+) oder an positiven Ankeranschluß
2. Schleifer s an Nebenschlußwicklungsanschluß E1 oder fremderregte Wicklung F1;
3. Kurzschlußkontakt q an negativen Netzpol (L−) oder negativen Ankeranschluß

Der Kurzschlußkontakt q hat hierbei die Aufgabe, beim Abschalten des Erregerstromes die Wicklung kurzzuschließen und somit eine Gefährdung der Wicklung durch zu hohe Selbstinduktionsspannung und den damit verbundenen starken Lichtbogen auszuschließen.

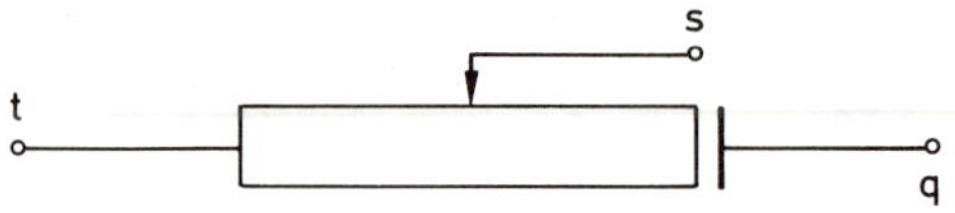

Bild 1.1/4 , Feldsteller für Nebenschluß-, Doppelschluß- und fremderregten Generator

Tab. 1/1a Anschlußbezeichnungen nach VDE 0570
Bezeichnungen von Klemmen und Netzleitungen für Gleichstrom

	A. Maschinen			Alte Anschluß-bez.	Neue Anschlußbez.
1	Anker			A–B	A1–A2
2	Nebenschlußwicklung für Selbsterregung			C–D	E1–E2
3	Reihenschlußwicklung für Erregung mit eigenem Ankerstrom			E–F	D1–D2
4	Wendepolwicklung Kompensationswicklung	in Maschine verschaltet		G–H	B1–B2 C1–C2
5	getrennte Wendepol- und Kompensationswicklung	Wendepolwicklung		GW–HW	B1–B2
6		Kompensationswicklung		GK–HK	C1–C2
7	auf beide Seiten des Ankers verteilte gleiche Wicklungsteile, z.B. zum Zwecke der Symmetrierung für Rundfunkentstörung	Reihenschluß-Wicklungen bei Motorrechtslauf	Seite der Ankerklemme A1	EA–FA	1D1–1D2
8			Seite der Ankerklemme A2	EB–FB	2D1–2D2
9		Wendepol-Wicklungen	Seite der Ankerklemme A1	GA–HA	1B1–1B2
10			Seite der Ankerklemme A2	GB–HB	2B1–2B2
11	fremderregte Feldwicklungen	allgemein		I–K	F1–F2
12		bei Bemessung für die eigene Ankerspannung, wahlweise		C–D	E1–E2
	B. Anlasser und Steller				
13	Anlasser	Klemme für Anschluß an	Netz	L	
14			Anker	R	
15			Nebenschlußwicklung	M	
16	Steller	Klemme für Anschluß an	Nebenschlußwicklung	s	
17			Anker oder Netz	t	
18			Anker oder Netz, zum Kurzschließen der Nebenschlußwicklung	q	
	C. Netzleitungen				
19	positiver Leiter			P	L+
20	negativer Leiter			N	L–
21	Mittelleiter			Mp	M

* Neue Anschlußbezeichnung lt. DIN 42401, Blatt 3, 31. August 1975.

Tab. 1/1b Anschlußbezeichnungen der Gleichstrommaschinen mit Wendepolen

<table>
<tr><td rowspan="2"></td><td rowspan="2">Drehsinn</td><td colspan="4">Gleichstrommaschinen mit Wendepolen</td></tr>
<tr><td>mit Nebenschlußwicklung</td><td>mit Reihenschlußwicklung</td><td>mit Doppelschlußwicklung</td><td>mit fremderregter Wicklung</td></tr>
<tr><td rowspan="2">Motoren</td><td>Rechtslauf
</td>
<td>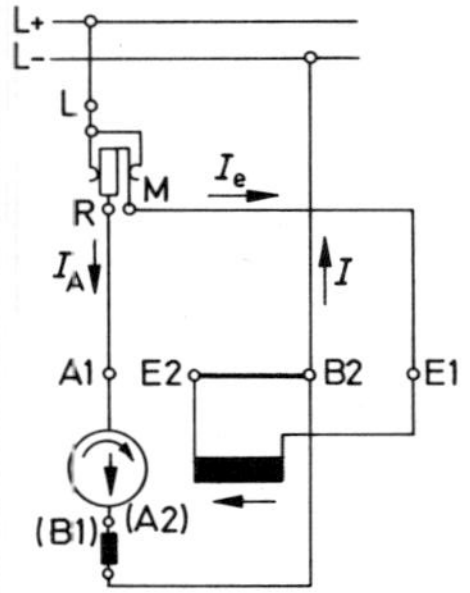</td>
<td>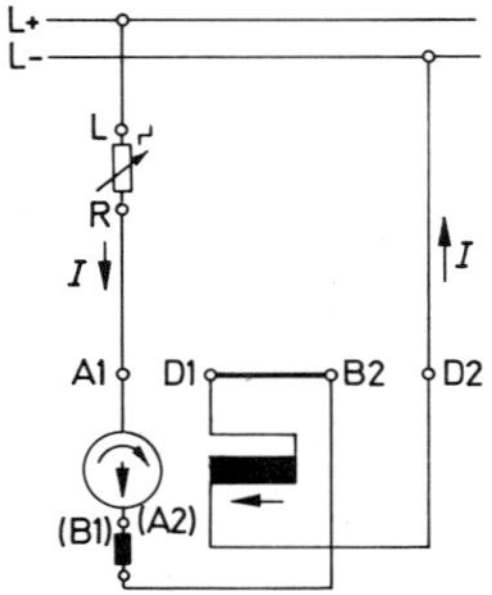</td>
<td>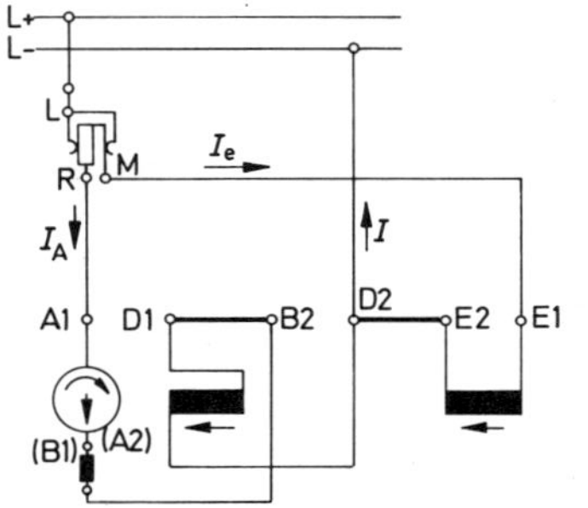</td>
<td>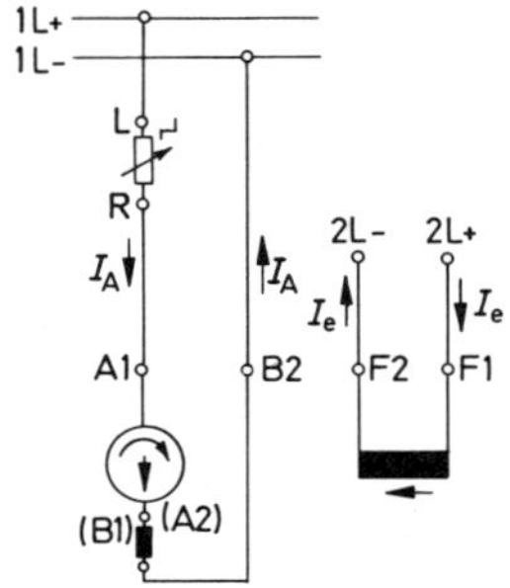</td></tr>
<tr><td>Linkslauf
</td>
<td>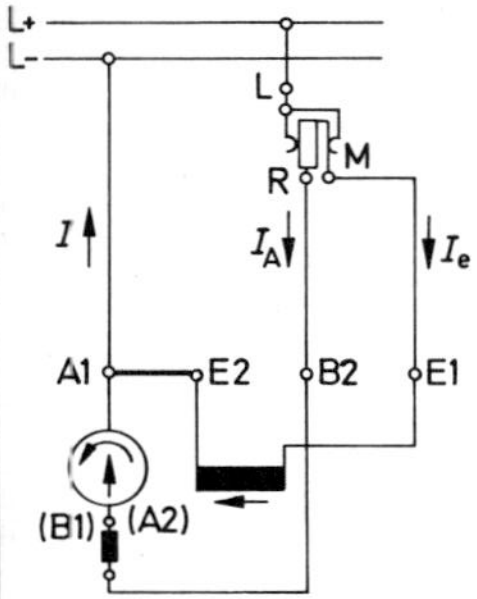</td>
<td>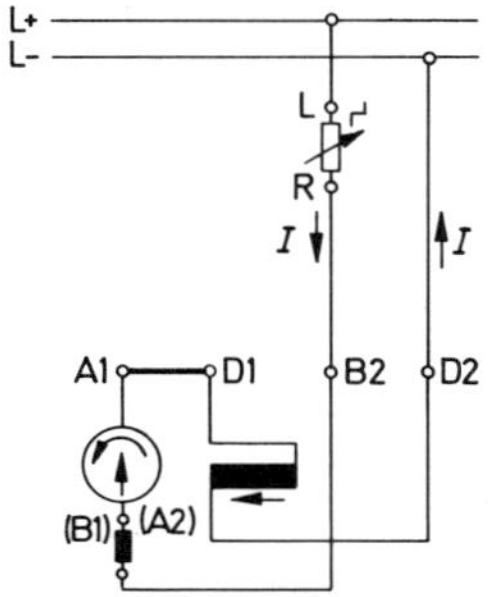</td>
<td>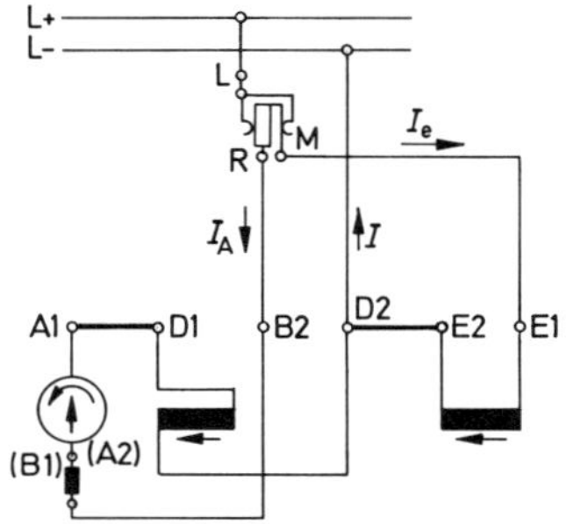</td>
<td>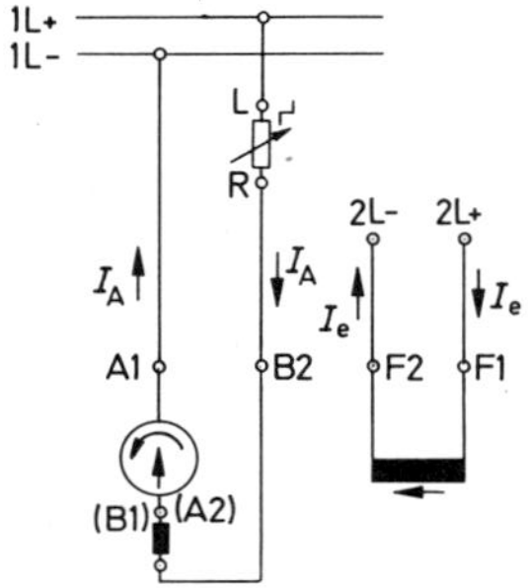</td></tr>
</table>

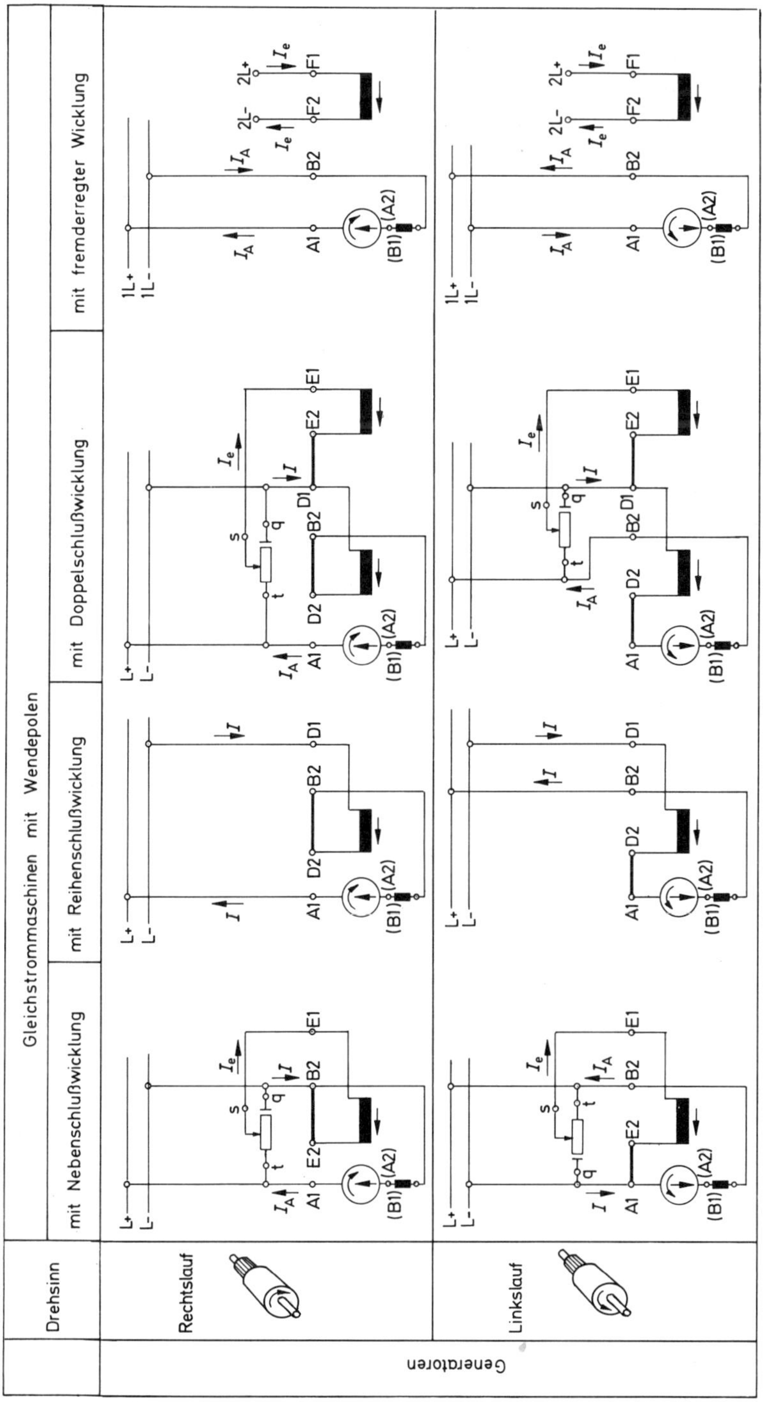
Generatoren
Drehsinn
Rechtslauf
Linkslauf
Gleichstrommaschinen mit Wendepolen
mit Nebenschlußwicklung
mit Reihenschlußwicklung
mit Doppelschlußwicklung
mit fremderregter Wicklung
L+
L-
1L+
1L-
2L+
2L-
A1
B2
(B1)
(A2)
D1
D2
E1
E2
F1
F2
s
q
t
I
I_A
I_e

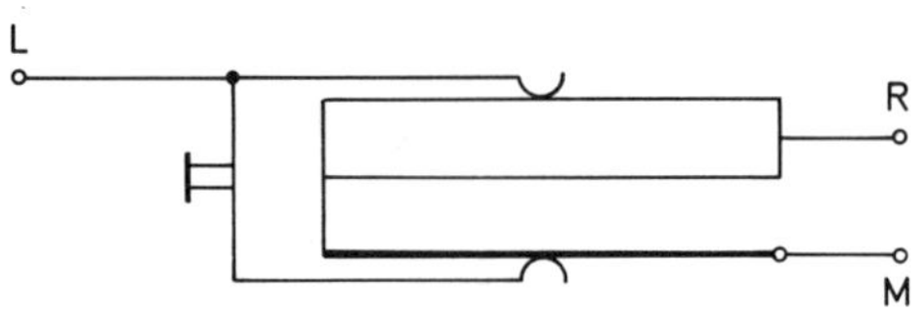

Bild 1.1/5a Anlasser für Nebenschluß- und Doppelschlußmotor

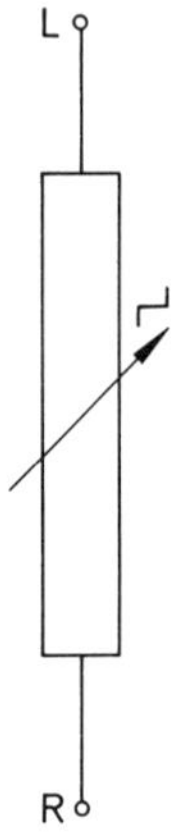

Bild 1.1/5b Anlasser für Reihenschluß- und fremderregten Motor

c) **Anlasser** (Bild 1.1/5a und 1.1/5b)

Im Gegensatz zum Feldsteller wird der Anlasser als relativ niederohmiger Vor- oder Begrenzungswiderstand in Reihe mit dem Anker geschaltet. Im Einschaltaugenblick des Motors begrenzt dieser Widerstand den Anlaufstrom bei normaler Vollast etwa auf das 1,5fache des Nennstromes. Normale Anlasser sind nur für S2-Betrieb ausgelegt, dürfen also nur zum Anlassen verwendet werden. Die Anschlüsse des Anlassers sind:

L = Anschluß vom positiven Netzpol L+
R = Anschluß zum Anker (Rotor)
M = Anschluß zur Nebenschlußwicklung (Magnetfeld)

d) **Stellanlasser (Steueranlasser)** (Bild 1.1/6a und 1.1/6b)

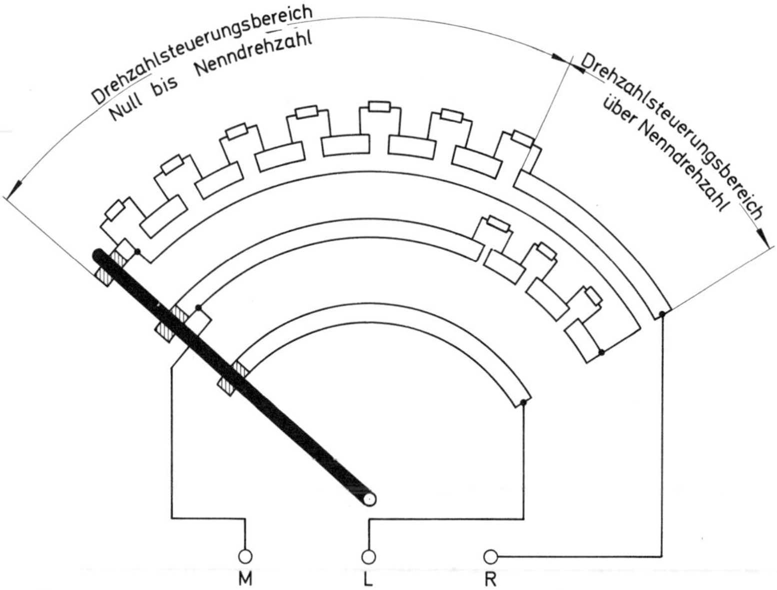

Bild 1.1/6a Steueranlasser

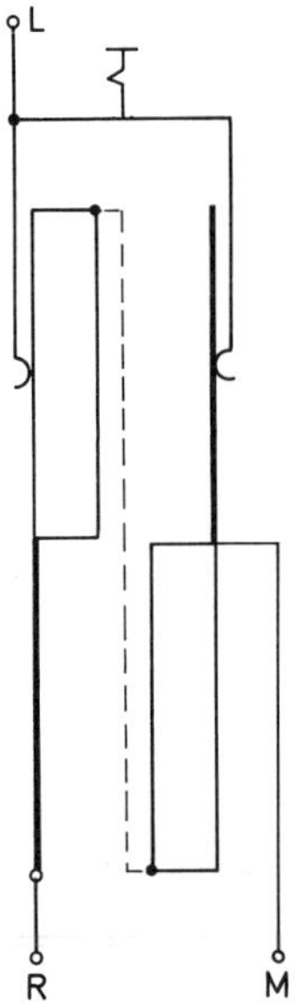

Bild 1.1/6b Steueranlasser (Symbol)

Häufig werden Anlasser und Feldsteller zu einer Baueinheit zusammengefügt. Die ersten Kontakte sind Anlasserstufen, die letzten Kontakte werden dem Feldsteller zugeordnet. Mit den Anlaßstufen begrenzt man den Anlaßspitzenstrom und steuert zusätzlich die Motordrehzahl bis zur Nenndrehzahl. Mit dem Feldsteller führt man eine Feldschwächung durch und erreicht damit eine Drehzahländerung über Nenndrehzahl.
Der Stellanlasser wird in der Praxis für Nebenschluß- und Doppelschlußmotoren eingesetzt. Die Drahtquerschnitte müssen für Dauerbelastung ausgelegt sein.

1.1.3. Bestimmung der Drehrichtungen von Gleichstrommaschinen

Die Drehrichtung für Generator und Motor wird von der Antriebsseite bzw. Abtriebsseite (Wellenseite) bestimmt. Normalerweise werden die Maschinen in der Praxis für Rechtslauf (Uhrzeigersinn) ausgelegt. In Sonderfällen muß die Richtung der Maschine angegeben werden. Bei den Schaltbildern von Gleichstrommaschinen kann die Drehrichtung nicht wie gewöhnlich nach der Generator- oder Motorregel bestimmt werden; hier gelten besondere Bestimmungen.

Gleichstrommaschine	von der der Stromwenderseite entgegengesetzten Seite aus
Kurzschlußläufer	von der Abtriebsseite aus

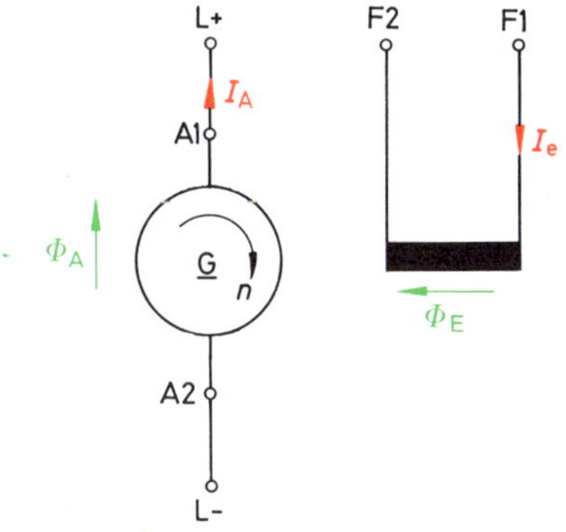

Bild 1.1/7a Rechtslauf (Generator)

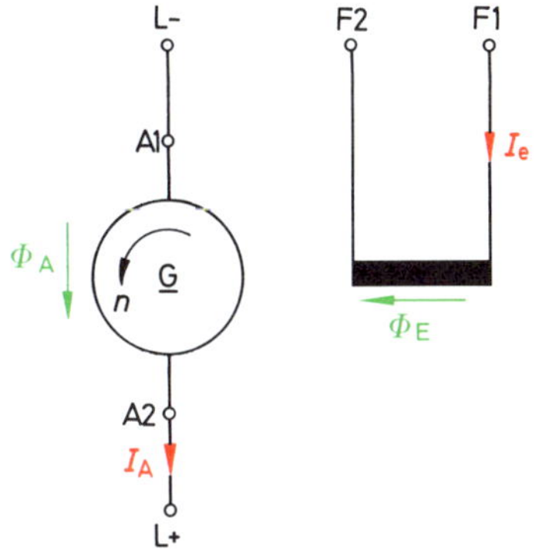

Bild 1.1/7b Linkslauf (Generator)

a) **Generator** (Bild 1.1/7a und 1.1/7b)

Durchfließt der Strom die Erregerwicklung in alphanumerischer Reihenfolge (F1 – F2), wird die Ankerklemme A1 bei Rechtslauf der positive Pol.
Bei Drehrichtungsänderung können bei **selbsterregten** Generatoren nur die Ankeranschlüsse vertauscht werden. Eine Vertauschung der Feldanschlüsse ist nicht möglich, sie würde eine Zerstörung der Remanenz mit sich bringen. Nur bei fremderregten Generatoren können die Feldanschlüsse geändert werden. Trotz Drehrichtungsänderung muß die Polarität des Netzes unbedingt erhalten bleiben.

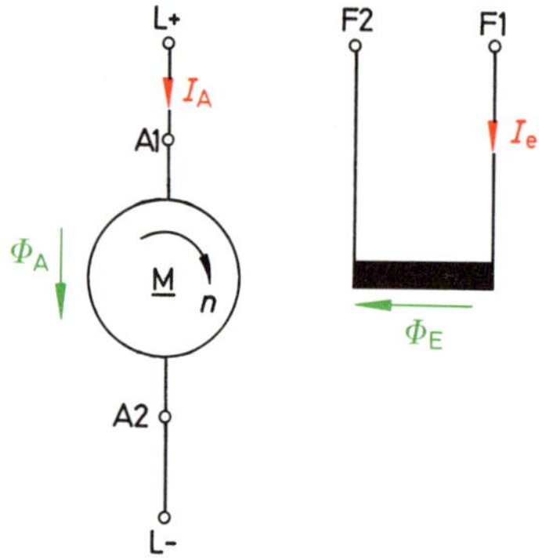

Bild 1.1/8a Rechtslauf (Motor)

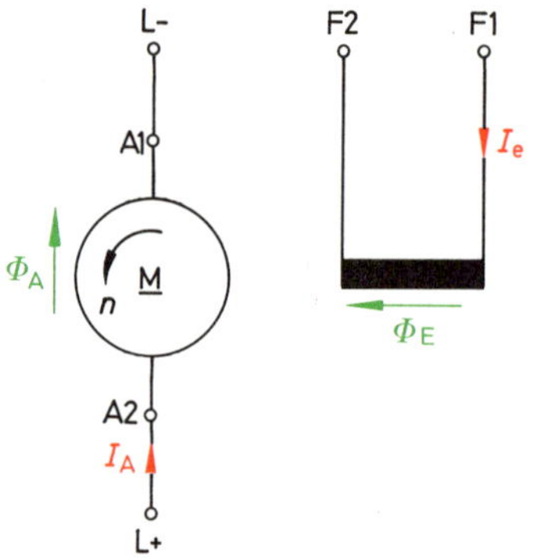

Bild 1.1/8b Linkslauf (Motor)

Merke: Bei Generatoren wird die Ankerwicklung als Energieerzeuger betrachtet, die Richtung des Stromes läuft von A1 oder A2 zum Netz.
Die Erregerwicklung wird als Energieverbraucher angesehen, der Strom fließt von F1 nach F2.

b) **Motor** (Bild 1.1/8a und 1.1/8b)

Fließt der Strom in alphanumerischer Folge durch Anker- und Erregerwicklung, erhält der Motor den Drehsinn „Rechtslauf". Wird die Stromrichtung in der Anker- oder Erregerwicklung vertauscht, so ändert man die Drehrichtung. Werden beide Stromrichtungen verändert, bleibt die Drehrichtung erhalten.

Merke: Bei den Motoren wird sowohl die Anker- als auch die Erregerwicklung als Energieverbraucher betrachtet. Der Strom fließt bei Rechtslauf in alphanumerischer Reihenfolge vom Netz zum Motor durch die Wicklung.
In den Schaltbildern 1.1/7a und 7b sowie 1.1/8a und 8b bedeuten die Stromrichtungspfeile gleichzeitig die Richtung des magnetischen Feldes in der Anker- und Erregerwicklung.

1.1.4. Funktion der Gleichstrommaschinen (Generator bzw. Motor)

Die Gleichstrommaschinen können sowohl als Generator wie auch als Motor eingesetzt werden. In den Grundschaltungen bleiben beide Maschinen gleich.

a) **Generator** (Bild 1.1/9a und 1.1/9b)

Der Generator wandelt mechanische Energie in elektrische Energie um. Er muß von einer Kraftmaschine angetrieben werden, damit durch Drehbewegungen Feldlinien geschnitten werden und somit in den Ankerleitern die Urspannung U_0 entsteht (Generator-Regel[1]).
Wird der Generator belastet, fließt durch die Ankerwicklung mit dem inneren Widerstand R_i der Belastungsstrom I_A, der den inneren Spannungsabfall $I_A \cdot R_i$ verursacht. Die an den Klemmen A1 und A2 zur Verfügung stehende Klemmenspannung U_{Kl} ist um den Betrag des inneren Spannungsabfalls geringer. Der Unterschied von $U_0 - U_{Kl} = I_A \cdot R_i$ ist erforderlich, um den Strom I_A durch

[1] Hält man die rechte Hand so, daß die Feldlinien vom Nordpol her auf die Innenfläche der Hand auftreffen und der abgespreizte Daumen in die Bewegungsrichtung zeigt, so fließt Induktionsstrom in der Richtung der ausgestreckten Finger.

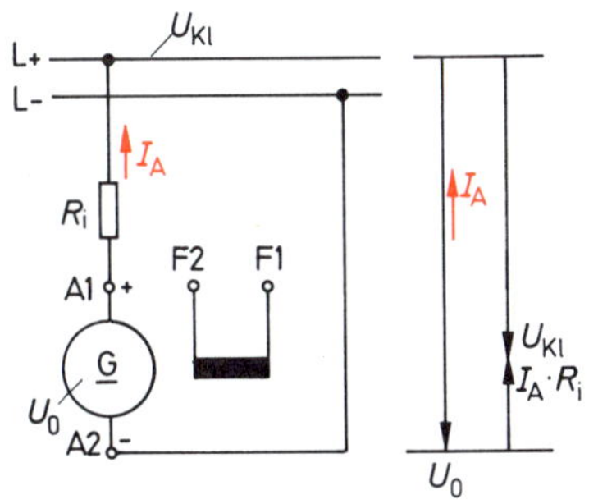

Bild 1.1/9a Spannungsverhältnisse beim Generator

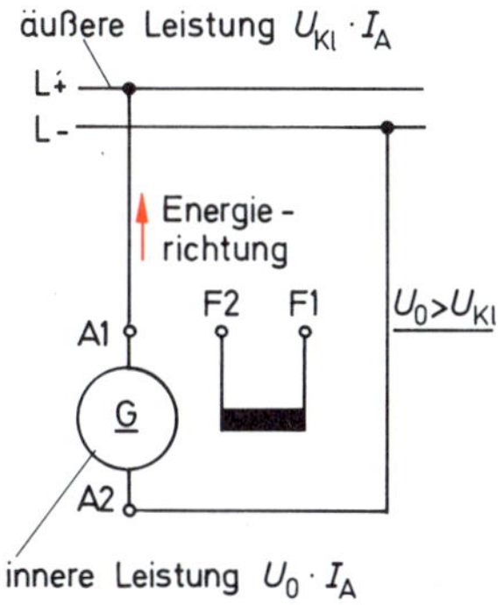

Bild 1.1/9b Leistungsverhältnisse beim Generator

den Innenwiderstand zu treiben. Der innere Spannungsabfall ist der Urspannung U_0 entgegengerichtet, die somit höher als die Klemmenspannung sein muß. Nach dem Ohmschen Gesetz für Gleichstrommaschinen lautet die Spannungsformel für den Generator:

$$U_{Kl} = U_0 - I_A \cdot R_i,$$

wobei R_i = innerer Gesamtwiderstand ist, der von I_A durchflossen wird.

Bei Generatoren ist der „Drehwille" (Gegendrehmoment) immer entgegengesetzt der Antriebsdrehrichtung (Lenzsche Regel[1]).

Wird die Spannungsformel $U_{Kl} = U_0 - I_A \cdot R_i$ mit dem Ankerstrom I_A multipliziert unter Berücksichtigung der Erregerverluste, ergibt sich die Leistungsformel für normale Generatoren (Nebenschluß- und Doppelschlußgeneratoren)

$U_{Kl} \cdot I_{Netz} = U_0 \cdot I_A - I_A^2 \cdot R_i - I_e^2 \cdot R_{Nebenschluß}$
$U_0 \cdot I_A$ = Ankerleistung
$U_{Kl} \cdot I_{Netz}$ = Netzleistung (Nennleistung)
$I_A^2 \cdot R_i$ = innere elektrische Verluste
$I_e^2 \cdot R_{Nebenschluß}$ = Verluste Nebenschlußfeld

Die genormten Netzspannungen sind 110 V, 220 V und 440 V. Um die Spannungsverluste in den Zuleitungen zum Verbraucher auszugleichen, werden die Generatorspannungen über 110 V um etwa 5% erhöht, z.B. 115 V, 230 V und 460 V.

b) **Motor** (Bild 1.1/10a und 1.1/10b)

Der Unterschied zwischen Generator und Motor besteht lediglich in der Stromrichtung bzw. zwischen dem Spannungsunterschied der Klemmenspannung U_{Kl} und der induzierten Gegenspannung U_0 bei Belastung. Da der Motor im Gegensatz zum Generator elektrische Energie in mechanische Energie umwandelt, muß die Klemmenspannung um den inneren Spannungsabfall $I_A \cdot R_i$ größer sein als die induzierte Gegenspannung U_0. Die elektrische Energie fließt vom Netz zum Motor.

[1] Jeder von einer induzierten Spannung hervorgerufene Strom ist so gerichtet, daß sein Magnetfeld die erzeugende Bewegung hemmt.

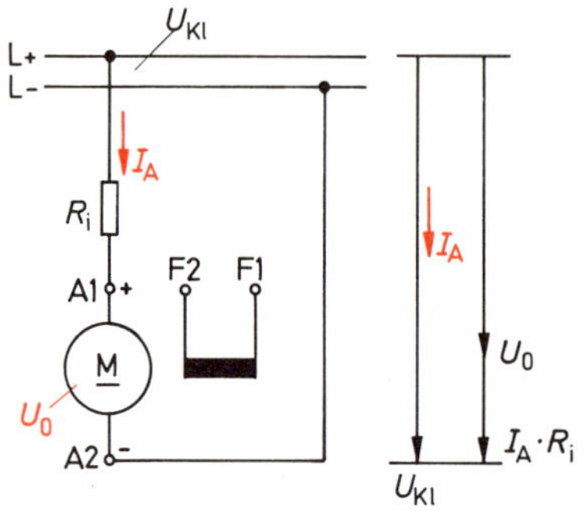

Bild 1.1/10a Spannungsverhältnisse beim Motor

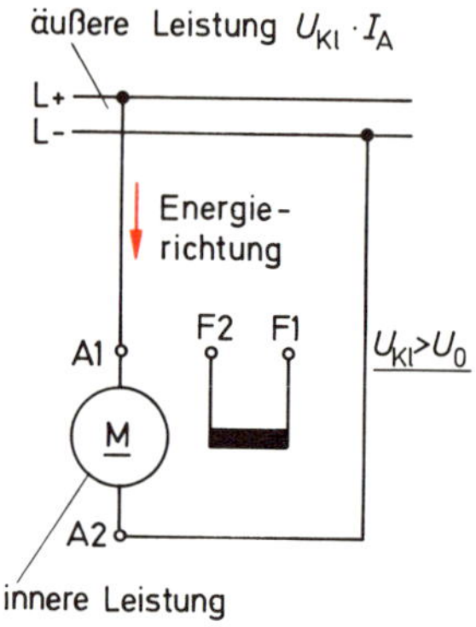

Bild 1.1/10b Leistungsverhältnisse beim Motor

Die Spannungsformel für den Motor lautet:

$$U_{Kl} = U_0 + I_A \cdot R_i$$

Beim Motor wirkt das Drehmoment der angetriebenen Maschine dem inneren Motor-Drehmoment entgegen.
Die Leistungsformel lautet:

$$U_{Kl} \cdot I_{Netz} = U_0 \cdot I_A + I_A^2 \cdot R_i + I_e^2 \cdot R_{Nebenschluß}$$

Zusammenfassung

Gleichstrommaschinen können je nach Stromrichtung und äußerer Schaltung ihre Energieform in die eine oder in die andere Richtung umformen.
Sollen die Nenndaten der Maschine erhalten bleiben, muß der Generator, als Motor betrieben, eine höhere Ankerspannung erhalten. Bei Überführung in den Generatorzustand muß die Antriebsdrehzahl oder der magnetische Fluß erhöht werden.

1.1.5. Erregerarten der Gleichstromgeneratoren

Die verschiedenen Erregerarten der Gleichstromgeneratoren unterscheiden sich hinsichtlich der Erzeugung des magnetischen Feldes. Man unterscheidet grundsätzlich drei verschiedene Erregerarten:

a) **Fremderregung** (Bild 1.1/11)

Wird der Erregerstrom einer fremden Spannungsquelle (z.B. Batterie, Gleichstromgenerator) entnommen, so wird die Maschine fremderregt.

b) **Selbsterregung** (Bild 1.1/12)

Die gebräuchlichste Erregerart ist die Selbsterregung. Durch den Restmagnetismus der Hauptpole und des Joches wird in der Ankerwicklung des hochfahrenden Generators eine geringe Spannung induziert (etwa 2 bis 4% der Nennspannung). Diese reicht aus, um den Generator auf seine volle Klemmenspannung zu erregen. Ein Fehlen der Selbsterregung kann folgende Ursachen haben:

Bild 1.1/11 Fremderregter Generator

Bild 1.1/12 Selbsterregter Nebenschlußgenerator

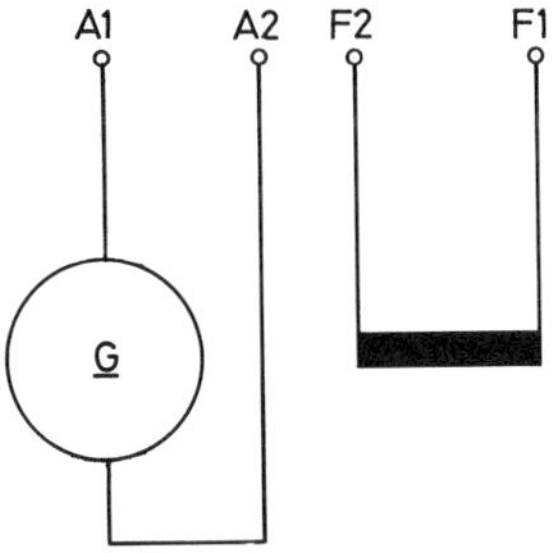

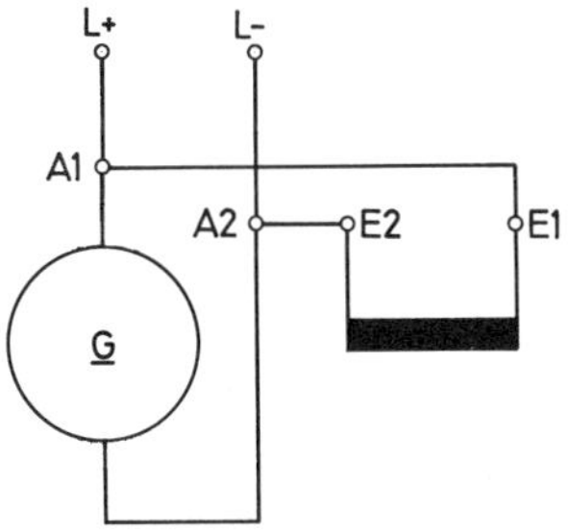

Bild 1.1/13 Eigenerregung

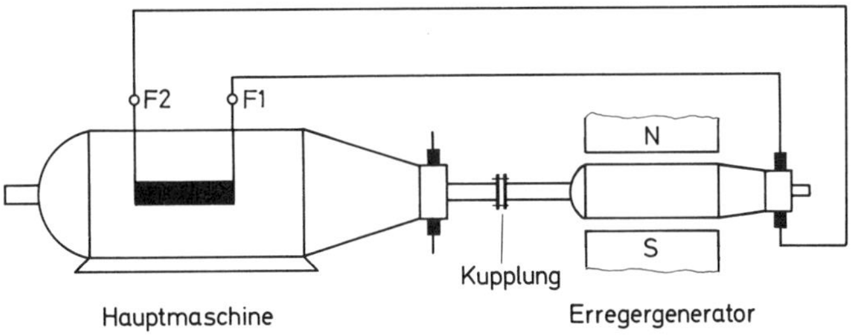

1. Falsche Drehrichtung des Generators
2. Das Erregerfeld ist dem Restmagnetismus durch den Erregerstrom entgegengerichtet
3. Kein Restmagnetismus vorhanden

Man unterscheidet drei Arten von Selbsterregungen:

1. Reihenschlußerregung
2. Nebenschlußerregung
3. Doppelschlußerregung

c) **Eigenerregung** (Bild 1.1/13)

Unter Eigenerregung versteht man die Erregung einer Hauptmaschine durch einen selbsterregten Generator. Beide Maschinen sind direkt mechanisch durch eine Welle bzw. über Treibriemen, Ketten- oder Zahnradtrieb miteinander verbunden und werden nur eigens für diesen Zweck verwendet.

1.1.6. Betriebsarten

Die Betriebsarten von elektrischen Motoren werden lt. VDE 0530 „Regeln für elektrische Maschinen" in verschiedene Belastungsgruppen eingeteilt. Die Motoren müssen so bemessen werden, daß die zulässigen Wicklungstemperaturen bei den jeweiligen Arbeitsverfahren nicht überschritten werden. Um den Motor auch bei Schaltbetrieb voll ausnutzen zu können, wird für die Nennleistung die mittlere quadratische Leistung eingesetzt (Bild 1.1/14).

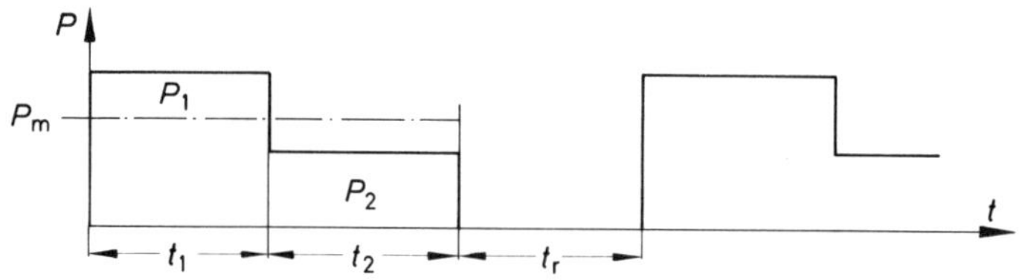

Bild 1.1/14 Diagramm zur Ermittlung der mittleren quadratischen Leistung

Die mittlere quadratische Leistung wird aus folgender Formel bestimmt:

$$P_m = \sqrt{\frac{P_1^2 \cdot t_1 + P_2^2 \cdot t_2}{t_1 + t_2}}$$

Belastungsdauer $t = t_1 + t_2$
Zeit der Ruhepause $= t_r$
Spieldauer $= t + t_r$
Bei der Bestellung oder Planung dieser Motoren gibt die relative Einschaltdauer *ED* das Verhältnis von Belastungsdauer zur Spieldauer an.

$$ED = \frac{\text{Belastungsdauer}}{\text{Belastungsdauer + Pause}} \cdot 100\%$$

$$ED = \frac{t}{t + t_r} \cdot 100\%$$

$$ED = \frac{\text{Belastungsdauer}}{\text{Spieldauer}} \cdot 100\%$$

Die Normwerte für die relative Einschaltdauer sind 15%, 25%, 40%, 60%, bezogen auf eine Spieldauer von max. 10 min. Eine abweichende Spieldauer muß auf dem Leistungsschild der Maschine angegeben werden. In Bild 1.1/15 sind die wichtigsten Betriebsarten der elektrischen Maschinen zusammengefaßt.
Wird eine elektrische Maschine von der vorhandenen Nennleistung im Dauerbetrieb (S1) auf eine Betriebsart mit aussetzendem Betrieb umgerechnet, kommt folgende Formel zur Anwendung:

$$P_1^2 \cdot ED_1 = P_2^2 \cdot ED_2$$

Beispiel:

Ein Drehstrommotor $P_1 = 8$ kW für Dauerbelastung ($ED_1 = 100\%$) ausgelegt, soll für eine relative Einschaltdauer von $ED_2 = 40\%$ und 10 min Spieldauer eingesetzt werden.
Wie groß darf die Leistung P_2 des Motors sein?
Wie lange sind Belastungsdauer und Pause?

Lösung:

$$P_2 = P_1 \cdot \sqrt{\frac{ED_1}{ED_2}}$$

$$P_2 = 8\ \text{kW} \cdot \sqrt{\frac{100\%}{40\%}} = 8\ \text{kW} \cdot 1{,}58 = \underline{12{,}64\ \text{kW}}$$

Bild 1.1/15 Betriebsarten von Elektromotoren

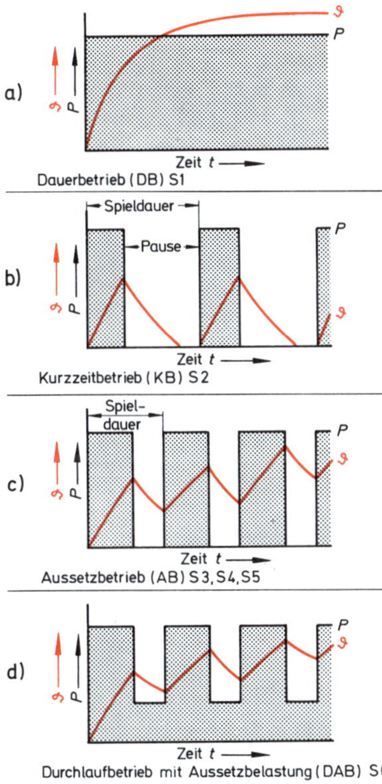

P = Leistung, ϑ = Maschinenerwärmung, t = Betriebsdauer

Bei **Dauerbetrieb (DB)** ist die Betriebsdauer bei Nennleistung so lang, daß die Beharrungstemperatur erreicht wird. Dies ist bei normalen Motoren der Fall. Sie dürfen dauernd mit ihrer Nennlast belastet werden.

Bei **Kurzzeitbetrieb (KB)** ist die Betriebsdauer so kurz, daß die Beharrungstemperatur nicht erreicht wird. In der anschließenden längeren Pause kühlt der Motor sich auf die Ausgangstemperatur ab.

Bei **Aussetzbetrieb (AB)** sind die Pausen so kurz, daß der Motor im Stillstand sich nicht auf die Raumtemperatur abkühlen kann.

Bei **Durchlaufbetrieb mit Aussetzbelastung (DAB)** kann sich der Motor in den Leerlaufpausen nicht abkühlen.

$$ED = \frac{\text{Belastungsdauer}}{\text{Belastungsdauer} + \text{Pause}} \cdot 100\%$$

$$\text{Belastungsdauer} = \frac{ED}{100\%} \cdot \text{Spieldauer}$$

$$\text{Belastungsdauer} = \frac{40\%}{100\%} \cdot 10\ \text{min} = 4\ \text{min}$$

$$\text{Pause} = \text{Spieldauer} - \text{Belastungsdauer}$$

$$\text{Pause} = 10\ \text{min} - 4\ \text{min} = \underline{6\ \text{min}}$$

Bemerkung:

Dieser Motor mit einer Nennleistung von 8 kW kann durch die kurzzeitige Belastung von 4 min Belastungsdauer in seiner Motorleistung um das 1,58fache erhöht werden. Ebenso kann ein ED-Motor mit entsprechend verminderter Leistung dauerbelastet werden.

Tab. 1/2 Bauformen der elektrischen Maschinen

Elektrische Maschinen

Bauformen — Nach DIN 42 950

Kurzzeichen	Bildliche Darstellung	Art der Lagerung	Art der Befestigung	Bemerkungen
B 3	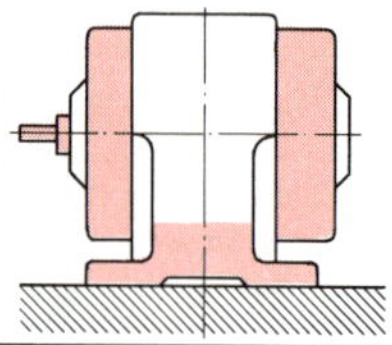	2 Schildlager	Gehäuse mit Füßen	freies Wellenende für Riemenscheibe, Zahnrad, Kupplungshälfte
B 5	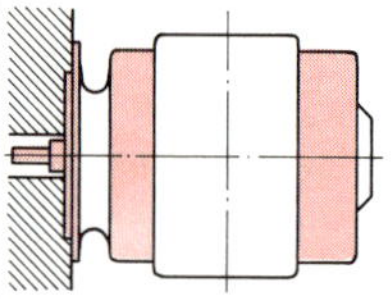	2 Schildlager	Befestigungsflansch (Flanschmotor)	Gehäuse ohne Füße, freies Wellenende
B 8	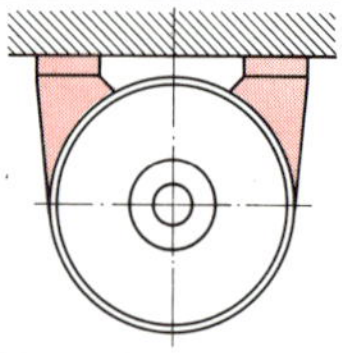	2 Schildlager um 180° gedreht	Gehäuse mit Füßen, Deckenbefestigung	freies Wellenende
V 3	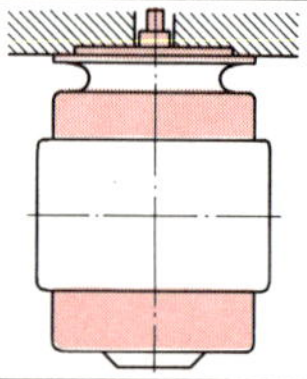	2 Führungslager	Befestigungsflansch am oberen Lagerschild	freies Wellenende oben u. U. Traglager zur Aufnahme des Läufergewichts
V 5	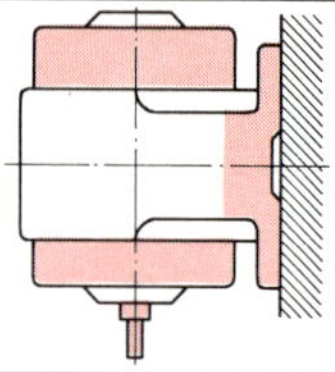	2 Führungslager	Gehäuse mit Füßen zur Wandbefestigung	freies Wellenende unten u. U. Traglager zur Aufnahme des Läufergewichts
V 10	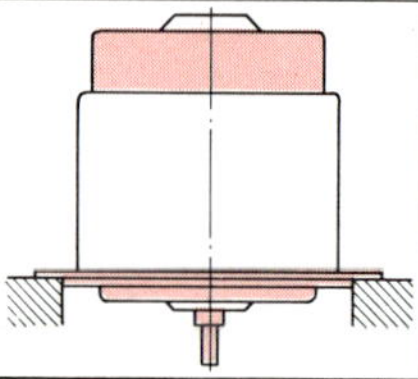	2 Schildlager	Befestigungsflansch auf der Antriebsseite	freies Wellenende unten Befestigungsfläche antriebsseitig

1.1.7. Bauformen der elektrischen Maschinen (Tab. 1/2)

Die Bauformen von elektrischen Maschinen werden nach DIN 42950 mit einem Buchstaben (B oder V) und einer Kennziffer angegeben; z.B. bedeutet B 3, daß der Motor waagerecht (horizontal) auf einer Grundplatte steht. Die senkrechte (vertikale) Ausführung erhält den Buchstaben V an 1. Stelle. An 2. Stelle wird die Kennziffer 3, 5 oder 10 usw. verwendet.
Innerhalb des EWG-Bereiches strebt man in der heutigen Zeit gemeinsam genormte Bauformen der elektrischen Maschinen an. Die Bauformen sind wichtig für die Konstruktion (Lagerausführung, Befestigung) und für die Bestellung von elektrischen Maschinen. Maschinen mit genormten Anbaumaßen sind daher nichtgenormten Maschinen vorzuziehen. Dieser Gesichtspunkt sollte bei der Anschaffung von Maschinen besonders beachtet werden.

1.1.8. Schutzarten (Tab. 1/3a und 1/3b)

Die Schutzarten von elektrischen Maschinen sind nach DIN 40050 mit Kurzzeichen festgelegt. Elektrische Maschinen müssen so ausgelegt sein, daß sie gegen Eindringen von Feuchtigkeit und Fremdkörpern geschützt werden. Die Schutzarten werden mit dem allgemeinen Buchstaben IP angegeben, an zweiter und dritter Stelle folgen dann die Kennziffergrößen.
Die **erste Kennziffer** gibt den Schutz gegen Berührung und Eindringen von Fremdkörpern an, die **zweite Kennziffer** den Schutz gegen Eindringen von Wasser.
Elektrische Maschinen in Sonderschutzarten sind z.B. die explosions- und schlagwettergeschützten Ausführungen; sie erhalten den Zusatzbuchstaben „Ex“ oder „Sch“.
Erweiterte Bestimmungen siehe Vorschriften VDE 0530.

Nur Reparaturwerkstätten, die vom Technischen Überwachungsverein (TÜV), Gewerbeaufsichtsamt oder von der Berufsgenossenschaft zugelassen sind, dürfen Reparaturen an Maschinen mit Sonderschutzarten ausführen.

Tab. 1/3a Schutzarten für Berührungs- und Fremdkörperschutz (nach DIN 40050)

Erste Kennziffer	Schutzumfang	
	Benennung	Erklärung
0	Kein Schutz	Kein Schutz des Betriebsmittels gegen Eindringen von festen Fremdkörpern
1	Schutz gegen große Fremdkörper	Schutz gegen Eindringen von festen Fremdkörpern mit einem Durchmesser größer als 50 mm
2	Schutz gegen mittelgroße Fremdkörper	Schutz gegen Eindringen von festen Fremdkörpern mit einem Durchmesser größer als 12 mm
3	Schutz gegen kleine Fremdkörper	Schutz gegen Eindringen von festen Fremdkörpern mit einem Durchmesser größer als 2,5 mm
4	Schutz gegen kornförmige Fremdkörper	Schutz gegen Eindringen von festen Fremdkörpern mit einem Durchmesser größer als 1 mm
5	Schutz gegen Staubablagerung	Schutz gegen schädliche Staubablagerungen. Das Eindringen von Staub ist nicht vollkommen verhindert, aber der Staub darf nicht in solchen Mengen eindringen, daß die Arbeitsweise beeinträchtigt wird
6	Schutz gegen Staubeintritt	Schutz gegen Eindringen von Staub

Tab. 1/3b Schutzarten für Wasserschutz (nach DIN 40050)

Zweite Kennziffer		Schutzumfang	
		Benennung	Erklärung
0		Kein Schutz	–
1	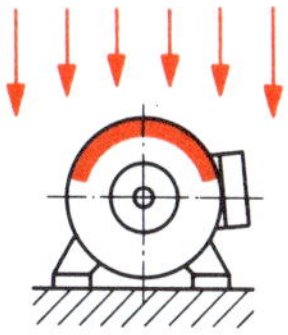	Schutz gegen senkrecht fallendes Tropfwasser	Wasserstropfen, die senkrecht fallen, haben keine schädliche Wirkung
2	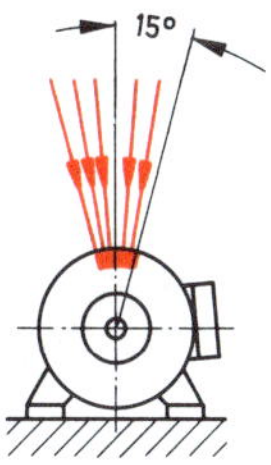	Schutz gegen schräg fallendes Tropfwasser	Wassertropfen, die in einem beliebigen Winkel bis 15° zur Senkrechten fallen, haben keine schädliche Wirkung
3	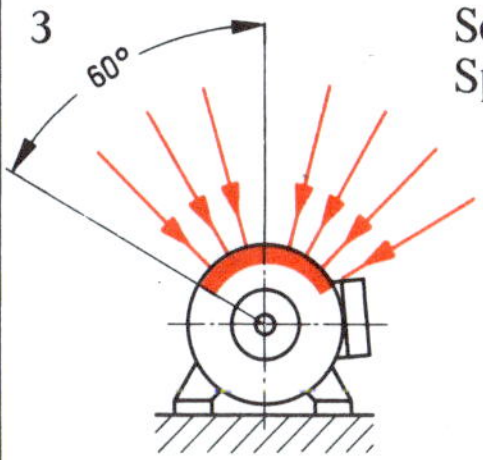	Schutz gegen Sprühwasser	Wasser, das in einem beliebigen Winkel bis 60° zur Senkrechten fällt, hat keine schädliche Wirkung
4	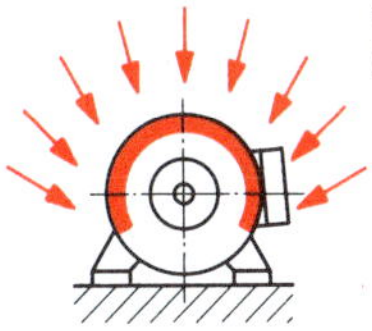	Schutz gegen Spritzwasser	Wasser, das aus allen Richtungen gegen das Betriebsmittel spritzt, hat keine schädliche Wirkung
5	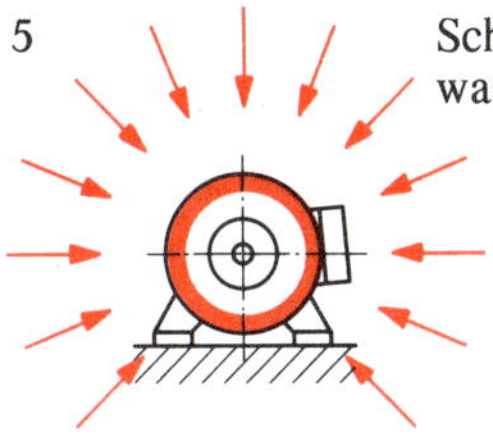	Schutz gegen Strahlwasser	Ein Wasserstrahl, der aus allen Richtungen gegen das Betriebsmittel gerichtet wird, hat keine schädliche Wirkung

Zweite Kennziffer	Schutzumfang	
	Benennung	Erklärung
6 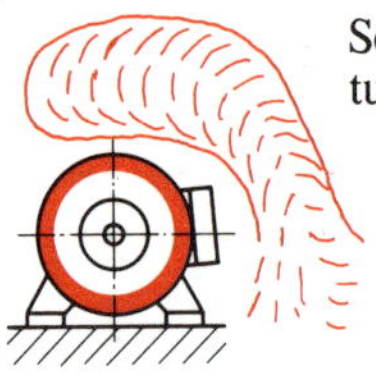	Schutz bei Überflutung	Wasser dringt bei vorübergehender Überflutung nicht in schädlichen Mengen in das Betriebsmittel ein
7 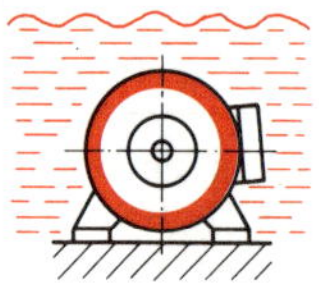	Schutz beim Eintauchen	Wasser dringt nicht in schädlichen Mengen ein, wenn das Betriebsmittel unter dem festgelegten Druck kurze Zeit in Wasser eingetaucht wird.
8 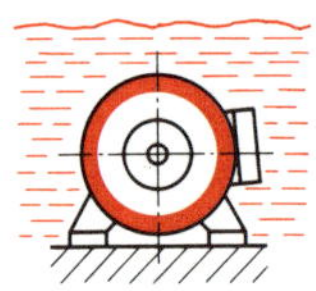	Schutz beim Untertauchen	Wasser dringt nicht in schädlichen Mengen ein, wenn das Betriebsmittel unter einem festgelegten Druck und für lange Zeit unter Wasser getaucht wird

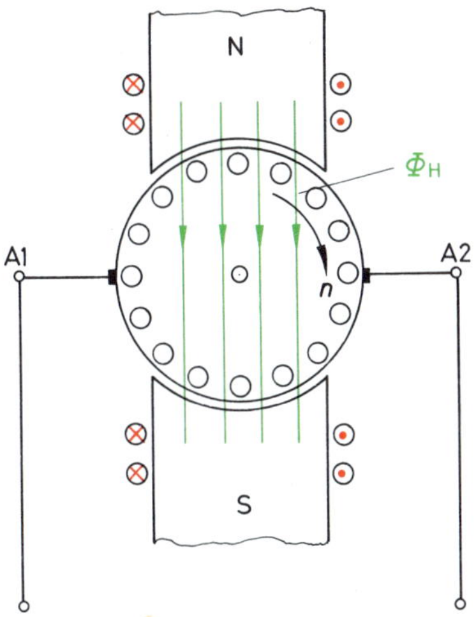

Bild 1.2/1a Hauptfeld (Generator)

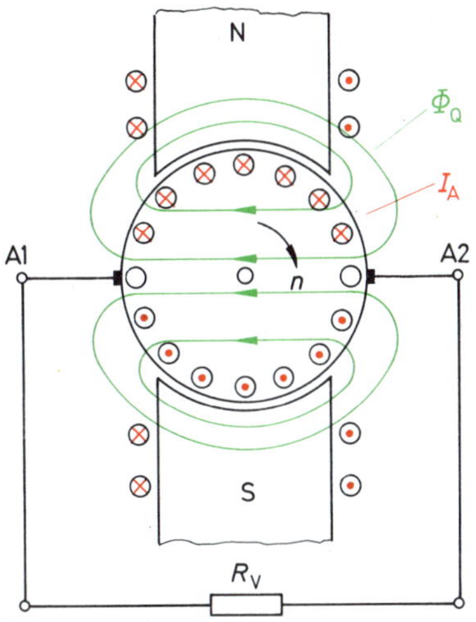

Bild 1.2/1b Ankerfeld (Generator)

1.2. Gleichstromgeneratoren

1.2.1. Wirkungsweise

1.2.1.1. Ankerrückwirkung

a) **Entstehung der Ankerrückwirkung und ihre Folgen**

Wenn der rotierende Teil im stillstehenden Magnetfeld von Feldlinien geschnitten wird, entsteht nach dem Induktionsgesetz im Anker die Induktionsspannung U_0. Dabei ist die Höhe der Spannung von dem Magnetfluß und der Drehzahl abhängig. Die Bürsten der Gleichstrommaschinen werden so angeordnet, daß sie immer elektrisch 90° zum Hauptfeld Φ_H stehen (Bild 1.2/1a). In dieser Stellung herrscht zwischen den Bürsten der größte Potentialunterschied (Spannungsunterschied). Die Bürsten stehen somit in der geometrisch neutralen Zone.

Im Leerlauf (unbelasteter Zustand) des Generators durchsetzt das Hauptfeld den Anker gleichmäßig in Richtung der Polschuhe. Die Bürsten bleiben in der geometrischen neutralen Zone stehen (Bild 1.2/1a).

Wird der äußere Stromkreis geschlossen, fließt durch die Ankerwicklung der Belastungs- oder Ankerstrom I_A, der ein belastungsabhängiges Feld ausbildet, das sogenannte Ankerquerfeld Φ_Q (Bild 1.2/1b). Bei belasteter Maschine sind somit grundsätzlich verschiedene Magnetfelder vorhanden, die sich einander überlagern und ein resultierendes Feld, das Hauptfeld Φ_R, bilden (Bild 1.2/1c und d).

Das Ankerquerfeld verdrängt das symmetrische Erregerfeld aus der Polachse. An den auflaufenden Polkanten verlaufen die Feldlinien des Querfeldes in entgegengesetzter und an den ablaufenden Polkanten in gleicher Richtung wie die Feldlinien des Erregerfeldes (Bild 1.2/1c). Das bedeutet eine Feldschwächung an den auflaufenden und eine Verstärkung an den ablaufenden Polkanten. Ein funkenfreier Lauf des Stromwenders ist aber nur dann gewährleistet, wenn die Bürstenbrücke aus der geometrisch neutralen Zone um den Winkel α verschoben und zur jeweiligen Belastung

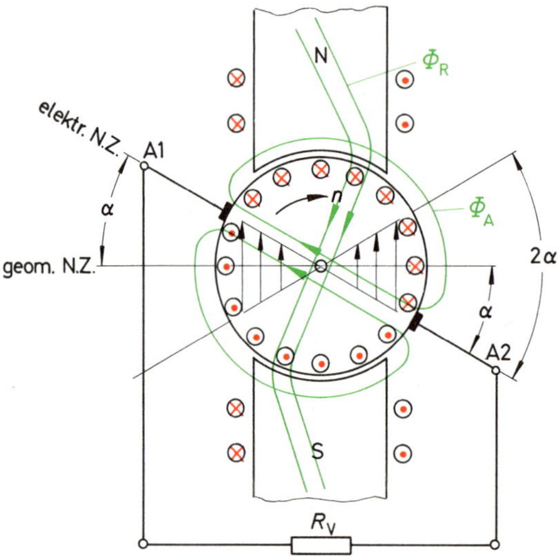

Bild 1.2/1c Gesamtfeld (Generator)

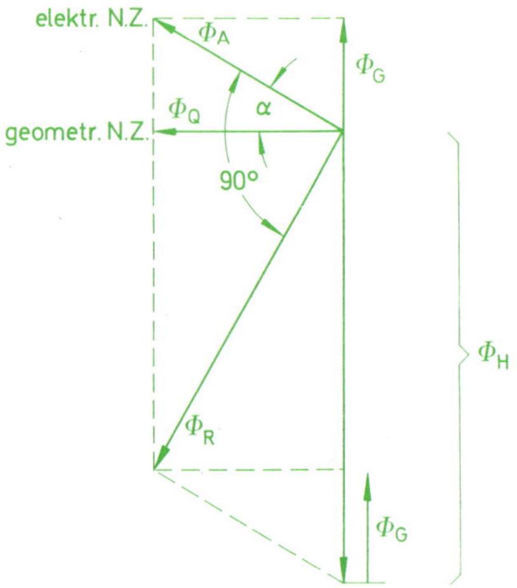

Bild 1.2/1d Zeigerbild

eingestellt wird. In der jetzigen Stellung der elektrisch neutralen Zone bleibt die feldfreie Zone von einer Spannungserzeugung weiterhin verschont.
Hauptfeld Φ_R und Ankerfeld Φ_A bleiben somit durch die Verschiebung senkrecht aufeinander stehen. Die Sättigungserscheinungen der Polschuhe an den ablaufenden Polkanten verursachen einen Rückgang des magnetischen Flusses und damit eine Schwächung der induzierten Spannung U_0. Die vom Verschiebungswinkel 2α eingeschlossenen Spulen gelangen in den Bereich entgegengesetzter Pole. Die induzierten Spannungen rufen Ströme hervor, die mit ihren Gegendurchflutungen und deren Gegenfeldern Φ_G das Hauptfeld nochmals schwächen (Bild 1.2/1c und d).
Sättigungserscheinungen in den Hauptpolen und Ankergegenfeldern Φ_G rufen bei Generatoren Spannungsrückgang, bei Motoren Drehzahlerhöhungen hervor. Die Folgen der Ankerrückwirkung müssen durch eine entsprechende Erhöhung des Erregerstromes ausgeglichen werden.
Somit ergibt sich durch Bürstenverschiebung folgende Tabelle:

Bürstenverschiebung	beim Generator	beim Motor
in Drehrichtung	Feldschwächung	Feldverstärkung
gegen die Drehrichtung	Feldverstärkung	Feldschwächung

b) **Stromwendung**

Neben der normalen Ankerrückwirkung und ihren Folgen muß gleichzeitig der Stromwendung (Kommutierungsvorgang) wichtige Bedeutung beigemessen werden.
Stromwender und Bürsten haben bei Generatoren die Aufgabe, den Wechselstrom in der Ankerwicklung in Gleichstrom für das Netz umzuformen.

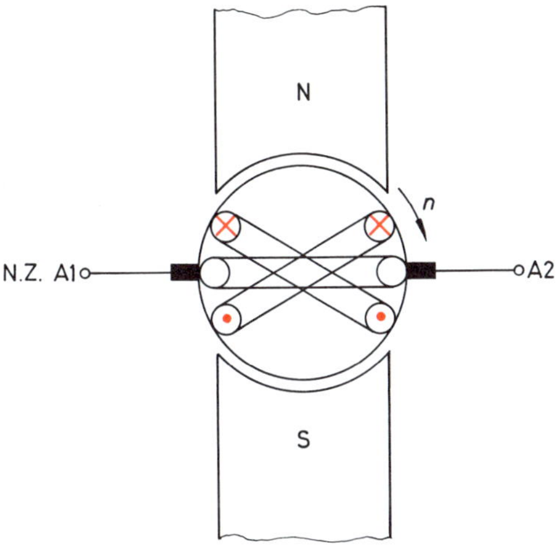

Bild 1.2/2a · Stromwendung

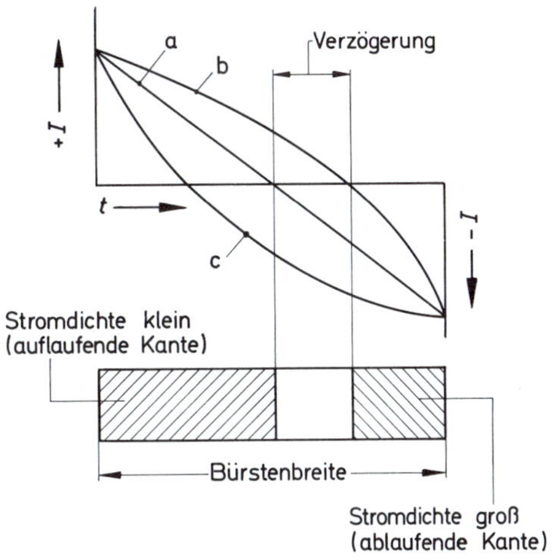

Bild 1.2/2b Übergangskurven

Durch die Rotation des Ankers wird in der neutralen Zone (NZ) der Ankerstrom in seiner Richtung vom „Kreuzstrom" zum „Punktstrom" geändert (Bild 1.2/2a). Hier werden dauernd eine oder mehrere Ankerspulen kurzzeitig überbrückt, d.h. kurzgeschlossen (Bild 1.2/3b).
Nach dem Induktionsgesetz hat jede Stromänderung in einer Spule (Induktivität) eine Spannung zur Folge:

$$U_0 = -L\frac{\Delta i}{\Delta t} \qquad L = \text{Induktivität in } \frac{\text{V s}}{\text{A}} = \Omega\text{ s}$$

Δi = Stromänderung in A
Δt = Zeitintervall in s

Die Spannung versucht, die Stromrichtung in der kurzgeschlossenen Spule zu erhalten (Lenzsche Regel). Durch die Flußumkehr in der neutralen Zone wird aber der Strom in der durch die Bürste kurzgeschlossenen Spule zur Richtungsänderung gezwungen. Auf dem Bürstenquerschnitt mit seiner ungleich belastenden Stromdichte wirkt sich das nachteilig als Bürstenfeuer und Lamellenabbrand aus. Die Ursache liegt in der Verzögerung der Stromwendung, d.h. der ablaufende Teil des Bürstenquerschnittes wird erheblich stärker belastet (Bild 1.2/2b), was zu einer unerwünschten Erwärmung der Bürsten und des Stromwenders führt.
Um eine Beschädigung bzw. Zerstörung vor allem des Stromwenders zu vermeiden, können folgende Abhilfen getroffen werden:

1. freie Stromwendung (Maschinen ohne Wendepole),
2. erzwungene Stromwendung (Maschinen mit Wendepolen).

Zu 1. Bei der freien Stromwendung gelangen die kommutierenden Spulen bei Belastungszunahme um den einseitigen Winkel α in den Bereich des entgegengesetzten Hauptpoles. Damit werden diese Spulen vom entgegengesetzten Magnetfeld geschnitten. Die Stromwendespannung (Selbstinduktionsspannung) wächst, wodurch das Bürstenfeuer zunimmt. Die Aufhebung des Bürstenfeuers wird erreicht durch Verschiebung der Bürstenbrücke in Drehrichtung (Generator Bild 1.2/1c) bzw. entgegengesetzt der Drehrichtung (Motor).

Zu 2. Bei der Stromwendung mit Wendepolen (erzwungene Stromwendung) unterscheidet man:

a) die **geradlinige Kommutierung,** d.h., die Stromwendespannung (Selbstinduktionsspannung) ist gleich der vom Wendefeld induzierten Wendefeldspannung (Bild 1.2/2b, Kurve a). Die Stromdichte unter der auflaufenden Bürstenkante entspricht der Stromdichte unter der ablaufenden Bürstenkante.

b) die **Unterkommutierung** oder verzögerte Stromwendung, d.h., die Stromwendespannung ist größer als die Wendefeldspannung (Bild 1.2/2b, Kurve b). Hier ist die Stromdichte unter der ablaufenden Bürstenkante größer als unter der auflaufenden Bürstenkante.

c) die **Überkommutierung** oder beschleunigte Stromwendung, d.h., die Stromwendespannung ist kleiner als die Wendefeldspannung (Bild 1.2/2b, Kurve c). Hier ist die Stromdichte unter der ablaufenden Bürstenkante kleiner als unter der auflaufenden Bürstenkante. In der Praxis wird hiervon fast ausschließlich Gebrauch gemacht.

c) Aufhebung der Ankerrückwirkung durch Wendepole und Kompensationswicklung

Bei schwankender Belastung müssen die Bürsten einer Gleichstrommaschine um den Belastungswinkel α verschoben werden, damit die Stromwendung immer in der feldfreien Zone stattfinden kann. Der Grund dieses Übels ist der veränderliche Ankerstrom (Belastungsstrom) mit seinem mehr oder weniger starken Ankerquerfeld. Die Wendepole (Hilfspole) machen eine Verschiebung der Bürstenbrücke überflüssig, außerdem hebt die Kompensationswicklung (Ausgleichswicklung) unter den Hauptpolen das restliche Ankerquerfeld auf.

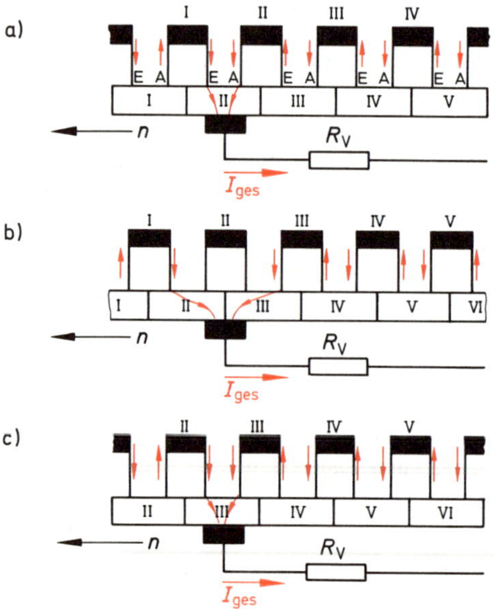

Bild 1.2/3 Stromwendung in den Ankerspulen

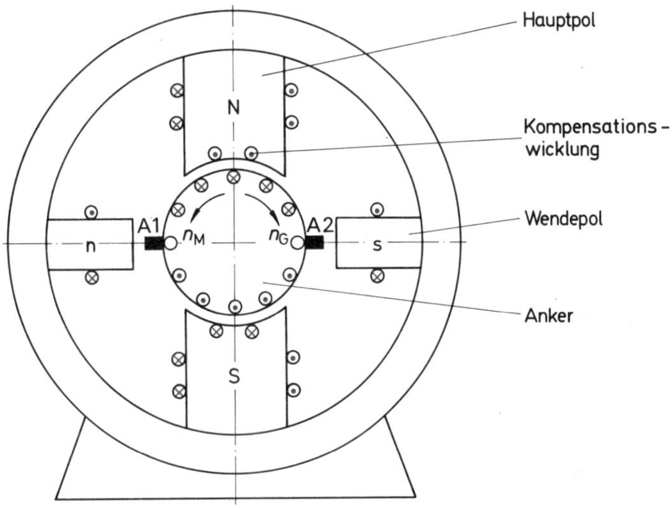

Bild 1.2/4 Stromrichtungen in den Anker-, Wendepol- und Kompensationswicklungen

Die Wendepolwicklung (Bild 1.2/4) hat die Aufgabe, in der neutralen Zone ein Wendefeld zu erzeugen, das dem Ankerquerfeld entgegengerichtet ist und es somit aufhebt (kompensiert). Da das Wendepolfeld nicht in der Lage ist, das gesamte Ankerquerfeld zu erfassen, kann zusätzlich eine Kompensationswicklung in den Hauptpolen untergebracht werden.

Wendepol- und Kompensationswicklung liegen in Reihe und werden gemeinsam vom Ankerstrom durchflossen. Durch die Aufhebung des Ankerquerfeldes entfällt eine Bürstenverschiebung aus der neutralen Zone.

Da bekanntlich stets ein Bürstenfeuer an der ablaufenden Bürstenkante (Unterkommutierung) auftritt, werden die Windungszahlen der Wendepole so gewählt, daß ihre Durchflutung $\Theta_w = I_A \cdot N_w$ etwa 20% bis 30% höher ist als die Ankerdurchflutung $\Theta_A = I_A \cdot N_A$ (Überkommutierung). Somit wird die Wendefeldspannung gegenüber der Stromwendespannung etwas größer (Abschnitt 1.2.1.1).

Die Anschlußbezeichnung der Wendepole und Kompensationswicklungen lautet allgemein B1—B2 und C1—C2. In der Praxis werden meistens Anker-, Wendepol- und Kompensationswicklungen innerhalb der Maschine verschaltet. Bei einer Ankerumschaltung infolge Drehrichtungsänderung werden so gleichzeitig die Wendepol- und Kompensationswicklungen mit umgekehrt; eine Fehlschaltung am Anschlußbrett ist dabei ausgeschlossen.

Merke:

Bei einem Generator folgt, in Drehrichtung gesehen, auf einen Hauptpol immer ein ungleichnamiger Wendepol. Bei Motoren ist es umgekehrt (Bild 1.2/4).

Das Wendefeld erfaßt vorwiegend den Teil des Ankerfeldes in der neutralen Zone. Der restliche unerfaßbare Teil liegt jeweils unter den Hauptpolen. Man ordnet deshalb in den Polschuhen eine besondere Wicklung, die Kompensationswicklung, an. Diese Wicklung hat nun die Aufgabe, bei großen Maschinen (ab 100 kW) unter starker oder stoßartiger Belastung die Feldverzerrung unterhalb der Hauptpole aufzuheben. Sie wird wie die Wendepolwicklung vom gleichen Belastungsstrom durchflossen, liegt mit ihr in Reihe und unterstützt die magnetische Flußrichtung der Wendepole.

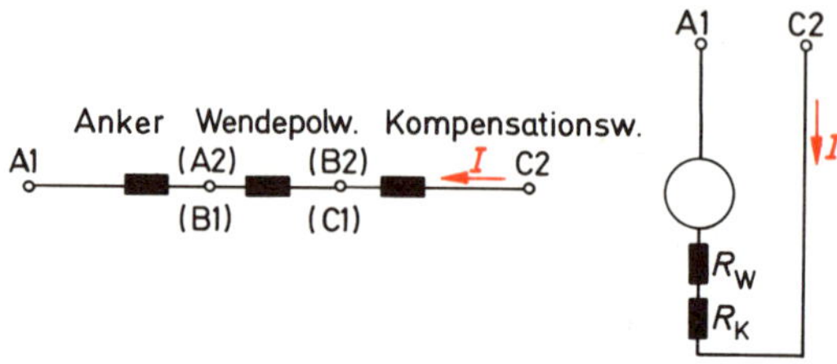

Bild 1.2/5a Unsymmetrische Anordnung der Hilfswicklungen

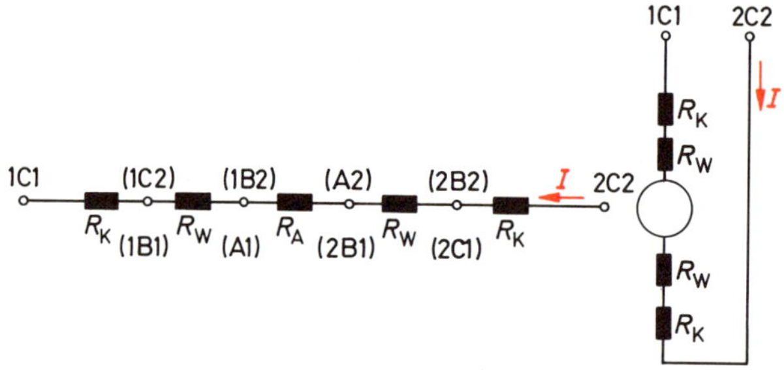

Bild 1.2/5b Symmetrische Anordnung der Hilfswicklungen

Die Stromrichtung in der Kompensationswicklung muß, wie in der Wendepolwicklung, der Ankerstromrichtung entgegengerichtet sein. Steigt bei Belastung der Ankerstrom an, wird auch das Ankerquerfeld verstärkt. Folglich müssen das Wendepol- und Kompensationsfeld ansteigen, damit das Ankerquerfeld kompensiert wird. Die Gesamtdurchflutung ergibt sich aus der Formel:

$$\Theta_{Ges} = \Theta_W + \Theta_K - \Theta_A$$

Wendepol- und Kompensationswicklungen können unsymmetrisch (Bild 1.2/5a) oder symmetrisch (Bild 1.2/5b) zur Ankerwicklung angeordnet werden. Sollen die Ausführungen der Wendepol- und Kompensationswicklungen getrennt auf dem Anschlußbrett angeschlossen werden, erhalten sie bei unsymmetrischer Schaltung die Bezeichnung B1—B2 bzw. C1—C2 (Seite 19, Tab. 1/1a).

Zusammenfassung

1. Die Ankerrückwirkung entsteht durch das Ankerquerfeld und das Ankergegenfeld der belasteten Maschine, wodurch Verzerrung und Schwächung des Erregerfeldes hervorgerufen werden.
2. Bei Generatoren **ohne Wendepole** erfolgt die Bürstenverschiebung in Drehrichtung, bei Motoren entgegengesetzt der Drehrichtung.
   Bei Generatoren **mit Wendepolen** folgt in Drehrichtung auf einen Hauptpol ein **ungleichnamiger Wendepol.**
   Bei Motoren folgt in Drehrichtung auf einen Hauptpol ein **gleichnamiger Wendepol.**
3. Wendepol-, Kompensations- und Ankerwicklung liegen in Reihe und werden vom gleichen Belastungsstrom durchflossen. Das Wendepolfeld hebt das Ankerquerfeld in der neutralen Zone auf. Eine Bürstenverschiebung ist bei Belastungsänderung nicht mehr erforderlich. Außerdem wird die Selbstinduktionsspannung durch die Wendefeldspannung in der kurzgeschlossenen Spule aufgehoben. Die Kompensationswicklung hebt das restliche Ankerquerfeld unter den Hauptpolen auf. Aus preislichen und räumlichen Gründen wird die Kompensationswicklung nur bei großen Maschinen angewendet.

Bild 1.2/6a Wirkschaltplan eines fremderregten Generators[1]

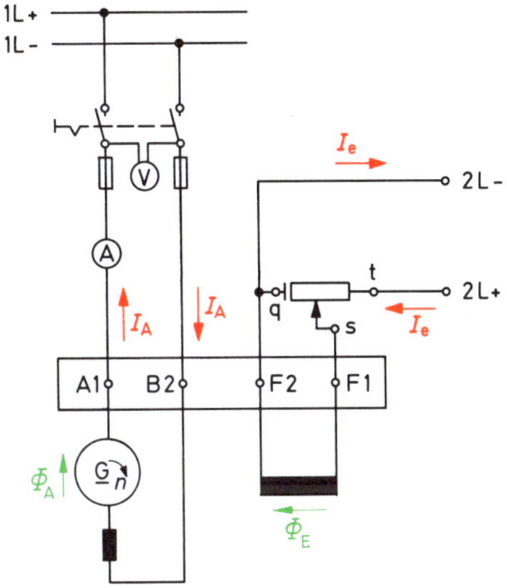

Bild 1.2/6b Anschlußbretter

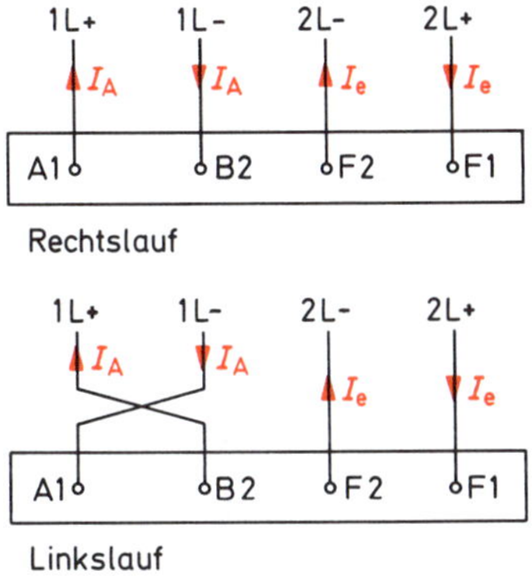

1.2.1.2. Fremderregter Generator

Ein Generator wird fremderregt, wenn die Erregerwicklung aus einer fremden Gleichspannungsquelle gespeist wird (Bild 1.2/6a). Der Erregerstrom ist damit unabhängig von der induzierten Ankerspannung U_0. Nach der Generatorgrundgleichung

$$U_0 \sim \Phi \cdot n$$

ist die induzierte Spannung U_0 vom magnetischen Fluß Φ und der Antriebsdrehzahl n abhängig. In der Praxis wird aber meistens der Erregerstrom I_e durch den Feldsteller verändert und dabei die Drehzahl n konstant gehalten. Die Leerlaufkennlinie nach Bild 1.2/7a gibt die Abhängigkeit (Funktion) der Generatorspannung U_0 vom Erregerstrom I_e an. Der Generator wird im Leerlauf spannungsmäßig so ausgelegt, daß bei Belastung immer noch die volle Klemmenspannung erreicht wird. Wenn der fremderregte Generator auch als selbsterregter verwendet wird, muß die Leerlaufkennlinie eine geringere Remanenzspannung U_R aufweisen (siehe Nebenschlußgenerator).

Durch den Hauptschalter wird der Generator mit dem Netz verbunden. Der Anker- bzw. Belastungsstrom I_A durchfließt die in Reihe geschalteten Widerstände von Anker- (R_A), Wendepol- (R_W) und Kompensationswicklung (R_K). Die Widerstände werden zum gesamten inneren Widerstand

$$R_i = R_A + R_W + R_K$$

zusammengefaßt. Am Innenwiderstand R_i tritt der innere Spannungsverlust

$$U_i = U_v = I_A \cdot R_i$$

auf. Die am Netz zur Verfügung stehende Klemmenspannung ist daher

$$U_{Kl} = U_0 - I_A \cdot R_i$$

---

[1] Um die Stromverläufe klar zu erkennen, sind sie in den Schaltbildern der Gleichstrommaschinen trotz geöffneter Schalter mit eingezeichnet worden.

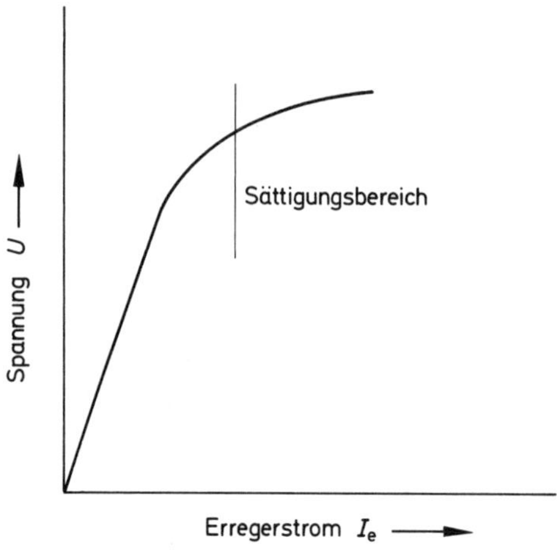

Bild 1.2/7a Leerlaufkennlinie eines fremderregten Generators

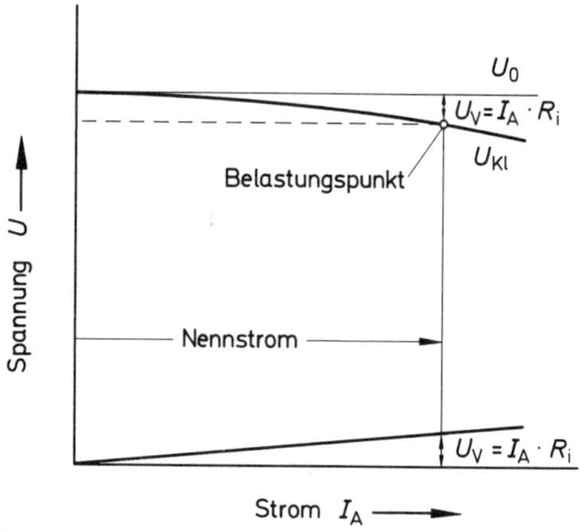

Bild 1.2/7b Belastungskennlinie eines fremderregten Generators

Die Belastungskennlinie (Bild 1.2/7b) zeigt bei zunehmender Belastung eine relativ geringe Spannungsabweichung gegenüber der Leerlaufspannung. Der Spannungsverlust beträgt etwa 5% bis 10% zwischen Leerlauf und Nennlast. Bei dieser Annahme wird vorausgesetzt, daß die Ankerrückwirkung durch Wendepol- und Kompensationswicklung aufgehoben wird, da sonst noch eine größere Spannungsabsenkung die Folge wäre.
Eine konstante Klemmenspannung U_{Kl} erreicht man durch Änderung des Erregerstromes I_e, so daß die induzierte Spannung U_0 immer um den inneren Spannungsverlust höher liegt als die erforderliche Klemmenspannung.

Zusammenfassung

a) Der fremderregte Generator ist im mechanischen Aufbau wie der Nebenschlußgenerator ausgeführt.
b) Durch seine geringe Spannungsabweichung bei Belastungsschwankungen kann er in der Praxis als spannungssteif angesehen werden.
c) Der Generator ist im Kurzschluß gefährdet, da das magnetische Feld in voller Höhe erhalten bleibt; er gibt hierbei den größten Strom ab.
d) Auf dem Leistungsschild müssen außer den normalen Nenndaten zusätzlich die Erregerspannung und der Erregerstrom angegeben werden.
e) Die fremderregte Maschine wird als Erregergenerator oder in der Leonardschaltung als Steuergenerator und steuerbarer Motor (Leonardmotor) eingesetzt.

1.2.1.3. Nebenschlußgenerator

Beim Nebenschlußgenerator (Bild 1.2/8a) liegen die Ankerwicklung und Erregerwicklung parallel, d.h., die Erregerwicklung liegt im Nebenschluß. Die Grundlage hierfür liefert das von Werner von Siemens begründete elektrodynamische Prinzip. Er benötigt deshalb zur Selbsterregung immer einen kleinen Restmagnetismus, um seine Spannung auf die gewünschte Klemmenspannung „hochzuschaukeln“. Wie die Leerlaufkennlinie in Bild 1.2/9a zeigt, steigt die Spannung proportional mit dem Erregerstrom I_e an und verläuft dann anschließend in den Sättigungsbereich ein. Dieser Strom

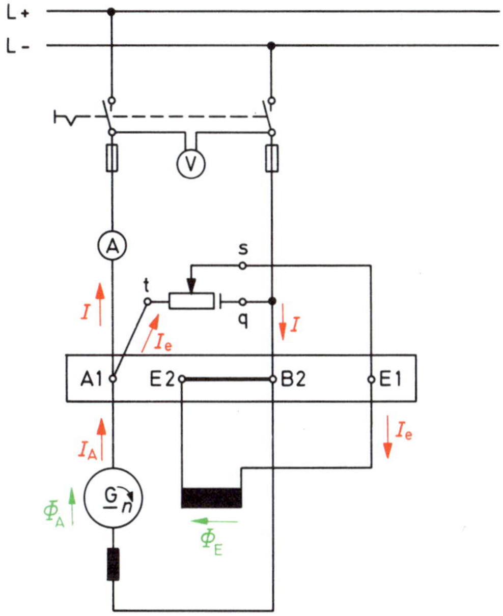

Bild 1.2/8a Wirkschaltplan eines Nebenschlußgenerators

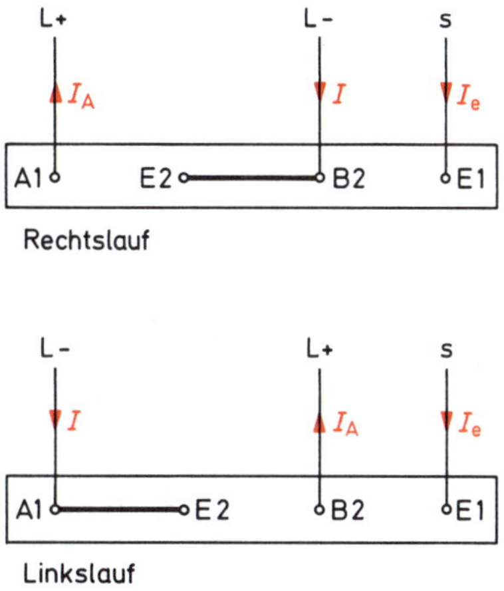

Bild 1.2/8b Anschlußbretter

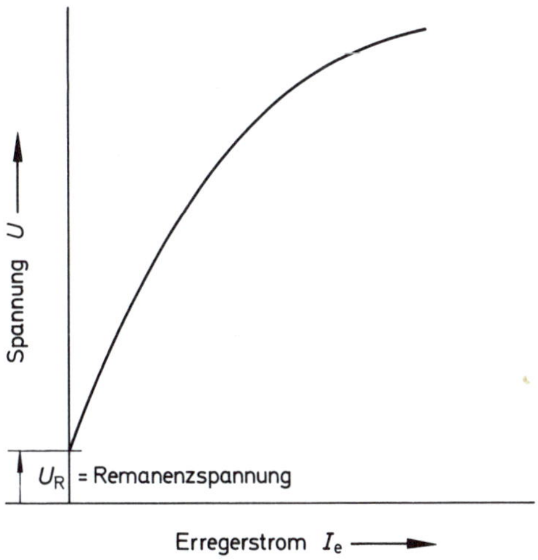

Bild 1.2/9a Leerlaufkennlinie eines Nebenschlußgenerators

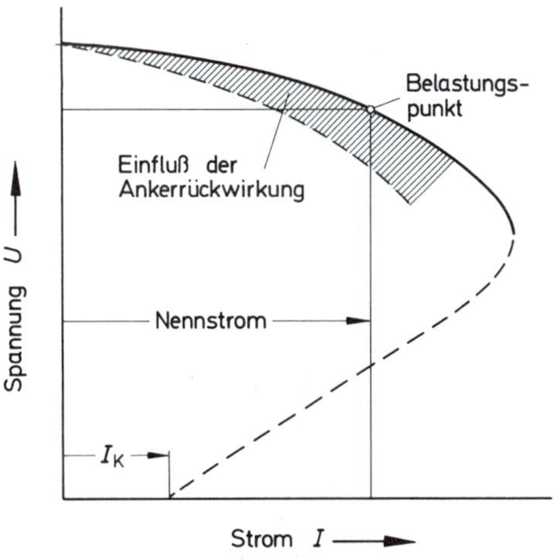

Bild 1.2/9b Belastungskennlinie eines Nebenschlußgenerators

muß so gerichtet sein, daß das erzeugte Magnetfeld die gleiche Richtung aufweist wie der Restmagnetismus. Die Leerlaufkennlinie muß gegenüber dem fremderregten Generator eine Remanenzspannung U_R aufweisen. Die Drehzahl bleibt bei Aufnahme der Kennlinie konstant. Feldsteller und Nebenschlußwicklung liegen in Reihe, aber parallel zu den Anschlüssen A1 und B2. Die induzierte Spannung U_0 ist somit von der Formel

$$U_0 \sim I_e \cdot (R_E + R_{St})$$

abhängig. Soll die Spannung geändert werden, muß der Feldsteller (R_{St}) verändert werden. Aus dieser Erkenntnis heraus kann der größtmöglichste Erregerstrom I_e durch die Formel bestimmt werden:

$$I_e \sim \frac{U_0}{R_E + R_{St}}$$

Die Belastungskennlinie (Bild 1.2/9b) des Generators stellt die Abhängigkeit der Spannung vom Belastungsstrom $I = I_A - I_e$ dar. Beim fremderregten Generator ist der Ankerstrom I_A gleich dem Belastungsstrom (Netzstrom). Beim Nebenschlußgenerator wird ein Teil des Ankerstromes von etwa 2% bis 6% zur Nebenschlußwicklung abgezweigt, so daß

$$I_A = I + I_e$$

ist. Man erkennt, daß die Klemmenspannung mit zunehmender Belastung und somit größer werdendem Spannungsabfall sinkt. Dazu die Formel:

$$U_{Kl} = U_0 - I_A \cdot R_i$$

Da die Erregerwicklung aber parallel zu den Anschlüssen A1—B2 liegt, wird auch der Erregerstrom und somit der Kraftfluß Φ von diesem Spannungsrückgang betroffen. Die Folge ist beim Nebenschlußgenerator ein größerer Spannungsrückgang als beim fremderregten Generator. Bei wechselnder Netzbelastung wird der Erregerstrom wieder durch den Feldsteller oder einen Schnellregler auf den gewünschten Spannungswert eingestellt. Erfolgt ein Kurzschluß an den Anschlüssen, bricht die Generatorspannung unmittelbar zusammen. Die Spannung an der Erregerwicklung wird ebenfalls Null, so daß lediglich der Remanenzfluß bleibt. Die erzeugte Remanenzurspannung treibt nur noch den ungefährlichen Kurzschlußstrom I_K durch den inneren Widerstand der Maschine.

Selbsterregte Gleichstromgeneratoren können sich nur dann voll erregen, wenn

a) kein mechanischer Fehler vorliegt,
b) der vom Erregerstrom erzeugte magnetische Fluß die gleiche Richtung hat wie der Restmagnetismus.

Voraussetzung hierfür ist die richtige Drehrichtung.

Zusammenfassung

a) Die Erregerwicklung besteht aus vielen dünnen Windungen (hoher Widerstand).
b) Der Generator kann sich auf die volle Netzspannung erregen, auch wenn der äußere Stromkreis nicht geschlossen ist.
c) Die Klemmenspannung ist nicht so steif wie beim fremderregten Generator. Der Nebenschlußgenerator kann aber als kurzschlußfest angesehen werden.
d) Der Nebenschlußgenerator polt auch bei Rückstrom nicht um, da der Erregerstrom als Generator oder Motor die gleiche Richtung aufweist und die Drehrichtung somit gleich bleibt.

Bild 1.2/10a Wirkschaltplan eines Reihenschlußgenerators

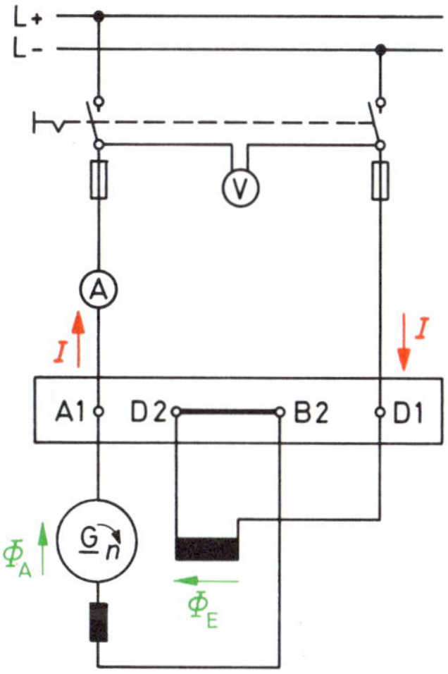

Bild 1.2/10b Anschlußbretter

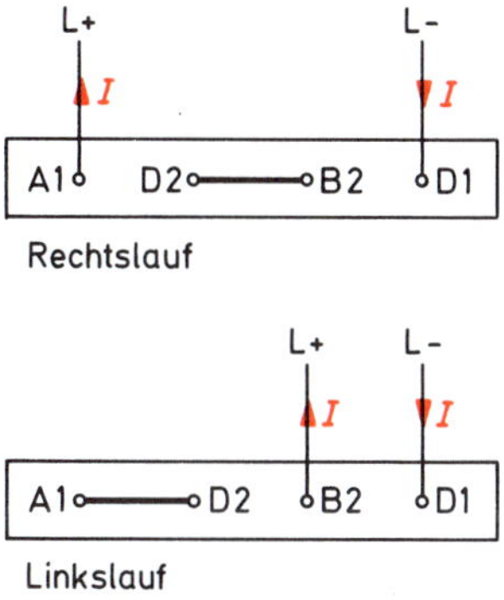

e) Der Generator wird als Lichtmaschine, als Erregermaschine für große Drehstromgeneratoren zur Gleichspannungsversorgung des Polrades (Schenkelpol- oder Turboläufer) oder als Ladegenerator für Batterien verwendet.

1.2.1.4. Reihenschlußgenerator (Hauptschlußgenerator)

Die Erreger- und Ankerwicklung liegen beim Reihenschlußgenerator (Bild 1.2/10a) in Reihe. Der Belastungsstrom I ist gleichzeitig Erregerstrom I_E und Ankerstrom I_A. Der Generator kann sich nur dann voll erregen, wenn der normale Belastungsstrom I fließt.

Eine Leerlaufkennlinie hat der Generator nicht. Die Belastungskennlinie (Bild 1.2/11) verhält sich wie die Leerlaufkennlinie eines Nebenschlußgenerators mit Remanenzspannung. Kleine Korrekturen der Netzspannung können nur durch einen verstellbaren Parallelwiderstand zur Reihenschlußwicklung erfolgen. Wenn der Parallelwiderstand verkleinert wird, wird der Strom in ihm größer, der Strom in der Reihenschlußwicklung aber kleiner. Mit der magnetischen Spannung $\Theta = I \cdot N$ werden somit auch der magnetische Fluß Φ und die induzierte Spannung U_0 geschwächt.

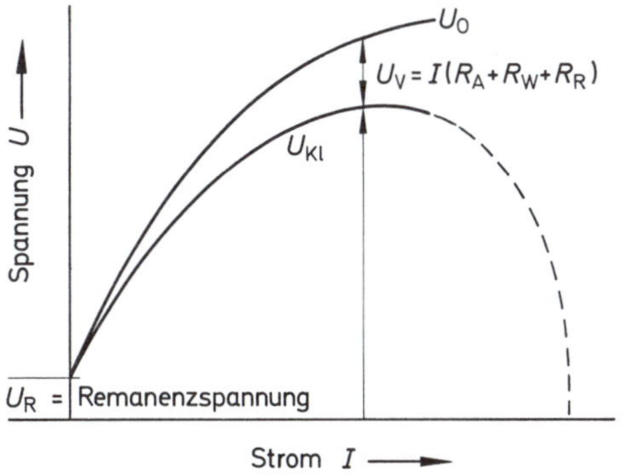

Bild 1.2/11 Belastungskennlinie eines Reihenschlußgenerators

Das Anwendungsgebiet des Reihenschlußgenerators bleibt infolge des Nachteils der konstanten Last begrenzt.

Zusammenfassung

a) Die Wicklungen des Reihenschlußgenerators liegen in Reihe und werden vom gesamten Strom I durchflossen.
b) Die Erregerwicklung besitzt bei wenigen Windungen mit starkem Drahtquerschnitt einen geringen Widerstand.
c) Die Klemmenspannung verändert sich sehr stark mit der Belastung.
d) Der Reihenschlußgenerator polt bei Rückstrom um, da der Strom in umgekehrter Richtung durch die Erreger- und Ankerwicklung fließt. Er kann deshalb zum Laden von Akkus nicht verwendet werden.
e) Der Generator kann sich nur dann voll erregen, wenn der volle Belastungs- oder Nennstrom fließt.
f) Der Generator hat bei sehr starker Belastung einen sehr hohen Kurzschlußstrom; er ist somit kurzschlußgefährdet (Bild 1.2/11).

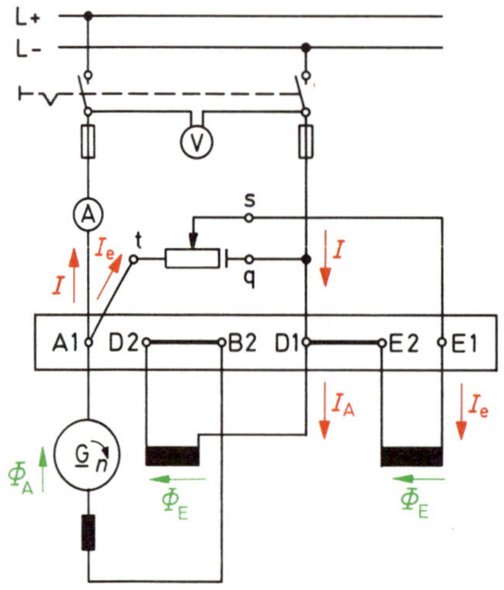

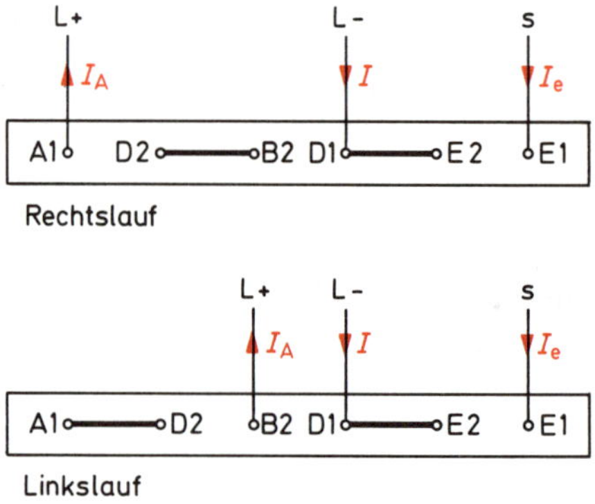

Bild 1.2/12b Anschlußbretter

Bild 1.2/12a Wirkschaltplan eines Doppelschlußgenerators

1.2.1.5. Doppelschlußgenerator (Verbund- oder Kompoundgenerator)

Der Doppelschlußgenerator (Bild 1.2/12a) hat auf jedem Hauptpol eine Nebenschluß- und eine Reihenschlußwicklung. Die Nebenschlußwicklung (Spannungswicklung) liegt parallel zum Ankerkreis und kann durch den Restmagnetismus der Hauptpole den Generator im Leerlauf auf die volle Leerlaufspannung erregen. Die Maschine verhält sich somit wie ein normaler im Leerlauf arbeitender Nebenschlußgenerator (Bild 1.2/13a). Durch die Reihenschlußwicklung (Stromwicklung) fließt bei Leerlauf nur ein geringer Erregerstrom, der keinen nennenswerten Kraftfluß Φ erzeugt und damit kaum zur Spannungserzeugung beiträgt.
Wird der Hauptschalter geschlossen und der Generator durch Verbraucher belastet, fließt durch die Reihenschlußwicklung der Belastungsstrom $I_A = I + I_e$, der ein zusätzliches Magnetfeld erzeugt.

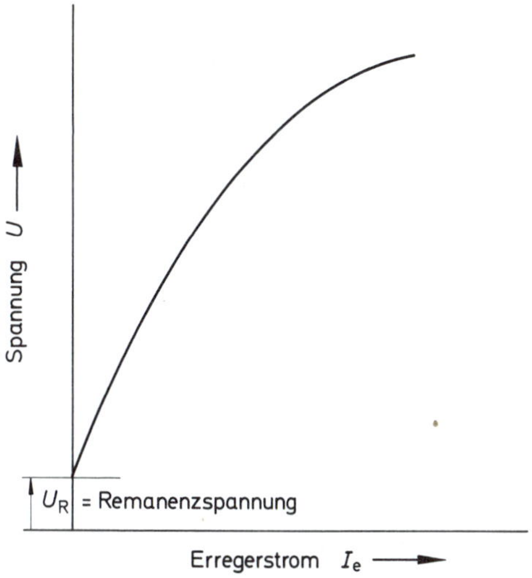

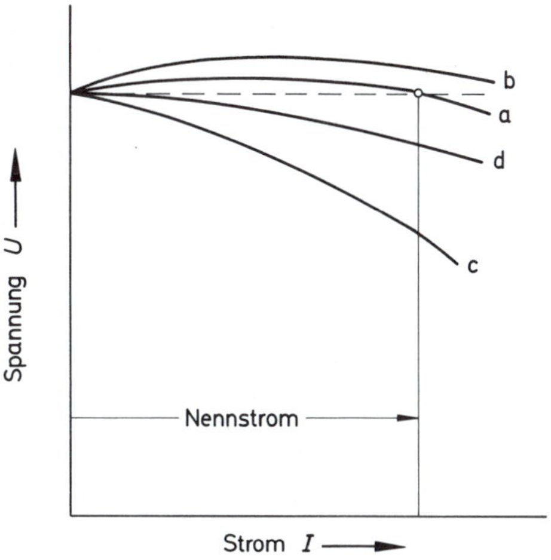

Bild 1.2/13a Leerlaufkennlinie eines Doppelschlußgenerators

Bild 1.2/13b Belastungskennlinien eines Doppelschlußgenerators ▶

a = mit Normalkompoundierung
b = mit Überkompoundierung
c = mit Gegenkompoundierung
d = Nebenschlußgenerator

Unterstützen sich beide Magnetfelder, so spricht man von einer Normalkompoundierung (Bild 1.2/13b, Kennlinie a und Bild 1.2/14a). Der Spannungsabfall in der Maschine wird durch die Vergrößerung des Gesamtfeldes infolge der Erhöhung der induzierten Spannung ausgeglichen. Die Spannung bleibt konstant und übertrifft in der Spannungsstabilität die des Nebenschlußgenerators und des fremderregten Generators. Soll der Spannungsabfall auf langen Leitungen zwischen Generator und Verbraucher durch die Generatorklemmenspannung ausgeglichen werden, wird die Maschine überkompoundiert (Bild 1.2/13b, Kennlinie b). Die normale Reihenschlußwicklung erhält dafür Zusatzwindungen. Schaltungstechnisch verhält sich diese Anordnung wie die Normalkompoundierung. Für Sonderzwecke wird die Reihenschlußwicklung der Nebenschlußwicklung entge-

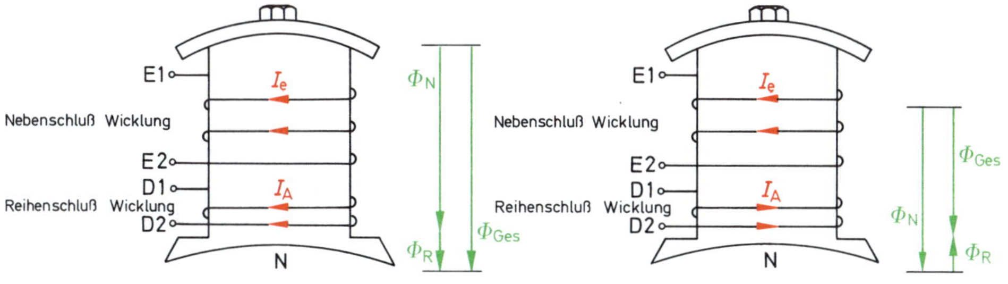

a) Normalkompoundierung

b) Gegenkompoundierung

Bild 1.2/14 Schaltungen der Wicklungen eines Doppelschlußgenerators

gengeschaltet, die Anschlüsse der Reihenschlußwicklung D1 — D2 werden umgeklemmt. Der Belastungsstrom durchfließt in umgekehrter Richtung die Wicklung. Das Magnetfeld der Reihenschlußwicklung wirkt dem der Nebenschlußwicklung entgegen ($\Phi_{Ges} = \Phi_N - \Phi_R$). Man spricht dann von einer Gegenkompoundierung (Bild 1.2/13b), Kennlinie c, und Bild 1.2/14b). Die Klemmenspannung nimmt dabei mit wachsender Belastung und somit größer werdendem Strom ab.
In der Praxis wird auch bei der Gegenkompoundierung anstatt einer Nebenschlußwicklung eine fremderregte Wicklung verwendet.

Zusammenfassung

a) Der Doppelschlußgenerator vereinigt in sich den Nebenschluß- und Reihenschlußgenerator.
b) Die Wicklungen können so geschaltet werden, daß sich ihre Magnetfelder unterstützen oder entgegenwirken.
c) Der Doppelschlußgenerator kann seine Klemmenspannung bei starken Netzbelastungen konstant halten.
d) Er polt auch bei Rückstrom nicht um, da stets die magnetische Wirkung der Nebenschlußwicklung gegenüber der Reihenschlußwicklung überwiegt.
e) Findet der Doppelschlußgenerator zum Laden von Akkumulatoren Verwendung, wird die Reihenschlußwicklung kurzgeschlossen, um ein Umpolen bei Spannungsrückgang zu vermeiden.

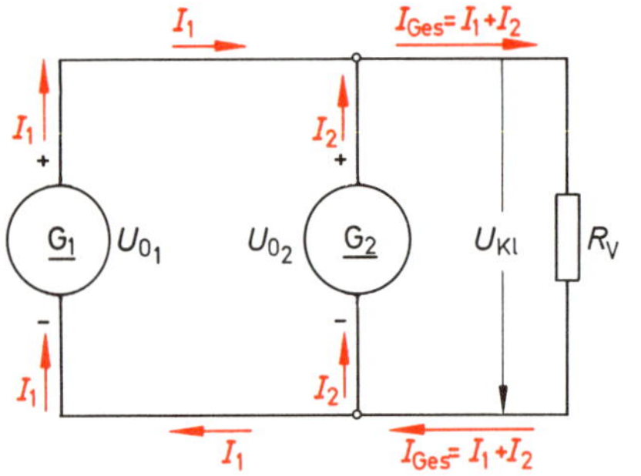

$$P_{Ges} = P_1 + P_2$$
$$P = U_{Kl} \cdot I_1 + U_{Kl} \cdot I_2$$
$$P = U_{Kl} \cdot (I_1 + I_2)$$
$$P = U_{Kl} \cdot \Sigma I$$

Bild 1.2/15 Parallelschaltung von Gleichstromgeneratoren (Prinzipbild)

1.2.2. Parallelschaltung von Gleichstromgeneratoren

Allgemeines

Gleichstromgeneratoren werden miteinander parallel geschaltet, um im Zentralen die Betriebssicherheit zu gewährleisten und einzelne Generatoren vor Überlastung zu schützen.
Die Parallelschaltung von Generatoren stellt grundsätzlich eine Gegenreihenschaltung von Spannungserzeugern dar. Wie aus Bild 1.2/15 ersichtlich ist, müssen die Spannungen der Generatoren mit der Netzspannung übereinstimmen. Die einzelnen abgegebenen Generatorströme I_1 und I_2 addieren sich zum Gesamtstrom $I_{Ges} = I_1 + I_2$. Die Gesamtleistung $P_{Ges} = P_1 + P_2$ steht dem Netz zur Verfügung.
Aus dieser Erkenntnis heraus sind bei Parallelbetrieb von Gleichstromgeneratoren folgende Punkte wichtig:

Bild 1.2/16 Polaritätskontrolle durch Lampenschaltungen

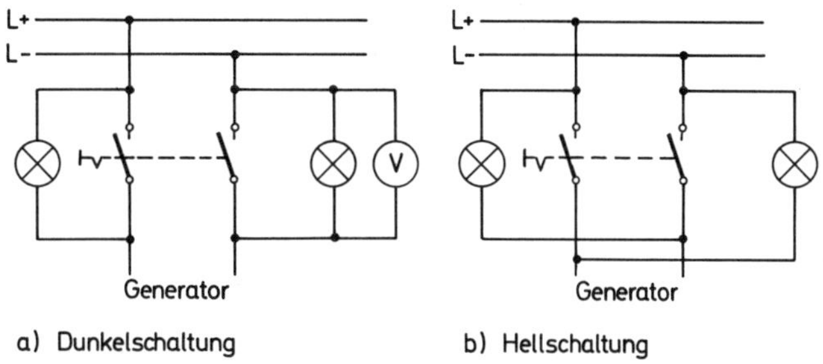

a) **Gleiche Leerlaufspannungen der Generatoren**
Die Spannungen werden durch getrennte oder durch einen gemeinsamen umschaltbaren Spannungsmesser kontrolliert.

b) **Gleiche Polaritäten der Generatoren**
Die Polaritäten können auf verschiedene Weise ermittelt werden:

1. Durch ein polarisiertes Meßinstrument, z.B. Drehspulinstrument.
2. Durch eine Glimmlampe. Der negative Pol (Katode) überzieht sich mit einer Glimmhaut.
3. Durch die Hell- oder Dunkelschaltung (Bild 1.2/16).

c) **In der positiven Leitung eines jeden Generators befindet sich ein Rückstromschalter.**
Der Rückstromschalter arbeitet nach dem magnetischen Ausgleichsprinzip. Er hat die Aufgabe, bei Spannungsrückgang $U_0 < U_{Kl}$ den Generator vor Rückstrom zu schützen und einen Übergang in den Motorzustand zu verhindern.

d) Ausgleichsleitung beim Parallelbetrieb von Doppelschlußgeneratoren (Abschnitt 1.2.2.2)

e) Man strebt weiter an, daß Generatoren, die unmittelbar miteinander verbunden sind, annähernd gleiche Belastungskennlinien aufweisen. Damit sind die Parallelbedingungen und die Lastverteilungen auf beiden Generatoren sicher gewährleistet.
In der Praxis werden auch Nebenschluß- und Doppelschlußgeneratoren parallel geschaltet. Reihenschlußgeneratoren kommen wegen der großen Belastungsschwankungen heute nicht mehr zur Anwendung.

1.2.2.1. Parallelschaltung von Gleichstromnebenschlußgeneratoren

Nebenschlußgeneratoren (Bild 1.2/17) können parallel geschaltet werden, wenn die aus Abschnitt 1.2.2 wichtigen Punkte beachtet werden (gleiche Spannung, gleiche Polarität).
Wird Generator 2 dem Netz zugeschaltet, muß die anstehende Klemmenspannung so hoch sein wie die Netzspannung. Erst dann wird der Feldsteller verändert und die induzierte Spannung von Generator 2 erhöht, bis er Last übernimmt, oder der Feldsteller von Generator 1 wird so verändert, daß dieser dann entlastet wird. Die genaue Kontrolle der Lastverteilung erfolgt durch getrennte Strommesser, die jeweils einem Generator zugeordnet sind. Soll in belastungsschwachen Zeiten die Leistung auf Generator 1 übertragen werden, wird die Spannung von Generator 1 durch den Feldsteller erhöht oder bei Generator 2 allmählich gesenkt. Erst dann wird Generator 2 nach Kontrolle des Strommessers (Anzeige Null) vom Netz getrennt.
Bei Doppelschlußgeneratoren wird in gleicher Weise verfahren.

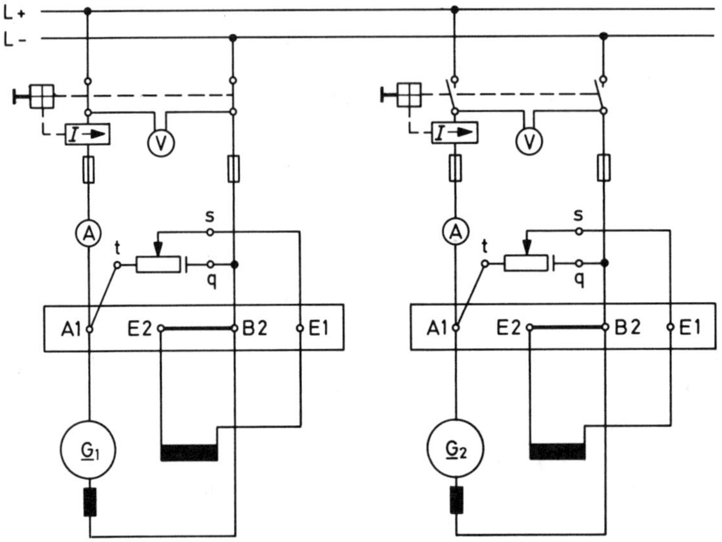

Bild 1.2/17 Parallelschaltung von Nebenschlußgeneratoren

Bild 1.2/18 Parallelschaltung von Doppelschlußgeneratoren

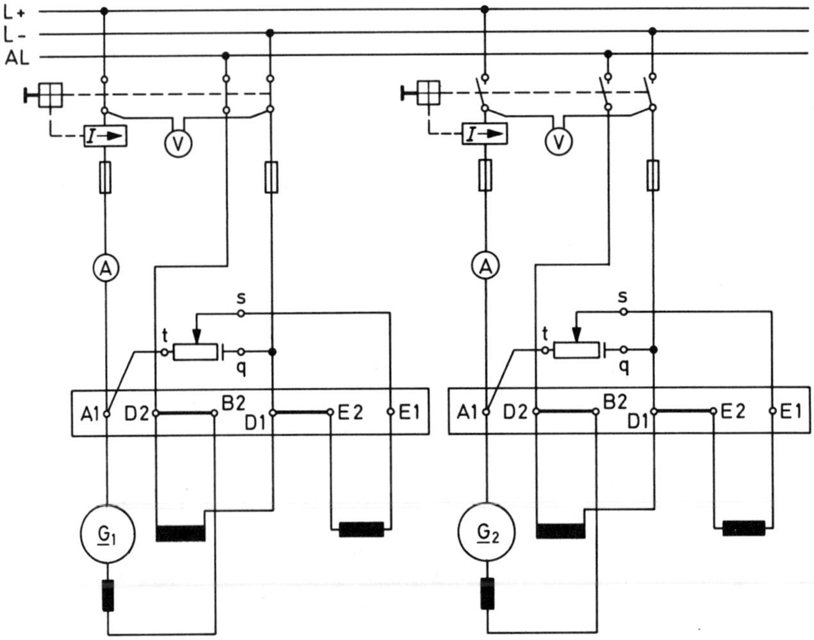

1.2.2.2. Parallelschaltung von Gleichstromdoppelschlußgeneratoren

Der Parallelbetrieb von Doppelschlußgeneratoren (Bild 1.2/18) ist komplizierter als der von Nebenschlußgeneratoren. Wird die Spannung eines Generators im Betrieb vermindert, so kann der Generator Rückstrom aus dem Netz aufnehmen. Die Reihenschlußwicklung wird dann in umgekehrter Richtung vom Strom durchflossen und schwächt dadurch das magnetische Feld der Nebenschlußwicklung.
Die Rückwirkung kann so weit fortschreiten, bis der Generator in den Motorzustand übergeht. Dieser Gefahr kann begegnet werden, wenn zwischen beiden Generatoren eine Ausgleichsleitung von Klemme D2 des ersten zur Klemme D2 des zweiten Generators gelegt wird. Hierdurch wird auf beiden Generatoren eine gleichmäßige Lastverteilung hervorgerufen. Durch die Ausgleichsleitung werden die Reihenschlußwicklungen in sich parallel geschaltet. Somit herrscht an den Klemmen D1—D2 der gleiche Potentialunterschied. Die richtige Stromverteilung (Ausgleichsstrom) durch die Ausgleichsleitung ist damit gewährleistet.
Nebenschluß- und Doppelschlußgenerator können nur dann parallel geschaltet werden, wenn der Nebenschlußgenerator einen ohmschen Widerstand erhält, der schaltungsmäßig und größenmäßig im Widerstandswert dem der Reihenschlußwicklung des Doppelschlußgenerators entspricht.

Bild 1.2/19 Gleichstrom-Zweileitersystem

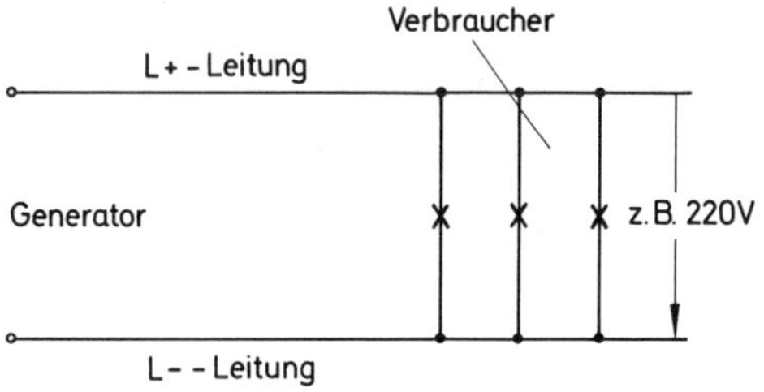

Bild 1.2/20 Gleichstrom-Dreileitersystem

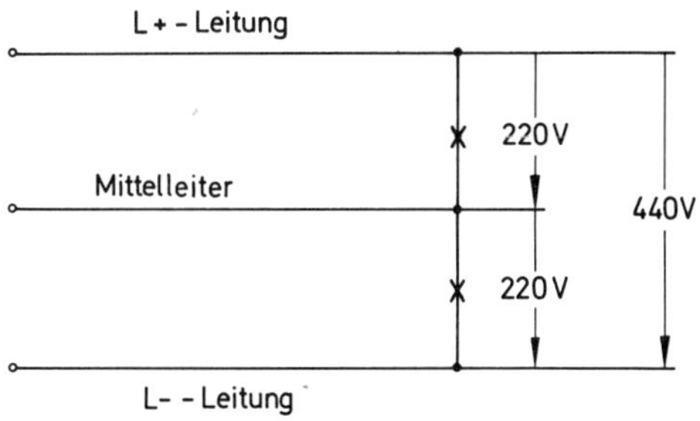

1.2.3. Gleichstrom-Dreileiternetz

Allgemeines

Gleichstromnetze werden in Zwei- (Bild 1.2/19) und Dreileitersysteme (Bild 1.2/20) eingeteilt. Zweileitersysteme bestehen aus einer Hin- und Rückleitung. Da beide Leitungen vom gleichen Strom durchflossen werden, müssen die Leitungsquerschnitte gleich ausgeführt sein. Diese Anlagen werden nur für Verbraucher mit geringer Belastbarkeit für kurze Entfernungen verwendet (U = 220 V). Um die Wirtschaftlichkeit der Übertragung über größere Entfernungen bei hohen Leistungen zu erhöhen, wird das Dreileitersystem mit doppelter Spannung ($2 \cdot U$ = 440 V) angewendet.

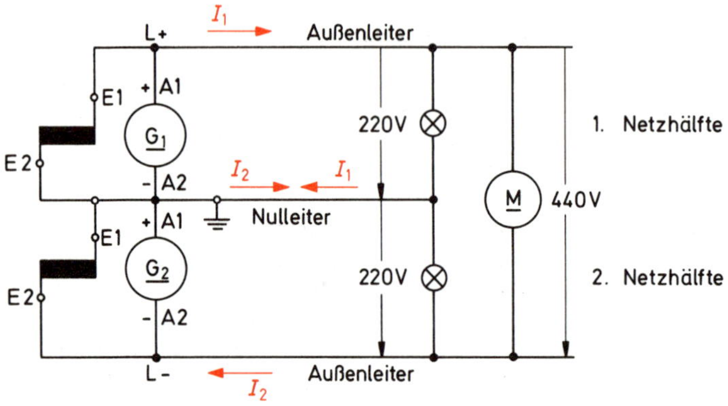

Bild 1.2/21 Reihenschaltung von Gleichstrom-Nebenschlußgeneratoren

Die in der Praxis angewendeten Gleichstromdreileitersysteme werden durch die Reihenschaltung von zwei Generatoren oder durch den Dreileitergenerator versorgt.

1.2.3.1. Reihenschaltung von Gleichstromgeneratoren (Bild 1.2/21)

Ein Gleichstrom-Dreileiternetz kann auf einfache Art aus der Reihenschaltung zweier Nebenschluß- oder Doppelschlußgeneratoren gleicher Leistung und Spannung hergestellt werden.
Die Außenleiterspannung (Spannung zwischen L+- und L—-Leiter) stellt die doppelte Maschinenspannung dar. Sie beträgt gewöhnlich $U = 440$ V. Die dritte Leitung, der Mittelleiter M, wird am Verbindungspunkt zwischen den beiden in Serie geschalteten Generatoren abgegriffen. Die zwischen dem M und dem Außenleiter gemessene Spannung beträgt

$$\frac{U_{\text{Außenleiter}}}{2} = 220 \text{ V}$$

Zwischen L+- und Nulleiter bzw. L—- und Nulleiter herrscht nur die Hälfte der Außenleiterspannung, also $U = 220$ V.
Der Mittelleiter wird aus Sicherheitsgründen in der Zentrale ab 65 V Netzspannung geerdet: er wird dann zum Nulleiter.
Bei gleicher Belastung auf beiden Netzhälften ist der Nulleiter stromlos. Dieser günstige Zustand ist anzustreben, kann aber in der Praxis kaum erreicht werden. Wird nun das Netz ungleichmäßig belastet, fließt im Nulleiter immer der Differenzstrom $\Delta I = I_2 - I_1$ beider Außenleiterströme (Bild 1.2/22a).
Aus diesem Grund kann bei stärkerem Querschnitt der Außenleiter der Querschnitt des Mittelleiters auf die Hälfte vermindert werden, jedoch nicht unter 16 mm² für Cu-Leitung und 25 mm² für Al-Leitung.
Der Nulleiter darf niemals allein durch einen Schalter oder eine Sicherung unterbrochen werden. Es würde die Netzhälfte mit dem höheren ohmschen Widerstandswert (kleiner Last) durch Überspannung und somit zu hohem Strom gefährdet. Nach Bild 1.2/22b würde $R_1 = 40\ \Omega$ mit Sicherheit zerstört werden.

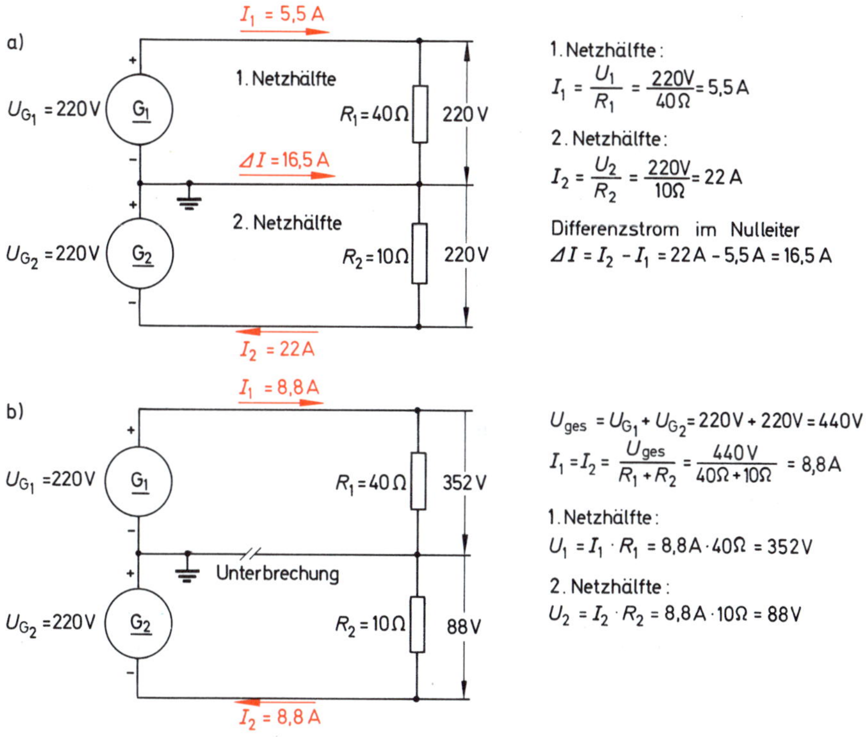

Bild 1.2/22 Gleichstrom-Dreileitersystem
a) ohne Unterbrechung des Nulleiters b) mit Unterbrechung des Nulleiters

1.2.3.2. Dreileitergenerator (Bild 1.2/23)

Eine Spannungsteilung kann auch an einem einzelnen Gleichstromgenerator vorgenommen werden. Man erhält dann den sogenannten Dreileitergenerator. Diese Ausführung hat gegenüber zwei Maschinen den Vorteil, daß eine einzelne Maschine mit voller Leistung im Betrieb wirtschaftlicher ist als zwei Maschinen mit je halber Leistung.
Die Außenleiterspannung (Gleichspannung) wird direkt am Stromwender zwischen den Bürsten A1 und A2 abgegriffen. Außer dem Stromwender befinden sich auf der Welle zusätzlich Schleifringe. Um den dritten Leiter, den Mittelleiter, künstlich herzustellen, muß die Ankerwicklung im

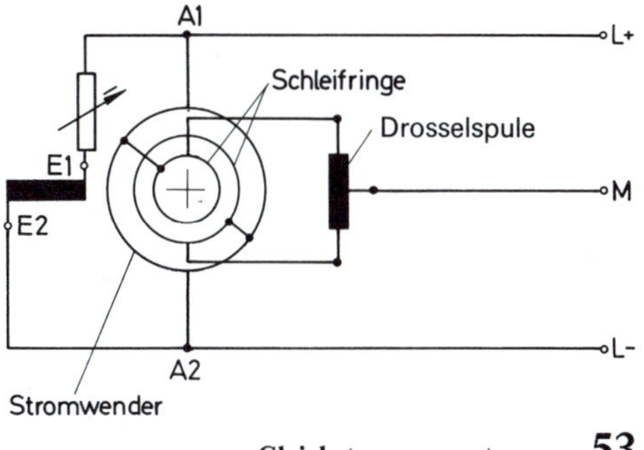

Bild 1.2/23 Dreileitergenerator (Prinzipbild)

einfachsten Falle um 180° symmetrisch angezapft und mit den Schleifringen verbunden werden. Über die Schleifringe wird die induzierte Wechselspannung einer Drosselspule zugeführt. Wird die Mitte der Drosselspule angezapft, erhält man den künstlichen Mittel- bzw. Nulleiter. Durch diese Schaltungsanordnung wird das Netz in zwei symmetrische Hälften aufgeteilt. Die Drosselspule stellt für den Wechselstrom einen hohen induktiven Widerstand dar, so daß der Verlust in der Drossel sehr gering ist. Wird das Gleichstromnetz ungleichmäßig belastet, durchfließt der Differenzstrom den Mittelleiter und fließt zur Drosselspule zurück. Bei Gleichstrom wird aber für die Drosselspule nur der geringe ohmsche Widerstand wirksam, so daß der Ausgleichsstrom leicht zur Ankerwicklung zurückfließen kann.
Der Dreileitergenerator beruht auf dem gleichen Prinzip wie der Einankerumformer mit der gemeinsamen Ankerwicklung (Abschnitt 1.9.3.2).
Gleichstromdreileiternetze können außerdem noch auf verschiedene andere Weise hergestellt werden, z.B. durch

1. Batteriespannungsteilung
2. Ausgleichsmaschinensatz

Zusammenfassung

a) Der Vorteil eines Gleichstromdreileiternetzes liegt in der Materialersparnis und in niedrigeren Anlagekosten gegenüber Zweileitersystemen.
b) Es können größere Leistungen auf weitere Entfernungen gegenüber Zweileitersystemen übertragen werden.
c) Das Netz stellt zwei verschiedene Spannungen zur Verfügung, z. B.:
Hierdurch kann das Netz gleichmäßig ausgelastet werden.
d) Bei Netzspannungen ab 65 V muß der Mittelleiter VDE geerdet werden: er wird zum Nulleiter.
e) Der Nulleiter darf niemals durch eine Sicherung oder einen Schalter allein getrennt werden. Bei ungleicher Netzbelastung wären sonst die Verbraucher in der schwächer belasteten Netzhälfte gefährdet.

L+ und L− = 440V
L+ und M = 220 V
M und L− = 220 V

1.3. Gleichstrommotoren

1.3.1. Wirkungsweise

1.3.1.1. Stromdurchflossene Leiterschleife im Magnetfeld

Befindet sich eine drehbare, stromdurchflossene Leiterschleife im Magnetfeld (Bild 1.3/1), erfährt diese eine Ablenkung, deren Richtung nach der Motorregel[1] (linke Hand) bestimmt ist. Erreger- und Ankerfeld bilden zusammen ein resultierendes Magnetfeld, das ein Drehmoment $M = 2 \cdot F \cdot r$ am Ankerumfang ausübt. Das entwickelte Drehmoment ist gleich dem angenäherten Produkt aus Magnetfeld und Ankerstrom I_A.

[1] Hält man die linke Hand so, daß die Feldlinien vom Nordpol in die Innenfläche der Hand eintreten und die ausgestreckten Finger in Stromrichtung zeigen, so zeigt der abgespreizte Daumen die Ablenkrichtung des Leiters an.

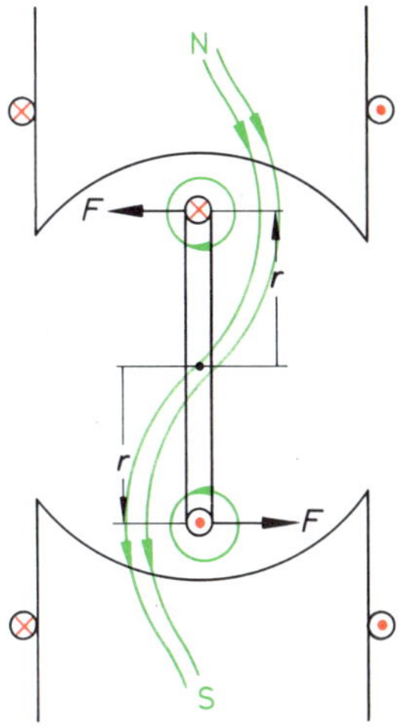

Bild 1.3/1 Stromdurchflossene Leiterschleife im Magnetfeld

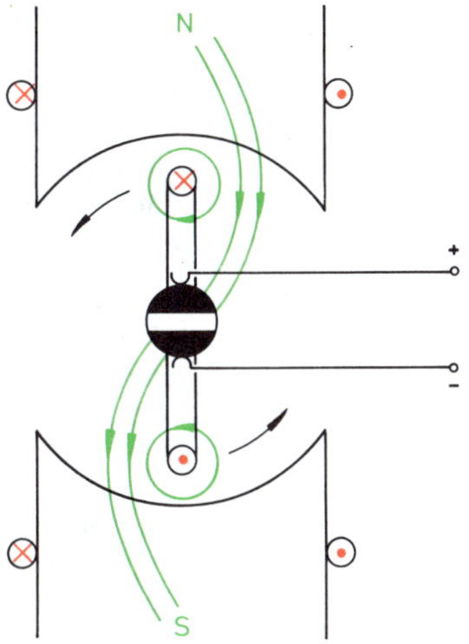

Bild 1.3/2 Stromdurchflossene Leiterschleife im Magnetfeld mit Stromwender

$$M \sim \Phi \cdot I_A$$

Nach dem Induktionsgesetz entsteht in der Leiterschleife eine Induktionsspannung, wenn diese durch Drehbewegung von Kraftlinien geschnitten wird. Diese Spannung ist beim Motor die Gegenspannung U_0 (beim Generator die induzierte Spannung U_0), die der Ursache, der angelegten Klemmenspannung U_{Kl}, entgegenwirkt (Lenzsche Regel). Die Richtung der Gegenspannung wird nach der Generatorregel (rechte Hand) bestimmt. Ihre Größe ist vom Magnetfeld Φ und der Drehzahl n der Leiterschleife abhängig.

$$U_0 \sim \Phi \cdot n$$

Wird die Leiterschleife (Bild 1.3/2) mit dem Stromwender verbunden, findet in der neutralen Zone eine Kommutierung statt, so daß die Stromrichtungen unter dem Nord- und Südpol gleich bleiben. Deshalb entsteht eine fortlaufende Rotation. Das gleiche Prinzip liegt auch bei mehreren Leitern in einem lamellierten und genuteten Ankerkörper vor. Ein Vertauschen der Anschlüsse von Erregerwicklung oder Leiterschleife ruft eine Drehrichtungsumkehr hervor.

1.3.1.2. Anlassen des Gleichstrommotors

Beim direkten Einschalten von größeren Gleichstrommotoren (etwa ab 1 kW Nennleistung) treten erhebliche Stromerhöhungen auf, die eine Beschädigung der Stromquelle, des Netzes bzw. der Ankerwicklung des Motors zur Folge haben können. Der Grund des hohen Einschaltstromes liegt in der fehlenden induzierten Gegenspannung U_0. Im Stillstand wird der Strom allein durch den sehr kleinen Ankerwiderstand R_A begrenzt. Durch Vorschalten eines Anlaßwiderstandes zum Ankerkreis kann der Anlaßspitzenstrom auf ein Mindestmaß begrenzt werden. Der Einschaltstrom wird nach dem Ohmschen Gesetz der Gleichstrommaschine bestimmt.

Ohne Anlaßwiderstand:

$$I_A = \frac{U_{Kl}}{R_A}$$

Mit Anlaßwiderstand:

$$I_A = \frac{U_{Kl}}{R_A + R_V}$$

Sobald sich der Anker dreht, wird eine Gegenspannung U_0 induziert. Der Anlaßwiderstand wird nun stufenweise abgeschaltet, die Spannungsdifferenz zwischen Klemmenspannung U_{Kl} und Gegenspannung U_0 wird verringert.
Je nach Verwendungszweck kommen in der Praxis zur Ausführung:

a) Anlasser für Kurzzeitbetrieb (normales Anlassen)
b) Anlasser für Dauerbetrieb (normales Anlassen und Drehzahlsteuerung bis Nenndrehzahl).

Im Leerlauf (unbelasteter Zustand) ist die Gegenspannung fast gleich der Klemmenspannung. Der innere Spannungsabfall $\Delta U = U_{Kl} - U_0$ läßt nur einen geringen Strom fließen. Sobald der Anker durch ein Gegenmoment von außen belastet wird, verringert sich die Drehzahl und damit gleichzeitig die Gegenspannung. Der innere Spannungsabfall wird größer und somit auch der Ankerstrom. Dieser wird aber benötigt, damit der Motor bei größerer Belastung das Gegenmoment überwinden kann.
Die Gegenspannung gilt als eigentlicher Regulator des Motors. Sie paßt sich den Belastungsverhältnissen an und regelt automatisch die Stromaufnahme des Motors.

Beispiel:

Von einem Nebenschlußgleichstrommotor für eine Nennspannung von 220 V, einer Gegenurspannung von 215 V, einem Ankerwiderstand von 0,5 Ω und einem vorhandenen Anlaßwiderstand von 4,5 Ω ist

1. der Nennstrom zu berechnen,
2. die Größe des Anlaßwiderstandes für Anlaßbetrieb unter Normallast zu überprüfen.
   Das Nebenschlußfeld bleibt unberücksichtigt.

Lösung:

1. Beim direkten Einschalten aus dem Stillstand

$$I_A = \frac{U_{Kl}}{R_i} = \frac{220\ \text{V}}{0{,}5\ \Omega} = \underline{440\ \text{A}}$$

beim Anlauf über Anlaßwiderstand von 4,5 Ω

$$I_A = \frac{U_{Kl}}{R_i + R_v} = \frac{220\ \text{V}}{0{,}5\ \Omega + 4{,}5\ \Omega} = \underline{44\ \text{A}}$$

Bei Belastung im Nennbetrieb mit kurzgeschlossenem Anlasser

$$I_N = \frac{U_{Kl} - U_0}{R_i} = \frac{220\ \text{V} - 215\ \text{V}}{0{,}5\ \Omega} = \underline{10\ \text{A}}$$

2. Nach den Vorschriften soll beim Anlaufen unter Normallast der Anlaßspitzenstrom das 1,5fache des Nennstromes nicht übersteigen. In unserem Falle beträgt er das

$$\frac{44\ \text{A}}{10\ \text{A}} = 4{,}4\text{fache des Nennstromes.}$$

$$U_{Kl} = U_0 + 1{,}5 \cdot I_N (R_i + R_v)$$

$$R_v = \frac{U_{Kl} - U_0}{1{,}5 \cdot I_N} - R_i \qquad U_0 = 0$$

$$R_v = \frac{U_{Kl}}{1{,}5 \cdot I_N} - R_i$$

$$R_v = \frac{220\ \text{V}}{1{,}5 \cdot 10\ \text{A}} - 0{,}5\ \Omega = 14{,}7\ \Omega - 0{,}5\ \Omega$$

$$R_v = \underline{14{,}2\ \Omega}$$

Es ist somit eine Nachrechnung des Anlaßwiderstandes erforderlich.

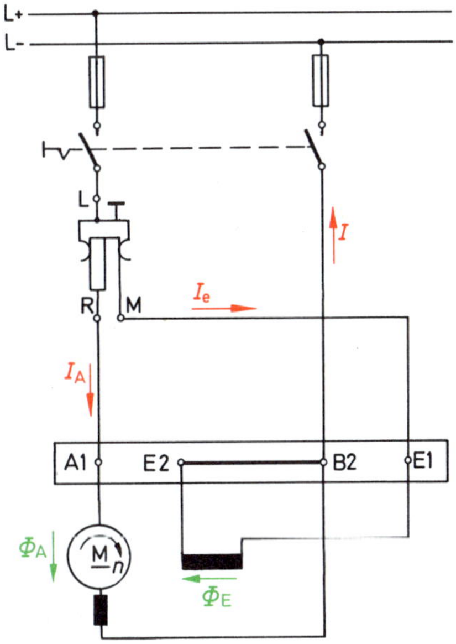

Bild 1.3/3a Wirkschaltplan eines Nebenschlußmotors für Rechtslauf

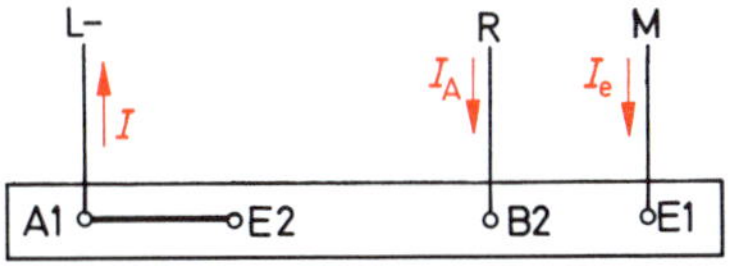

Bild 1.3/3b Anschlußbrett für Linkslauf

1.3.1.3. Nebenschlußmotor

Beim Nebenschlußmotor (Bild 1.3/3a) ist die Erregerwicklung E1 – E2 parallel zur Ankerwicklung A1 – B2 geschaltet. Beide Wicklungen liegen unmittelbar an der gleichen Netzspannung. In Reihe mit dem Anker liegt der Anlaßwiderstand (Begrenzungswiderstand), der den Ankerstrom I_A auf das geforderte Maß begrenzt. Die Erregerwicklung (Nebenschlußwicklung) liegt schon beim Einschaltvorgang an voller Netzspannung und wird durch den Erregerstrom I_e sofort voll erregt. Das Magnetfeld ist somit nicht vom Belastungsstrom und der Drehzahl des Ankers abhängig.
Ein Nebenschlußmotor erreicht deshalb im Anlauf mit konstantem Magnetfluß (ohne Einfluß der Ankerrückwirkung) sein höchstes Drehmoment $M \sim I_A$.
Im Gegensatz zum Reihenschlußmotor, dessen Drehmoment quadratisch mit dem Strom ansteigt, werden diese Motoren nur für Antriebe verwendet, die im Anlauf ein kleines bis mittleres Gegenmoment überwinden müssen.

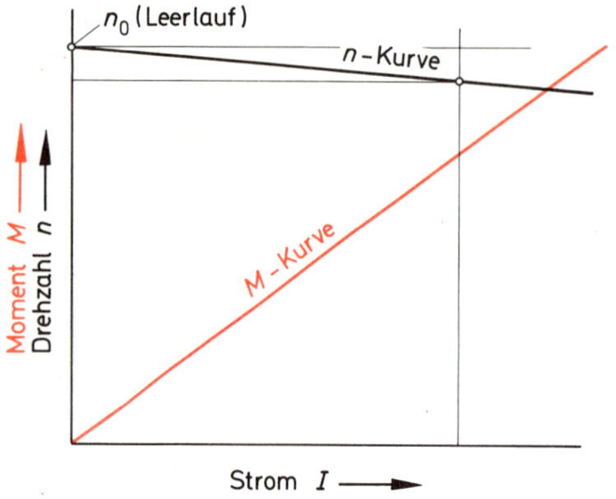

Bild 1.3/4 Belastungskennlinie eines Nebenschlußmotors

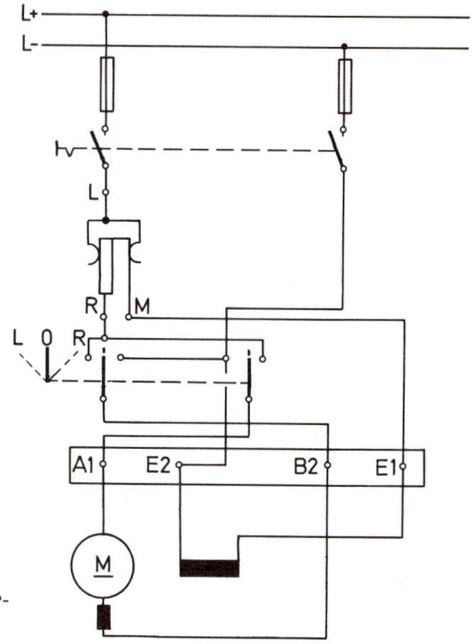

Bild 1.3/5 Nebenschlußmotor mit Wendeschalter

Im Anlaufmoment ist der Anlaßwiderstand voll eingeschaltet, und das Magnetfeld ist in voller Höhe erregt. Am Anlaßwiderstand fällt dabei der größte Teil der Netzspannung ab, der Rest am Anker.

Nach der Formel $n \sim \frac{U_0}{\Phi}$ verhält sich die Motordrehzahl bei konstantem Magnetfeld Φ linear zur induzierten Gegenspannung U_0 im Anker $n \sim U_0$.

Aus dieser Erkenntnis heraus kann mit dem Anlaßwiderstand die Drehzahl des Motors bis zur Nenndrehzahl gesteuert werden.
Der Nachteil dieser unwirtschaftlichen Drehzahlsteuerung liegt in der großen Verlustleistung im Anlasser ($P_v = I_A^2 \cdot R_v$), wodurch sich ein schlechter Gesamtwirkungsgrad ergibt.
Im Nennbetrieb erhält der Anker die volle Netzspannung nach der Formel

$$n \sim \frac{U_{Kl} - I_A \cdot R_i}{\Phi}$$

Die Motordrehzahl wird durch die Differenz $U_0 = U_{Kl} - I_A \cdot R_i$ bestimmt. Der Spannungsabfall $I_A \cdot R_i$ zwischen Leerlauf und Nenndrehzahl bei konstanter Klemmenspannung stellt einen kleinen Wert dar. Der Motor bleibt in seiner Drehzahl fast konstant (Bild 1.3/4). Eine wirtschaftliche Drehzahlsteuerung wird durch Drehzahlerhöhung erreicht, indem das Magnetfeld der Nebenschlußwicklung durch einen Feldsteller geschwächt wird. Bei konstanter Netzspannung und konstantem Ankerstrom I_A lautet die Formel $n \sim \frac{1}{\Phi}$, d.h., die Drehzahl ist umgekehrt proportional dem Magnetfeld Φ.

Bei einer Schwächung des Erregerfeldes wird die induzierte Gegenspannung U_0 im Augenblick geringer. Die erhöhte Spannungsdifferenz (Spannungsverlust in der Maschine) $\Delta U = U_{Kl} - U_0$ im Anker treibt einen größeren Ankerstrom durch den Ankerkreis, was wiederum ein größeres

Motormoment zur Folge hat. Die Drehzahl steigt so lange an, bis der Ankerstrom I_A wieder so weit zurückgeht, daß das Motormoment ausreicht, um das Lastmoment zu überwinden. Eine Feldschwächung hat immer einen Rückgang des Motormoments zur Folge; die Leistungsminderung wird durch die Drehzahlerhöhung wieder ausgeglichen. Wird bei einem leerlaufenden Nebenschlußmotor das Feld sehr stark geschwächt, steigt die Drehzahl entsprechend an; **der Motor geht durch.** In Sonderfällen wird der Motor mit einer Hilfsreihenschlußwicklung ausgelegt, um ein unstabiles Drehzahlverhalten durch die Ankerrückwirkung zu vermeiden.

Zusammenfassung

a) Der Nebenschlußmotor ist im mechanischen Aufbau wie der Nebenschlußgenerator ausgeführt.
b) Die Drehzahl ändert sich kaum mit Belastung: der Motor ist in seinem Drehzahlverhalten sehr stabil. Der Nebenschlußmotor wird dort eingesetzt, wo eine gleichmäßige Drehzahl erforderlich ist, z.B. bei
Werkzeugmaschinen
Personenaufzügen
Transmissionen
c) Die Drehzahlsteuerung kann sowohl unterhalb sowie oberhalb der Nenndrehzahl erfolgen.
d) Eine Drehrichtungsumkehr wird meistens im Ankerkreis mit einem Wendeschalter (Bild 1.3/5) vorgenommen.

Der Anlaßwiderstand muß mit der Erregerwicklung leitend (galvanisch) verbunden werden, damit im Ausschaltaugenblick die hohe Selbstinduktionsspannung der Wicklung über dem Anlasser und Ankerkreis kurzgeschlossen wird.

1.3.1.4. Reihenschlußmotor

Beim Reihenschlußmotor (Bild 1.3/6a) liegen Anker- und Erregerwicklung in Reihenschaltung und werden somit vom gemeinsamen Strom I durchflossen, der gleichzeitig Erregerstrom I_E und Ankerstrom I_A ist.

Im Leerlauf (bei Entlastung) hat der Motor sein geringstes Moment zu überwinden. Somit ist auch der aufgenommene Strom I sehr gering. Er wird nach folgender Formel bestimmt:

$$I = \frac{U_{Kl} - U_0}{R_A + R_W + R_H}$$

R_A = Widerstand der Ankerwicklung
R_W = Widerstand der Wendepolwicklung
R_H = Widerstand der Hauptwicklung

Der geringe Strom baut nur ein geringes Erregerfeld auf. Um die Gegenspannung aufrechtzuerhalten, die wegen der geringen Spannungsabfälle nur wenig kleiner als die Klemmenspannung ist, muß die Drehzahl entsprechend hohe Werte annehmen. Die angenäherte Formel lautet (wie beim Nebenschlußmotor):

$$U_0 \sim \Phi \cdot n$$

$$n \sim \frac{U_0}{\Phi}$$

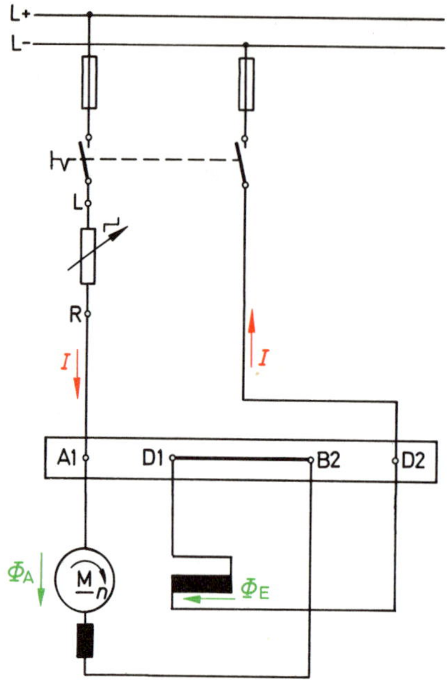

Bild 1.3/6a Wirkschaltplan eines Reihenschlußmotors für Rechtslauf

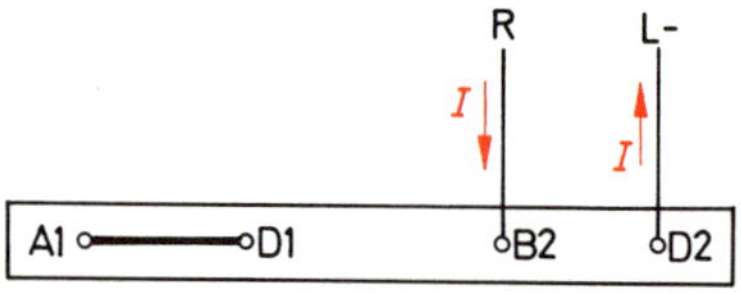

Bild 1.3/6b Anschlußbrett für Linkslauf

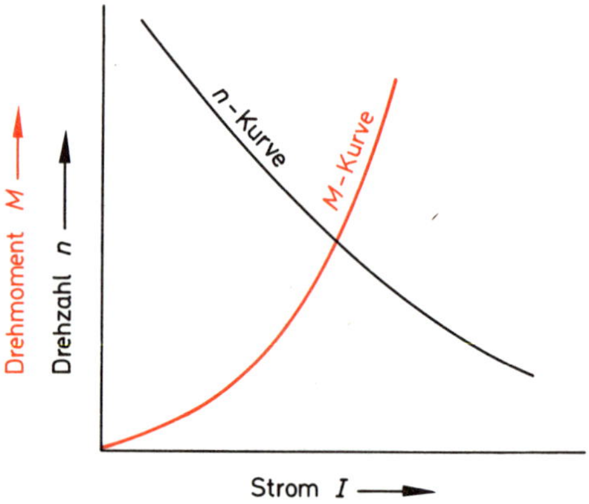

Bild 1.3/7 Belastungskennlinie eines Reihenschlußmotors

Die Drehzahl verhält sich bei konstanter Klemmenspannung umgekehrt zum Magnetfeld Φ. Der Reihenschlußmotor kann deshalb im Leerlauf eine hohe Drehzahl annehmen, so daß der Anker durch die hohen mechanischen Beanspruchungen (Fliehkräfte) gefährdet ist; **er geht durch.** Um dies zu vermeiden, muß der Reihenschlußmotor immer mit der anzutreibenden Maschine direkt oder starr gekuppelt werden.

Im Anlauf fließt durch die Erregerwicklung ein kräftiger Strom, der ein starkes Erregerfeld aufbaut.

Im Gegensatz zum Nebenschlußmotor, dessen Drehmoment linear mit dem Ankerstrom bei konstantem Magnetfeld steigt, wird bei einem Reihenschlußmotor (im ungesättigten Bereich des Eisens) das Motormoment quadratisch mit dem Ankerstrom ansteigen $M \sim I^2$ (Bild 1.3/7).

Das treibende Motormoment ist im Anlauf daher sehr groß; so benötigt der Motor für ein vierfaches Nenndrehmoment nur eine zweifache Nennstromaufnahme aus dem Netz.

Reihenschlußmotoren haben deshalb von allen Gleichstrommotoren das höchste Drehmoment. Sie werden vorwiegend für schwere Lasten verwendet.

Zum Anlassen des Motors kann wie bei jedem Gleichstrommotor ein veränderbarer Anlaßwiderstand vorgeschaltet werden. Seine Drehzahl kann damit bis zur Nenndrehzahl gesteuert werden.

Zusammenfassung

a) Anker- und Erregerwicklung liegen in Reihe und werden vom gemeinsamen Strom I durchflossen. Die Erregerwicklung wird wegen des starken Belastungsstromes mit wenigen Windungen und starkem Querschnitt ausgeführt.
b) Die Drehzahl ändert sich sehr stark bei Belastung. Im Leerlauf neigt der Motor zum Durchgehen und darf deshalb nur starr verbunden werden. Im Anlauf entwickelt er ein kräftiges Moment.
c) Die Veränderung der Motordrehzahl kann folgendermaßen vorgenommen werden:
   Drehzahlerhöhung durch Nebenwiderstand zur Erregerwicklung oder Anzapfung der Erregerwicklung.
   Drehzahlminderung durch Vorwiderstand oder Reihenschaltung von zwei Motoren (Bahnmotoren).
d) Der Reihenschlußmotor findet Anwendung
   bei Straßenbahnen
   bei Elektrokarren
   bei Schnellbahnen
   bei Hebezeugen
   als Autoanlasser

1.3.1.5. Universalmotor

Der Universalmotor (Bild 1.3/9a) ist ein kleiner Reihenschlußmotor, der sowohl mit Gleichstrom als auch mit einphasigem Wechselstrom bei normaler Netzfrequenz betrieben werden kann. Man nennt ihn deshalb auch Allstrommotor. Da öffentliche Netze fast nur noch Wechselstrom führen, wird der Universalmotor in erster Linie hierfür dimensioniert.
Er unterscheidet sich in der Bauform vom normalen Gleichstrommotor durch das gedrungene Ständerpaket, das mit den Polschuhen ein Stück bildet (Bild 1.3/8). Zur Vermeidung der Wirbelströme beim Betrieb von Wechselspannung ist das Ständerpaket aus Dynamoblechen zusammengeschichtet.
Die Erregerwicklung ist symmetrisch zum Anker aufgeteilt. Hierdurch wirken die Teilspulen der Erregerwicklung wie Drosseln, die zur Funkentstörung beitragen. Aus technischen und rationellen Gründen wird der Anker mit seiner Wicklung maschinell hergestellt.

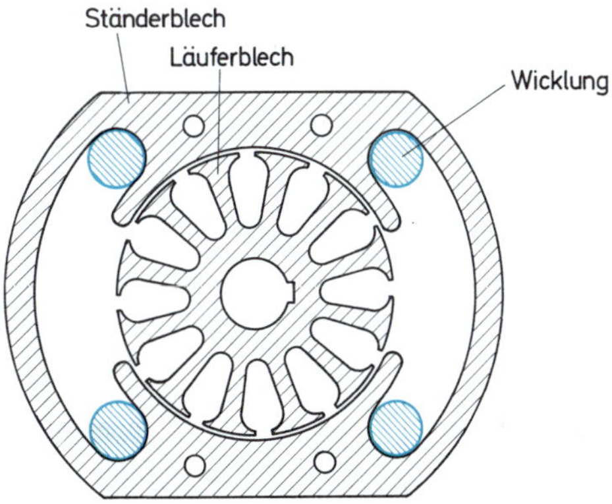

Bild 1.3/8 Ständer- und Läuferblechschnitt eines Universalmotors

Bild 1.3/9a
Wirkschaltplan eines Universalmotors mit Zusatzwicklungen

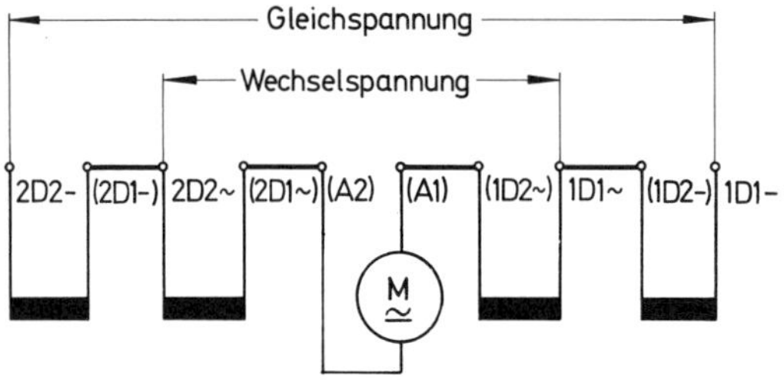

Bild 1.3/9b
Belastungskennlinie eines Universalmotors

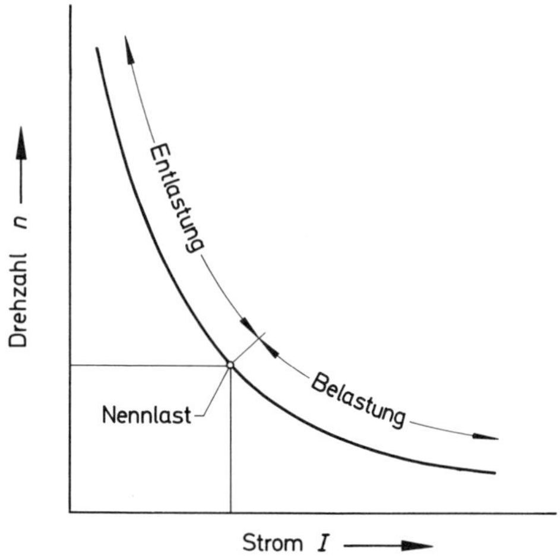

Im Gegensatz zum Einphaseninduktionsmotor, dessen synchrone Drehfelddrehzahlen durch Netzfrequenz und Polpaarzahl festliegen, können mit dem Universalmotor Drehzahlen über 3000 min^{-1} bis 30 000 min^{-1} erreicht werden.
Da bekanntlich die Erregerwicklungen bei Wechselspannung neben dem ohmschen einen induktiven Widerstand besitzen, ist der Spannungsabfall an ihnen größer; Drehzahl und Leistung gehen daher beim Übergang von Gleich- auf Wechselspannung um etwa 15% zurück.
Soll in Sonderfällen für beide Spannungsarten bis etwa 6000 min^{-1} die Leistung konstant gehalten werden, wird die Erregerwicklung mit Anzapfungen (Zusatzwicklungen) ausgeführt. Beim Gleichstrombetrieb erhält der Motor einige Windungen mehr als bei Wechselstrombetrieb.
In seiner Wirkungsweise verhält sich der Universalmotor wie ein normaler Gleichstrom-Reihenschlußmotor. Bei starker Belastung fließt in der Anker- und der Erregerwicklung ein hoher Belastungsstrom. Beide Wicklungen erzeugen kräftige magnetische Felder, so daß der Motor in der Lage ist, ein starkes Drehmoment im Anlauf und im Betrieb zu entwickeln. Bei Entlastung werden der Strom und damit die Magnetfelder schwächer. Der Motor entwickelt dadurch eine höhere Drehzahl und kann durchgehen (Bild 1.3/9b). Aus Sicherheitsgründen wird in einigen Fällen auf die Motorwelle ein Fliehkraftschalter montiert, der bei kritischen Drehzahlen den Motor abschaltet oder einen ohmschen Widerstand zuschaltet. Eine einfache grobstufige und unwirtschaftliche

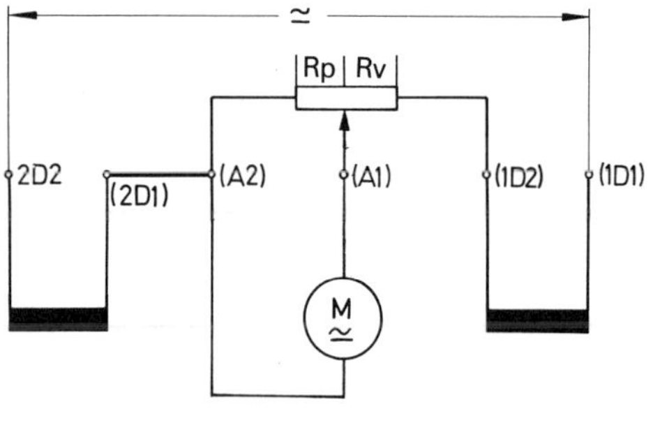

Bild 1.3/10 Barkhausenschaltung

Drehzahlsteuerung ist wie bei jedem Gleichstrommotor der Vorwiderstand. Eine feinstufige, aber ebenfalls nicht verlustlose Drehzahlsteuerung wird durch die Barkhausenschaltung (Bild 1.3/10) erreicht. Ein ohmscher Widerstand wird als Potentiometer so geschaltet, daß ein Teil als Vorwiderstand Rv, der andere als Parallelwiderstand Rp zur Ankerwicklung liegt.
So neigt der Motor bei Leerlauf nicht mehr zum Durchgehen, er verliert dadurch den starren Reihenschlußcharakter. Motorwicklungen und Widerstand müssen aufeinander abgestimmt werden. Für spezielle Drehzahlsteuerungen, z.B. bei Handbohrmaschinen, wendet man heute Phasenanschnittsteuerungen durch Thyristoren oder Triac an.

Zusammenfassung

a) Der Universalmotor ist stets ein Reihenschlußmotor. Dadurch wirken die Erregerwicklungen wie Drosseln und bewirken eine Funkentstörung. Zusätzlich wird der Motor mit einem Breitbandentstörer entstört.
b) Da die räumlichen Abmessungen sehr gering sind, können keine Wendepole untergebracht werden. Zur Behebung des Läuferquerfeldes werden die Bürsten um 1 bis 2 Stromwenderlamellen aus der neutralen Zone gegen die Drehrichtung verschoben.
c) Diese hochtourigen Kleinstmotoren mit ihren Drehzahlen von 1500 min^{-1} bis 30 000 min^{-1} sind in ihrer Leistung auf etwa 1000 W begrenzt. Die Anwendung des Motors ist sehr vielseitig, z.B. für Handbohrmaschinen, Büromaschinen, Haushaltsmaschinen (Staubsauger, Mixer usw.).

1.3.1.6. Doppelschlußmotor

Der mechanische Aufbau des Doppelschlußmotors (Bild 1.3/11a) entspricht dem eines Doppelschlußgenerators. Die Erregerwicklungen werden gewöhnlich so geschaltet, daß sie sich in ihrem magnetischen Verhalten unterstützen (normalkompoundiert).

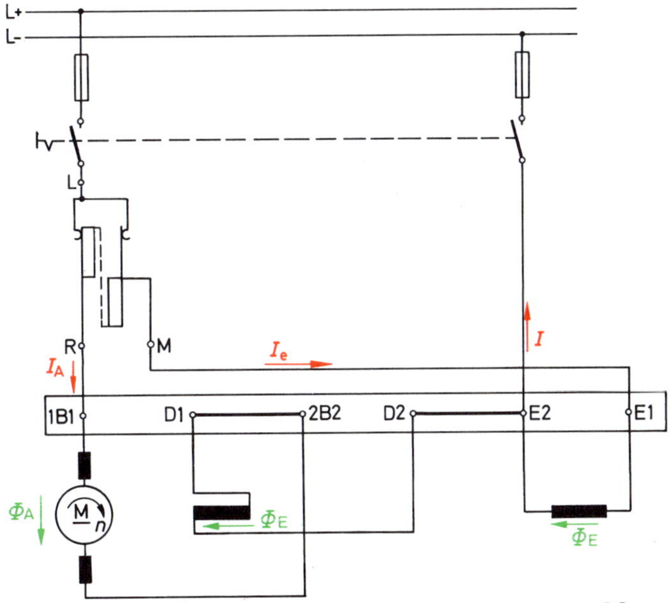

Bild 1.3/11a
Wirkschaltplan eines Doppelschlußmotors für Rechtslauf

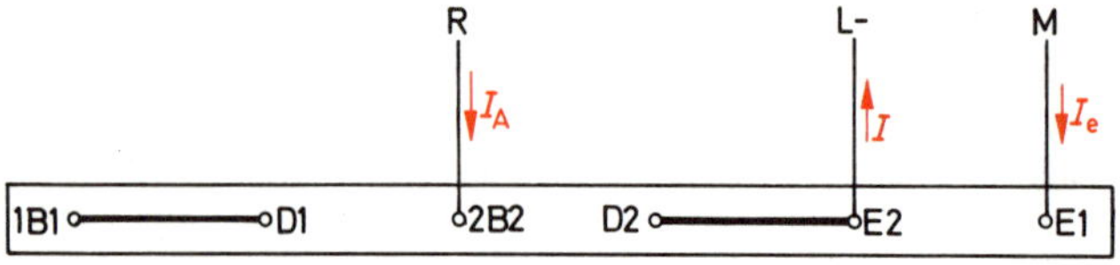

Bild 1.3/11b Anschlußbrett für Linkslauf

Im unbelasteten Zustand (Leerlauf) verhält er sich wie Nebenschlußmotor mit konstantem Magnetfluß Φ. Ein Durchgehen ist deshalb bei Entlastung nicht möglich.
Bei Belastung wird die Reihenschlußwicklung vom belastungsabhängigen Ankerstrom durchflossen, das Nebenschlußfeld wird zusätzlich durch das Reihenschlußfeld unterstützt. Der Motor erhält ein gutes Anzugsmoment bei belastungsabhängiger Drehzahl. Doppelschlußmotoren besitzen deshalb keine so steife Drehzahlkennlinie wie der normale Nebenschlußmotor und kein so hohes Drehmoment wie der Reihenschlußmotor (Bild 1.3/12a). Je nach Ausführung und Anwendung der Erregerwicklungen kann die eine oder andere Charakteristik des Motors annähernd erreicht werden.

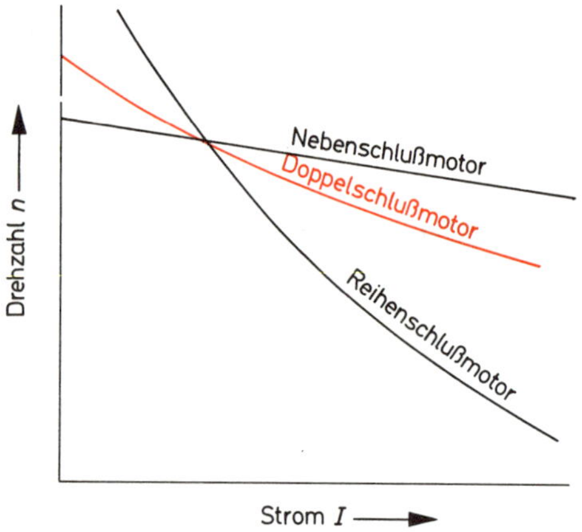

Bild 1.3/12a Drehzahlkennlinien

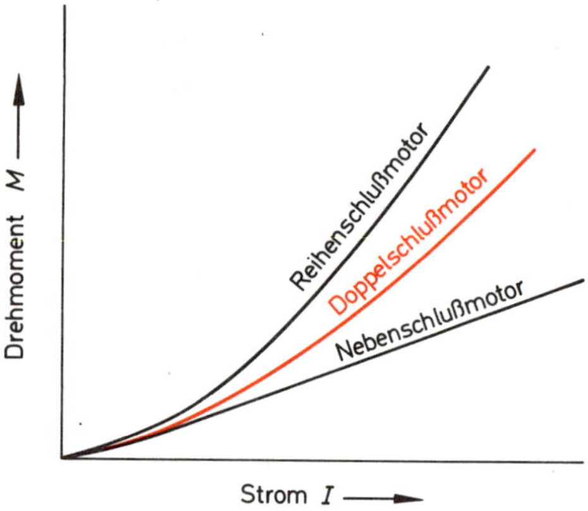

Bild 1.3/12b Drehmomentkennlinien

In Sonderfällen wird die Reihenschlußwicklung so geschaltet, daß sie der Nebenschlußwicklung entgegenwirkt (gegenkompoundiert). Dieses Verfahren ist nur dort anzuwenden, wo der Motor eine stabile Drehzahl bei veränderlicher Belastung (bis zur Nennlast) erreichen soll. Die Gegenkompoundierung soll möglichst vermieden werden, denn mit stärkerer Belastung wird auch das Hauptfeld schwächer, und das Drehmoment des Motors nimmt ab.
Bei großen Belastungsstößen kann notfalls das Gegenmoment nicht mehr überwunden werden, die Stromaufnahme aus dem Netz steigt durch die fehlende Gegenspannung in der Ankerwicklung an, die Sicherungen sprechen an.

Zusammenfassung

a) Beim Doppelschlußmotor werden die Nebenschluß- und Reihenschlußwicklungen gemeinsam auf einem Polkern untergebracht und am Anschlußbrett verschaltet. Das

Anschlußbrett erhält gegenüber anderen Gleichstrommotoren 6 Klemmenanschlüsse.

b) Die Nebenschlußwicklung kann auch durch eine fremderregte Wicklung ersetzt werden. Bei der Wicklung F1—F2 hat man am Anschlußbrett nur noch eine Brükke.

c) Anwendung findet der Doppelschlußmotor dort, wo Leerlauf und Stoßbelastungen zu erwarten sind, z.B. bei Pressen, Stanzen, Scheren. Durch sein weiches Drehmoment-Drehzahl-Verhalten bei Belastung paßt er sich gut den Arbeitsbedingungen an.

d) Die Drehzahl des Motors kann, wie bei jedem Gleichstromnebenschlußmotor, durch einen Anlaßwiderstand oder Feldsteller verändert werden.

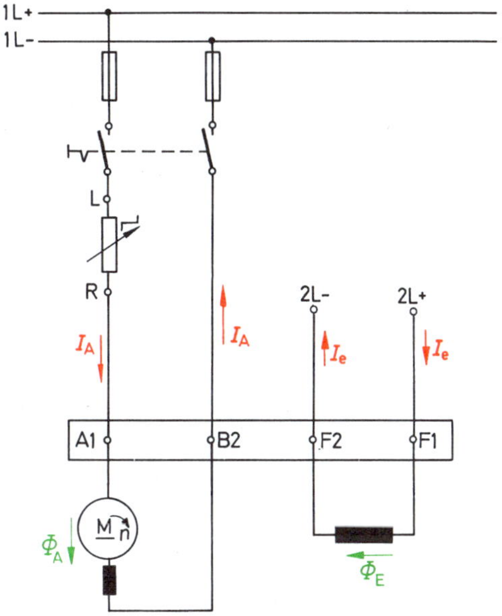

Bild 1.3/13a Wirkschaltplan eines fremderregten Motors für Rechtslauf

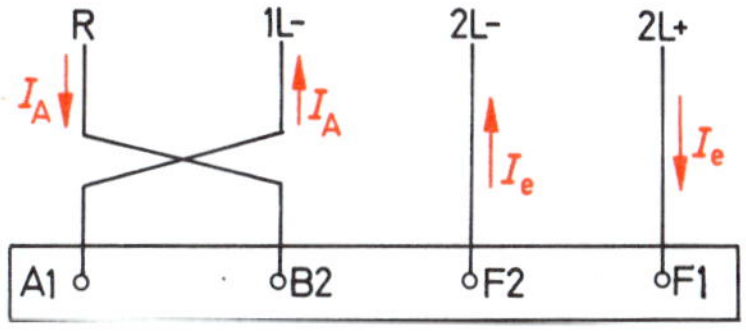

Bild 1.3/13b Anschlußbrett für Linkslauf

1.3.1.7. Fremderregter Motor

Der fremderregte Motor (Bild 1.3/13a) benötigt getrennte Spannungsquellen für den Anker- und Erregerkreis. Er ist im mechanischen Aufbau wie der Nebenschlußmotor ausgeführt. Statt der Anschlußbezeichnung E1—E2 erhält er die Bezeichnung F1—F2. Zusätzlich müssen auf dem Leistungsschild (Bild 1.3/15) die Erregerspannung und der Erregerstrom angegeben werden. Fremderregte Motoren werden z.B. als Spielzeugmotoren für kleine Leistungen mit Dauermagneten versehen. Da Anker- und Erregerkreis galvanisch getrennt sind, bleibt bei einem Spannungsrückgang am Anker das Erregerfeld konstant.

Dadurch bleibt die Drehzahl im Vergleich zum Nebenschlußmotor stabiler. Außerdem neigt der fremderregte Motor weniger zum Durchgehen als der Nebenschlußmotor. Eine Drehzahländerung ist wie bei jedem Gleichstrommotor durch Anker- und Feldsteuerung möglich. Fremderregte Motoren werden heute dort verwendet, wo bei gleichbleibendem Nenndrehmoment die Drehzahlabweichung zwischen Leerlauf- und Nenndrehzahl gering sein soll, z.B. bei Leonardschaltung. Da es

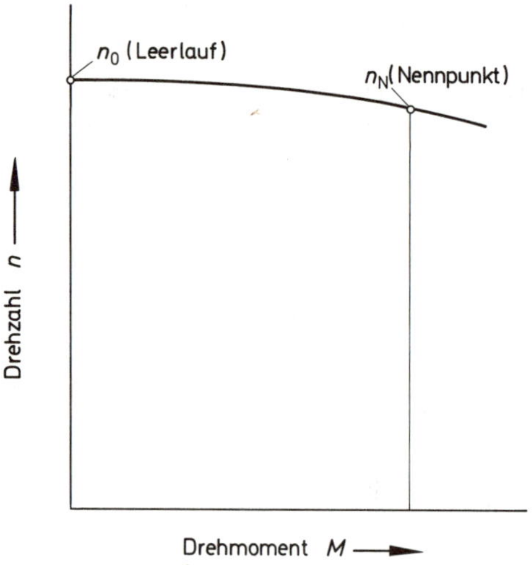

Bild 1.3/14 Belastungskennlinie eines fremderregten Motors

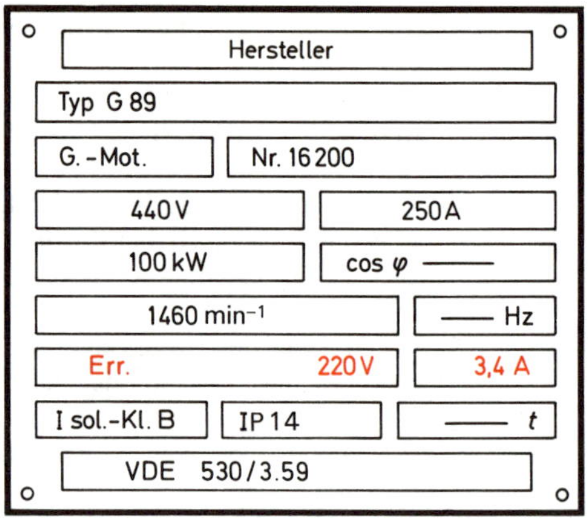

Bild 1.3/15 Leistungsschild eines fremderregten Motors

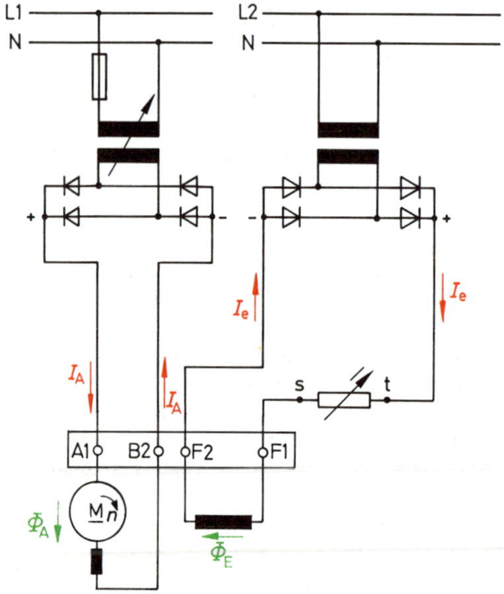

Bild 1.3/16 Drehzahländerung eines fremderregten Motors durch Stelltransformator

heute nur noch selten klassische Gleichstromnetze gibt, werden die Gleichstrommotoren meistens von Wechselspannung (Drehspannung) über Gleichrichtersätze gespeist (Bild 1.3/16).
Wird statt eines Anlassers ein Stelltransformator für den Ankerkreis verwendet, so kann auf einfache Weise die Drehzahlsteuerung bei konstanter Erregung im unteren Drehzahlbereich fast verlustlos erfolgen.
Die Belastungsabhängigkeit der Drehzahl ist in jedem Bereich nur gering (siehe Belastungskennlinien Leonardsatz Bild 1.3/18). Die Drehzahlverstellung im unteren wie auch im oberen Drehzahlbereich verhält sich wie beim Nebenschlußmotor.

Zusammenfassung

a) Der fremderregte Motor ist im mechanischen Aufbau wie ein Nebenschlußmotor ausgeführt.
b) Er erhält durch seine getrennten Gleichspannungsquellen eine gute Drehzahlstabilität bei Nennlast.
c) Fremderregte Motoren werden überwiegend in der Steuer- und Regeltechnik, z.B. beim Leonardsatz, angewendet. Motoren mit sehr geringer Leistung werden mit Dauermagneten versehen, z.B. Spielzeugmotoren, Trockenrasierer usw.

1.3.1.8. Drehzahlsteuerung von Gleichstrommotoren

Für die Drehzahlsteuerung von Gleichstrommotoren ergeben sich zwei Steuerungsarten:

a) Drehzahlsteuerung durch Änderung der Ankerspannung und
b) Drehzahlsteuerung durch Änderung der Feldspannung.

Bei der **Drehzahlsteuerung durch Spannungsänderung am Anker** liegt mit dem Ankerwiderstand ein Vorwiderstand R_v (Stellwiderstand) in Reihe. Diese Steuerung läßt sich nur im Bereich von Null bis zur Nenndrehzahl (Betriebsdrehzahl) durchführen. Die Drehzahl ändert sich hierdurch etwa proportional mit der anliegenden Spannung am Anker. Am Vorwiderstand fällt damit die restliche Spannung ab. Das bedeutet hohen Leistungsverlust und damit schlechten elektrischen Wirkungsgrad, außerdem wird die Drehzahl sehr stark lastabhängig. Diese Steuerungsmöglichkeit wird nur selten oder nur bei Motoren mit geringer Leistung angewendet. Durch die verminderte Belüftung müssen diese Motoren im unteren Drehzahlbereich mit herabgesetztem Drehmoment arbeiten oder bei vollem Drehmoment mit Fremdbelüftung ausgelegt werden. Eine feinstufige und fast verlustlose Drehzahlsteuerung im unteren Drehzahlbereich wird meistens durch die Leonardschaltung erreicht. Eine weitere Möglichkeit, die Drehzahl des Gleichstrommotors zu verändern, wird durch **Spannungsänderung an der Erregerwicklung (Feldschwächung)** hervorgerufen. Es kann also nur eine Steuerung im Drehzahlbereich über Nenndrehzahl erfolgen. Bei gleichmäßiger Belastung und konstanter Ankerklemmenspannung muß durch Feldschwächung der Ankerstrom infolge geringerer Gegenspannung ansteigen, bis Antriebsdrehmoment und Gegenmoment durch Drehzahlerhöhung ausgeglichen werden.
Das neue Motordrehmoment muß bei erhöhter Drehzahl zurückgehen, wenn die Motorleistung konstant bleiben soll. Damit eine Unstabilität der Drehzahl vermieden wird, soll der Drehzahlbereich nicht größer als 1 : 4 sein. Bei Entlastung (Reihenschlußmotor) oder stark eingestellter Feldschwächung (Nebenschlußmotor) können die Drehzahlen des Motors rapide ansteigen: der Motor geht durch, der Anker erleidet mechanischen Schaden.

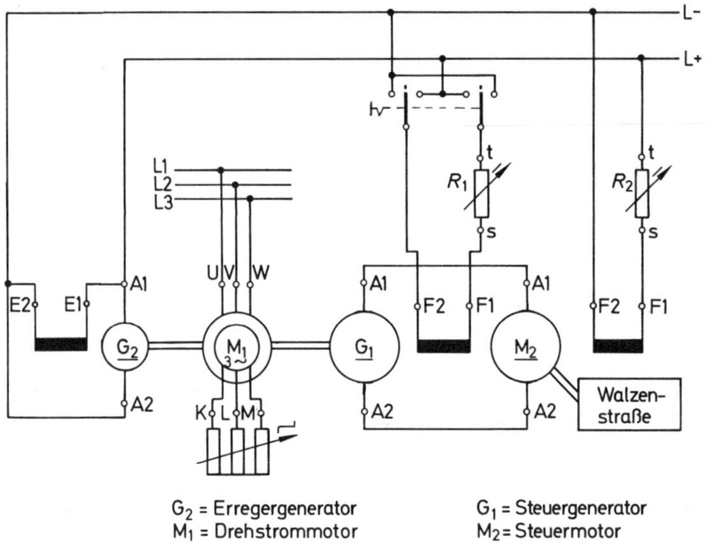

Bild 1.3/17 Leonardschaltung

1.3.1.9. Leonardschaltung

Bei der Leonardschaltung findet man eine feinstufige, belastungsunabhängige und fast verlustlose Drehzahlsteuerung vor (Bild 1.3/17).

Der Leonardsatz besteht aus verschiedenen Maschinen. Der eigentliche Steuersatz setzt sich aus dem fremderregten Steuergenerator G_1 und dem fremderregten Steuermotor M_2 zusammen. Bei beiden Maschinen sind die Anker elektrisch miteinander verbunden. Der Steuergenerator G_1 wird von einem Drehstrommotor M_1 mit gleichbleibender Drehzahl angetrieben. Die Erregerwicklungen der fremderregten Maschine werden von einer Erregermaschine G_2 (selbsterregter Nebenschluß- oder Doppelschlußgenerator) gespeist. Die Erregermaschine kann aber auch durch einen Gleichrichtersatz ersetzt werden. Die Ankerspannung des Steuermotors M_2 wird durch Veränderung des Feldstellers R_1 vom fremderregten Steuergenerator G_1 beeinflußt. Wird die Stromrichtung in der Erregerwicklung des Steuergenerators durch den Wendeschalter umgepolt, ändert sich auch die Polarität der Ankerspannung.

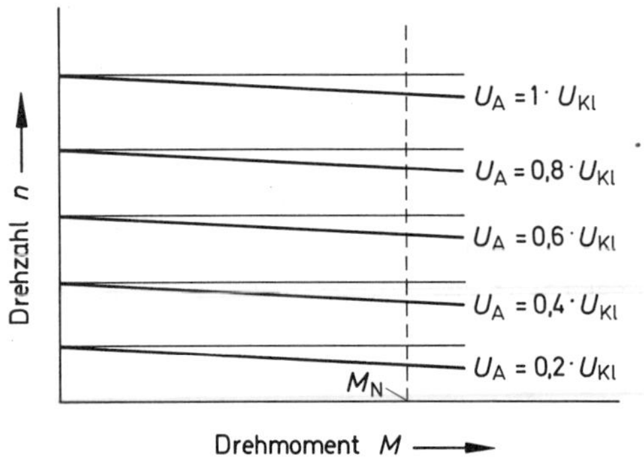

Bild 1.3/18 Belastungskennlinien der Leonardschaltung

Bleibende Polarität der Erregung des zu steuernden Motors M_2 und Polaritätsänderung am Anker dieses Motors verursachen Drehrichtungsänderung. Eine Drehzahlverstellung des Steuermotors M_2 erfolgt überwiegend im unteren Drehzahlbereich. Eine Drehzahlverstellung des Motors M_2 im oberen Drehzahlbereich kann auch durch eine Feldschwächung erreicht werden.
Für stoßartig belastete Leonardsätze wird zum Schutz des Netzes vor starken Stromstößen ein Schwungrad (Ilgnerrad) auf der Welle angebracht.
Leonardsatz und Ilgnerrad ergeben dann den Ilgnerumformer. Der Antriebsmotor M_1 muß hierbei ein elastisches Drehmoment-Drehzahl-Verhalten zeigen. Es werden deshalb meistens Induktionsmotoren mit veränderlichen Läuferwiderständen (Schleifringläufermotoren) verwendet.

Vorteile

a) feinstufige und fast verlustlose Drehzahlsteuerungen, für große Motorleistungen bis 1 : 15 bei 6000 kW,
b) fast unabhängig von der Belastung (Nebenschlußcharakter) (Bild 1.3/18),
c) gute betriebsmäßige Drehrichtungsumkehr,
d) fast konstantes Drehmoment im unteren Drehzahlbereich.

Nachteile

a) durch die mechanisch gekuppelten Maschinen wird der Wirkungsgrad schlecht ($\eta \approx 0{,}7$),
b) hohe Anschaffungs- und Wartungskosten,
c) Steuergenerator G_1 und Steuermotor M_2 besitzen — im Gegensatz zur Zu- und Gegenschaltung — die gleichen Leistungen, da der Ankerstrom beide Ankerwicklungen durchfließt. Bei der Zu- und Gegenschaltung ist die Leistung des Steuergenerators G_1 nur halb so groß wie die des Steuermotors M_2. Die andere Hälfte der Leistung für den Steuermotor wird einem Gleichstromnetz entnommen.

1.3.1.10. Leistungsmessungen

Um die abgegebene Leistung eines Elektromotors zu bestimmen, werden in der Praxis verschiedene Meßverfahren angewendet.

a) Bei der **Wirbelstrombremse** (Bild 1.3/19) werden nichtferromagnetische Scheiben, z.B. Kupfer- oder Aluscheiben, mit der Motorwelle gekuppelt und zwischen gleichstromerregten Elektromagneten abgebremst. Durch die Rotation der Scheibe wird je nach Drehzahl des Motors die Größe der Wirbelströme mit ihren Feldern verändert. Die Scheibe wird hierdurch abgebremst und der Motor auf seine abgegebene Leistung kontrolliert. Das Moment $G \cdot l$ der Waage ist gleich dem abgegebenen Motormoment M.

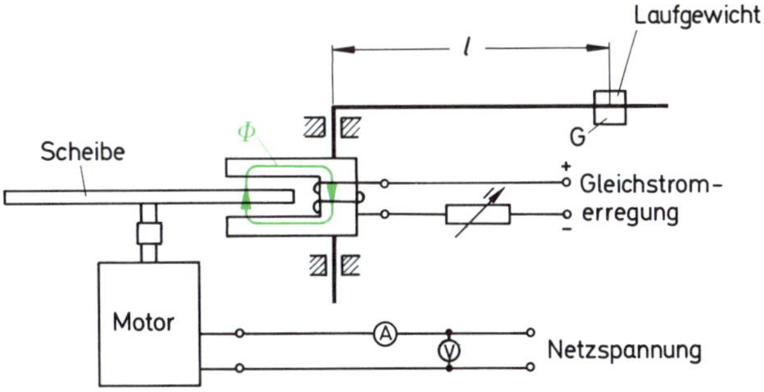

Bild 1.3/19 Prinzipschaltbild der Wirbelstrombremse

Mit Hilfe des gemessenen Drehmomentes und der gemessenen Drehzahl kann die mechanische Leistung des Motors bestimmt werden zu:

$$P = \frac{G \cdot l \cdot n}{9550} = \frac{M \cdot n}{9550}$$

P in kW　*G* in N　*l* in m　*M* in Nm　*n* in min^{-1}

Der Motorwirkungsgrad wird nach folgender Formel berechnet:

$$\eta = \frac{\frac{M \cdot n}{9{,}550}}{U \cdot I} \cdot 100\%$$

$$\eta = \frac{P_{ab}}{P_{zu}} \cdot 100\%$$

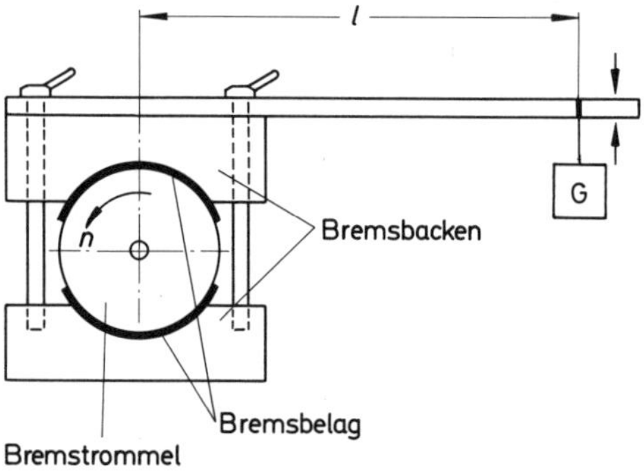

Bild 1.3/20　Backenbremse

b) Bei der **Backenbremse** (Bild 1.3/20) befindet sich zwischen zwei Bremsbacken die abzubremsende Bremstrommel. Das Reibungsmoment wird durch den Druck der Backen mittels der Flügelmuttern eingestellt. Das abgegebene Motormoment muß gleich dem Gegenmoment aus Gewicht und Hebelarm sein. Stimmen Strom und Drehzahl des Motors mit den Nenndaten überein, so gibt der Motor seine mechanische Nennleistung an die Trommel ab.
Sowohl die Wirbelstrombremse als auch die Backenbremse werden für kleine bis mittlere Leistungen verwendet. Messungen an Drehstrommotoren können bei diesem Prüfverfahren nur im stabilen Bereich vorgenommen werden.

c) **Der Bremsgenerator (Pendelmaschine)** ist wegen seiner hohen Meßgenauigkeit für elektrische Maschinen die meist angewandte Leistungsmeßmethode (Bild 1.3/21). Der Bremsgenerator kann auch als Motor benutzt werden. Wird die Pendelmaschine als Generator verwendet, so kann die abgegebene Energie in den Widerständen in Wärme umgesetzt (Verlustbremsung) oder in das Netz zurückgeschickt werden (Nutzbremsung). Die Pendelmaschine wird als Nebenschluß- oder fremderregte Maschine ausgeführt. Um die Messungen so genau wie möglich zu halten, werden Ständer und Anker durch Kugellager voneinander getrennt gelagert. Das direkt gemessene Motormoment wird vom beweglichen Ständer über einen Hebelarm auf die Drehmomentwaage übertragen.

1.3.1.11. Verluste und Wirkungsgrade

Bei der Bestimmung der Wirkungsgrade kleinerer Maschinen erfolgt die direkte Messung aus Leistungsaufnahme und Leistungsabgabe. Für große Maschinen bevorzugt man wegen der Genauigkeit die indirekte Ermittlung des Wirkungsgrades nach dem Einzelverlustverfahren (Bild 1.3/22).

Bild 1.3/21 Bremsgenerator

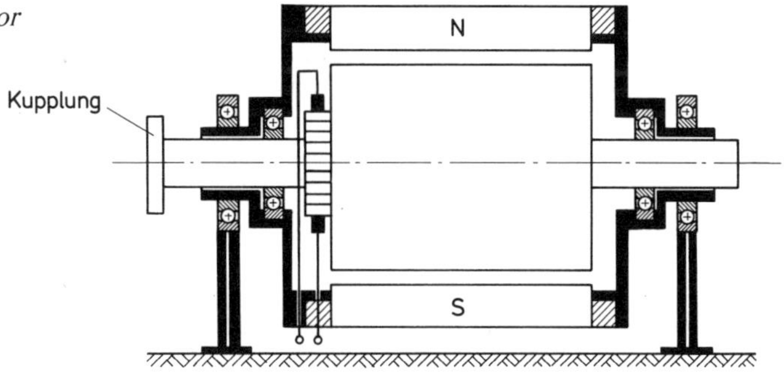

Bild 1.3/22 Leistungsflußbild

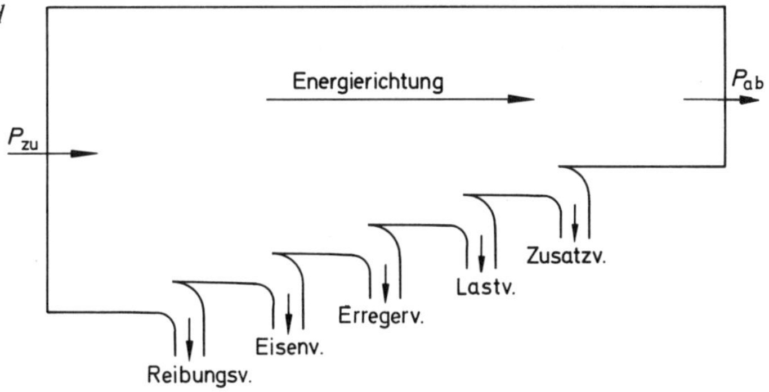

Die Verluste werden aufgeteilt in:

a) **Leerverluste**

Luft-, Lager-, Bürstenreibungsverluste sowie Eisenverluste (Wirbelstrom- und Hysteresisverluste)

b) **Erregerverluste**

Sie werden bei Aufbau des Magnetfeldes (Erregerfeldes) durch den Erregerstrom in der Feldwicklung hervorgerufen.
Die Leer- und Erregerverluste ergeben zusammen die Leerlaufverluste der Gleichstrommaschine.
Die Leerlaufverluste erwärmen die Maschine ständig und sind fast unabhängig von der Belastung.

c) **Last- oder Stromwärmeverluste**

Sie treten auf in den

α) Ankerwicklungen
β) Wendepolwicklungen und Kompensationswicklungen
γ) Reihenschlußwicklungen

Ferner treten sie zu einem kleinen Prozentsatz als Übergangsverluste unter den Bürsten auf. Die Stromwärmeverluste sind veränderliche Verluste, die sich nach der Belastung richten.

d) **Zusatzverluste**

Nicht erfaßbare Verluste werden als Zusatzverluste (0,5% bis 1% der Bezugsleistung) hinzugefügt. Der Wirkungsgrad ergibt sich aus der Formel:

$$\eta = \frac{P_{ab}}{P_{ab} + (\text{Leer-, Erreger-, Last- und Zusatzverluste})}$$

$$\eta = \frac{P_{ab}}{P_{ab} + P_v}$$

Die Wirtschaftlichkeit einer Maschine ist somit von den Gesamtverlusten abhängig.

1.3.2. Funkentstörung

Bei der Funkentstörung unterscheidet man die verschiedenen Störungsarten nach ihrer Entstehung, z.B.:

a) natürliche Störungen (atmosphärische Störungen),
b) mechanische Störungen (hervorgerufen durch gelockerte Masse- oder Steckverbindungen),
c) elektrische Störungen.

Den Praktiker interessiert hauptsächlich der Punkt c).

Durch Unterbrechung von Schaltkontakten, Stromwenderlamellen usw. finden Spannungs- oder Stromunterbrechungen statt, die sich auf Leitungen direkt oder drahtlos als Störschwingungen fortpflanzen und im Tonfunk- oder Fernsehbereich unerwünschte Nebenwirkungen (Prasseln oder Knattern) hervorrufen. Diese Störungen sind mit Hilfe geeigneter Maßnahmen (Funkentstörung) zu vermeiden. Es sind hierbei die Bestimmungen laut VDE 0875 von Geräten, elektrischen Maschinen und Anlagen für Nennfrequenzen von 0 bis 10 kHz gültig.
Es sind drei Funkstörgrade, die jeweils Grenzwerte darstellen, festgelegt.

Funkstörgrad G (grob)
Verwendung nur innerhalb eines Industriegebietes (Bild 1.3/23).

Funkstörgrad N (normal)
Zur normalen Verwendung (Bild 1.3/24).

Funkstörgrad K (klein)
Grenzwert kann zwischen Hersteller und Kunden vereinbart werden (Bild 1.3/25).

Bild 1.3/23

Bild 1.3/24

Bild 1.3/25

Störspannungen sind leitungsgebundene Störungen, die sich um so weiter fortpflanzen, je niederfrequenter sie sind. Kabel oder Leitungen in Kabelbäumen stellen eine Querkapazität dar und wirken bei Hochfrequenzschwingungen wie ein Kurzschluß mit sehr großer Dämpfung.
Man unterscheidet zwei Arten von Störspannungen:

a) symmetrische Störspannung,
b) unsymmetrische Störspannung.

Zu a) Symmetrische Störspannungen treten zwischen zwei stromführenden Leitern auf (Bild 1.3/26).

Zu b) Unsymmetrische Störspannungen treten zwischen Netzleiter und Gehäuse bzw. zwischen Netzleiter und Erde auf. Ist das Gehäuse mit einem Schutzleiter verbunden, sind diese Störspannungen besonders groß (Bild 1.3/27).
Die Reichweite der Störspannungen wird aber mit zunehmender Entfernung sehr stark gedämpft.

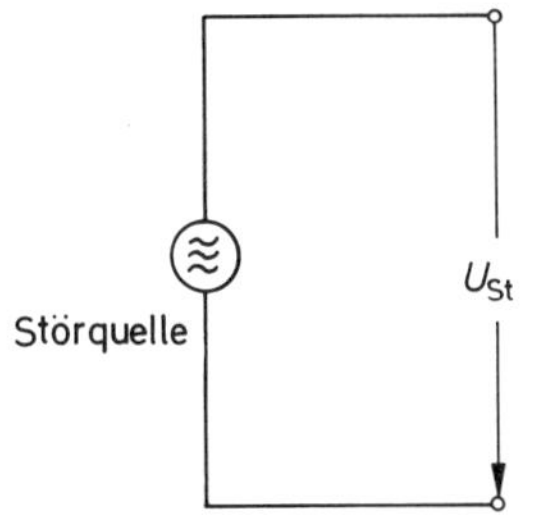

Bild 1.3/26

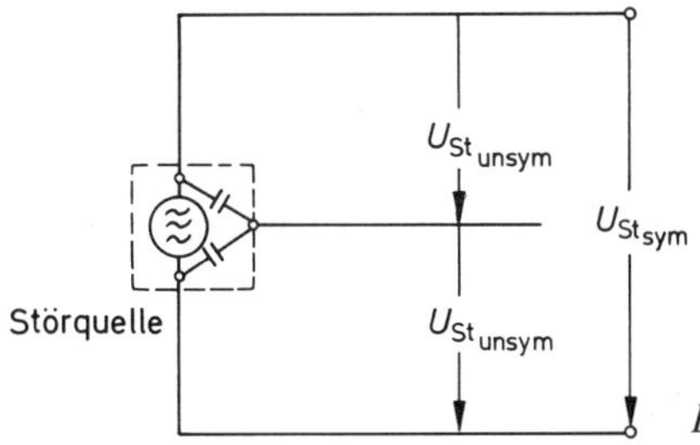

Bild 1.3/27

Zur Reduzierung von symmetrischen Störspannungen werden zur Störquelle Kondensatoren parallel oder Drosseln in Reihe geschaltet.
Eine gute Entstörung wird erreicht, wenn das Widerstandsverhältnis vom Innenwiderstand Z_i der Störquelle zum Innenwiderstand Z_c des Kondensators groß ist. Somit entsteht nur noch eine geringe Reststörspannung, die sich auf die Außenwiderstände R_a ausbreiten kann (Bild 1.3/28).
Entstörkombinationen enthalten kapazitive Querglieder und induktive Längsglieder. Bei Universalmotoren werden deshalb die Feldwicklungen (1D1—1D2 und 2D1—2D2) symmetrisch zur Ankerwicklung aufgeteilt; sie wirken somit als Entstördrosseln. Meistens werden Funkentstörungen aus preislichen Gründen mit Kondensatorkombinationen durchgeführt, die induktivitätsarm sind und somit die Störspannungen gut kurzschließen.

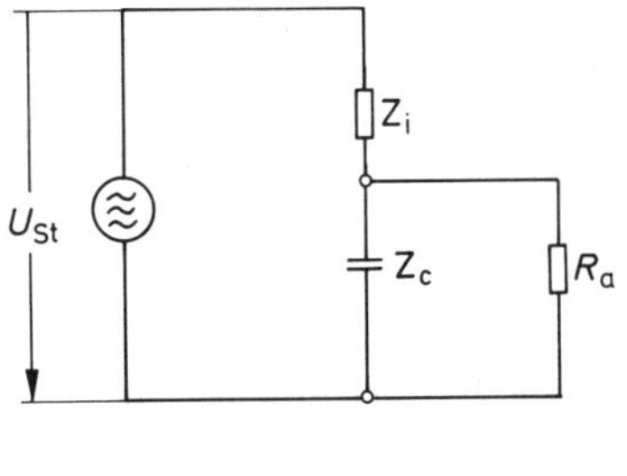

Bild 1.3/28

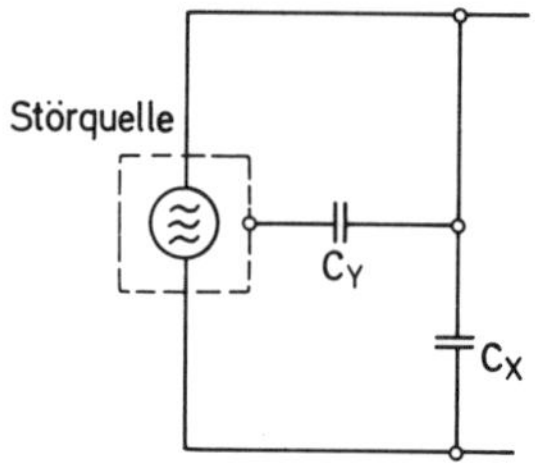

Bild 1.3/29

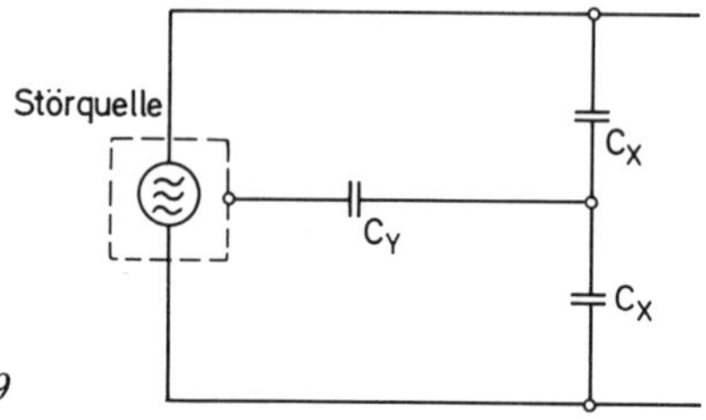

Bild 1.3/30

Für einfache Entstörungen wird meistens ein Berührungsschutz-Kondensator mit begrenzter Kapazität (für erhöhte Sicherheit) zwischen Gehäuse und Netzleiter eingebaut, und ferner zwischen den Netzleitern ein weiterer Kondensator (Bild 1.3/29) oder zwei symmetrische Kondensatoren (Bild 1.3/30).

Die Entstörungskondensatoren werden u.a. nach ihrer Schaltung benannt:

a) X-Kondensatoren
b) Y-Kondensatoren (früher: Berührungsschutzkondensatoren).

Zu a: X-Kondensatoren verbinden zwei Außenleiter oder einen Außenleiter mit Mittelleiter. Es können Kondensatoren unbegrenzter Kapazität sein mit beliebig hohem Strom. Beim Versagen, z.B. Kurzschluß, muß ein elektrischer Unfall ausgeschlossen sein.

Zu b: Y-Kondensatoren verbinden einen unter Spannung stehenden Leiter mit berührbarem bzw. nicht berührbarem (schutzisoliertem) leitenden Teil der Maschinen. Es sind Kondensatoren mit erhöhter Sicherheit (hoher Isolierfestigkeit) und begrenzter Kapazität. Durch die Kapazitätsbegrenzung soll der durch den Kondensator fließende Wechselstrom und bei Gleichstrom der Energieinhalt des Kondensators auf ein ungefährliches Maß herabgesetzt werden.

1.3.3. Bremsschaltungen von Gleichstrommaschinen

Man verwendet folgende Bremsarten:

1. Die Widerstandsbremsung (Kurzschlußbremsung)

a) Nachlaufbremsung
b) Senkbremsung

2. Die Gegenstrombremsung

Zu 1. Im allgemeinen werden bei der Widerstandsbremsung die Maschinen vom Netz getrennt und wandeln dabei mechanische Energie in den Brems- oder Belastungswiderständen in Wärme um.

Für diesen Zweck können Nebenschluß- oder Reihenschlußmaschinen sowie fremderregte Maschinen verwendet werden.

Bei der **Nachlaufbremsung** (elektrische Fahrzeuge) bleibt die Drehrichtung der Maschinen erhalten. Durch den Restmagnetismus erregen sich die Maschinen selbst und treiben einen Strom durch die Ankerwicklung, der der induzierten Spannung entgegengerichtet ist (Lenzsche Regel). Die Motoren arbeiten als Generatoren und werden abgebremst. Die Drehzahl der Nachlaufbremsung liegt unter der Nenndrehzahl. Bei den Nebenschlußmaschinen bleibt die Schaltung bestehen,

während die Erregerwicklung der Reihenschlußmaschinen umgepolt werden muß, da sonst die Selbsterregung aufgehoben wird.
Bei der **Senkbremsung** wird die Drehrichtung durch die sinkende Last umgekehrt. Die elektrische Energie wird in Bremswiderständen vernichtet. Reihenschlußmaschinen können bei dieser Ausführung ihre Schaltung beibehalten. Bei den Nebenschlußmaschinen muß diesmal die Erregerwicklung umgepolt werden, damit sie sich selbst erregt.
Bei der Senkbremsung läßt sich noch ein Nutzeffekt erreichen, indem die Energie ins Netz zurückgeschickt wird. Die erzeugte Spannung muß dann größer sein als die Netzspannung. Das kann in der Praxis durch Drehzahlerhöhung oder Feldverstärkung, z.B. mit Fahrzeugen bei Abwärtsfahrten (Talfahrten) oder durch Kranbetrieb, erreicht werden. Es kommen überwiegend Reihenschlußmaschinen zur Anwendung.
Bei der **Gegenstrombremsung** wird die Stromrichtung durch Umschaltung der Ankerwicklung geändert. Die zugeführte elektrische Leistung kann ein Mehrfaches der durch die Bremsung verursachten mechanischen Leistung betragen. Die Maschine wird daher thermisch sehr stark beansprucht.

1.4. Transformatoren (Umspanner)

Transformatoren dienen der Aufgabe, elektrische Energie auf weite Strecken wirtschaftlich zu übertragen. Hierfür sind hohe Spannungen erforderlich, damit der Strom nicht zu groß wird und somit die Leitungsquerschnitte in ausführbaren Grenzen gehalten werden können. Transformatoren können für sehr hohe Leistungen gebaut sein (Bild 1.4/1).

1.4.1. Aufbau mit Schutzeinrichtungen

1.4.1.1. Magnetgestell

Das lamellierte Magnetgestell kann für den Einphasen- bzw. Drehstrombetrieb in Kern-, Ring- oder Mantelform ausgeführt sein. Es besteht aus *Fe-Ringen* bzw. *Schenkeln (Säulen, Kerne),* die durch *Joche* verbunden sind.
Beim Einphasen-Kerntransformator sind gewöhnlich beide Schenkel bewickelt (Zweischenkelbewicklung).
Da der Magnetfluß Φ im Eisenkreis unverändert bleibt, haben Schenkel und Joche gleichen Querschnitt (Bild 1.4/2a).
Beim Einphasen-Manteltransformator wird nur der Mittelschenkel bewickelt (Einschenkelbewicklung). Der magnetische Fluß Φ verteilt sich von hier gleichmäßig über Joche und Außenschenkel (Mantel); ihre Querschnitte betragen darum nur die Hälfte des Mittelschenkels (Bild 1.4/2b).
Beim Drehstrom-Kerntransformator liegen die drei Schenkel in einer Ebene; die Anordnung ist unsymmetrisch (Bild 1.4/3a). Der Kraftfluß hat in den beiden äußeren Schenkeln einen längeren Weg zurückzulegen als im Mittelschenkel. Deshalb ist auch der Magnetisierungsstrom im Mittelschenkel etwas geringer als die Magnetisierungsströme der Außenschenkel. Für den praktischen Betrieb ist diese Erscheinung jedoch unwesentlich. Bei Transformatoren sehr großer Leistung wird bisweilen die magnetische Unsymmetrie durch Anbau zweier unbewickelter Schenkel mit halbem Querschnitt ausgeglichen (Bild 1.4/3b).
Drehstrom-Manteltransformatoren kommen in der Praxis selten vor.

Bild 1.4/1 Dreiphasen-Leistungs-Stelltransformator 250 MVA. Werkbild: BBC

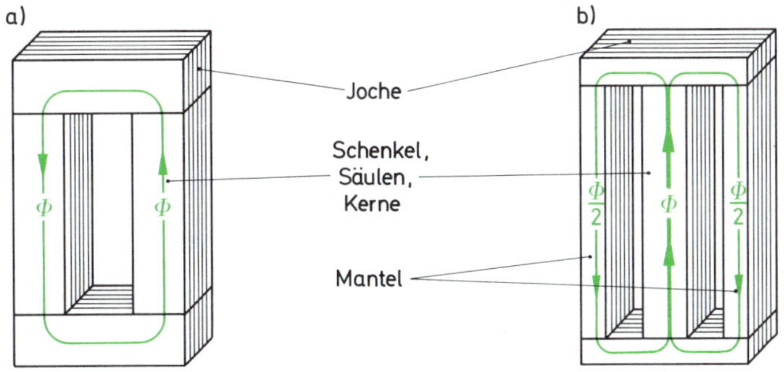

Bild 1.4/2
Magnetgestelle von Einphasentransformatoren
a) Kernbauform
b) Mantelbauform

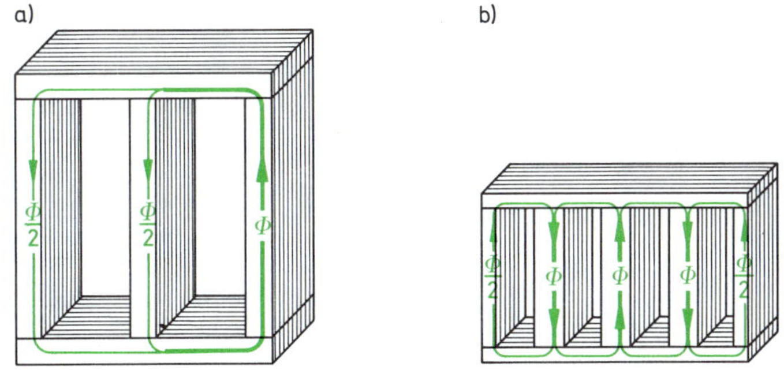

Bild 1.4/3
Magnetgestelle von Drehstromtransformatoren
a) Dreischenkelkern — Unsymmetrische Flußverteilung
b) Fünfschenkelkern — Symmetrische Flußverteilung

1.4.1.2. Wicklungen

Die grundlegenden Wicklungsformen sind die *Scheiben-* und die *Zylinderwicklungen.*
Bei der Scheibenwicklung werden Ober- und Unterspannungswicklung abwechselnd axial übereinandergeschichtet angeordnet (Bild 1.4/4). Für die zylindrische Wicklungsanordnung (Bild 1.4/5a; allgemeine zylindrische Anordnung) gibt es verschiedene Wickelformen, deren Ausführungsart zu

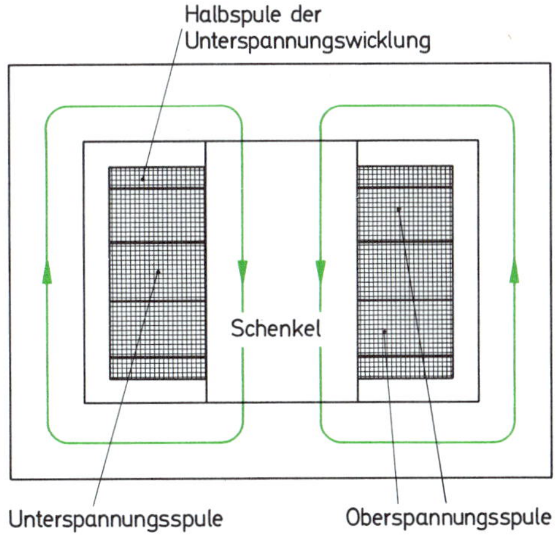

Bild 1.4/4 Schematische Darstellung der Scheibenwicklung

Bild 1.4/5 Schematische Darstellungen von Zylinderwicklungen

a) Allgemeine zylindrische Anordnung
b) Lagenwicklung
c) Spulenwicklung

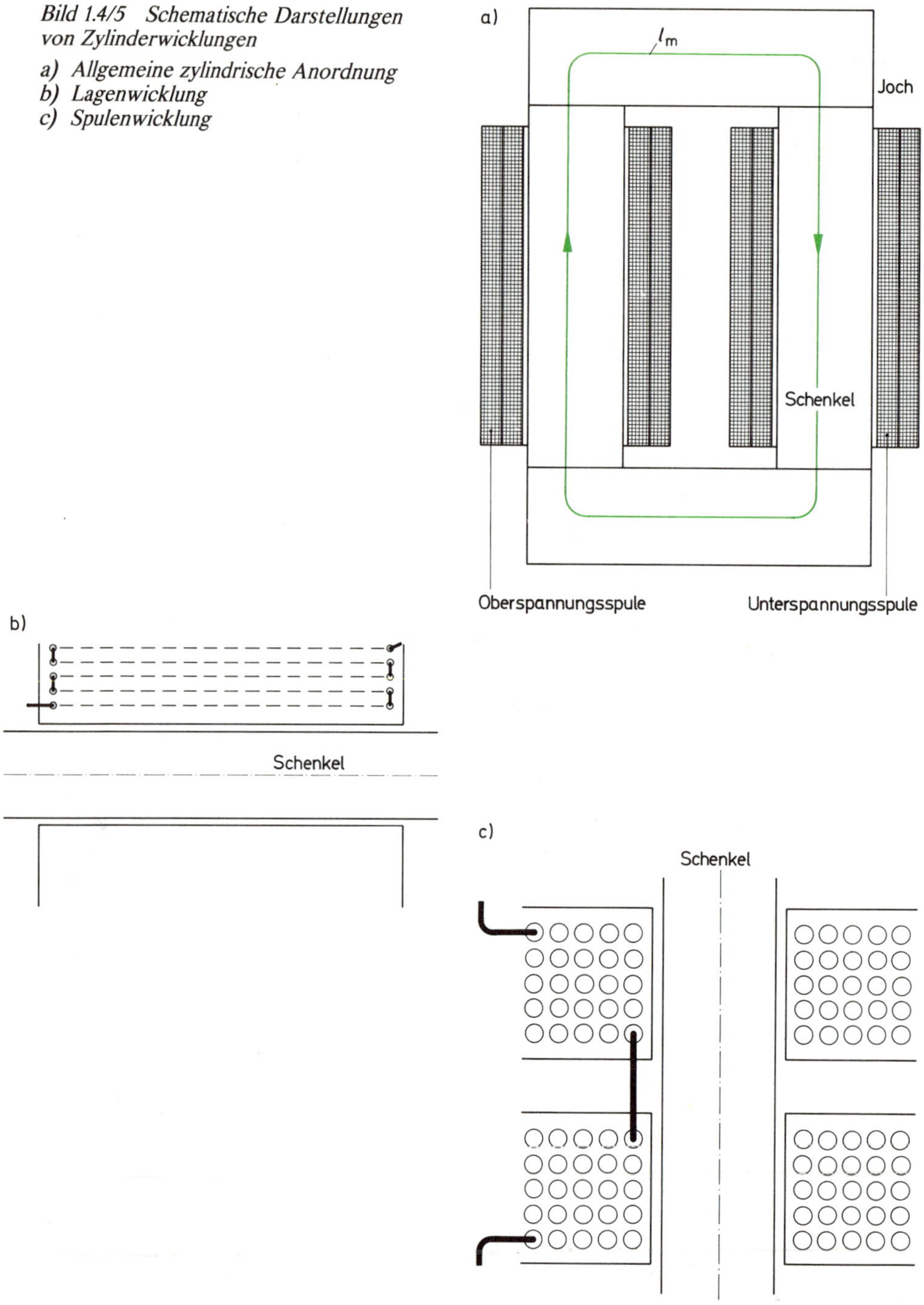

Spezialbenennungen geführt hat. Zu den einfachen Wicklungsausführungen gehören *Röhren-*, *Lagen-* und *Spulenwicklung*. Die Röhrenwicklung wird ein- oder zweilagig fortlaufend über die gesamte verfügbare Wickellänge angeordnet. Die Niederspannungswicklungen der normalen Netztransformatoren für 400 V Drehspannung werden fast ausschließlich als Röhrenwicklungen hergestellt. Die Lagenwicklung (Bild 1.4/5b) ist nichts anderes als eine mehrlagige Röhrenwicklung und kommt meist bei kleineren Transformatoren zur Ausführung. Bei der Spulenwicklung wird die gesamte Wickellänge in Einzelspulen unterteilt, axial übereinandergeschichtet und in Serie geschaltet (Bild 1.4/5c). Sie wird vorwiegend für Oberspannungswicklungen angewendet.
Bild 1.4/5d zeigt einen Transformator mittlerer Leistung mit Zylinderwicklungsausführung.
Die *verstürzte Wicklung* und die *Wendelwicklung* sind Zylinder-Sonderwicklungsformen.

Bild 1.4/5
d) Dreiphasentransformator mit Zylinderwicklung 2500 kVA
Werkbild: BBC

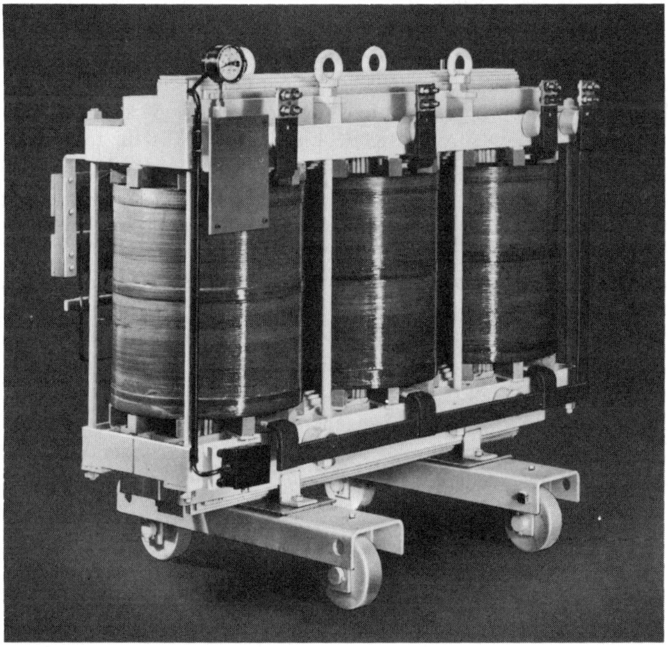

Für die betrieblichen Belange unterscheidet man neben Ober- und Unterspannungswicklung noch Eingangswicklung (Primärwicklung) und Ausgangswicklung (Sekundärwicklung); die Oberspannungsseite erhält die Buchstabenbezeichnung 1U; 1V; 1W und eventuell 1N, die Unterspannungsseite die Buchstabenbezeichnung 2U; 2V; 2W; 2N. Entsprechend der Einspeisung kann die Ober- wie die Unterspannungsseite Primär- oder Sekundärseite sein.

1.4.1.3. Ölkessel und Schutzeinrichtung

Da beim Transformator die natürliche mechanische Bewegung fehlt, stellt seine Kühlung ein spezielles Problem dar. Aus diesem Grunde wird die spezifische Strombelastung (Stromdichte) etwa in der Größenordnung von 1,5 bis 2,5 A · mm^{-2} gehalten. Kleinere Transformatoren haben Luftkühlung und sind wegen des unzureichenden Schutzes gegen Feuchtigkeit gewöhnlich auf

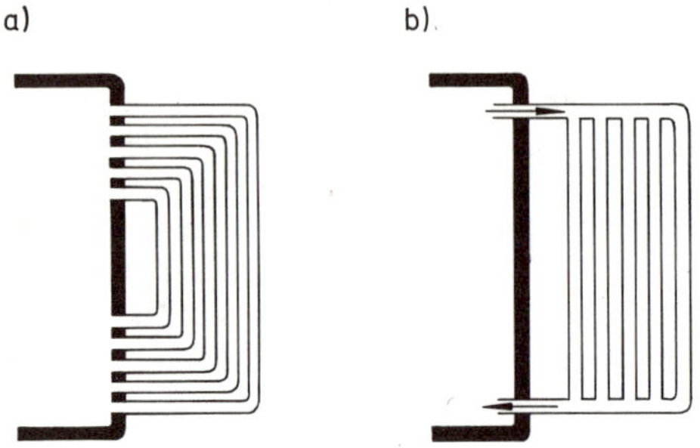

Bild 1.4/6 Schematische Darstellungen von Kesselausführungen
a) Röhrenkessel
b) Rohrharfenkessel

trockene Räume beschränkt. Große Transformatoren besitzen zur Kühlung und zur Verbesserung der Isolation Ölfüllung. Für schlagwetter- und explosionsgefährdete Transformatoren wird statt Öl *Clophen* (synthetisches, nicht brennbares Isolationsmaterial) verwendet. Die Kühlung des erwärmten Öles kann bei möglichst großer Oberfläche des Ölkessels mittels Eigen- oder Fremdkühlung erreicht werden. Für Leistungen von etwa 50 kVA bis 1600 kVA kommen gewöhnlich Wellblechkessel zur Ausführung. Bei Eigenkühlung wird für größere Leistungen weitestgehend der natürliche Ölumlauf ausgenutzt, wie z.B. bei Röhrenkesseln (Bild 1.4/6a) und Rohrharfenkesseln (Bild 1.4/6b). Transformatoren sehr großer Leistungen müssen fremdgekühlt werden. Der Kühlvorgang kann durch angebaute Ventilatoren bzw. durch Ölumlauf mittels Umwälzpumpe über besondere Kühlsysteme erreicht werden.
Jeder ölgekühlte Transformator ist einem „Atmungsablauf" unterworfen, d.h., erwärmtes Öl steigt zum Ausdehnungsgefäß empor und drückt über eine Entlüftungsöffnung Luft aus dem Gefäß. Da beim Erkalten wieder Luft eingesaugt wird, muß ein mit geglühtem Kupfersulfat bzw. mit Kobaltsalz gefüllter Luftentfeuchter (Lufttrockner) Feuchtigkeitszutritt verhindern (Bild 1.4/7). Haben die weißen Kupfersulfatkristalle durch Feuchtigkeitsannahme eine blaue Färbung bzw. das blaue Kobaltsalz eine rosa Färbung angenommen, müssen sie erneuert werden.
Eine ständige Temperaturkontrolle wird mit *Kontakt-* oder *Widerstandsthermometern* durchgeführt. Zur Verwendung kommen auch *Bimetallthermometer,* die bei Erreichung einer bestimmten Grenztemperatur Warnsignale auslösen oder eine Zusatzkühlung einschalten.

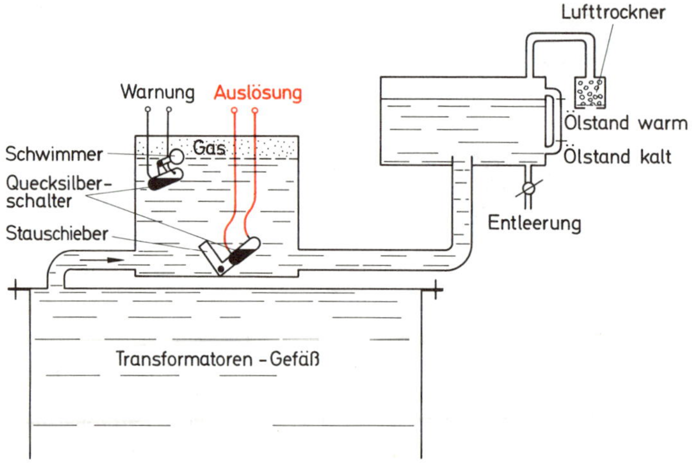

Bild 1.4/7 Buchholz-Schutzrelais und Ölausdehnungsgefäß

Bild 1.4/8
Schnittbild eines Drehstromtransformators
Werkbild: AEG-Telefunken

Für die Anzeige eines in der Entstehung befindlichen Schadens wird die Ölgasbildung ausgenutzt. Bei jedem Spannungsdurchschlag bzw. bei einem Fehler – wie z.B. Windungsschluß – entwickelt sich als Zersetzungsprodukt Gas. Die nach oben steigenden Gasblasen sammeln sich im oberen Teil des zwischen Ölkessel und Ölausdehnungsgefäß angebrachten *Buchholz-Schutzrelais* (Bild 1.4/7). Durch allmähliches Absinken des Ölspiegels stellt schließlich der mit dem Schwimmer verbundene Quecksilberschalter den Kontakt für eine optische oder akustische Warnanlage her; u.U. kann auch der Transformator abgeschaltet werden. Vergrößert sich die Fehlerstelle infolge eines „satten" Schlusses, steigt eine Gasdruckwelle nach oben. Der vor der Druckwelle hergeschobene Ölschwall drückt gegen den Stauschieber. Die ausgelöste Kontaktverbindung durch den Quecksilberschalter des Stauschiebers setzt den Transformator sofort außer Betrieb.
Bild 1.4/8 zeigt das Schnittbild eines Drehstromtransformators.

1.4.2. Wirkungsweise

1.4.2.1. Spannungserzeugung

Der Transformator formt Wechselspannung in Wechselspannung anderer Größe um. Auf diese Weise war es überhaupt erst möglich, Höchstspannungen zu erzeugen und somit weit voneinander entfernte Kraftzentralen im Verbundsystem arbeiten zu lassen. Wie bei allen elektrischen Maschinen erfolgt die Spannungserzeugung auch hier auf elektromagnetischem Wege.
Der Scheitelwert der Leerlaufspannung (Urspannung) beträgt

$$\hat{u}_0 = \omega \cdot \hat{\Phi} \cdot N$$
$$\hat{u}_0 = 2\,\pi \cdot f \cdot \hat{\Phi} \cdot N$$

$\hat{u}_0$ Leerlaufspannung (Scheitelwert) in V
f Frequenz in Hz oder s^{-1}
$\hat{\Phi}$ magnetischer Fluß (Scheitelwert) in Vs
N Windungszahl

Für die Praxis ist der Effektivwert U_0, der $\frac{1}{\sqrt{2}} = 0{,}707$fache Wert von $\hat{u}_0$, von Interesse.

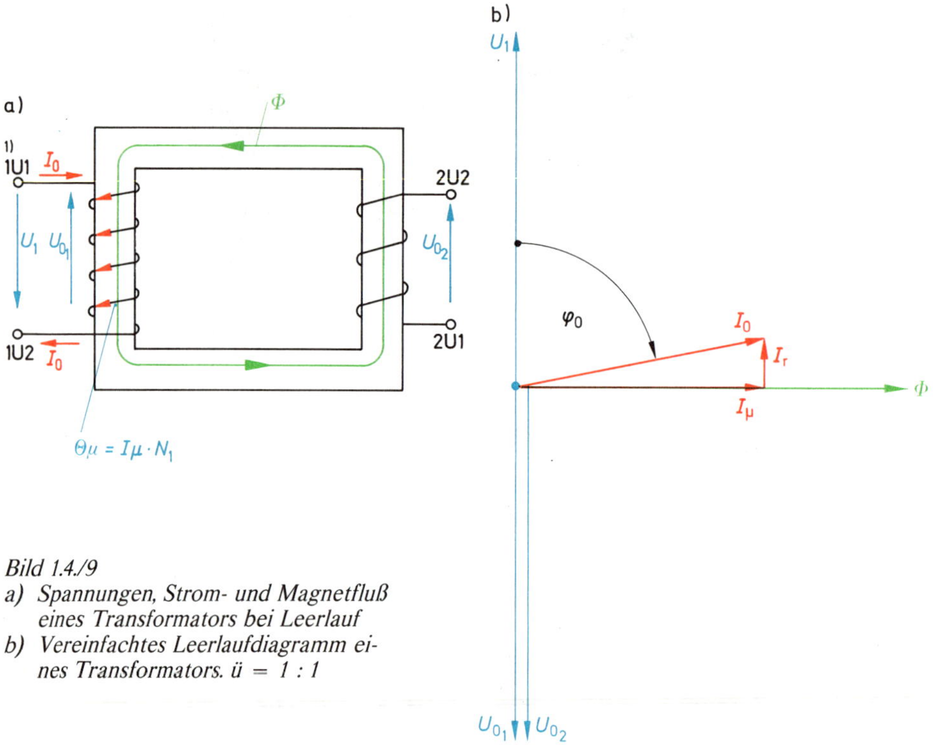

Bild 1.4./9
a) Spannungen, Strom- und Magnetfluß eines Transformators bei Leerlauf
b) Vereinfachtes Leerlaufdiagramm eines Transformators. ü = 1 : 1

[1] Bei Einphasentransformatoren ist die Kennzeichnung der Leiteranschlüsse durch Buchstaben nicht unbedingt erforderlich. Es reichen die Angaben 1.1; 1.2; 2.1; 2.2 usw. aus.

Daraus dann die Transformatorenhauptgleichung:

$$U_0 = \frac{2\pi}{\sqrt{2}} \cdot f \cdot \hat{\Phi} \cdot N$$

$$\boxed{U_0 = 4{,}44 \cdot f \cdot \hat{\Phi} \cdot N}$$

1.4.2.2. Leerlauf

Die Leerlaufeigenschaften lassen sich aus dem Wirkbild (Bild 1.4/9a) und dem Diagramm (Bild 1.4/9b) ablesen. Die Stromaufnahme (Leerlaufstrom I_0) ist gering, da sich die Primärseite bei geöffneter Sekundärseite wie eine Induktivität verhält. Der der Spannung U_1 um 90° nacheilende relativ große Magnetisierungsstrom I_μ ergibt mit der Windungszahl N_1 die Leerlaufdurchflutung (Magnetisierungsdurchflutung) $\Theta_\mu = I_\mu \cdot N_1$ (Bild 1.4/11a), die das magnetische Feld Φ aufzubauen hat. Der mit der Spannung U_1 in Phase liegende Wirkstromanteil I_r dient zur Deckung der äußerst minimalen Wärmeverluste in der primären Kupferwicklung und der Wärmeverluste im Eisenkern (Hysteresis- und Wirbelstromverluste). Der wechselnde Fluß Φ erzeugt die Urspannung U_{01} und U_{02}.
Der um 180° zum Spannungszeiger U_1 gedrehte Spannungszeiger U_{01} ist die Urspannung (Gegen-Urspannung) der Primärseite, der ebenfalls um 180° gedrehte Spannungszeiger U_{02} die Urspannung der Sekundärseite. Der große Winkel φ_0 besagt: kleine Wirkleistungsaufnahme, große Blindleistungsaufnahme.

1.4.2.3. Belastung

Dem Bild 1.4/10 sind die elektrischen und magnetischen Vorgänge im Belastungsfall zu entnehmen.
Durch den von der Spannung U_1 getriebenen Strom I_1 entsteht die primäre Durchflutung (magnetische Urspannung) $\Theta_1 = I_1 \cdot N_1$. Es werden die elektrischen Urspannungen U_{01} und U_{02} induziert. Die Urspannung U_{02} treibt den Strom I_2, der die sekundäre Durchflutung $\Theta_2 = I_2 \cdot N_2$ verursacht. Entsprechend dem Gesetz von Lenz wirkt die Durchflutung Θ_2 der Durchflutung Θ_1 entgegen, so daß die geometrische Summe beider Durchflutungen (Θ_1 und Θ_2) wieder praktisch die Leerlauf-

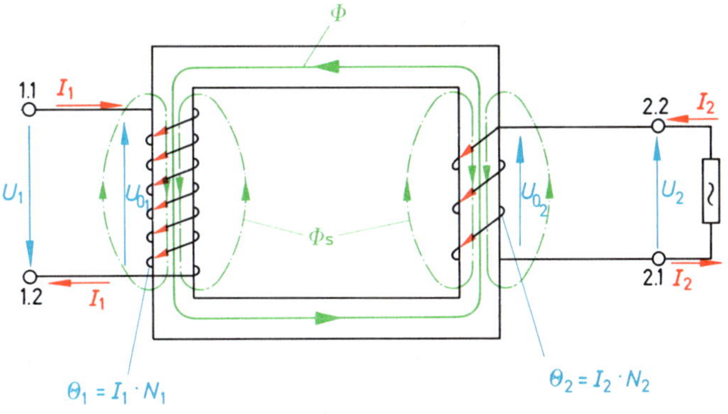

Bild 1.4/10 Spannungen, Ströme und Magnetflüsse eines Transformators bei Belastung

Bild 1.4/11
a) Vereinfachtes Diagramm der Durchflutungen (ohmisch-induktive Last)

b) Vereinfachtes Belastungsdiagramm eines Transformators (ohmisch-induktive Last) ü = 1 : 1

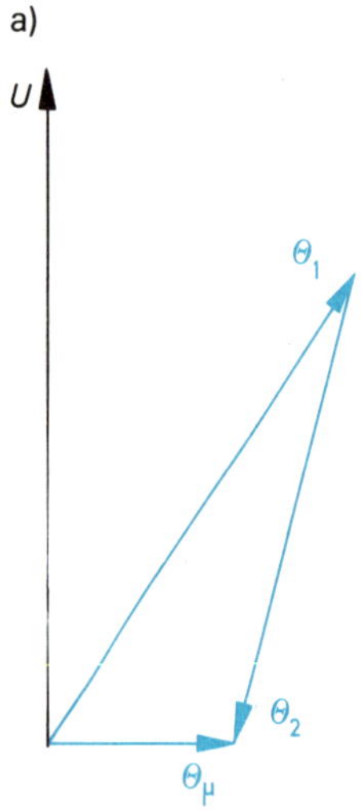

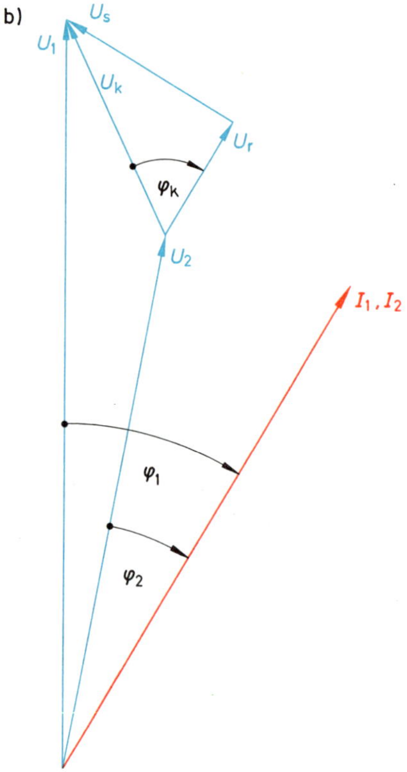

durchflutung Θ_μ ergibt, also
$\vec{\Theta}_\mu = \vec{\Theta}_1 + \vec{\Theta}_2$ (Bild 1.4/11a).
Die Leerlaufdurchflutung $\Theta\mu$, die sich — infolge Zunahme magnetischer Streufelder Φ_s — bis zur Nennlast nur unwesentlich ändert, treibt den praktisch konstanten Fluß Φ durch den Eisenkern (Bilder 1.4/9a und 1.4/10).
Ebenfalls läßt sich der Belastungsfall am vereinfacht dargestellten Zeigerdiagramm erkennen (Bild 1.4/11b). Man kann sich die Sekundärspannung U_2 und den Strom I_2 um 180° herumgeklappt denken. Wird der sehr geringe Leerlaufstrom I_0 vernachlässigt, fallen die Ströme I_1 und I_2 zusammen. Die Phasenlagen der Spannungen U_1 und U_2 ergeben den gesamten Spannungsabfall U_k, welcher sich aus dem ohmschen Anteil U_r und dem induktiven Anteil (Streuanteil) U_s zusammensetzt.

1.4.3. Leistungsschild

Das Leistungsschild stellt den „Personalausweis" eines Gerätes bzw. einer Maschine dar und ist genormt (Bild 1.4/12).

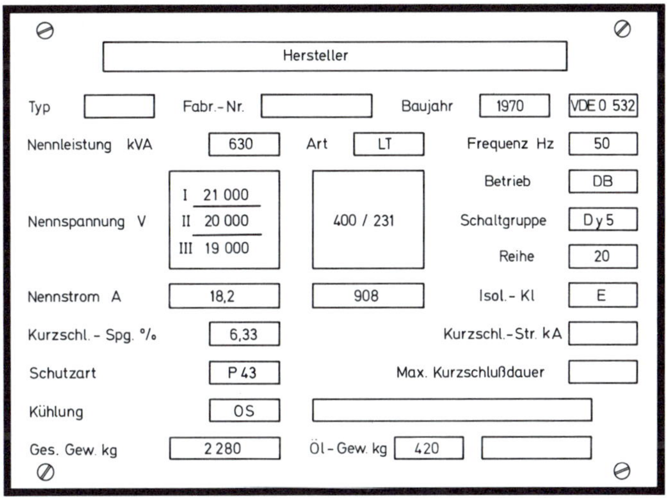

Bild 1.4/12 Leistungsschild eines Drehstromtransformators

Bemerkung: Anstelle Schutzart P 43 gilt nach neuer Norm IP 54
Anstelle Betriebsart DB gilt nach neuer Norm S1

1.4.3.1. Leistungs- und Spannungsangabe

Der Transformator kann während des Betriebes an seiner sekundären Seite Belastungen von ohmschem, induktivem bzw. kapazitivem Charakter haben. Entsprechend der Belastungsart sind auch die Phasenlagen zwischen Spannungen und Strömen verschieden, d.h., die Wirk- und Blindleistungen wie auch der Leistungsfaktor cos φ unterliegen laufenden Veränderungen. Aus diesem Grunde wird die abgegebene *Scheinleistung S* (geometrische Summe aus *Wirkleistung P* und *Blindleistung Q*) in VA, kVA oder MVA angegeben.
Die geometrische Summe der Wirk- und Blindleistung darf bei Transformatoren der Hauptreihe (HET) die auf dem Leistungsschild angegebene Scheinleistung nur wenig überschreiten. Transformatoren der Sonderreihe (SET) lassen sich für einige Wochen im Jahr weit über ihre Nennleistung belasten (z.B. während der Dreschperiode in der Landwirtschaft).
Bei Transformatoren über 16 kVA *Nennleistung* wird als sekundäre *Nennspannung* die *Leerlaufspannung* angegeben. Die Ursache der Spannungsangabe ist ebenfalls im Belastungscharakter (Belastungsart) zu suchen. Der vom Verbraucher verursachte vor- bzw. nacheilende Strom gibt den somit hervorgerufenen Spannungsabfällen im Transformator entsprechende Phasenlagen, welche auf die Größe der sekundären Klemmenspannung U_2 beachtliche Auswirkungen haben können.
Bei ohmscher Last sinkt die Spannung U_2 nur wenig, bei induktiver Last sinkt sie wesentlich stärker, und bei kapazitiver Last steigt sie sogar an (Bild 1.4/13).
Genauere Erläuterungen zum Belastungscharakter sind im Abschnitt 1.7.2.2 ausgeführt.

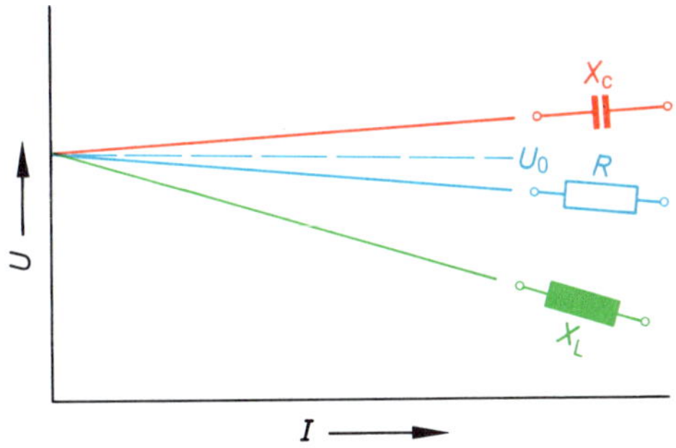

Bild 1.4/13 Abgabespannungen in Abhängigkeit vom Charakter der Last

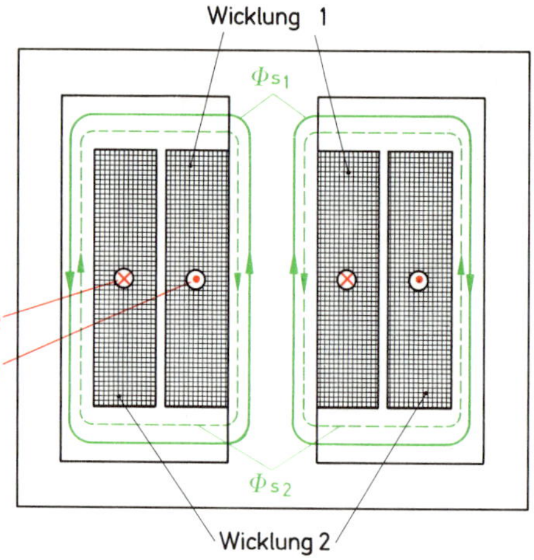

Bild 1.4/15 Wicklungsanordnung mit kleiner Kurzschlußspannung

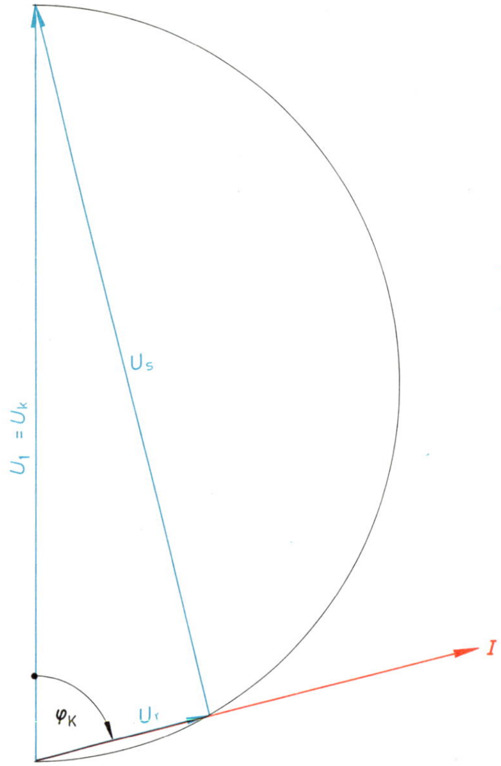

Bild 1.4/14 Kurzschlußdiagramm

1.4.3.2. Kurzschlußspannung, Kurzschlußstrom

Zur Feststellung des gesamten Spannungsabfalles läßt sich aus dem vereinfachten Betriebsdiagramm (Bild 1.4/11b) ein Verfahren ableiten, das als Kurzschlußspannung U_k bezeichnet wird. Das rechtwinklige Dreieck (Kappsches Dreieck) zwischen den Spannungen U_1 und U_2 ergibt

$$U_k = \sqrt{U_r^2 + U_s^2}$$

U_k Kurzschlußspannung in V
U_r ohmscher Spannungsabfall in V
U_s Streuspannungsabfall in V

und wird als Kurzschlußdiagramm bezeichnet (Bild 1.4/14).
Würde bei voller Primärspannung die Sekundärseite kurzgeschlossen, wäre ein „satter" Kurzschluß die Folge. Legt man aber primärseitig nur so viel Spannung an, daß der angegebene Nennstrom fließt, so wird diese Primärspannung dem Gesamtspannungsabfall U_k im Transformator entsprechen (Bild 1.4/14). Dabei wird der ausschlaggebende Anteil der Kurzschlußspannung vom Streuspannungsanteil (induktiver Anteil) U_s verursacht. Die Streuspannung wird durch die magnetischen Streufelder Φ_s verursacht (Bild 1.4/10).
Der Streuspannungsanteil läßt sich gut beeinflussen, und zwar durch entsprechende

a) Anordnungen der Spulensysteme,
b) Anordnungen des Eisenkerns.

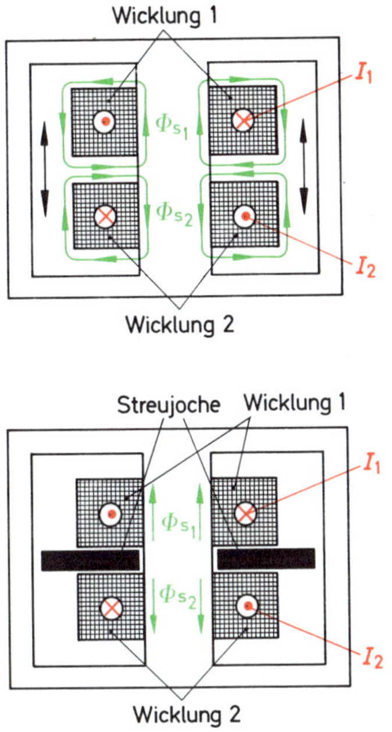

Bild 1.4/16 Wicklungsanordnung mit großer Kurzschlußspannung

a) Wicklungsanordnung übereinander und verschiebbar

b) Wicklungsanordnung mit Streujochen

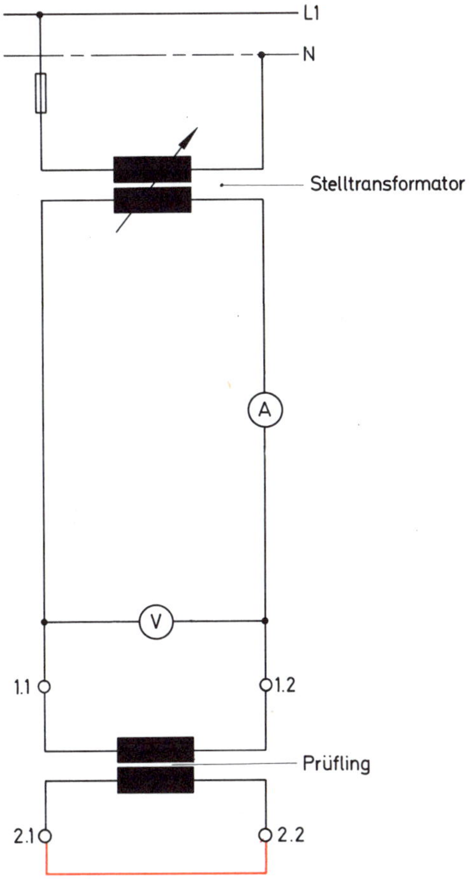

Bild 1.4/17 Messung der Kurzschlußspannung

Werden die Spulen *ineinander* gesetzt (Bild 1.4/15), beeinflussen sich die Streufelder $\Phi_{s\,1}$ und $\Phi_{s\,2}$ stark. Die Streuspannung U_s und somit auch die Kurzschlußspannung U_k werden klein. Ordnet man die Spulen *übereinander* und *verschiebbar* an (Bild 1.4/16a), beeinflussen sich die Streufelder weniger stark: die Kurzschlußspannung wird größer. Eine sehr gute Veränderung der Kurzschlußspannung wird durch *magnetische Engpässe* bzw. durch *Streujoche* erreicht (Bild 1.4/16b).

Die Kurzschlußspannung ist die Spannung, welche bei kurzgeschlossener Sekundärwicklung und bei Nennfrequenz an der Primärwicklung liegen muß, um den primären Nennstrom zum Fließen zu bringen.

Zur praktischen Ermittlung der Kurzschlußspannung wird — wegen der oft sehr großen Ströme — gewöhnlich die Unterspannungsseite kurzgeschlossen (Bild 1.4/17). Die ermittelte Kurzschlußspannung wird in Prozent zur primären Nennspannung angegeben (Tab. 1/4).

Transformatorentyp	Kurzschlußspannung u_k in %
Spannungswandler	< 1
Spartransformatoren	1 bis 2
Drehstromnetztransformatoren	
a) bis 200 kVA	3,5 bis 4,5
b) 250 bis 3200 kVA	6
c) 4000 bis 5000 kVA	6 bis 7
d) 6300 bis 10 000 kVA	7 bis 10
Trenntransformatoren	10
Spielzeugtransformatoren	20
Klingeltransformatoren	40
Experimentiertransformatoren	70
Zündtransformatoren, Schweißtransformatoren	100

Tab. 1/4
Kurzschlußspannungen

$$u_k = \frac{100\% \cdot U_k}{U_N}$$

u_k Kurzschlußspannung in %
U_k Kurzschlußspannung in V
U_N Nennspannung in V

Beispiel

Nennspannung U_N = 10 000 V
Kurzschlußspannung U_k = 500 V
Kurzschlußspannung u_k = ? %

Lösung

$$u_k = \frac{100\% \cdot U_k}{U_N} = \frac{100\% \cdot 500\ \text{V}}{10\,000\ \text{V}} = \underline{\underline{5\%}}$$

Wird nun die prozentuale Kurzschlußspannung u_k mit dem Kurzschlußstrom I_k in Beziehung gebracht, ergibt sich

$$I_k = \frac{100\% \cdot I_N}{u_k}$$

I_k Kurzschlußstrom in A
I_N Nennstrom in A
u_k Kurzschlußspannung in %

Beispiel

Nennstrom I_N = 1 A
Kurzschlußspannung u_k = 2%
Kurzschlußstrom I_k = ? A

Lösung

$$I_k = \frac{100\% \cdot I_N}{u_k} = \frac{100\% \cdot 1\ \text{A}}{2\%} = \underline{\underline{50\ \text{A}}}$$

Fließt bei kleiner Kurzschlußspannung ein hoher Kurzschlußstrom, ist der Innenwiderstand des Transformators gering. Bei hoher Kurzschlußspannung liegen die umgekehrten Fälle vor.

Beispiel

Nennstrom $I_N = 1\ \text{A}$
Kurzschlußspannung $u_k = 80\%$
Kurzschlußstrom $I_k = ?\ \text{A}$

Lösung

$$I_k = \frac{100\% \cdot I_N}{u_k} = \frac{100\% \cdot 1\ \text{A}}{80\%} = \underline{1{,}25\ \text{A}}$$

Transformatoren mit kleiner Kurzschlußspannung bezeichnet man als *spannungssteif* bzw. *spannungshart,* Transformatoren mit großer Kurzschlußspannung als *spannungsweich* bzw. *spannungssicher.*
Die Größe der Kurzschlußspannung ist maßgebend für das Betriebsverhalten (Dauerkurzschluß, Parallelschaltbarkeit) eines Transformators.

1.4.3.3. Schaltgruppen

Nach den Vorschriften VDE 0532 werden Drehstromtransformatoren in vier Schaltgruppen eingeteilt (Tab. 1/5). Die heute vorherrschende Benennung durch die Kennzahlen (Kennziffern) 0, 5, 6, 11 hat wesentliche Vorteile gegenüber der alten Bezeichnung durch die Buchstaben A, B, C, D.
Aus den Benennungen mit Kennzahlen können die ober- und unterseitigen Schaltungen sowie die *elektrischen Winkel* (Zeitgrößen) sofort ersehen werden. Wird die jeweilige Kennzahl mit 30° multipliziert, ergibt sich der elektrische Winkel bzw. die Phasenlage zwischen Primär- und zugehöriger Sekundärseite.

Beispiel

Herrscht im Oberstrang 1W1—1W2 der positive Spannungsscheitelwert, herrscht er auch zur gleichen Zeit im Unterstrang 2W1—2W2. Die Phasenlage ist dann

$$0 \cdot 30° = 0° \mathrel{\hat{=}} \underline{0\ \text{Sekunden}}$$

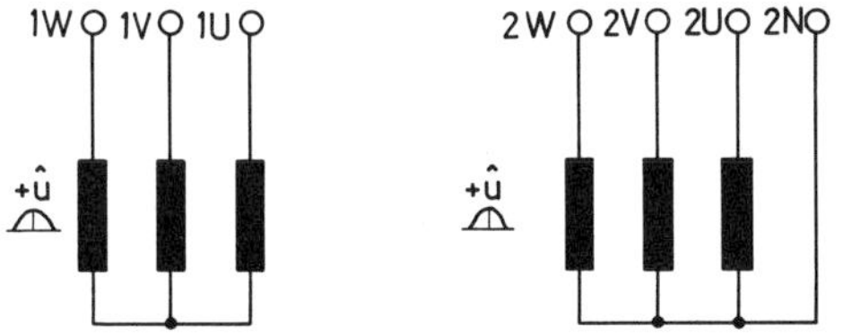

Bild 1.4/18 YynO-Schaltung

Beispiel

Herrscht im Oberstrang 1W1—1W2 der positive Spannungsscheitelwert, herrscht im Unterstrang 2W1—2W2 zur gleichen Zeit der negative Scheitelwert. Die Phasenlage ist nun

$$\underline{6 \cdot 30° = 180° \mathrel{\hat{=}} \frac{1}{100}\ \text{Sekunden bei } f = 50\ \text{Hz}}$$

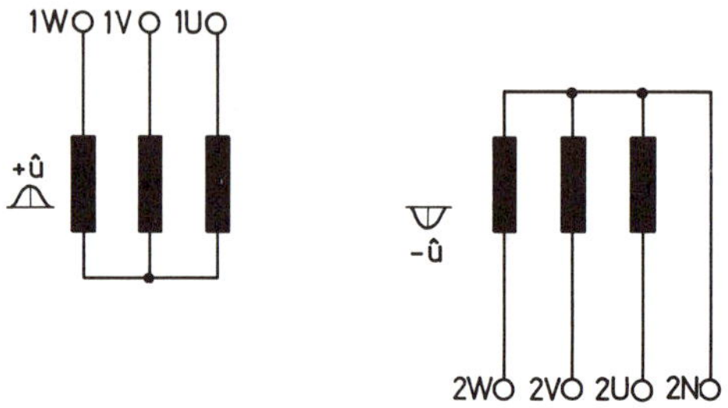

Bild 1.4/19 Yyn6-*Schaltung*

Die Beispiele zeigen, daß eine Parallelschaltung der Unterspannungsseiten nicht vorgenommen werden kann, da die gleiche Phasenlage (Deckungsgleichheit) der Spannungswellen nicht gegeben ist. Die gleichen Bedingungen gelten auch unter den anderen Schaltgruppen.
Ein Parallelbetrieb von Drehstromtransformatoren ist nur mit Transformatoren der gleichen Schaltgruppe bzw. bei entsprechend zyklischer Anschlußvertauschung zwischen den Schaltgruppen 5 und 11 möglich.

1.4.3.4. Zickzackschaltung (z-Schaltung)

Wird an der Unterspannungsseite die Sternschaltung (y-Schaltung) gewählt, erhält man zwei Spannungen, z.B. 400/230 V. Wird der Mittelpunktsleiter 2 N als Bezugspunkt gegenüber den Außenleitern 2L1; 2L2; 2L3 betrachtet, ist die Sternschaltung als Parallelschaltung anzusehen, sofern die Phasenverschiebung zwischen den drei Strängen unberücksichtigt bleibt. Große einseitige (unsymmetrische, schiefe) Last verursacht zwischen den Außenleitern bzw. zwischen den Außenleitern und dem Mittelpunktsleiter ungleiche Spannungen (Bild 1.4/20), sofern oberseitig ebenfalls Y-Schaltung vorliegt. Aus diesem Grunde soll die Schieflast (unsymmetrische Last) eine gewisse Größe nicht übersteigen.

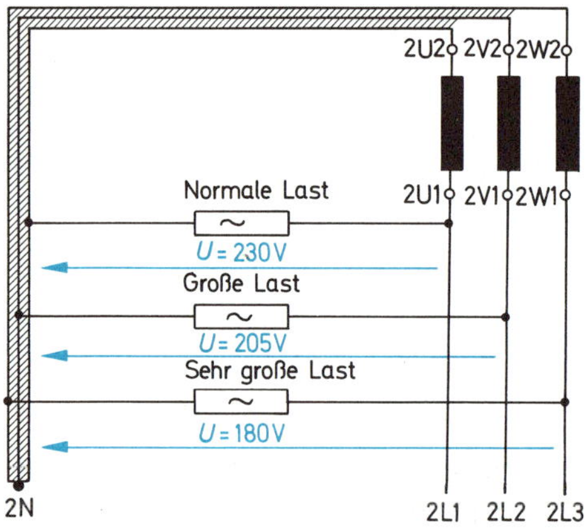

Bild 1.4/20 Spannungen an der Unterseite für Sternschaltung (y-Schaltung) unter verschiedenen Lastbedingungen

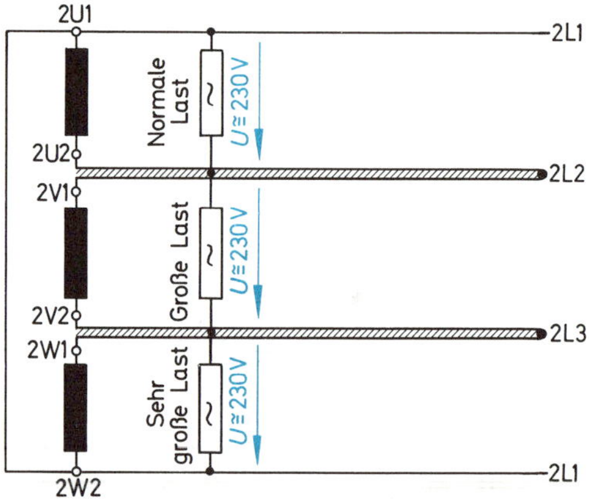

Bild 1.4/21 Spannungen an der Unterseite für Dreieckschaltung (d-Schaltung) unter verschiedenen Lastbedingungen

Bild 1.4/22
Zickzackschaltung
a) Schaltbild
b) Zeigerbild

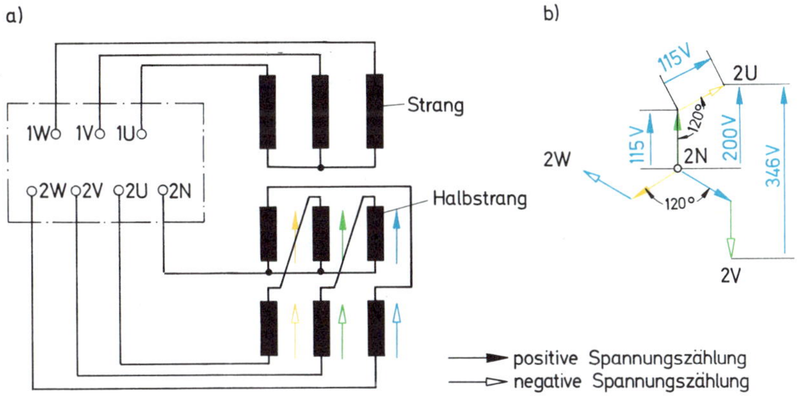

Wird an der Unterspannungsseite die Dreieckschaltung[1] (d-Schaltung) gewählt, erhält man nur eine Spannung. Bild 1.4/21 zeigt, daß das Ende des ersten mit dem Anfang des zweiten Stranges verbunden ist usw. (2U2–2V1; 2V2–2W1; 2W2–2U1).

Die Verschaltung Strangende mit neuem Stranganfang geben der Dreieckschaltung den Charakter einer Reihenschaltung, wenn wiederum die Phasenverschiebung zwischen den drei Strängen ohne Berücksichtigung bleibt. Die Dreieckschaltung verträgt Schieflast.

Werden Stern- und Dreieckschaltung zu einer neuen gemischten Schaltung kombiniert, lassen sich die Vorteile beider Schaltungen,

a) zwei Spannungen,
b) Verträglichkeit von Schieflast, vereinen.

Diese neue Schaltung heißt *Zickzackschaltung* (Bild 1.4/22a).

Die Stern- und Dreieckschaltung sind elektrisch und materialmäßig im wesentlichen gleichwertige Schaltungen. Würde eine Zickzackschaltung mit der gleichen Windungszahl wie eine Sternschaltung hergestellt, ergäben sich kleinere Strang- und Außenleiterspannungen (Bild 1.4/22b). 115 V an den Halbsträngen ergeben nur Strangspannungen von $115\ \text{V} \cdot \sqrt{3} = 200\ \text{V}$ (nicht $115 \cdot 2 = 230\ \text{V}$!).

Die Ursache liegt in der Anordnung der beiden in Reihe geschalteten auf verschiedenen Eisenschenkeln angeordneten Halbstränge. Damit ergibt sich ein zweiter elektrischer Winkel von 120° (Bild 1.4/22b). Um die Spannungen auf die genormten Werte von 230 V bzw. 400 V zu bringen, muß die Windungszahl gegenüber Y-Schaltung um

$$\frac{230\ \text{V}}{200\ \text{V}} = \underline{1{,}15} \mathrel{\hat{=}} \underline{15\%} \text{ gesteigert werden.}$$

Die Zickzackschaltung (z-Schaltung) ermöglicht die Abgabe von zwei Spannungen und verträgt Schieflast, benötigt aber gegenüber der Sternschaltung (y-Schaltung) und Dreickschaltung (d-Schaltung) 15% mehr Material.

---

[1] Laut VDE 0532 wird in den Schaltgruppen für Drehstromtransformatoren (Tab. 1/5) die Dreieckschaltung mit „D“ bzw. „d“ bezeichnet. Die Kurzbezeichnung „D“ wird aber auch für den Begriff Drehstrom verwandt, z.B. D-Motor bzw. D-Transformator. Um Irrtümer zu vermeiden, soll in Zukunft für die Maschinen das Zeichen „△“ für die Dreieckschaltung verwandt werden.

Tab. 1/5
Gebräuchliche Schaltgruppen für Drehstromtransformatoren

1 Kennzahl	2 Schaltgruppe	3 Zeigerbild (OS, US)	4 Schaltungsbild (OS, US)	5 Übersetzung $U_1 : U_2$	6 Frühere Bezeichnung
0	Dd 0	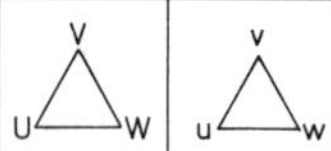	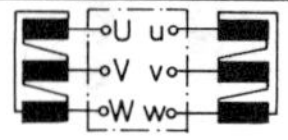	$\frac{N_1}{N_2}$	A 1
	Yy 0[1)]	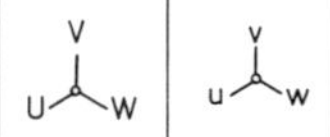	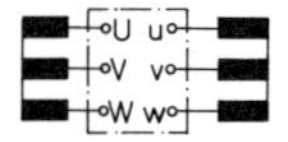	$\frac{N_1}{N_2}$	A 2
	Dz 0	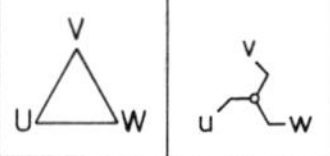	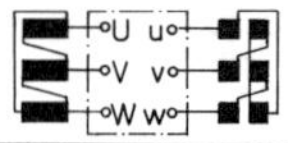	$\frac{2 N_1}{3 N_2}$	A 3
5	Dy 5	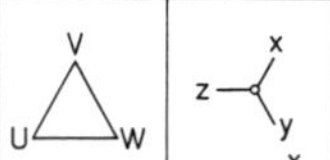	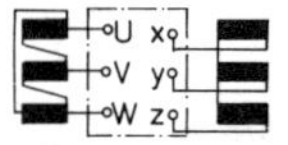	$\frac{N_1}{\sqrt{3} \cdot N_2}$	C 1
	Yd 5	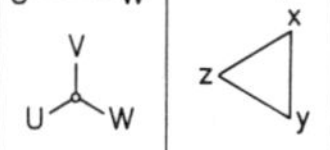	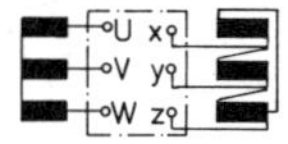	$\frac{\sqrt{3} \cdot N_1}{N_2}$	C 2
	Yz 5	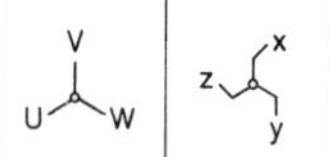	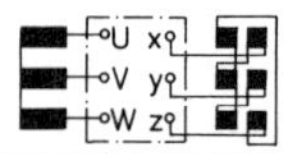	$\frac{2 \cdot N_1}{\sqrt{3} \cdot N_2}$	C 3
6	Dd 6	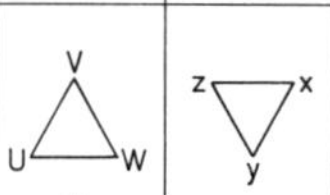	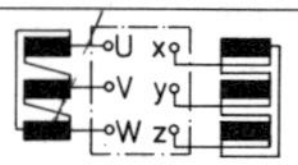	$\frac{N_1}{N_2}$	B 1
	Yy 6	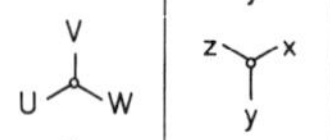	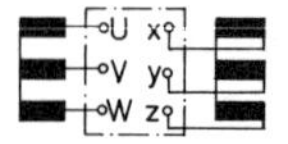	$\frac{N_1}{N_2}$	B 2
	Dz 6	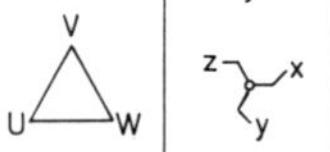	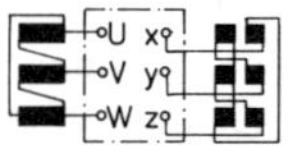	$\frac{2 \cdot N_1}{3 \cdot N_2}$	B 3
11	Dy11	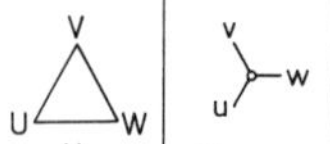	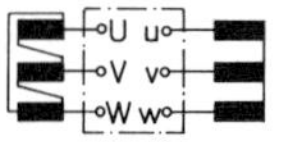	$\frac{N_1}{\sqrt{3} \cdot N_2}$	D 1
	Yd11	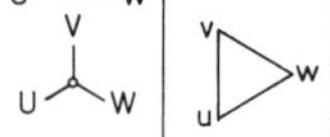	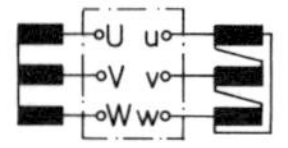	$\frac{\sqrt{3} \cdot N_1}{N_2}$	D 2
	Yz11	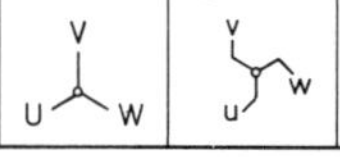	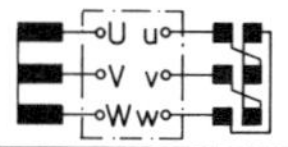	$\frac{2 \cdot N_1}{\sqrt{3} \cdot N_2}$	D 3

Anschlußbezeichnungen für Drehstromtransformatoren

Alt	Neu DIN 42402
U	1 U
V	1 V
W	1 W
u	2 U
v	2 V
w	2 W
x	2 U
y	2 V
z	2 W

[1] Sind an der Ober- und Unterspannungsseite die Mittelpunktsleiter für Stern- bzw. Zickzackschaltung mit herausgeführt, tritt ihre Bezeichnung in der Schaltgruppe mit auf, z.B. YNyn0.

1.4.4. Parallelschaltungen

Reicht die gelieferte Leistung eines Transformators nicht aus, müssen — wie bei Generatoren — Parallelschaltungen von Transformatoren vorgenommen werden. Es müssen hierbei die Nennspannungen sowie die Phasenwinkel zwischen Oberspannungs- und zugehöriger Unterspannungsseite unbedingt gleich sein. Lediglich in der Größe der Kurzschlußspannungen sind geringe Abweichungen zulässig. Laut VDE 0532 darf die Kurzschlußspannung des kleineren Transformators bis zu 10% größer sein als die des größeren Transformators. Zu große Unterschiede der Kurzschlußspannungen haben zu ungünstige Lastverteilungen zur Folge, wie nachfolgendes Beispiel zeigt.

Beispiel

Transformator I:	Transformator II:
$S_1 = 1000\ \text{kVA}$	$S_2 = 1000\ \text{kVA}$
$u_{k1} = 5\%$	$u_{k2} = 4\%$

Wie erfolgt bei den Transformatoren die Lastverteilung?

Lösung

Die mittlere prozentuale Kurzschlußspannung u_{km} wird:

$$u_{km} = \frac{S}{\dfrac{S_1}{u_{k1}} + \dfrac{S_2}{u_{k2}}}$$

$$u_{km} = \frac{2000\ \text{kVA}}{\dfrac{1000\ \text{kVA}}{5\%} + \dfrac{1000\ \text{kVA}}{4\%}} = \underline{\underline{4{,}45\%}}$$

Transformator I übernimmt:

$$S_1' = \frac{u_{km}}{u_{k1}} \cdot S_1 = \frac{4{,}45\%}{5\%} \cdot 1000\ \text{kVA} = \underline{\underline{890\ \text{kVA}}} \mathrel{\hat{=}} \underline{\underline{89\%}}$$

Transformator II übernimmt:

$$S_2' = \frac{u_{km}}{u_{k2}} \cdot S_2 = \frac{4{,}45\%}{4\%} \cdot 1000\ \text{kVA} = \underline{\underline{1110\ \text{kVA}}} \mathrel{\hat{=}} \underline{\underline{111\%}}$$

Praktische Schlußfolgerung

Die Lastverteilung ist zu ungünstig. Ein Ausgleich könnte durch Vorschalten einer Drossel vor den Transformator mit der kleinen Kurzschlußspannung erfolgen. Auch längere Netzleitungen zwischen den Transformatoren tragen wesentlich zum Ausgleich der Kurzschlußspannungen bei.

a) *Einphasentransformatoren* (Schaltgruppe IiO) benötigen zur Parallelschaltung gleiche Nennspannungen sowie möglichst gleiche Kurzschlußspannungen. Die Kontrolle der notwendigen Phasenlage wird mit Hilfe eines Spannungsmessers durchgeführt, wobei das kontrollierende Meßgerät den Wert 0 V anzeigen muß (Bild 1.4/23). Wird der doppelte Nennspannungswert angezeigt, liegt Reihenschaltung der Unterspannungsseiten vor.

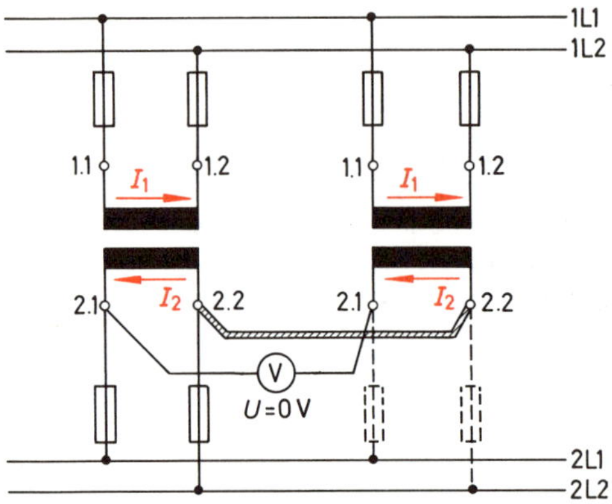

Bild 1.4/23 Parallelschaltung zweier Einphasentransformatoren mit Spannungsmesser zur Kontrolle der Phasenlage

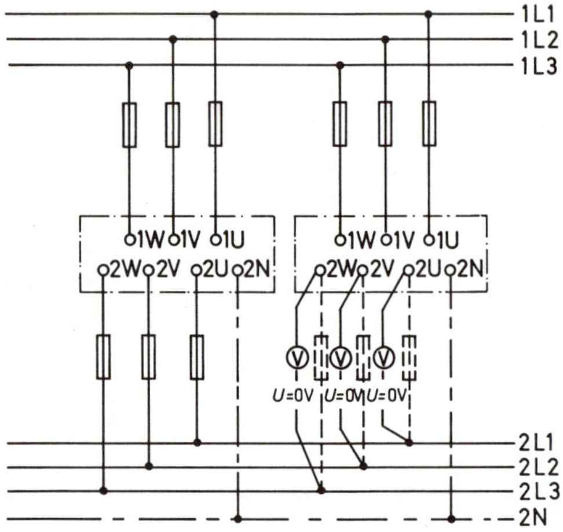

Bild 1.4/24 Parallelschaltung zweier Drehstromtransformatoren mit Spannungsmessern zur Kontrolle der Phasenlage

b) *Drehstromtransformatoren* benötigen zum Parallelbetrieb von vornherein gleiche Nennspannungen, gleiche Kurzschlußspannungen und gleiche Schaltgruppe (Phasenlage). Lediglich die Schaltgruppen 5 und 11 bilden eine Ausnahme (Abschnitt 1.4.3.3). Auch sollen die Größenverhältnisse der Leistungen nicht mehr als das Dreifache voneinander abweichen. Die Feststellung der Phasenlage wird wiederum mit Kontrollspannungsmessern vorgenommen (Bild 1.4/24).

1.4.5. Stelltransformatoren

Entsprechend der Spannungserzeugungsformel

$$U_0 = 4{,}44 \cdot \hat{\Phi} \cdot f \cdot N$$

muß sich die Größe der sekundären Spannung durch den Kraftfluß Φ, der Frequenz f bzw. der Windungszahl N verändern lassen. Praktische Veränderungen sind aber nur durch die Windungszahl N und den Kraftfluß Φ möglich.

1.4.5.1. Änderung der Windungszahl

Beim *Stufentransformator* fällt bzw. steigt entsprechend der Beziehung

$$\frac{U_1}{U_2} = \frac{N_1}{N_2}$$

im gleichen Verhältnis mit der sekundären Windungszahl N_2 auch die sekundäre Spannung U_2. Ändert man dagegen die primäre Windungszahl N_1, so ändert sich die sekundäre Spannung U_2 im umgekehrten Verhältnis.

Beispiel

Gegeben: $U_1 = 1000$ V $\quad N_1 = 500$ Windungen

$U_2 = 100$ V $\quad N_2 = 50$ Windungen

Die Windungszahl N_1 soll bei konstanter primärer Spannung U_1 auf 450 vermindert werden.

Gesucht: $U_2 = \;?$ V

Lösung

$$U_2 = \frac{U_1 \cdot N_2}{N_1} = \frac{1000\text{ V} \cdot 50}{450} = \underline{\underline{111\text{ V}}}$$

Die Verringerung der primären Windungszahl ist bei konstanter Primärspannung begrenzt. Das Zu- und Abschalten von Windungen erfolgt während des Betriebes. Zwecks Beherrschung des Schaltfunkens benötigt man deshalb bei Transformatoren größerer Leistung Lastumschalter mit spannungsfrei arbeitenden Stufenwählern (Bild 1.4/25).

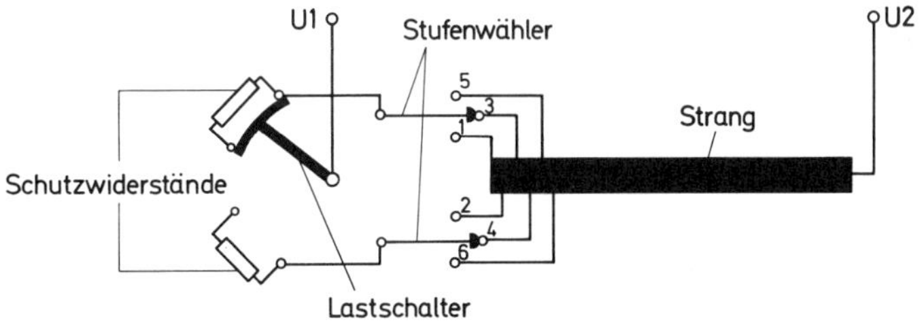

Bild 1.4/25
Lastumschalter mit
6 Wahlstufen

1.4.5.2. Änderung des Magnetflusses

Je nach Anordnung der Spulen bzw. des Eisengestells können Transformatoren große und kleine Streuflüsse Φ_s und somit entsprechende Kurzschlußspannungen U_k haben (Abschnitt 1.4.3.2). Eine große Kurzschlußspannung besagt, daß der innere Widerstand des Transformators hoch ist. Der Spannungsabfall steigt, wodurch die an der Sekundärseite abgenommene Spannung U_2 kleiner wird. Auf diese Weise läßt sich die sekundäre Spannung in weiten Grenzen verstellen.

Beim *Streufeldtransformator mit verschiebbaren Spulensystemen* wird durch kontinuierliche gegenseitige Lageveränderung der Primär- und Sekundärwicklung die gewünschte Spannung U_2 erreicht (Bild 1.4/26a).

Beim *Streufeldtransformator mit verschiebbarem Streupaket (Streujoch)* erfolgt die Änderung der Spannung durch das als magnetischer Nebenschluß eingebaute Streupaket (Bild 1.4/26b). Liegt das Streupaket zum Eisenschenkel II parallel geschaltet, läuft ein großer Teil der magnetischen Feldlinien (Φ_3) über diesen Weg. Der Fluß Φ_2 wird somit geringer und ebenfalls die Spannung an der Spule 2. Durch Herausziehen bzw. Drehen des Streujoches steigt die Spannung an der Spule 2.

Eine weitere Stellmöglichkeit läßt sich durch Vorschaltung einer veränderbaren Drossel erreichen (Bild 1.4/27). Ein ansteigender Stromfluß in der Drossel bewirkt einen Abfall der Abnahmespannung U_2.

Streufeldtransformatoren (Sondertransformatoren) sowie Transformatoren mit veränderbarer Drossel sind unempfindlich gegen sekundäre Kurzschlüsse und sind deshalb als Schweiß- und Zündtransformatoren besonders geeignet.

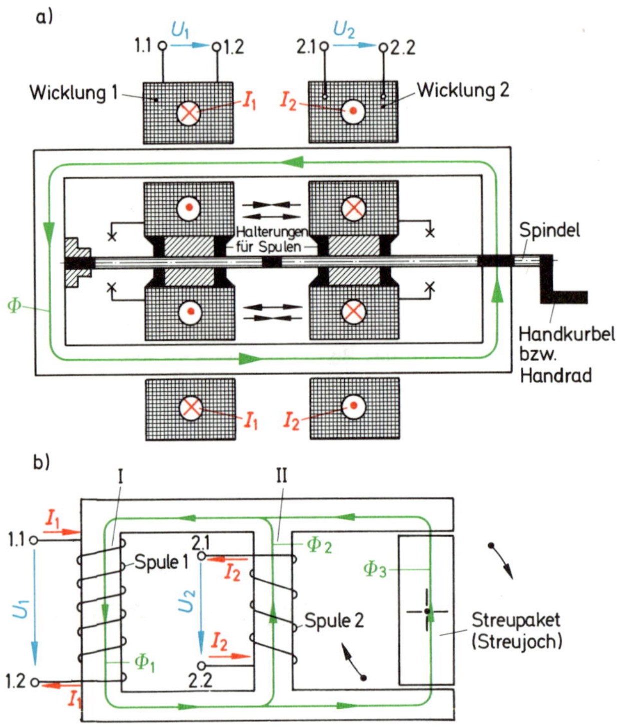

Bild 1.4/26
Streufeldtransformatoren
a) mit verschiebbarem Spulensystem
b) mit Streupaket (Streujoch)

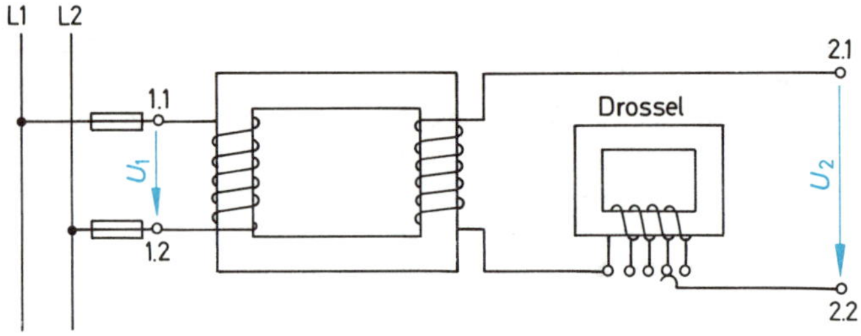

Bild 1.4/27
Verstellmöglichkeit der Ausgangsspannung durch Drossel

1.4.6. Kleintransformatoren

Laut VDE 0550 bzw. 0551 werden darunter Transformatoren mit Leistungen bis 16 kVA, Eingangsspannungen bis 1000 V und Frequenzen bis 500 Hz verstanden.
Zu den Kleintransformatoren gehören Schutz-, Spielzeug- und Klingeltransformatoren, welche Sondervorschriften unterliegen. Sie können

kurzschlußfest   wärmefest   bedingt kurzschlußfest

gebaut sein. In den beiden letzten Fällen werden Temperaturbegrenzer bzw. Sicherungen benötigt.
Spielzeug-, Klingel- sowie alle sonstigen Schutztransformatoren gehören zu den Kleintransformatoren und haben stets getrennte Wicklungen; ihre Sekundärseiten dürfen nicht geerdet werden.

1.4.6.1. Klingeltransformator Symbol: 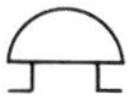

Der Klingeltransformator muß unbedingt kurzschlußfest sein (u_k = 40%). Die Nennströme betragen 0,5 A, 1 A, 1,5 A und 2 A, die Nennspannungen (Betriebsspannungen) 3 V, 5 V, 8 V, 12 V bis 24 V. Die Leerlaufspannungen dürfen 33 V nicht überschreiten.

1.4.6.2. Spielzeugtransformator Symbol: 

Der Spielzeugtransformator hat meist eine Kurzschlußspannung von etwa 20%. Spielzeugtransformatoren sind gewöhnlich wärmefest gebaut. Die Nennspannung an der Abgabeseite darf 24 V, die Leerlaufspannung 33 V nicht überschreiten. Die Nennleistung darf nicht mehr als 200 VA betragen.

1.4.6.3. Trenntransformator Symbol: 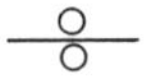

Der Trenntransformator hat Kurzschlußspannungen von etwa 10%. Er ist zulässig in Netzen bis 500 V. Seine sekundäre Spannung darf im Drehstromfalle 380 V, im Einphasenfalle 220 V nicht übersteigen. An einem Trenntransformator darf nur ein Verbraucher mit maximal 16 A Stromaufnahme angeschlossen werden.

1.4.6.4. Weitere Kleintransformatoren sind der

a) *Zündtransformator* für Ölfeuerungsanlagen,
b) *Auftautransformator* für eingefrorene Leitungen,
c) *Steuertransformator* für Steuerungsanlagen (Schützsteuerungen),
d) *Streufeldtransformator* für Leuchtröhrenanlagen (Abschnitt 1.4.5.2),
e) *Netztransformator* für Rundfunk- und Fernsehtechnik,
f) *Spartransformator* für Haushalt.

1.4.7. Spartransformatoren (Autotransformatoren)

Bei normalen Transformatoren sind die Primärseiten von den Sekundärseiten galvanisch getrennt. Die zugeführte elektrische Energie wird hier in magnetische und diese wiederum in elektrische umgeformt. Während also beim normalen Transformator die Übertragung der Leistung rein *induktiv* erfolgt, ist sie beim Spartransformator teils *induktiv*, teils *direkt*. Beim Einphasen- wie beim Drehstrom-Spartransformator kann die Umformung von der Oberspannungsseite zur Unterspannungsseite bzw. umgekehrt erfolgen.
Primär- und Sekundärseite bilden eine Wicklung. Die *Parallelwicklung* ist die Unterspannungsseite und gleichzeitig ein Teil der Oberspannungsseite. Der restliche zur Oberspannungsseite gehörende Wicklungsteil heißt *Reihenwicklung* (Bild 1.4/28). Der Spartransformator ist also praktisch ein *induktiver Spannungsteiler*, an welchem man beliebig große Spannungen abgreifen kann.
Im Verhältnis zum Transformator mit getrennten Wicklungen benötigt man bei einem Spartrans-

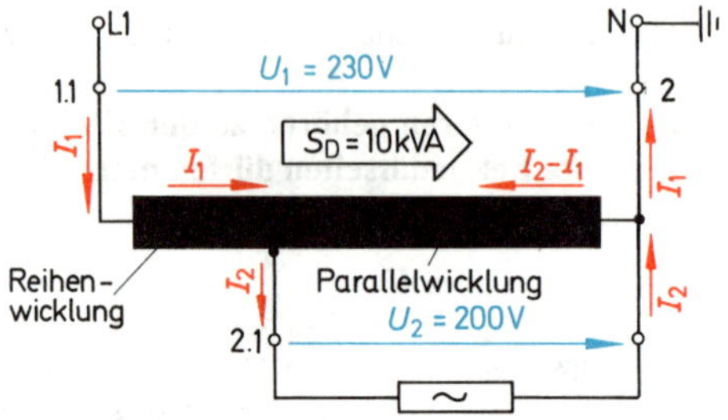

Bild 1.4/28 Elektrische Verhältnisse des Spartransformators im normalen Betrieb. Schaltgruppe IaO

formator mit gleicher Leistungsübertragung stets weniger Materialaufwand. Besonders große Materialersparnis ergibt sich bei möglichst geringem Spannungsunterschied zwischen Oberseite und Unterseite, wie nachfolgendes Beispiel zeigt.

Beispiel

Ein Spartransformator hat eine Durchgangsleistung $S_D = 10$ kVA. Seine Oberspannung beträgt $U_1 = 230$ V, seine Unterspannung $U_2 = 200$ V. Wie groß wird seine Bauleistung S_B? (Bild 1.4/28)

Lösung

Unter Durchgangsleistung wird die gesamte direkt und induktiv übertragene Leistung verstanden. Die rein induktiv übertragene Leistung heißt Bauleistung, nach welcher der Transformator bemessen ist. Die Bauleistung wird aus folgender Beziehung ermittelt

$$\text{Bauleistung} = \frac{\text{Oberspannung} - \text{Unterspannung}}{\text{Oberspannung}} \cdot \text{Durchgangsleistung}$$

$$S_B = \frac{U_1 - U_2}{U_1} \cdot S_D$$

$$S_B = \frac{230\text{ V} - 200\text{ V}}{230\text{ V}} \cdot 10\text{ kVA} = \underline{1{,}3\text{ kVA}}$$

Praktische Schlußfolgerung

Von der Durchgangsleistung $S_D = 10$ kVA werden nur 1,3 kVA induktiv, also transformatorisch, 8,7 kVA dagegen direkt übertragen. Der Materialaufwand des Spartransformators erstreckt sich nur auf 1,3 kVA.

Nachteile

Trotz seiner Vorteile bezüglich Materialaufwand gegenüber dem Transformator mit getrennten Wicklungen wird der Spartransformator meist als Stell-Zusatztransformator verwandt. Die Ursache ist in der galvanischen Verbindung von Primär- und Sekundärseite zu suchen. Bei der gewünschten Spannungsumformung, z.B. für Spielzeug, könnte zwischen der unteren Spannungsseite und einem mit Erde in Verbindung stehenden Rohr die volle Netzspannung herrschen (Bild 1.4/29a). Bei Unterbrechung der Parallelwicklung tritt an der Unterseite fast die volle Netzspannung auf (Bild 1.4/29b).

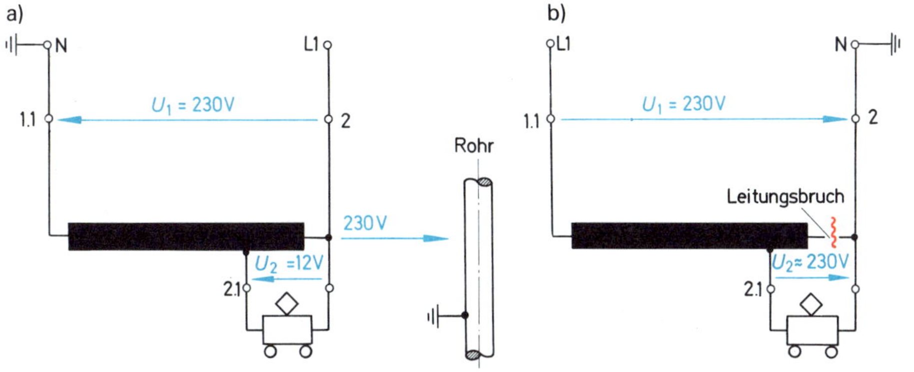

Bild 1.4/29 Elektrische Verhältnisse an der Unterspannungsseite des Spartransformators bei Fehlschaltungen bzw. Störungen
a) volle Netzspannung gegen Erde, b) volle Netzspannung an „Kleinspannungsseite"

Spannungsteilermaschinen aller Art sind zum Umformen von Netz- in Schutzspannung verboten.
Zu den Spannungsteilermaschinen gehören außer dem Spartransformator der Drehtransformator (Abschnitt 1.5.11) sowie der Einankerumformer (Abschnitt 1.9.3.2).

1.5. Asynchronmaschinen für Dreiphasenwechselstrom (Drehstrom)

Es sind für die Praxis die wichtigsten und am häufigsten vorkommenden Maschinen.

1.5.1. Drehfeld (umlaufendes Magnetfeld)

Grundlegende Voraussetzung für die Funktion der Asynchronmaschinen für Drehstrom (Generatoren und Motoren) ist das umlaufende Magnetfeld. Da Asynchronmaschinen stromwenderlos sind, spricht man auch von Drehfeldmaschinen ohne Stromwender. Zur gleichen Maschinengruppe werden die Synchronmaschinen gezählt (Abschnitt 1.7).
Bei dreiphasig verkettetem Wechselstrom hat das entstehende Drehfeld während des Umlaufes unveränderte Größe und wird deshalb als *symmetrisch* oder *kreisförmig* bezeichnet (Bild 1.5/1). Die Drehzahl des *synchron* umlaufenden Magnetfeldes richtet sich nach der Polpaarzahl der Maschinen und der Frequenz der angelegten Netzspannung

$$n_0 = \frac{60 \cdot f}{p}$$

n_0 Umdrehungen in $\frac{1}{\text{min}}$ bzw. min^{-1}

f Frequenz in $\frac{1}{\text{s}}$ bzw. s^{-1}

p Polpaare

Wie unter Transformatoren Abschnitt 1.4.2.2, Seite 83 beschrieben, wird auch hier das Magnetfeld Φ vom Magnetisierungsstrom I_μ und damit der Leerlaufdurchflutung Θ_μ verursacht (Bild 1.4/11a).

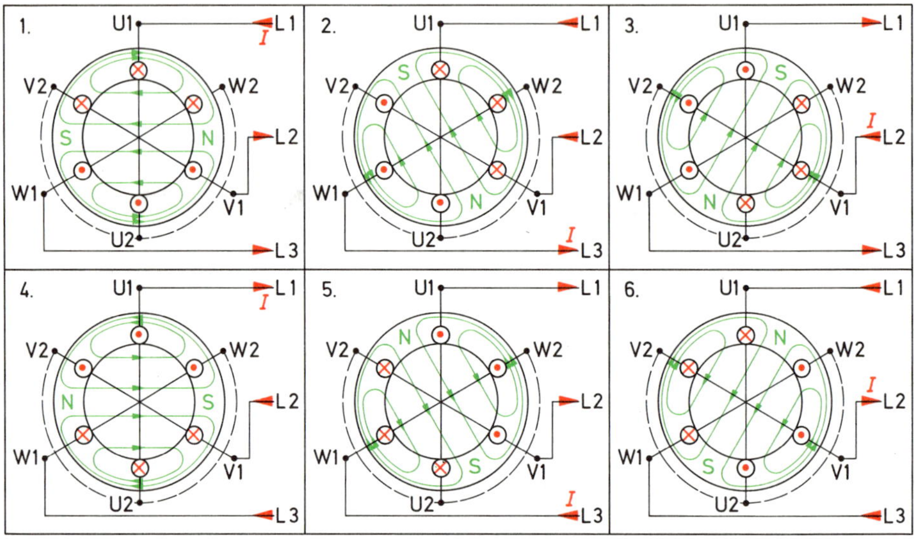

Bild 1.5/1 Darstellungen zum symmetrischen (kreisförmigen) Drehfeld

In den Abschnitten 1.5.2 bis 1.5.10 werden die Asynchronmotoren behandelt. Hierfür gilt:
In einem Asynchronmotor für Drehstrom wird ein symmetrisches Drehfeld erzeugt, wenn seine Dreiphasenwicklung vom Drehstrom durchflossen wird.

Bei einem Asynchronmotor weist der rotierende Teil (Läufer, Rotor) gegenüber dem Drehfeld einen *Schlupf* auf *(asynchron* — nicht im Tritt befindlich). Das Drehfeld schneidet die Läuferleiter und induziert in ihnen Spannungen. Der Asynchronmotor heißt deshalb auch *Induktionsmotor.*
Asynchronmotoren für Drehstrom können mit Schleifring- oder Kurzschlußläufern ausgerüstet sein.

1.5.2. Schleifringläufermotor

1.5.2.1. Aufbau

Der *Ständer* oder *Stator* ist zur Vermeidung von Wirbelströmen aus genuteten Ständerblechen aufgebaut, in welchen, möglichst gleichmäßig verteilt, die dreiphasige Wicklung untergebracht ist (Bild 1.5/2). Das Ständerblech besitzt aber keine ausgeprägten Pole, wie z.B. die Gleichstrommaschine. Die gewünschte Polzahl wird durch entsprechenden Wickelschritt erreicht. Anfang und

Bild 1.5/2 *Ständer eines Asynchronmotors mit vierpoliger Drehstromwicklung*

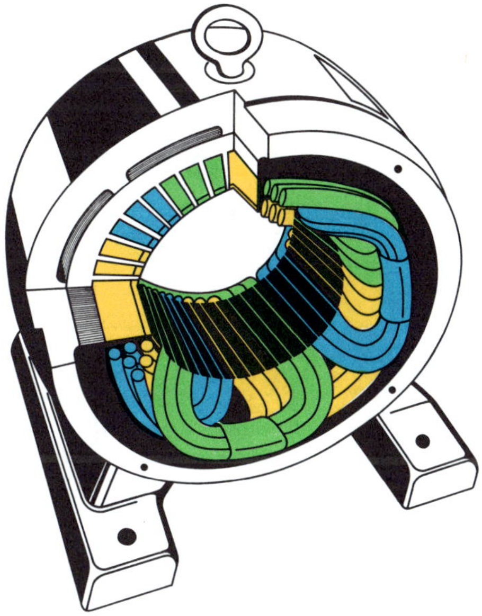

Ende jedes Stranges führen gewöhnlich zum Anschlußbrett, weshalb diese Wicklung auch als *offen* bezeichnet wird.
Die gewünschte Verkettung in Stern- oder Dreieckschaltung (Y- oder △-Schaltung) erfolgt am Anschlußbrett oder mit einem Stern-Dreieck-Schalter (Y-△-Schalter).
Der *Läufer* oder *Rotor* besitzt ebenfalls eine in Nuten gebettete Wicklung, welche mit ihrer Polzahl auf die Polzahl des Ständers abgestimmt ist. Die Wicklung ist gewöhnlich dreiphasig, meist in Y-Schaltung (Bild 1.5/3), seltener in △-Schaltung ausgeführt. Die Verschaltung erfolgt hier direkt im Läufer, so daß über die Schleifringe nur die Wicklungsanfänge K, L, M herausgeführt sind. Die Läuferwicklung kann auch zweiphasig sein (Abschnitt 1.5.2.3).

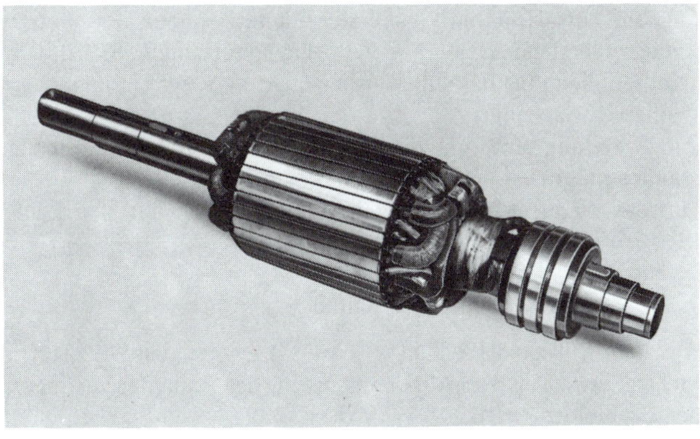

Bild 1.5/3
Schleifringläufer mit sechspoliger Drehstromwicklung
Werkbild: Garbe-Lahmeyer

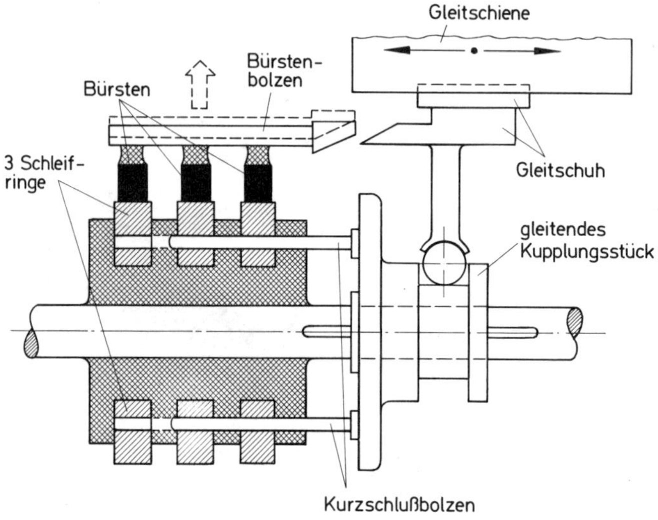

Bild 1.5/4 Schematische Darstellung einer Bürstenabhebevorrichtung

Soll der Schleifringläufermotor nach dem Anlauf als Kurzschlußläufermotor weiterarbeiten, werden durch Bürstenabhebevorrichtung (Bild 1.5/4) die Schleifringe kurzgeschlossen und die Kohlebürsten abgehoben.

1.5.2.2. Wirkungsweise

1.5.2.2.1. Anlauf

In der am Drehstromnetz liegenden Ständerwicklung wird das Drehfeld erzeugt. Dieses schneidet die Ständerleiter und induziert die primäre Urspannung U_{01}. Deshalb auch die Bezeichnung *Primäranker* für den Ständer. Ferner durchsetzen die magnetischen Feldlinien den Luftspalt und induzieren im Rotor die sekundäre Urspannung U_{02}. Der Rotor trägt deshalb auch die Bezeichnung *Sekundäranker.*
Da im Einschaltaugenblick der Läufer steht, hat das umlaufende Magnetfeld seine größte Schnittgeschwindigkeit. Der Motor verhält sich in dem Moment wie ein kurzgeschlossener Transformator mit hoher Kurzschlußspannung U_k. Die induzierte Urspannung U_{02} treibt den Läuferstrom I_2. Hätte der Läufer nur ohmschen Widerstand, lägen Urspannung U_{02} und Strom I_2 in Phase. Im Einschaltmoment entspricht die Größe der Läuferfrequenz der Netzfrequenz ($f_1 = f_2$). Der induktive Läuferwiderstand $X_{L2} = 2 \cdot \pi \cdot f_2 \cdot L_2$ hat somit seinen höchsten Wert. Wäre der ohmsche Widerstandsanteil im Läufer Null, würde der Strom I_2 der Urspannung U_{02} um 90° nacheilen: der Motor würde nicht anlaufen.
Zur Erzielung eines günstigen Anzugsmomentes muß der ohmsche Anteil des Läuferwiderstandes möglichst hoch sein.
Um das zu erreichen, wird ein Läuferanlasser mit der Läuferwicklung in Reihe geschaltet (Bild 1.5/5).

1.5.2.2.2. Betrieb, Betriebsverhalten

Aus dem Stillstand (Schlupf $s = 100\%$) erfolgt der Hochlauf in den belasteten Motorzustand (Schlupf etwa 3 bis 6%). Mit der Abnahme des Schlupfes verringert sich die Schnittgeschwindigkeit des Drehfeldes.

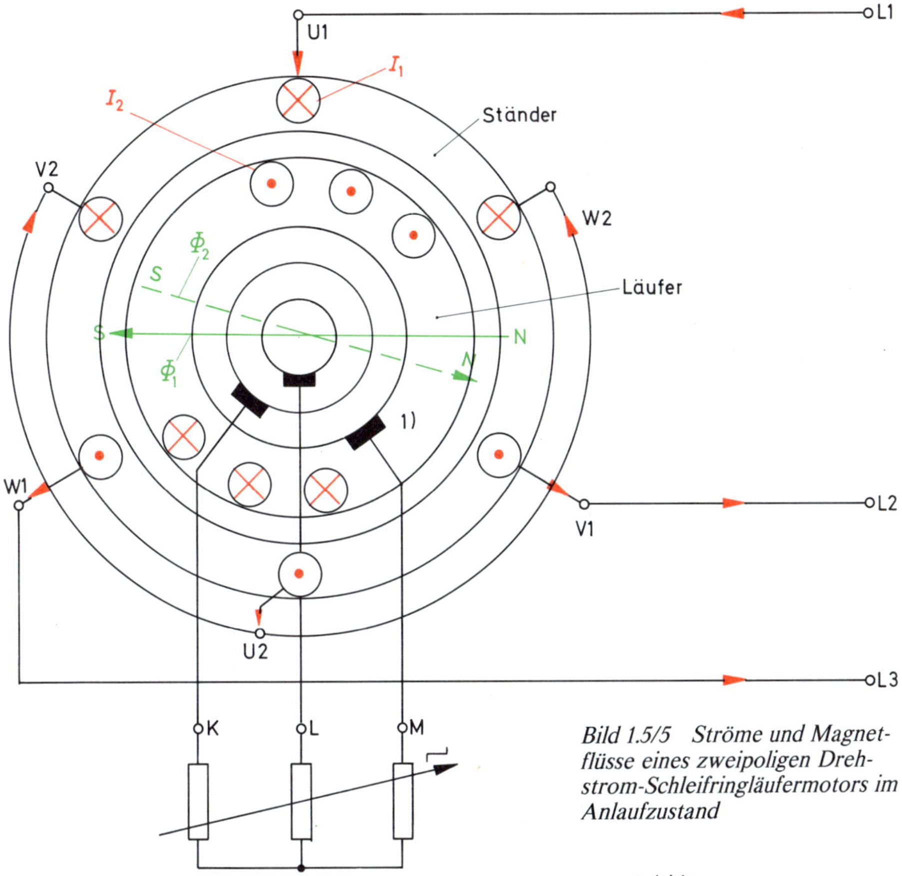

Bild 1.5/5 Ströme und Magnetflüsse eines zweipoligen Drehstrom-Schleifringläufermotors im Anlaufzustand

Bild 1.5/6 Verkettung der Flüsse Φ_1 und Φ_2 zur Drehmomentenbildung

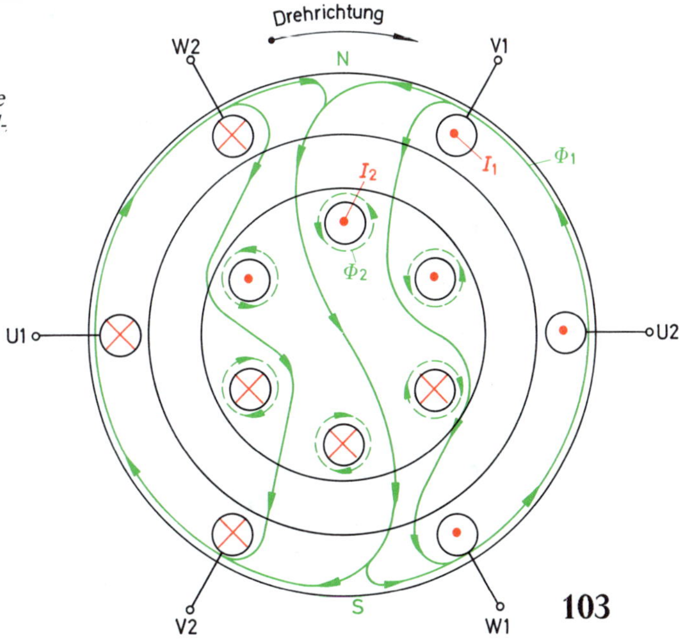

---

[1] Die Vorschriften DIN 42401, Blatt 2, sagen nichts (im Gegensatz zu DIN 42401, Blatt 3) über einen Wegfall der Kohlebürsten hier aus. Sie sind deshalb in diesem Buch für alle Wechselstrommaschinen gezeichnet.

Damit tritt eine Verminderung der Läuferspannung, der Läuferfrequenz und des induktiven Läuferwiderstandes ein.

Die Läuferspannung und die Läuferfrequenz ändern sich linear mit dem Schlupf.

Im Betrieb ist – wegen des geringen induktiven Widerstandes – ohmscher Widerstand im Läuferkreis vorherrschend. Läuferspannung und Läuferstrom liegen fast in Phase.

Ein stromdurchflossener Leiter erhält im Magnetfeld einen Bewegungsantrieb. Somit wird auf die Seiten einer drehbar gelagerten Spule ein *Kräftepaar* ausgeübt, welches ein Drehmoment M bewirkt.

Dafür sind zwei Voraussetzungen zu erfüllen:

a) Die Flüsse Φ_1 und Φ_2 müssen Komponenten haben, die in Phase liegen. Denn nur gleichzeitig auftretende Felder können eine Kraftwirkung ausüben (Bild 1.5/6).

b) Die magnetischen Achsen von Φ_1 und Φ_2 müssen möglichst um 90° räumlich verschoben sein; denn nur eine Kraft, die senkrecht zum Hebelarm steht (Analogie: Kraft-Hebelarm-Gesetz), bewirkt ein Drehmoment (Bild 1.5/7).

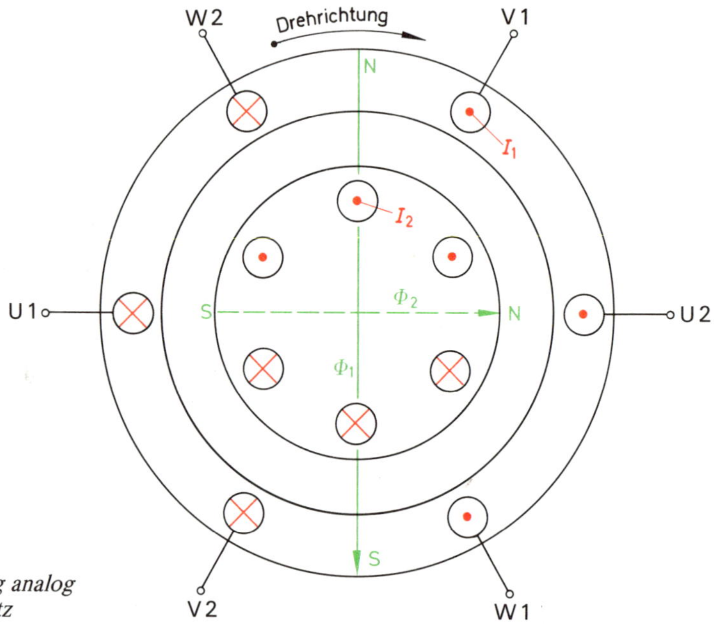

Bild 1.5/7
Drehmomentenbildung analog Kraft-Hebelarm-Gesetz

Bild 1.5/7 läßt auf einfache Weise den Rechtslauf durch Anwendung der *Motorenregel (Linke-Hand-Regel)* erkennen. Der Drehrichtungsverlauf läßt sich ebenfalls mit Hilfe der Polaritäten im Ständer und Läufer beweisen. Bekanntlich ziehen sich ungleichnamige Pole an, gleichnamige stoßen sich ab.

Nach dem Lenzschen Gesetz müßte der Läufer so lange beschleunigt werden, bis die Urspannung $U_{02} = 0$ wird. Dieser Fall würde bei synchronem Lauf eintreten. Die Läuferverlustleistung wäre dann ebenfalls Null, und die Rotorverluste könnten nicht gedeckt werden; also muß der Rotor schlüpfen. Der Schlupf wird *positiv* genannt, weil der Läufer dem Drehfeld nacheilt. Da der Asynchronmotor die synchrone Drehzahl nie erreichen kann, ist ein Durchgehen im Leerlauf unmöglich.

Der Asynchronmotor zeigt in seiner Arbeitsweise Nebenschlußverhalten.

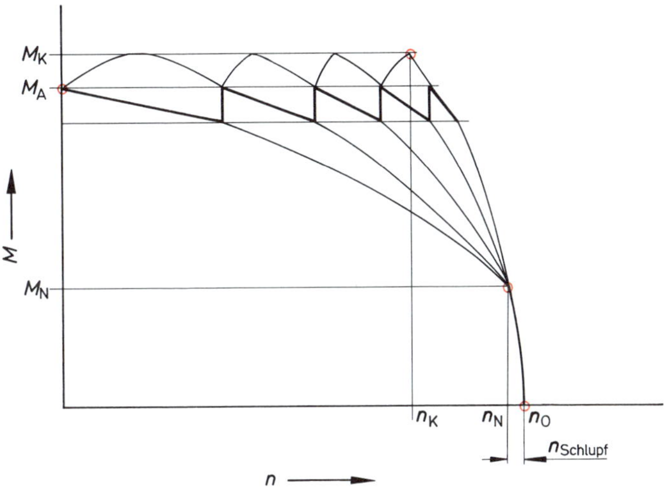

Bild 1.5/8
Drehmomentenkennlinie eines Schleifringläufermotors

M_K = Kippmoment
M_A = Anzugsmoment
M_N = Nennmoment

1.5.2.2.3. Drehmomente

Die Drehmomentverhältnisse sind nach VDE 0530 genormt (Bild 1.5/8).

a) Das *Anzugsmoment* M_A ist das im Stillstand hervorgerufene Drehmoment. Beim Schleifringläufermotor liegt es relativ hoch, der Motor zieht gut an.
b) Das *Sattelmoment* M_S ist das kleinste an der Welle eines Motors auftretende Moment zwischen Anzugs- und Kippmoment (Abschnitt 1.5.3.2.2). Es tritt beim Schleifringläufermotor nicht in Erscheinung.
c) Das *Kippmoment* M_K ist das höchste Moment, welches der Motor zwischen Sattel- und Nennmoment ausüben kann. Es liegt etwa 1,6 bis 2,5fach über dem Nennmoment.
d) Das *Nennmoment* M_N tritt im normalen Betriebsfalle auf. Mit der auf dem Leistungsschild angegebenen Leistungsabgabe P_N und der Nenndrehzahl n_N, ergibt sich das Nennmoment M_N zu

$$M_N = \frac{P_N \cdot 9550}{n_N}$$

M_N Nennmoment in Nm
P_N Abgabeleistung in kW
n_N Nenndrehzahl in $\frac{1}{\text{min}}$ oder min^{-1}

Bei synchroner Drehzahl n_0 (Schlupf $s = 0\%$) wäre das Drehmoment M gleich Null (Bild 1.5/8). Der Asynchronmotor muß also stets schlüpfen.

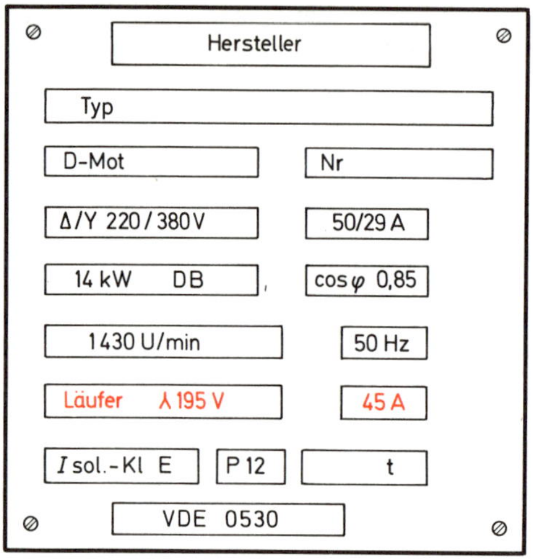

Bild 1.5/9 Leistungsschild eines Schleifringläufermotors

Bemerkung: Anstelle Schutzart P 12 gilt nach neuer Norm IP 14.
Anstelle Betriebsart DB gilt nach neuer Norm S1
Anstelle Drehzahl U/min gilt nach neuer Norm min^{-1}

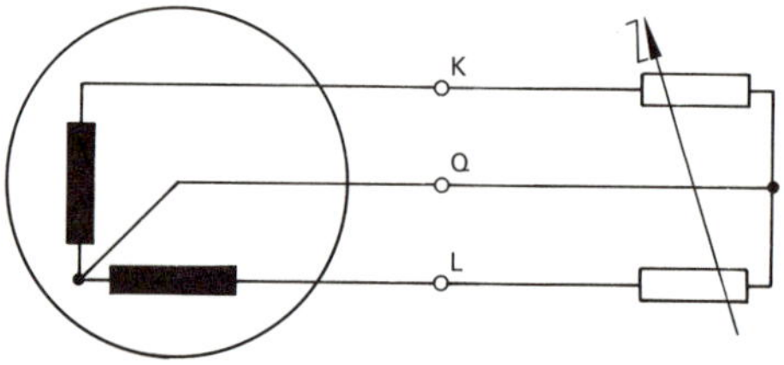

Bild 1.5/10 Zweiphasige Läuferschaltung eines Schleifringläufermotors

1.5.2.3. Leistungsschild

Neben den üblichen Ständerangaben der Asynchronmaschinen über Spannungen, Ströme, Leistungen, Frequenz, Leistungsfaktor cos φ sowie Angaben über Drehzahlen, Isolationsklasse und Schutzart findet man beim Schleifringläufermotor weitere Hinweise über Läuferschaltung, Läuferspannung und Läuferstrom (Bild 1.5/9).

a) Die *Läuferschaltung* ist gewöhnlich in Stern ausgeführt. Bei △-Schaltung – unter gleichen Wicklungsbedingungen wie bei Y-Schaltung – wird die Läuferspannung geringer, der Läuferstrom höher. Die Zweiphasenschaltung (L-Schaltung) wird dann zur Anwendung kommen, wenn bei geforderter Polzahl eine dreiphasige Wicklung in symmetrischer Anordnung nicht unterzubringen ist (Bild 1.5/10). Eine unsymmetrische Anordnung (Bruch- oder Teillochwicklung) hat oftmals schlechtes Anlauf- und auch Laufverhalten zur Folge.

b) Die *Läuferspannung* ist laut VDE 0530 die im Stillstand des Läufers zwischen zwei Schleifringen bei geöffnetem Läuferkreis gemessene Spannung für Y- und △-Schaltung. Für die L-Schaltung bezieht sich die Spannungsangabe auf den Strang. Die Spannungswerte im Läufer liegen meist unter denen des Ständers. Gewöhnlich betragen die Läuferspannungen 1/4 bis 1/2 der Ständerspannungen. Sie liegen selbst bei Hochspannungsmotoren sehr selten über 1000 V.

c) Der *Läuferstrom* von Asynchronmaschinen mit dreiphasigem Sekundärkreis ist der an den Schleifringen im Nennbetrieb gemessene Strom. Beim Zweiphasenläufer beziehen sich die Stromangaben auf den Strang.

1.5.3. Kurzschlußläufermotor

1.5.3.1. Aufbau

Der Ständeraufbau und die Schaltung der Ständerwicklung stimmen mit der des Schleifringläufermotors überein. Nun lassen sich die in einer Läufernut parallel liegenden Leiter zu einem Stab zusammenfassen und die Spulenköpfe der Läuferwicklung durch zwei Stirnringe (Kurzschlußringe) ersetzen. Man erhält die *Käfigwicklung (Kurzschlußläuferwicklung).*

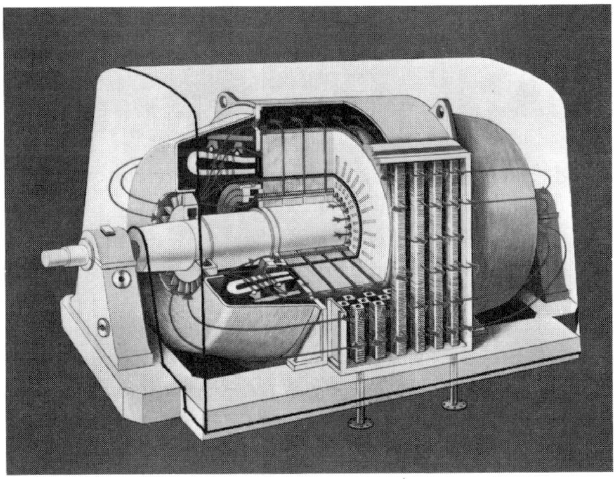

Bild 1.5/11 Drehstrommotor mit eingebautem Kühler und Abdeckhaube. Werkbild: Siemens

Bild 1.5/11 zeigt einen größeren z.T. im Schnitt dargestellten Kurzschlußläufermotor mit eingebauten Kühlern und eingebauter Abdeckhaube, Bauform D 5, Schutzart IP 44. Die Herstellungsweise der Käfigwicklung ist einfach. Die Stäbe werden ohne Isolation in die geschlossenen Nuten eingeschoben und mit den Stirnringen verlötet bzw. verschweißt. Geschlossene Nuten sind in betrieblicher Hinsicht offenen bzw. halboffenen Nuten überlegen. Bei den heute üblichen Bauformen wird die Käfigwicklung oft aus Aluminium im Druckgußverfahren mitsamt Stirnringen und Lüftungsflügeln hergestellt.
Zur Erreichung günstigerer Anlaufbedingungen verschränkt bzw. staffelt man die Läuferstäbe (Bild 1.5/12). Die Ausbildung des Sattelmomentes (Abschnitt 1.5.3.2.2) wie auch magnetische Wirbelungen, Rüttelkräfte, Geräusche und Bremsungen werden damit sehr vermindert.

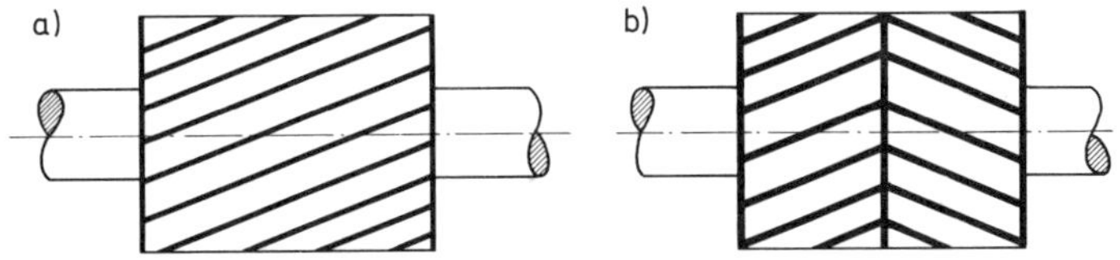

Bild 1.5/12 Ausführungen von Kurzschlußläuferwicklungen
a) Einfach geschränkte Läuferstäbe
b) Doppelt geschränkte Läuferstäbe (Staffelläufer)

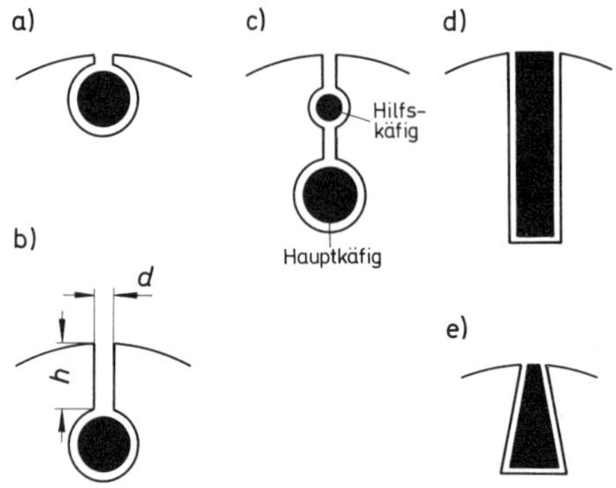

Bild 1.5/13 Formen bzw. Anordnungen der Kurzschlußläuferstäbe
a) Rundstabläufer
b) Streunutläufer
c) Doppelkäfigläufer
d) Tiefnutläufer
e) Keilstabläufer

Für gute Anlaufbedingungen sind neben *Anordnung* der Käfigwicklung im Läufereisen auch *Anzahl* und *Form* der Läuferstäbe von Wichtigkeit.

a) Beim *Rundstabläufer* liegt die Käfigwicklung wenig tief im Läufereisen (Bild 1.5/13a). Mit dieser Anordnung werden günstige Betriebsbedingungen, aber kein guter Anlauf erreicht.
b) Beim *Streunutläufer* liegt die Käfigwicklung tiefer im Läufereisen (Bild 1.5/13b). Der Anlaufstrom verringert sich mit wachsendem Verhältnis $h : d$.
c) Der *Doppelkäfigläufer (Doppelstabläufer, Doppelnutläufer)* besitzt einen Anlaufkäfig (Hilfskäfig) und einen Hauptkäfig (Laufkäfig, Betriebskäfig). Der Stabquerschnitt des im Läufereisen liegenden Hauptkäfigs entspricht etwa 3- bis 10mal dem des Anlaufkäfigs (Bild 1.5/13c).
Der Anlaufkäfig ist vielfach aus Bronze hergestellt.
d) Der *Hochstabläufer (Tiefnutläufer)* besitzt hohe und schmale, tief ins Läufereisen gehende Käfigstäbe (Bild 1.5/13d).
e) Der *Keilstabläufer (Trapezläufer)* ist dem Hochstabläufer ähnlich, besitzt aber am Nutengrund erweiterten Wicklungsquerschnitt. Seine Wirkungsweise kann als Kompromiß zwischen der des Tiefnutläufers (Hochstabläufers) und Doppelkäfigläufers angesehen werden (Bild 1.5/13e).

Streunutläufer, Doppelkäfigläufer, Hochstabläufer, Keilstabläufer faßt man unter dem gemeinsamen Begriff *Stromverdrängungsläufer* zusammen.
Bei den Stromverdrängungsläufern liegt die Käfigwicklung bzw. ein Teil der Käfigwicklung tief im Läufereisen.

1.5.3.2. Wirkungsweise

1.5.3.2.1. Anlauf

Der Schleifringläufermotor zeigte gute Anlaufeigenschaften. Die Ursache war der hohe ohmsche Widerstand des Läuferkreises (Abschnitt 1.5.2.2.1). Bei einem normalen Rundstabläufer liegen die Verhältnisse wesentlich ungünstiger: der ohmsche Widerstand des Läuferkreises ist sehr gering und der induktive relativ hoch. Dadurch sind Läuferstrom (Sekundärstrom) I_2 und Läuferfeld (Sekundärfeld) Φ_2 dem Ständerstrom (Primärstrom) I_1 und dem Ständerfeld (Primärfeld, Drehfeld) Φ_1 fast 180° entgegengerichtet. Analog dem kurzgeschlossenen Schleifringläufermotor verhält sich auch

Bild 1.5/14
Anlaufverhältnisse bei Stromverdrängungsläufern
a) Streunutläufer
b) Tiefnutläufer (Hochstabläufer)

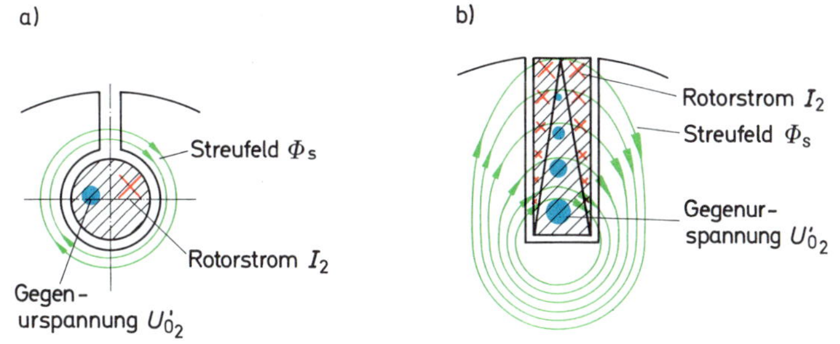

der Rundstabläufer beim Einschalten wie ein Transformator mit kurzgeschlossener Sekundärwicklung. Durch die sehr ungünstige Phasenlage des Stromes I_2 zur Urspannung U_{02} (bedingt durch den geringen ohmschen Widerstandsanteil) wird auch die Stromaufnahme aus dem Netz wesentlich ungünstiger.

Rundstabläufer nehmen im Anlauf den etwa 8- bis 10fachen Nennstrom auf.

Wird die Rundstabläuferwicklung tief ins Eisen gelegt, kann sich ein kräftiges Streufeld Φ_s bilden (Bild 1.5/14a). Das schwellende Streufeld verursacht beim Anlauf eine hohe, dem Strom I_2 entgegenwirkende Urspannung $U'_{0 2}$ (hoher induktiver Widerstand). Die Urspannung $U'_{0 2}$ verringert *scheinbar* den Leiterquerschnitt, was einer ohmschen Widerstandserhöhung gleichkommt. Der Läuferstrom bleibt in normalen Grenzen. Die Anlaufeigenschaften werden, trotz geringerer Stromaufnahme I_1 aus dem Netz, verbessert.

Gute Anlaufeigenschaften werden mit allen Stromverdrängungsläufern erreicht. Bild 1.5/14b zeigt die etwaige Stromverteilung in einem Tiefnutläufer beim Anlauf. Die Widerstandserhöhung wächst linear mit der Nuttiefe.

Eine günstige Streufeldausbildung im Läufer ruft erhöhten ohmschen Widerstandsanteil und damit bessere Anlaufeigenschaften hervor.

1.5.3.2.2. Hochlauf

Im Gegensatz zu den Drehmomenten eines Schleifringläufermotors (Abschnitt 1.5.2.2.3) ist beim Rundstabläufermotor wegen des geringen ohmschen Widerstandes der Käfigwicklung das Anzugsmoment wesentlich ungünstiger (Bild 1.5/15). Bei etwa $^1/_7$ der synchronen Drehzahl zeigt sich häufig eine Einbuchtung der Kennlinie (Sattel), verursacht durch Oberwellen[1].

Bei älteren Maschinen kommt es nach Umwicklungen vor, daß durch unvorhergesehene Oberwellenbildung der Läufer im Sattel „hängen" bleibt und mit der Satteldrehzahl („Schleichdrehzahl") weiterläuft.

Abhilfemaßnahmen zur Überwindung des Sattelmomentes sind unterschiedliche Nutenzahlen im Ständer und Läufer sowie Schränkung bzw. Staffelung der Nuten (Bild 1.5/12). Die Drehmomentenkurve des Stromverdrängungsläufers hat nur sehr geringe Einsattelung.

---

[1] Oberwellen können in elektrischen Maschinen die dreifache, fünffache, siebenfache, neunfache, elffache bis x-fache Frequenz der 50-Hz-Grundwelle besitzen. Sie entstehen durch ungleichmäßige Wicklungsverteilungen und durch magnetische Unsymmetrien. Die Oberwellendrehfehler können mit und entgegen dem Grundwellendrehfeld umlaufen. Hat z.B. bei einem vierpoligen Kurzschlußläufermotor eine Oberwelle ihre synchrone Drehzahl bei $n_0 = 215\ \text{min}^{-1}$ (Bild 1.5/15) und der anlaufende Motor nicht das erforderliche Hochlaufmoment, kann der Rotor bei dieser Drehzahl von 215 min^{-1} festgehalten werden.

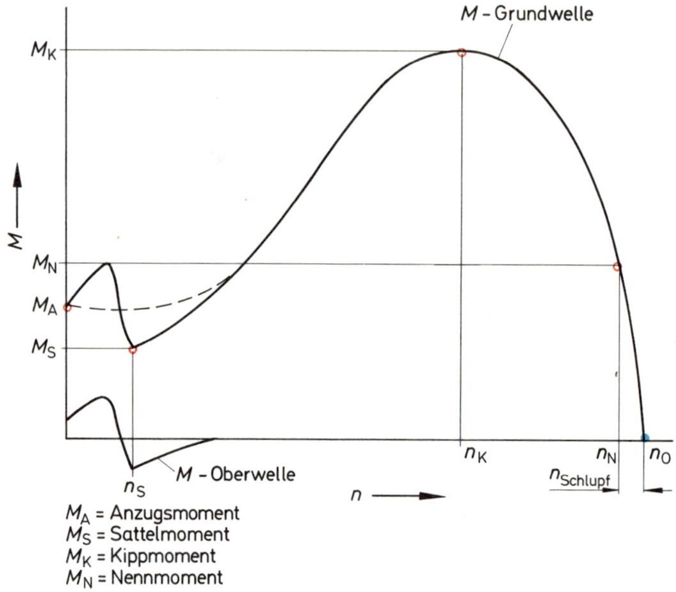

Bild 1.5/15 Drehmomentenkennlinie eines Kurzschlußläufermotors (Rundstabläufer)

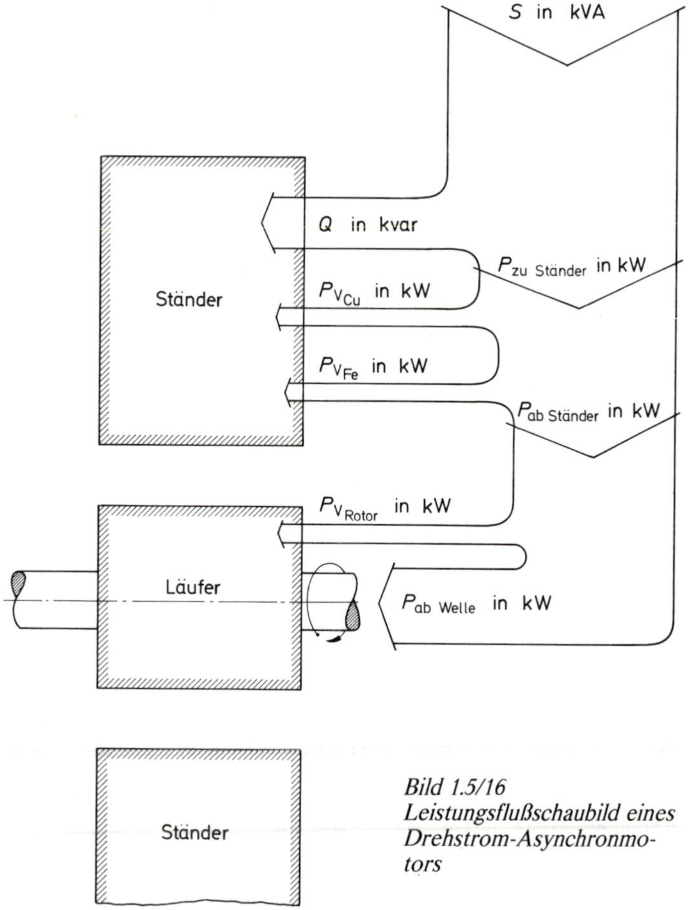

Bild 1.5/16 Leistungsflußschaubild eines Drehstrom-Asynchronmotors

1.5.3.2.3. Betrieb, Betriebsverhalten

Es gelten hier im allgemeinen die gleichen Bedingungen wie beim Schleifringläufermotor (Abschnitt 1.5.2.2.2).
Das *Flußschaubild* gibt über die Leistungsverteilung Aufschluß (Bild 1.5/16).

a) Die benötigte *Blindleistung Q* beträgt im Mittel 30 bis 60% (hängt von der Motorgröße und Drehzahl ab) der Scheinleistung *S*. Die Blindleistung hat einmal das zur Drehmomentenbildung notwendige Magnetfeld zu erstellen. Außerdem hat sie die Streufelder aufzubauen, also jene Magnetfelder, die nicht über den Luftspalt gehen, sich also nicht wie das Nutzfeld zum Drehmoment *M* verketten.
b) Die *Ständerverluste* treten als Verluste in der Kupferwicklung P_{VCu} und als Verluste im Eisen (Wirbelstrom- und Hysteresisverluste) P_{VFe} auf.
c) Die *Rotorverluste* sind dem Schlupf *s* prozentual gleich. Beträgt also der Rotorschlupf 4%, sind 4% der übertragenen Ständerleistung $P_{ab\,Ständer}$ Rotorverluste.
d) Die an der Welle abgegebene *Nutzleistung* P_{ab} wird auf dem Leistungsschild angegeben.

Die Änderung des Belastungszustandes zwischen Leerlauf und Vollast wirkt sich in erster Linie nur auf die Wirkleistung aus. Die Blindleistungsänderung ist dagegen geringfügig, d.h., schon im Leerlauf entnehmen Asynchronmotoren dem Netz erhebliche Blindleistung. Die Folge ist ein schlechter Leistungsfaktor cos φ (Bild 1.5/17a).

Beispiel

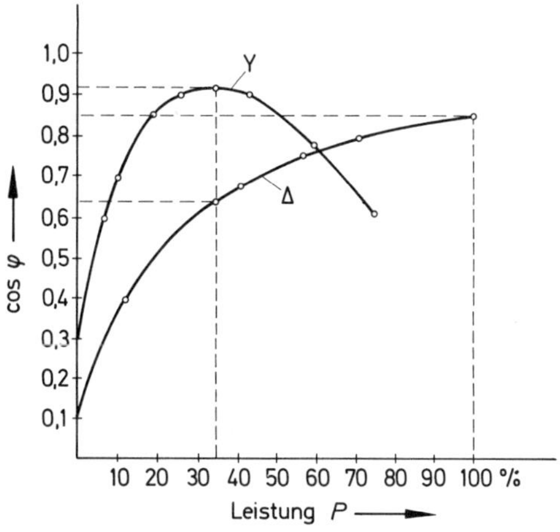

Bild 1.5/17a Leistungsfaktor für Stern- und Dreieckschaltung bei gleicher Netzspannung

Ein Kurzschlußläufermotor möge mit 33% Nennlast in $\triangle$-Schaltung arbeiten. Die Spannung sei U_{Str} = 380 V, der Leistungsfaktor cos φ = 0,63. Wird der Motor in diesem Zustand auf Stern (Y) umgeschaltet, wird U_{Str} = 220 V. Damit geht der Strangstrom auf das $\frac{1}{\sqrt{3}}$fache zurück, und die Blindleistung fällt auf

$$\frac{1}{\sqrt{3}} \cdot \frac{1}{\sqrt{3}} = \frac{1}{3} \text{ ihres Ursprungswertes.}$$

Der Wert des Leistungsfaktors cos φ steigt auf 0,92 (Bild 1.5/17a).
Die Blindleistung ändert sich quadratisch mit der Spannung.

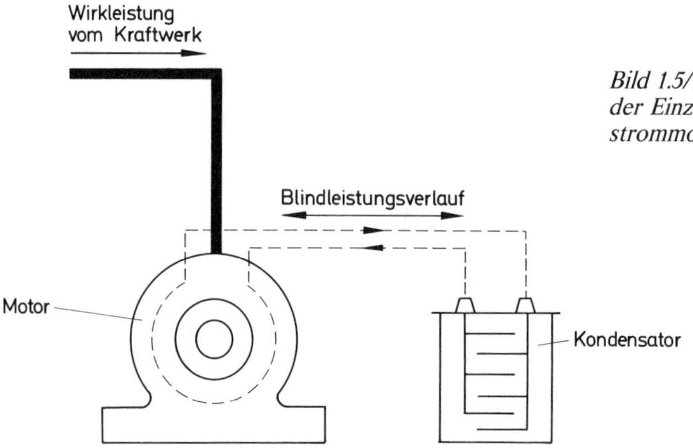

Bild 1.5/17b Schematische Darstellung der Einzelkompensation eines Drehstrommotors

Jeder Asynchronmotor benötigt Wirk- und Blindleistung. Die Wirkleistung muß unbedingt vom Kraftwerk bezogen werden, die Blindleistung kann an Ort und Stelle mit Hilfe von Synchronmotoren bzw. Kondensatoren erzeugt werden.

a) Der *Synchronmotor* kann durch Änderung seiner Polraderregung Blindleistung ins Netz schicken bzw. Blindleistung dem Netz entnehmen. Somit kann jeder gewünschte Leistungsfaktor cos φ hergestellt werden (Abschnitt 1.7.4.3).

b) Die Parallelschaltung von Kondensatoren mit der Ständerwicklung ergibt einen Schwingkreis und damit eine *Blindleistungsquelle.*

b_1) *Einzelkompensationen,* bei denen die Kondensatoren unmittelbar mit den Maschinenanschlüssen verbunden werden, sind dann wirtschaftlich, wenn nur eine Maschine bzw. wenige Maschinen gleichzeitig in Betrieb sind (Bild 1.5/17b).

b_2) *Gruppen- bzw. Zentralkompensationen* sind für den Betrieb mehrerer Maschinen günstiger. Es empfiehlt sich, mit Hilfe automatischer Steuergeräte, Kondensatoren entsprechend der Belastungshöhe zu- bzw. abzuschalten.

Bei Überkompensierungen (zuviel Kapazität) können Schäden, vor allem an Glühlampen, durch Überspannungen auftreten. Man kompensiert gewöhnlich nicht über den Leistungsfaktor cos φ = 0,95 induktiv. Bei Unterkompensierungen ergeben sich durch mangelhafte Blindleistungsentlastungen erhöhte Leitungsquerschnitte sowie tarifliche Nachteile. Tab. 1/6 zeigt zur Blindlastdeckung einiger Motoren die zugehörigen Kondensatorleistungen.

Tab. 1/6 Kondensatoranpassungen zur Blindleistungsdeckung

Motornennleistung in kW	Kondensatorleistung in kvar
4,0 bis 4,9	2
5,0 bis 5,9	2,5
6,0 bis 7,9	3
8,0 bis 10,9	4
11,0 bis 13,9	5
14,0 bis 17,9	6
18,0 bis 21,9	8
22,0 bis 29,9	10
ab 30	rd. 35% Motornennleistung

Ein hoher Leistungsfaktor cos φ bedeutet gute Ausnutzung elektrischer Anlagen, Entlastung der Leitungen von Blindleistung, Verringerung der Verluste sowie Einsparung von Material.

1.5.4. Asynchronlinearmotor

Der Linearmotor ist ein neues Antriebselement sowohl für die Mechanisierung und Automatisierung im innerbetrieblichen Transport wie auch für neue Antriebssysteme im Personen- und Güterbeförderungswesen, im Kranbetrieb und in anderen Industriezweigen.
Vergleichbar zu den bekannten rotierenden elektrischen Maschinen, läßt sich der Linearmotor als Gleichfeldlinearmotor, Synchronlinearmotor und Asynchronlinearmotor herstellen. Bis heute ist von den drei genannten Linearmotoren nur der Asynchronlinearmotor von wirtschaftlichem Interesse.

1.5.4.1. Aufbau

Denkt man sich das Ständereisenpaket eines konventionellen Asynchronmotors unter einer Presse zusammengedrückt (Bild 1.5/18a), erhält man ein flaches doppelseitiges Eisenpaket (Bild 1.5/18b). Die Einzelbleche der Ständerpakethälften sind wie ein Kamm geschlitzt (Doppel-Induktorkamm). In den Nuten wird die Ständerwicklung (Primärwicklung) untergebracht (Bild 1.5/18c). Zwischen den Ständerhälften liegt die ebenfalls gestreckte Läuferschiene (Bild 1.5/18c). Diese sogenannte Reaktionsschiene ist aus Kupfer- oder Aluminiummaterial hergestellt. Die Ständerpaketausführung kann aber auch einseitig sein (Einfach-Induktorkamm). Allerdings werden dann – gegenüber dem Doppel-Induktorkamm – die elektrischen und mechanischen Bedingungen ungünstiger. Um einen magnetischen Zug zwischen Einfach-Induktorkamm und Reaktionsschiene zu verhindern, steht dem einseitigen Ständerblechpaket ein lamelliertes Eisenpaket gegenüber. Dazwischen wird die Reaktionsschiene geführt.

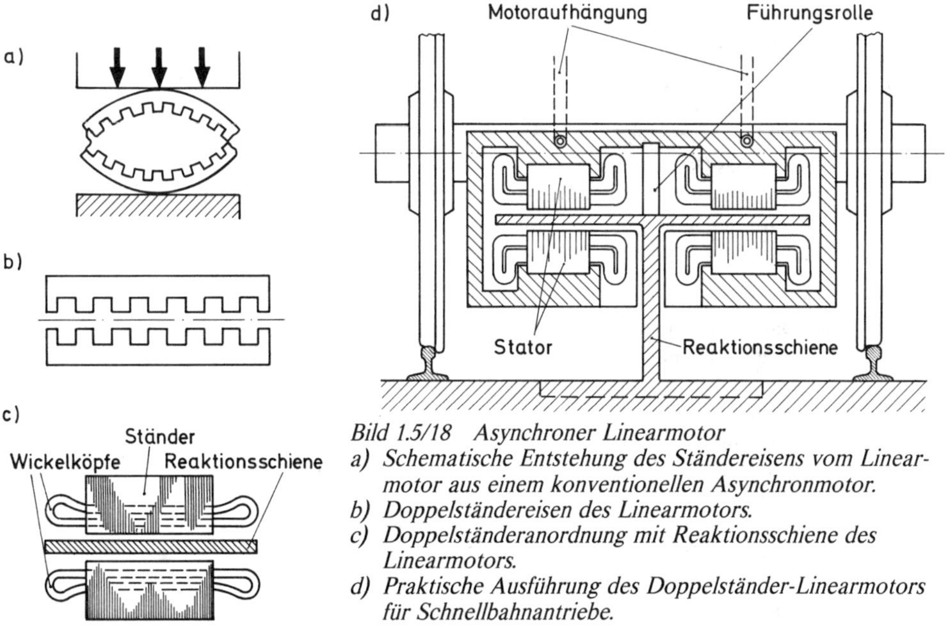

Bild 1.5/18 Asynchroner Linearmotor
a) Schematische Entstehung des Ständereisens vom Linearmotor aus einem konventionellen Asynchronmotor.
b) Doppelständereisen des Linearmotors.
c) Doppelständeranordnung mit Reaktionsschiene des Linearmotors.
d) Praktische Ausführung des Doppelständer-Linearmotors für Schnellbahnantriebe.

Der asynchrone Linearmotor stellt also gegenüber dem konventionellen Asynchronmotor ein *offenes* Antriebssystem dar. Bild 1.5/18d zeigt eine Möglichkeit der praktischen doppelseitigen Ständerausführung (Doppel-Induktorkamm) für Schnellbahnantriebe. Bei Einschienenbahnen übernimmt gewöhnlich der Tragkörper gleichzeitig die Rolle der Reaktionsschiene.

1.5.4.2. Wirkungsweise

Durch die gestreckte Ständerausführung erhält man eine flache Magnetisierungsebene. Das magnetische Drehfeld wird zu einem *Wanderfeld (Schubfeld)*; daher auch die Bezeichnung „Wanderfeldmotor". Wird vom Wanderfeld ein flacher, ebener Leiter (Reaktionsschiene) geschnitten, werden dort Wirbelströme erzeugt. Das Wanderfeld und das Magnetfeld der Wirbelströme stehen nach dem Hebelgesetz senkrecht aufeinander, so daß es zur Kraftbildung (Drehmomentenbildung) kommt.

Denkt man sich bei einem normalen Drehstrom-Asynchronmotor den Läufer feststehend und den Ständer drehend, jedoch die elektrische Energie dem rotierenden Ständer zugeführt, ist die Drehfeldrichtung im Ständer der mechanischen Bewegungsrichtung entgegengesetzt.

Der gleiche praktische Fall liegt beim asynchronen Linearmotor vor: Das Wanderfeld ist der mechanischen Vorwärtsbewegung entgegengerichtet.

1.5.4.3. Vor- und Nachteile des Asynchronlinearmotors gegenüber konventionellen rotierenden Asynchronmotoren

Vorteile

a) Es sind keine Zwischenschaltungen von Getrieben oder sonstigen Mechanismen notwendig, womit sich ein Verlust- und Verschleißfortfall für mechanische Übertragungsglieder ergibt.
b) Die konstruktive Gestaltung des Primär- und Sekundärteiles ist relativ einfach.
c) Trotz größerer momentaner lokaler Erwärmung im Sekundärteil, tritt rasch wieder Abkühlung ein.
d) Bremsvorgänge sind durch Übersynchronismus, Gegenstrombremsung sowie Gleichstrombremsung (Abschnitt 1.5.6) gut möglich.
e) Bahntriebwagen sind — infolge des mechanisch mit ihnen nicht verbundenen Sekundärteiles (Reaktionsschiene) — massemäßig wesentlich entlastet.
f) Bei Vorhandensein von Luft- bzw. Magnetkissen ist die Zugkraft unabhängig von der Haftreibung und der Neigung der Strecke.

Nachteile

a) Durch die Bauweise des offenen Antriebssystems muß der Linearmotor regelrecht seiner Aufgabenstellung angepaßt werden, um bisherige hydraulische oder pneumatische linear bewegte Maschinen durch rein elektrischen Antrieb erfolgreich abzulösen.
b) Wirkungsgrad, Leistungsfaktor sowie Schubkraft sind hier — wegen des größeren Luftspaltes und wegen des gestreckten Primärteiles — gegenüber konventionellen Motoren schlechter.
c) Anfahrt bzw. sonstige Geschwindigkeitsveränderungen erfordern veränderbare Frequenz (Abschnitt 1.5.7.2), veränderbare Spannungsgröße und eventuell auch Polumschaltung (Abschnitt 1.5.7.3).
d) Die Spurführung von Fahrzeugen muß als Einflußfaktor auf den Luftspalt des Line-

armotors zwischen dem Primär- und Sekundärteil durch Führungsrollen ausgeglichen werden.

e) Der gestreckte Sekundärteil verteuert wegen des hohen Materialaufwandes die Anlage wesentlich.

f) Bei Schnellbahnen bilden Weichen und Kreuzungen von Schienen ein besonders schwieriges Problem.

1.5.5. Anlaßverfahren der Drehstrom-Asynchronmotoren

Die Inbetriebnahme eines jeden Drehstrom-Asynchronmotors ist mit erhöhter Stromaufnahme verbunden. Um sie auf ein Minimum zu reduzieren, wird im allgemeinen beim Kurzschlußläufermotor die Spannung an den Ständersträngen vermindert und beim Schleifringläufermotor der ohmsche Widerstand im Läuferkreis erhöht. Beim Kurzschlußläufermotor erfolgt also der Anlaßvorgang über den Ständerkreis, beim Schleifringläufermotor vorwiegend über den Läuferkreis.

1.5.5.1. Anlaßverfahren von Kurzschlußläufermotoren

Es steht eine Vielfalt von Möglichkeiten zur Verfügung.

a) Das *direkte Anlassen* kommt wegen des sehr hohen Einschaltstromes nur für kleine Leistungen in öffentlichen Netzen zur Anwendung.

b) Das *Stern-Dreieck-Anlaßverfahren* ist die häufigste Anlaßmethode. Durch die Y-Schaltung beträgt die Strangspannung das 0,58fache $\left(\frac{1}{\sqrt{3}}\text{fache}\right)$ gegenüber der $\triangle$-Schaltung. Theoretisch fällt damit der Strom gegenüber dem direkten Anlassen auf $\frac{1}{3}$. Mit dem Strom wird auch das Anlaufmoment M_A herabgesetzt.

Damit beim Umschalten von Stern auf Dreieck infolge Unterbrechung der Rush[1]-Strom (Stoßstrom) nicht zu hoch wird, führt man den Stern-Dreieck-Schalter in Sprungschaltbauweise aus. Für kleinere Leistungen kommt der Walzenschalter (Bild 1.5/19a), für größere Leistungen der Nockenschalter (Bild 1.5/19b) zur Anwendung.

c) Das *Anlassen mit Ständeranlasser* entspricht der allgemeinen Inbetriebsetzung der Gleichstrommotoren (Abschnitt 1.3.1.2). Die Herabsetzung der Ständerspannung bringt ein quadratisches Abfallen des Drehmomentes mit sich. Die Anlaßwiderstände können vor der Ständerwicklung bzw. bei Sternschaltung im geöffneten Sternpunkt liegen (Bild 1.5/20[2]).

Ständeranlasser finden dort Anwendung, wo möglichst stoßfreier Anlauf verlangt wird. Es können Fest- oder Flüssigkeitsanlasser verwendet werden.

d) Das *Anlassen mit Kusaschaltung* (Kurzschluß-Sanftanlauf) kommt ebenfalls für besonders stoßfreies, weiches Anlaufen in Frage (Bild 1.5/21). Durch den Dämpferwiderstand (Kusawiderstand) lassen sich die Anlaufbedingungen weitgehend beeinflussen. An den Anschlüssen herrscht Spannungsunsymmetrie, welche mit abnehmender Stromstärke geringer wird. Beim Anlassen kann man sich den Motor durch zwei Motoren auf einer Welle ersetzt denken, von denen der eine ein mitlaufendes, der andere ein inverslaufendes Drehfeld besitzt. Der gegendrehend gedachte Motor wirkt dabei als Bremse.

Die automatische Kusaschaltung ist unter Abschnitt 2.8.2 mit Bild 2/86 zu finden.

---

[1] rush (engl.) = Ansturm, Andrang, Sturz.

[2] Der besseren Übersicht wegen sind in den allpoligen Schaltbildern 1.5/20 bis 1.7/14 die Verbindungen vom Anschlußbrett zu den Strängen weggelassen.

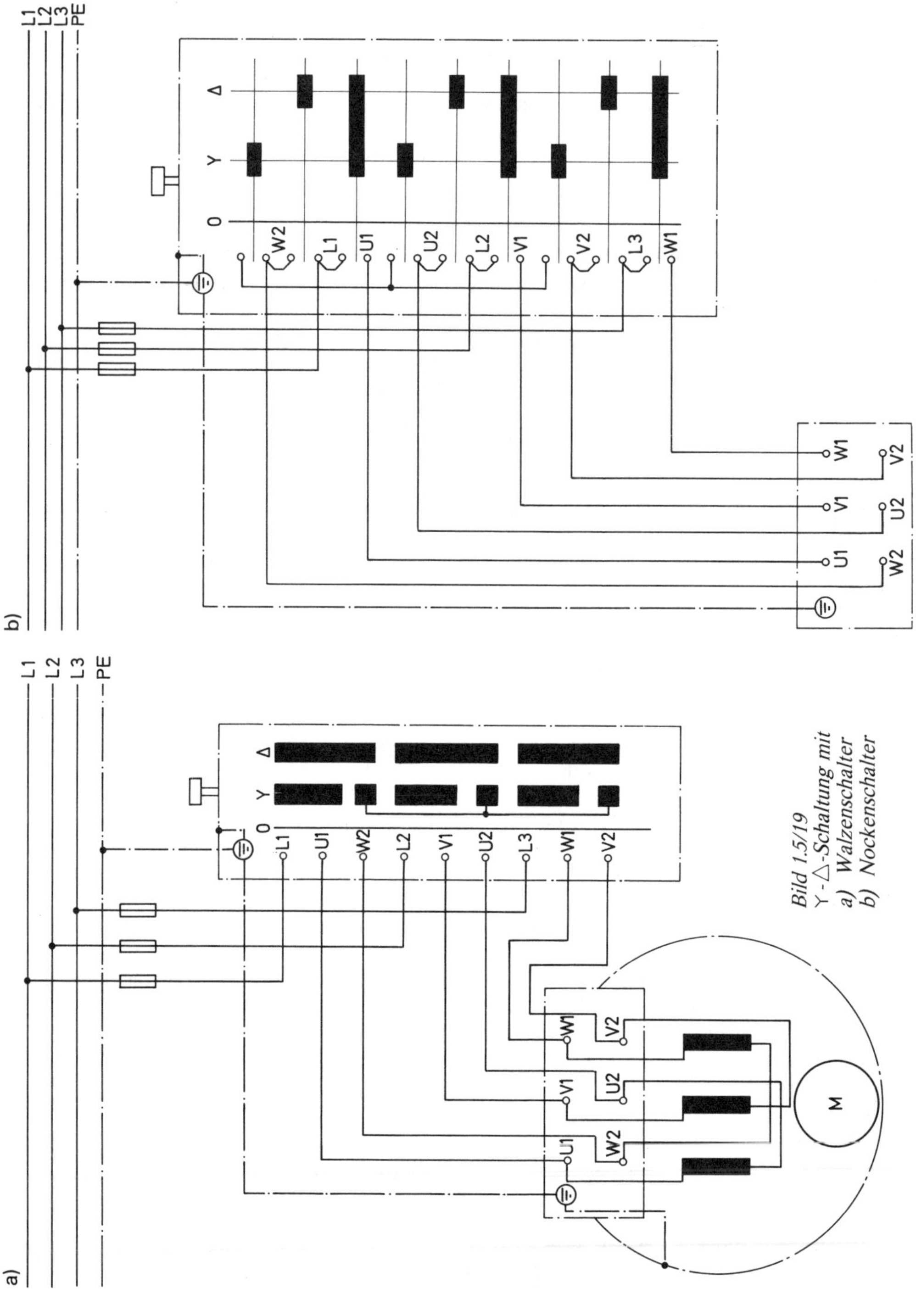

Bild 1.5/19
Y-△-Schaltung mit
a) Walzenschalter
b) Nockenschalter

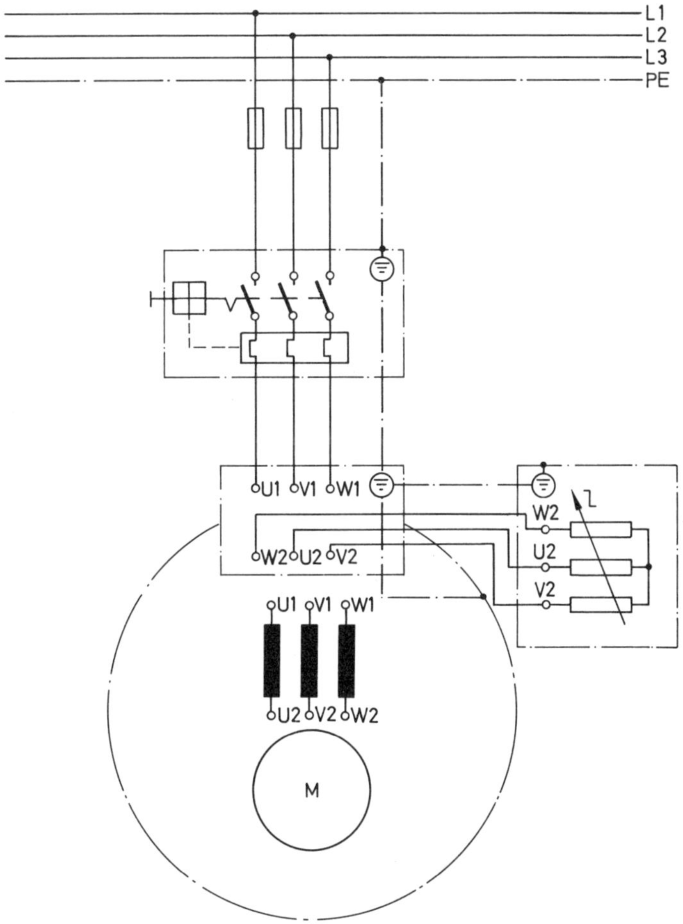

Bild 1.5/20
Sternpunktanlasser-schaltung

e) Das *Anlassen mit Transformator* ist im Prinzip das gleiche Verfahren wie mit Anlaßwiderständen. Es fallen hier die Erwärmungsverluste weg. Je nach Wahl läßt sich das Anlassen stufig bzw. stufenlos (stetig) durchführen. Die entstehenden Spannungs-, Strom- und Drehmomentbedingungen sind die gleichen wie beim Anlassen mit Stern-Dreieck-Schalter bzw. Ständeranlasser. Anlaßtransformatoren sind meist als Spartransformatoren ausgeführt (Bild 1.5/22), sie werden aber auch in V-Schaltungsbauweise hergestellt. Wegen der hohen Anschaffungskosten kommt dieses Anlaßverfahren gewöhnlich nur in seltenen Fällen zur Anwendung.

f) Das *Anlassen mit Magnetpulverkupplung* wird bei schwierigen Anlaufverhältnissen angewandt. Bei Direkteinschaltung erfolgt der Kupplungsvorgang nach dem Hochlauf des Motors, bei Stern-Dreieck-Schaltung nach dem Umschalten auf Dreieck. Der Motor läuft also unbelastet an, große Einschaltströme werden somit vermieden. Auf diese Weise können Maschinen mit großer Leistung durch sanftes „magnetisches Kuppeln“ stoßfrei in Betrieb gesetzt werden. Die Übertra-

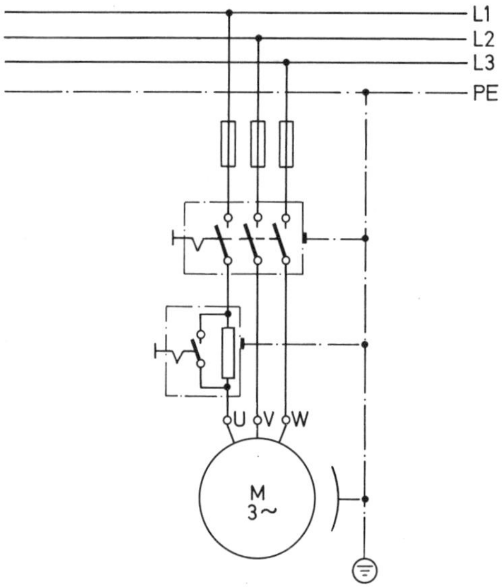

Bild 1.5/21 Kusaschaltung

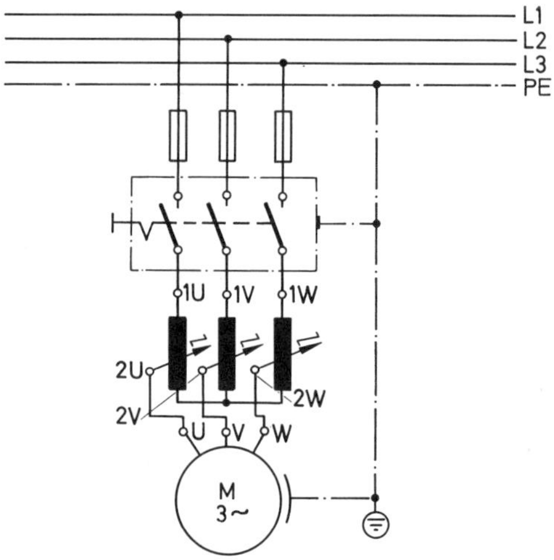

Bild 1.5/22 Anlaßtransformatorenschaltung (Transformator in Sparschaltung)

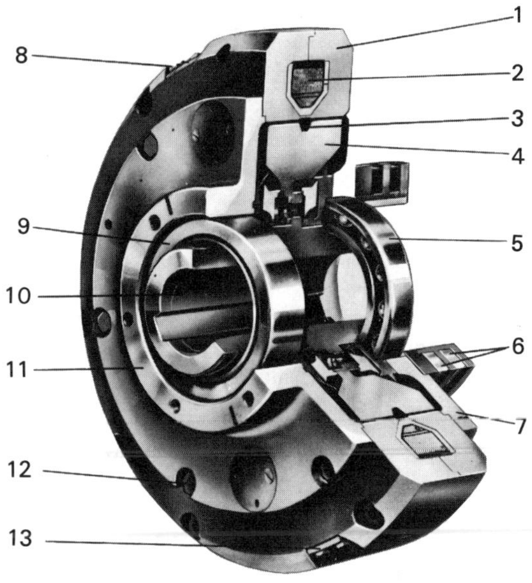

Bild 1.5/23
Magnetpulverkupplung

a) Schnittbild einer Magnetpulverkupplung

1 Kupplungsaußenteil
2 Erregerspule
3 Luftspalt
4 Kupplungsinnenteil
5 Kugellager
6 Schleifringe
7 Lagerschild
8 Pulvereinfüllöffnung
9 Kugellager
10 Bohrung zur Aufnahme der Getriebeantriebswelle
11 Aufnahme zum Anflanschen einer elastischen Kegelscheibe
12 Halteschrauben für Lagerschild
13 Pulvereinfüllöffnung

b) Schematische Darstellung einer Doppelsteuer-Magnetpulverkupplung Werkbilder: AEG-Telefunken

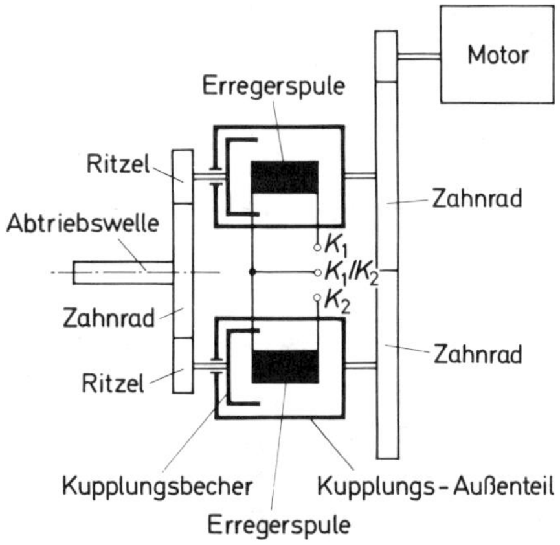

gung des Drehmomentes erfolgt nach dem Anlauf schlupffrei. Wird das höchstzulässige Drehmoment überschritten, setzt ein Schlüpfen der Kupplung ein. Bild 1.5/23a zeigt das Schnittbild einer Magnetpulverkupplung.

Die Wirkungsweise der Doppelsteuer-Magnetpulverkupplung (Bild 1.5/23b) ist folgende:

Die beiden gegenläufigen Zahnräder sind starr mit ihrem jeweiligen Kupplungsaußenteil verbunden, die Ritzel starr mit ihrem entsprechenden Kupplungsbecher. Wird (angenommen) die Erregerspule K_1 mit Gleichstrom über Schleifringe versorgt, stellt das Spezialeisenpulver zwischen Kupplungsaußenteil und Kupplungsbecher eine „starre" Verbindung (magnetischen Kraftschluß) her. Das obere Ritzel bildet nun mit der Abtriebswelle den mechanischen Kraftschluß. Das untere Kupplungssystem läuft leer mit. Soll die Abtriebswelle umgekehrt laufen, muß Erregerspule K_2 mit Gleichstrom versorgt werden. Die Drehrichtung des Antriebsmotors ändert sich nicht.

g) Das *Anlassen mit Anwurfmotor* findet bei sehr großen Leistungen Anwendung. Ein kleiner Schleifringläufermotor oder Gleichstrommotor fährt einen großen Kurzschlußläufermotor leer hoch und wird bei der synchronen Drehzahl des angeworfenen Motors abgeschaltet. Der große Kurzschlußläufermotor wird in diesem Augenblick an das Netz gelegt und fällt in den Asynchronismus zurück. Auf diese Weise tritt kein hoher Einschaltstrom auf.

Spannungsverminderung im Ständerkreis setzt hohe Anlaufströme herab; gewünschte Drehzahlsteuerungen bei festgelegtem Drehmoment sind auf diese Weise nicht zu erreichen.

1.5.5.2. Anlaßverfahren von Schleifringläufermotoren

Die Anlaufbedingungen der Asynchronmotoren werden wesentlich verbessert, sobald Veränderungen im Läuferkreis mit Hilfe von Läuferanlassern erfolgen. Nach dem Hochlauf werden bei großen Motorenleistungen mittels Bürstenabhebevorrichtung (Bild 1.5/4) die Schleifringe kurzgeschlossen und die Bürsten abgehoben. Der Schleifringläufermotor läuft dann als Kurzschlußläufermotor weiter.

a) Der *stufenlose Anlaßvorgang* wird mit einem normalen Läuferanlasser (Anlasser mit Querschnittsauslegung für kurzzeitigen Betrieb) vorgenommen (Bild 1.5/24). Selbsttätiger stufenloser Anlaßvorgang wird mit dem Flüssigkeitsdampfanlasser erreicht. Bei diesem Anlasser bildet die Flüssigkeit (Elektrolyt) den Widerstand. Da der Elektrolyt ein *Heißleiter* ist, vermindert sich dessen Widerstandswert stufenlos bei Erwärmung. Durch einen weiteren Heißleiter oder ein Relais im Steuerkreis kann ein Schaltschütz in Tätigkeit gesetzt werden, wodurch der Läuferkreis automatisch kurzgeschlossen wird (Bild 1.5/25).

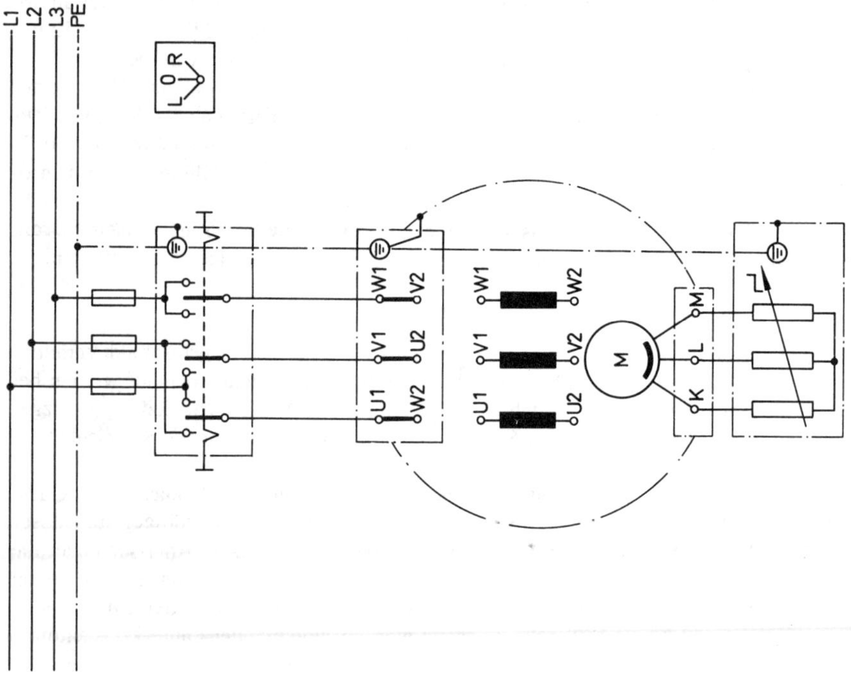

Bild 1.5/24 Schleifringläufermotor mit Läuferanlasser, Hebelwendeschalter und Bürstenabhebevorrichtung

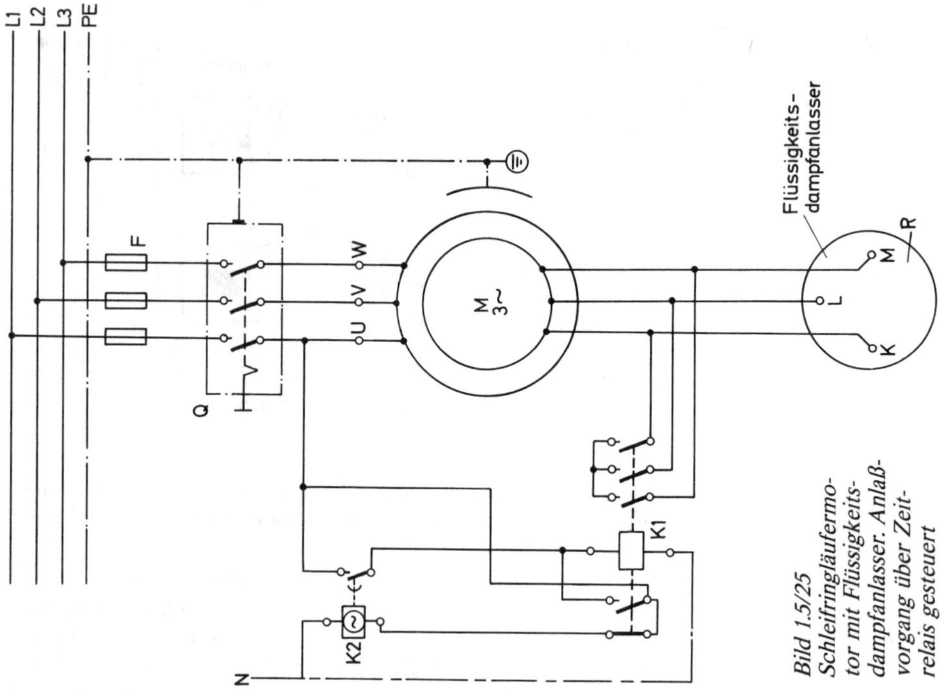

Bild 1.5/25 Schleifringläufermotor mit Flüssigkeitsdampfanlasser. Anlaßvorgang über Zeitrelais gesteuert

b) Der *stufige* Anlaßvorgang erfolgt über Schützsteuerungskreise. In bestimmten Verzögerungsintervallen wird der Läuferanlasser gruppenweise abgeschaltet (Abschnitt 2.8.7 mit Bild 2/91).
Erhöhung des ohmschen Widerstandes im Läuferkreis hat geringe Stromaufnahme aus dem Netz und weichen Anlauf mit hohem Drehmoment zur Folge.

1.5.5.3. Allgemeine Bestimmungen über Anlassen von Asynchronmotoren

In öffentlichen Netzen dürfen keine beliebigen Stromüberhöhungen bei Anlaßvorgängen auftreten, da die Spannungsabfälle ihre zulässigen Grenzen überschreiten würden. Maßgebend für die anzuschließenden Leistungen sind die örtlichen EVU-Bestimmungen, die sich weitgehend nach den aufgestellten Musterbedingungen der VDEW (Vereinigung deutscher Elektrizitätswerke) richten (Tab. 1/7).

Tab. 1/7 Höchste Motornennleistungen zum Anschluß an öffentliche Niederspannungsnetze

Anlaßart	Motorart	Spannung	Leistung bis zu
Direktes Anlassen	Einphasenmotoren für Anschluß an	220 V	1,1 kW
	Drehstrommotoren als Kurzschlußläufermotoren mit Stromverdrängungsläufern für Anschluß an	380 V	5,5 kW
Anlassen mit Y - Δ-Schaltung	Drehstrommotoren als Kurzschlußläufermotoren mit Stromverdrängungsläufern für Anschluß an	380 V	11,0 kW
Einschaltung mit einer Anlaßvorrichtung, die den Anzugsstrom auf das Zweifache des Motornennstromes begrenzt, z. B. Läuferanlasser, Ständeranlasser, Anlaßtransformator	Schleifringläufermotoren, Kurzschlußläufermotoren – Für Anschluß an	380 V	15,0 kW
Musterbedingungen der Vereinigung deutscher Elektrizitätswerke (VDEW)			

Vor der Planung des Anschlusses größerer Motoren und solcher Motoren, die Netzstörungen durch besonders schweren Anlauf, häufiges Einschalten oder schwankende Stromaufnahme (z.B. Sägegatter, Aufzugmotoren) verursachen können, sind die zutreffenden Maßnahmen mit dem örtlichen EVU zu vereinbaren. Größere Werkstätten bzw. Industriebetriebe werden von einer eigenen Transformatorenstation versorgt.

1.5.6. Elektrische Bremsungen von Drehstrom-Asynchronmotoren

Bei der elektrischen Bremsung wird die in den bewegten Massen enthaltene kinetische Energie

$$W_{kin} = \frac{m \cdot v^2}{2}$$

W_{kin} Kinetische Energie in Nm
m Bewegte Masse in kg
v Geschwindigkeit in $m \cdot s^{-1}$

in elektrische Energie umgewandelt. Der Motor geht in den Generatorzustand über. Die elektrische Energie wird entweder vom Netz oder von Widerständen aufgenommen. Bei Gleichstrommotoren kann diese Art der Bremsung ohne nennenswerte zusätzliche Aufwendung erfolgen (Abschnitt 1.3.3).
Beim Drehstrom-Asynchronmotor ist die Netzabbremsung anwendbar, wenn der Motor *übersynchron* läuft. Durch die Läufervoreilung zum Drehfeld entsteht ein *negativer* Schlupf: der Motor wird zum Asynchrongenerator (Abschnitt 1.5.12.2). Ein Stillstand wird natürlich auf diese Weise nicht erreicht und muß in geforderten Fällen durch Trennung vom Netz und mechanisches Bremsen erfolgen. Eine Abbremsung auf ohmsche Widerstände entfällt hier prinzipiell. Die in der Praxis eingebürgerten Bremsmethoden für Drehstrom-Asynchronmotoren sind Gegenstrom- und Gleichstrombremsung.

1.5.6.1. Gegenstrombremsung

Wenn bei auslaufenden Drehstrommotoren zwei Ständeranschlüsse vertauscht werden, kehrt sich die Drehfeldrichtung um. Die Bremswirkung tritt infolge konstanten Bremsmomentes rasch ein. Der Durchlauf bei Drehzahl n gleich Null muß durch einen Bremswächter (Bild 2/92 bzw. Abschnitt 2.8.8) überwacht werden, da sonst der Motor in entgegengesetzter Richtung hochläuft. Bei inverser

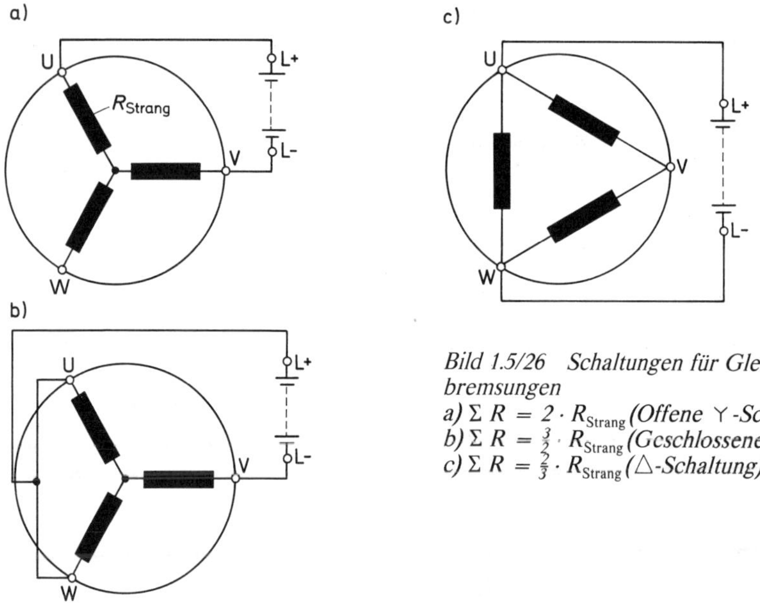

Bild 1.5/26 Schaltungen für Gleichstrombremsungen
a) $\Sigma R = 2 \cdot R_{Strang}$ *(Offene Y-Schaltung)*
b) $\Sigma R = \frac{3}{2} \cdot R_{Strang}$ *(Geschlossene Y-Schaltung)*
c) $\Sigma R = \frac{2}{3} \cdot R_{Strang}$ *(△-Schaltung)*

Drehfeldrichtung tritt eine Erhöhung der Läuferspannung, des Läuferstromes und der Läuferfrequenz ein. Die Wärmeverluste in der Läuferwicklung und im Läufereisen nehmen zu. Bei Schleifringläufermotoren wird außerdem die Läuferwicklungsisolation erhöht beansprucht.

1.5.6.2. Gleichstrombremsung

Die Ständerwicklung wird vom Drehstromnetz abgeschaltet und an eine Gleichstromhilfsquelle gelegt. Die Größe der Gleichspannung für die Auslaufbremsung richtet sich nach der Nennspannung und der Motornennleistung. Bei 380 V Nennspannung beträgt z.B. für einen 50-kW-Motor die Gleichspannung ≈ 10 V, für einen 5-kW-Motor ≈ 40 V und für einen 0,5-kW-Motor schon ≈ 110 V. Der Bremsstrom kommt etwa auf das 2,5fache des Nennstromes. Die Gleichspannung wird gewöhnlich über Trockengleichrichter gewonnen. Es kommen als Schaltmöglichkeiten die offene Stern-, die geschlossene Stern- und die Dreieckschaltung zur Anwendung (Bild 1.5/26).
Sobald der Ständer an der Gleichspannungsquelle liegt, baut sich ein magnetisches Gleichfeld auf. Rotiert der Läufer in diesem Feld, wird nach der Generatorregel eine Spannung induziert, die einen Strom zum Fließen bringt, dessen Magnetfeld mit dem Erregerfeld ein Gegendrehmoment (Bremsmoment) erzeugt. Ein entgegengesetztes Hochlaufen des Motors kann nicht erfolgen. Drehstrommotoren mit hoher Bremsschalthäufigkeit müssen wegen überhöhter Erwärmung zusätzlich belüftet werden.

1.5.7. Drehzahlsteuerungen von Drehstrom-Asynchronmotoren

Drehzahlsteuerungen von Drehstrom-Asynchronmotoren sind durch Veränderungen im Läuferkreis bzw. im Ständerkreis möglich. Veränderungen im Läuferkreis kommen fast ausschließlich beim Schleifringläufermotor durch Schlupfbeeinflussung vor.
Im Ständerkreis beeinflußt die Frequenz bzw. die Polpaarzahl die Drehzahl nach der Beziehung

$$n_0 = \frac{60 \cdot f}{p}$$

1.5.7.1. Drehzahlsteuerung durch Beeinflussung des Schlupfes

Erfolgt die Drehzahlsteuerung unter Last, hat man einen Steuerschleifringläufer vor sich. Wird während des Betriebes Widerstand des Stellanlassers (Anlasser mit Querschnittsauslegung für Dauerbetrieb) zugeschaltet, muß sich bei konstantem Drehmoment die Urspannung U_{02} im Läufer erhöhen. Das kann aber nur durch erhöhte Schnittgeschwindigkeit des Drehfeldes erreicht werden: der Motor muß langsamer laufen.
Die Widerstände im Rotorkreis stehen bei konstantem Drehmoment im gleichen Verhältnis zu den Schlupfdrehzahlen.

Beispiel
Ein vierpoliger Schleifringläufermotor, Frequenz $f = 50$ Hz, Drehzahl $n_{1\,\text{Betrieb}} = 1450\ \text{min}^{-1}$ hat einen Rotorwiderstand $R_{\text{Rotor}} = 0{,}5\ \Omega$. Es werden 2,5 Ω Läuferanlasserwiderstand (R_{Anl}) zugeschaltet. Wie groß wird die neue Betriebsdrehzahl $n_{2\,\text{Betrieb}}$?

Lösung
Im normalen Betrieb beträgt die Schlupfdrehzahl

$$n_{1\,\text{Schlupf}} = 1500\ \text{min}^{-1} - 1450\ \text{min}^{-1} = \underline{50\ \text{min}^{-1}}$$

Die neue Schlupfdrehzahl wird

$$n_{2\,\text{Schlupf}} = \frac{n_{1\,\text{Schlupf}} \cdot (R_{\text{Anl}} + R_{\text{Rotor}})}{R_{\text{Rotor}}} = \frac{50\ \text{min}^{-1} \cdot (2{,}5\ \Omega + 0{,}5\ \Omega)}{0{,}5\ \Omega} = \underline{300\ \text{min}^{-1}}$$

Die neue Betriebsdrehzahl wird dann

$$n_{2\,\text{Betreb}} = 1500\ \text{min}^{-1} - 300\ \text{min}^{-1} = \underline{1200\ \text{min}^{-1}}$$

Der Drehzahlrückgang bei konstantem Drehmoment M bedeutet Leistungsverminderung und somit Verschlechterung des Wirkungsgrades η. Entsprechend der Größe des zugeschalteten Stellanlasserwiderstandes wird ein Teil der Leistung in Wärme umgesetzt.

Beispiel

Ein vierpoliger Schleifringläufermotor, Frequenz $f = 50$ Hz, Leistung $P_1 = 5$ kW, Drehzahl $n_{1\,\text{Betrieb}} = 1450\ \text{min}^{-1}$ arbeitet mit einem Wirkungsgrad $\eta_1 = 0{,}85$. Wie groß werden Leistung P_2 und Wirkungsgrad η_2 bei der Drehzahl $n_{2\,\text{Betrieb}} = 1200\ \text{min}^{-1}$? Drehmoment M ist konstant.

Lösung

$$P_2 = \frac{n_{2\,\text{Betrieb}} \cdot P_1}{n_{1\,\text{Betrieb}}} = \frac{1200\ \text{min}^{-1} \cdot 5\ \text{kW}}{1450\ \text{min}^{-1}} = \underline{4{,}14\ \text{kW}}$$

Das heißt: $P_v = P_1 - P_2 = 5\ \text{kW} - 4{,}14\ \text{kW} = 0{,}86\ \text{kW}$ werden in Wärme umgewandelt. Somit wird der prozentuale Verlust

$$\frac{P_v \cdot 100\%}{P_1} = \frac{0{,}86\ \text{kW} \cdot 100\%}{5\ \text{kW}} = \underline{17{,}2\%}$$

Damit wird der neue Wirkungsgrad

$$\eta_2 = \frac{P_2 \cdot \eta_1}{P_1} = \frac{4{,}14\ \text{kW} \cdot 0{,}85}{5\ \text{kW}} = \underline{0{,}705}$$

Diese Art der Drehzahländerung ist vergleichbar mit der Drehzahlsteuerung durch Stellanlasser bei Gleichstrommotoren. Die entstehenden Verluste können bei Motoren kleiner Leistungen bzw. bei kurzer Steuerzeit in Kauf genommen werden. Der normale Drehzahlsteuerbereich liegt bei etwa 1,5 : 1.

Die Drehzahlsteuerung mit Läuferanlasser (Stellanlasser) ist wegen der hohen Verluste bei größeren Leistungen unwirtschaftlich.

Günstiger liegen die Verhältnisse dann, wenn die angetriebene Maschine eine angenähert quadratische Drehmoment-Drehzahl-Kennlinie hat (z.B. Lüfter). Die auftretenden Verluste werden hier gering, so daß sich eine Aufstellung teurer Steuermaschinensätze nicht lohnt.

1.5.7.2 Drehzahlsteuerung durch Änderung der Frequenz

An normalen Drehstromnetzen mit der Frequenz $f = 50$ Hz ist eine Steigerung der Drehzahl für Asynchronmotoren über $n = 3000\ \text{min}^{-1}$ nicht möglich. Eine Drehzahlerhöhung über $3000\ \text{min}^{-1}$ ist nur durch Frequenzsteigerung zu erreichen. Die Spannung mit der geforderten Frequenz muß in besonderen Maschinen (Frequenzumformer) hergestellt werden (Abschnitt 1.9.2).

Wird ein Motor mit der Netzspannung $U = 380$ V und der Nennfrequenz $f = 50$ Hz an ein Netz mit $f = 100$ Hz gelegt, steigt die Drehzahl auf das Doppelte. Außerdem wächst der induktive Widerstand $X_L = 2 \cdot \pi \cdot f \cdot L$ auf das Doppelte. Steigert man die Spannung U ebenfalls auf das Doppelte ($U = 760$ V), bleibt die Stromstärke I praktisch konstant, denn es gilt die Beziehung

$$I = \frac{U}{\sqrt{R^2 + X_L^2}}$$

U	Spannung	in V
I	Stromstärke	in A
R	Ohmscher Widerstand	in Ω
X_L	Induktiver Widerstand	in Ω

Der ohmsche Widerstand R ist hierbei vernachlässigbar klein. Theoretisch müßte sich sogar die Leistung verdoppeln. Frequenzsteigerungen bringen aber ein lineares Wachsen der Hysteresisverluste (Ummagnetisierungsverluste) und ein quadratisches Wachsen der Wirbelstromverluste im Ständereisen mit sich. Dadurch entstehen beachtliche Erwärmungen. Aus diesem Grunde sind Frequenzsteigerungen für normale 50-Hz-Motoren begrenzt.
Würde der gleiche Motor an ein Netz mit der Frequenz $f = 16^2/_3$ Hz gelegt, gehen die Drehzahl und der induktive Widerstand auf ein Drittel ihrer Ursprungsgröße zurück. Beließe man die Ursprungsspannung $U = 380$ V, würde der Strom theoretisch auf das Dreifache wachsen. Die Ständerwicklung würde in diesem Falle verbrennen. Soll der Strom in normalen Grenzen bleiben, muß die Spannung ebenfalls auf ein Drittel reduziert werden. Spannungsrückgang bei ursprünglicher Stromstärke bedeutet auch Leistungsrückgang auf ein Drittel.
In der praktischen Anwendung verändert man — um eine zu hohe Eisenerwärmung zu umgehen — die Spannung nicht linear mit der Frequenz. Liegt z.B. die Netzspannung von $U = 380$ V vor und soll der gleiche Motor für 50 Hz und 100 Hz betrieben werden, wickelt man den Motor für 380/220 V und schaltet ihn für 50 Hz in Stern und für 100 Hz in Dreieck.
Wird die Frequenz höher, eignen sich 50-Hz-Motoren nicht mehr. Es müssen für höhere Frequenzen (150 bis 400 Hz) eigens hergestellte Motoren zur Anwendung kommen. Elektrische Werkzeugmaschinen können vorteilhaft mit solchen Sondermotoren bestückt werden, da sie gegenüber gleichwertigen Universalmotoren leichter und wartungsfreier sind.

1.5.7.3 Drehzahlsteuerung durch Änderung der Polpaarzahlen

Diese Drehzahländerungsmöglichkeit ist bei Drehstrom-Asynchronmotoren vorherrschend. Mit polumschaltbaren Motoren sind, entsprechend der Bedingung

$$n_0 = \frac{60 \cdot f}{p},$$

am 50-Hz-Netz nur Drehzahlen unter $n = 3000\ \text{min}^{-1}$ möglich. Die Polzahländerungen können erfolgen durch

a) Umschaltungen zwischen getrennten Ständerwicklungen,
b) Umschaltungen der Spulengruppen einer Ständerwicklung.

Da bei Polumschaltungen der Schleifringläufermotoren die Läuferpolzahlen den Ständerpolzahlen angepaßt sein müssen, kommen vorwiegend Motoren mit Käfigläufer zur Anwendung.
Käfigläufer eignen sich für jede Polzahl.
Polumschaltbare Motoren sind am Leistungsschild an der doppelten oder mehrfachen Drehzahlangabe, Leistungsangabe und „Cos-φ"-Angabe zu erkennen. Da man bei der Umschaltung der Spulengruppen einer Ständerwicklung verschiedene Ausführungsmöglichkeiten haben kann, wird noch

a)

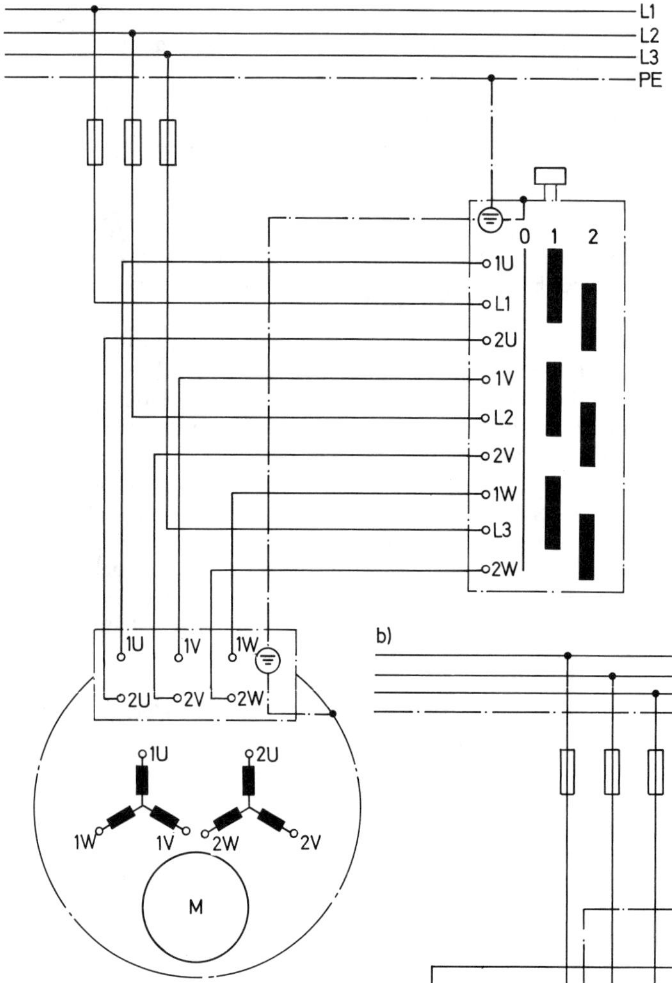

Bild 1.5/27
Polumschaltbarer Motor mit getrennten Ständerwicklungen und mit Walzen-Polumschalter
a) Walzen-Polumschalter
b) Nocken-Polumschalter

b)

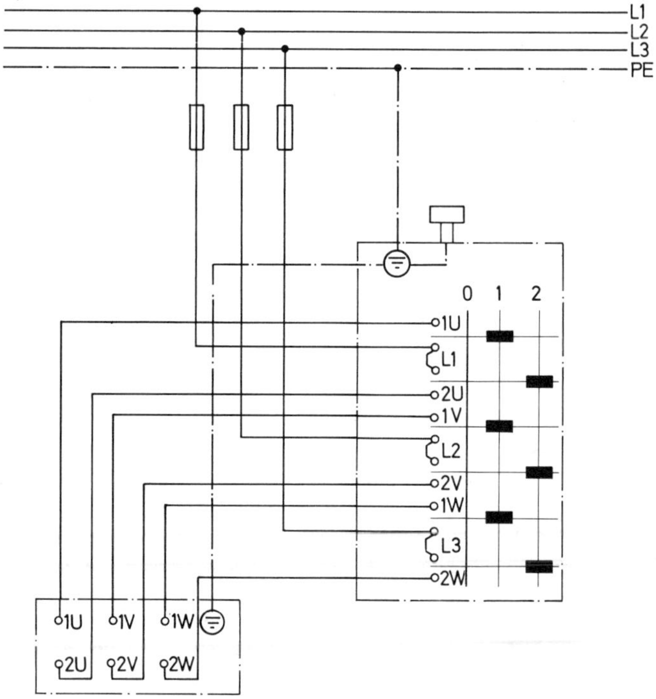

die Schaltart angegeben. Ein weiteres typisches Merkmal ist die nach DIN 42401 genormte Anschlußbezeichnung. Die vor die Anschlußbuchstaben gestellten Ziffern 1 oder 2 oder 3 usw. richten sich nach Höhe der Drehzahl, wobei Ziffer 1 zur niedrigsten Drehzahl gehört (Bild 1.5/27/28/29).

1.5.7.3.1. Polumschaltungen von getrennten Ständerwicklungen

Diese Polumschaltungsmöglichkeit erfolgt vorwiegend bei gebrochenen Drehzahlverhältnissen (3 : 4, 2 : 16 usw.). Für die Ständerwicklungen wird Sternschaltung bevorzugt (Bild 1.5/27a). Wie bei der Stern-Dreieck-Schaltung (Bild 1.5/19) verwendet man auch hier für kleinere Leistungen als Umschalter den Walzenschalter (Bild 1.5/27a), für größere Leistungen den Nockenschalter (Bild 1.5/27b).
Eine genauere Betrachtung zum Nockenschalter siehe Abschnitt 2.2.4.1 sowie Bild 2/8.

1.5.7.3.2. Polumschaltungen mit den Spulengruppen einer Ständerwicklung

a) Die *Dahlanderschaltung* kommt fast ausschließlich beim Polzahlverhältnis 1 : 2 zur Anwendung. Für die kleine Drehzahl (große Polzahl) liegt bei dieser Schaltung der Ständer im Dreieck, für die große Drehzahl (kleine Polzahl) im Doppelstern (YY). Das Leistungsverhältnis der $\triangle$-YY-Schaltung beträgt 1 : 1,36, das Verhältnis der Kippmomente 1 : 0,68. Der Polumschalter hat mit dem Y-$\triangle$-Schalter große Ähnlichkeit und wird ebenfalls in Walzen- bzw. Nockenbauform ausgeführt (Bild 1.5/28). Beim Anschluß der Wicklungen am Anschlußbrett ist die Buchstabenfolge zu beachten (Bild 1.5/28). Die richtige Reihenfolge der Anschlüsse vom Anschlußbrett zum Polumschalter muß ebenfalls beachtet werden.
b) Die Y-$\triangle$-YY-*Schaltung* ist eine Kombination aus Y-$\triangle$-Schaltung und $\triangle$-YY-Schaltung. Mit dieser Schaltung wird der hohe Einschaltstrom umgangen. Der Motor läuft weich in Y-Schaltung an und wird auf Dreieck umgeschaltet (Bild 1.5/29). Außerdem kann der Motor bei kleiner Drehzahl und niedriger Last (unter 33% Vollast) zwecks Verbesserung des Leistungsfaktors cos φ in Y-Schaltung betrieben werden (Abschnitt 1.5.3.2.3 bzw. Bild 1.5/17a).
Neben der Dahlanderschaltung gibt es weitere Polumschaltungen mit den Spulengruppen einer Ständerwicklung zum Drehzahlverhältnis 1 : 2. Das Verhältnis der Leistungen und Kippmomente ist jedoch ein anderes. Es gibt ferner Motorenausführungen mit einer Ständerwicklung und den Drehzahlverhältnissen 1 : 2 : 3, 1 : 2 : 3 : 4 und weiteren gebrochenen Werten. Allerdings sind diese Ausführungen mit großem Aufwand der Polumschalter und mit vielen Wicklungsanzapfungen verbunden.
Mit polumschaltbaren Motoren können nur stufige Drehzahlverhältnisse erreicht werden. Sie werden vor allem zum Antrieb von Hebezeugen und Werkzeugmaschinen benutzt.
Polzahländerungen lassen keine stetigen Drehzahlveränderungen, sondern nur entsprechend der Polpaarzahlen ganzzahlige Drehzahlstufen zu.

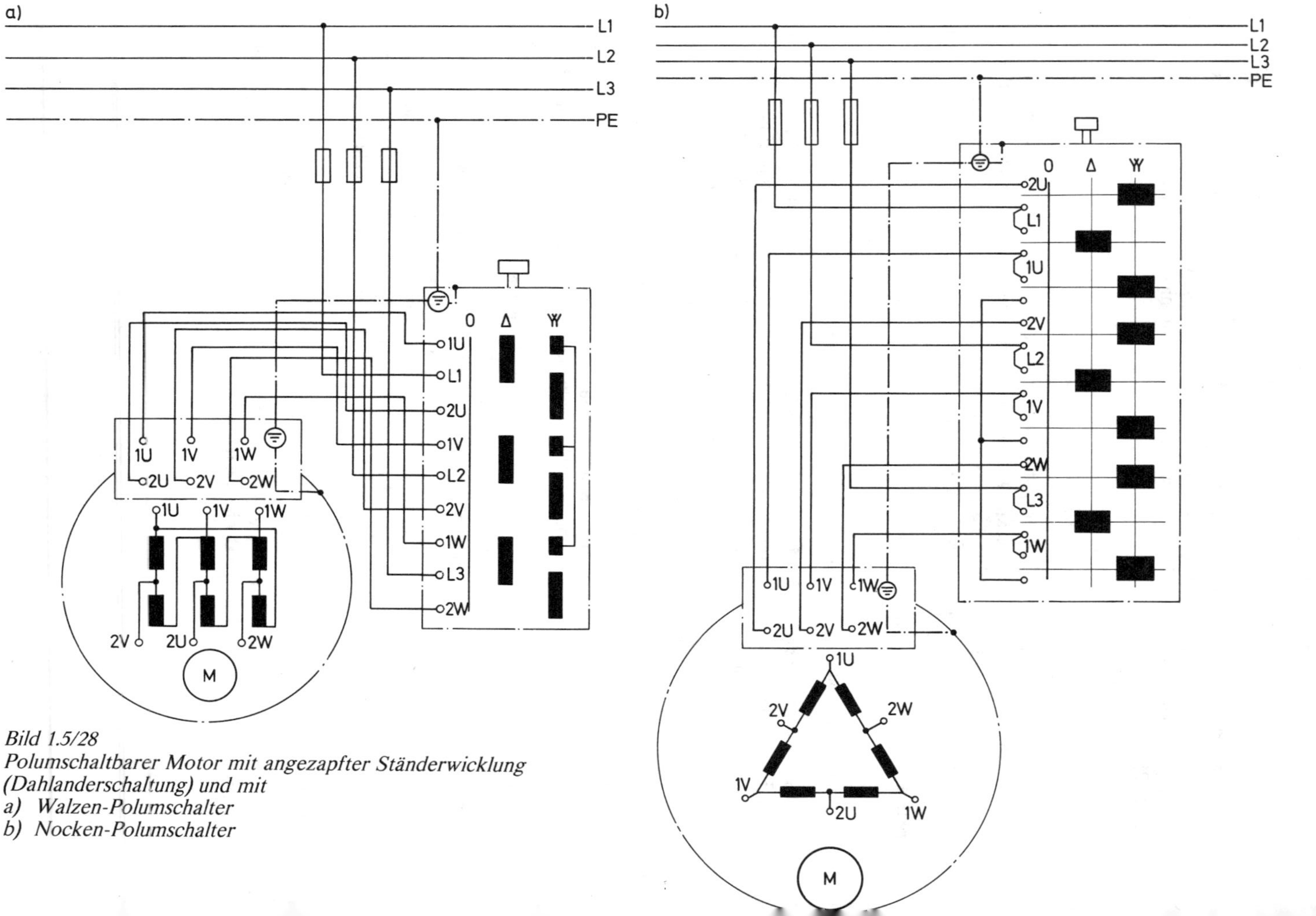

Bild 1.5/28
Polumschaltbarer Motor mit angezapfter Ständerwicklung (Dahlanderschaltung) und mit
a) Walzen-Polumschalter
b) Nocken-Polumschalter

Bild 1.5/29 Polumschaltbarer Motor in Dahlanderschaltung mit Y-△-Anlauf[1]

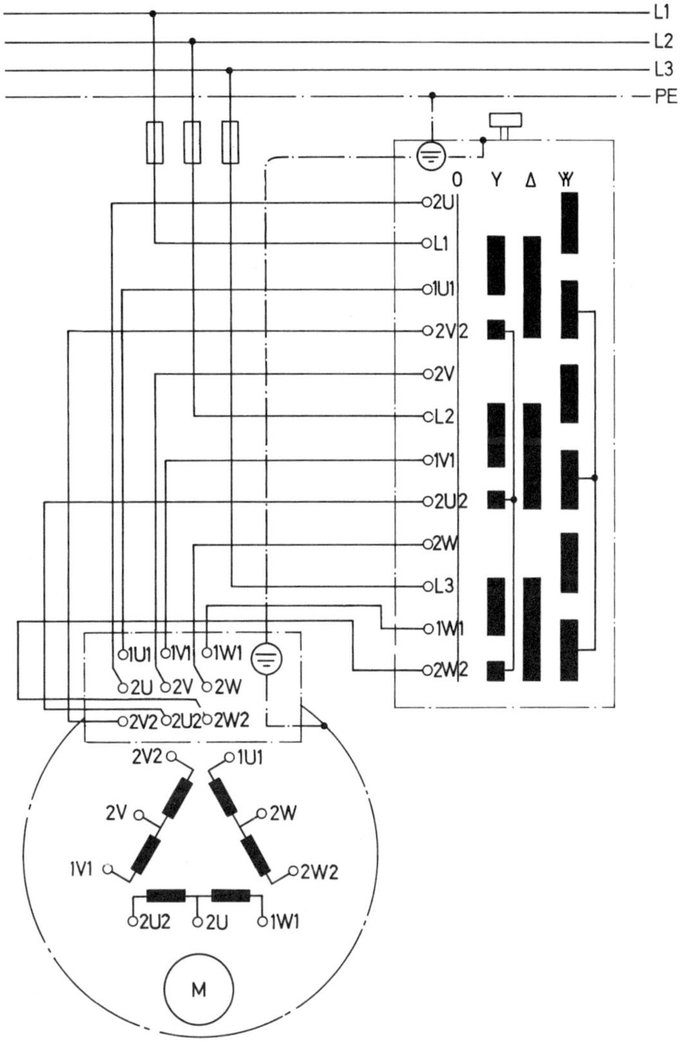

1.5.8. Spannungsumschaltungen von Drehstrom-Asynchronmotoren

Als spannungsumschaltbare Motoren eignen sich sowohl Kurzschluß- wie auch Schleifringläufermotoren. Bau- bzw. Montagefirmen, Wanderunternehmen, wie Zirkusse und Karussellbetriebe, auch Wanderdreschmaschinen für ländliche Bezirke, die beim Wechseln ihres Standortes auf örtlich verschiedene Anschlußspannungen treffen, sind meist mit spannungsumschaltbaren Motoren ausgerüstet.

[1] Die Anschlußbezeichnungen sind der Norm DIN 42401 Blatt 2, Bild 8, entnommen.

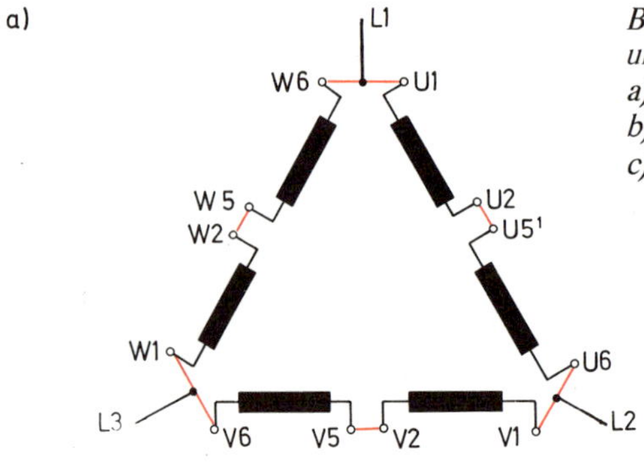

Bild 1.5/30 Ständerwicklung eines spannungsumschaltbaren Motors
a) 500 V △
b) 380 V ⅄⅄
c) 220 V △△

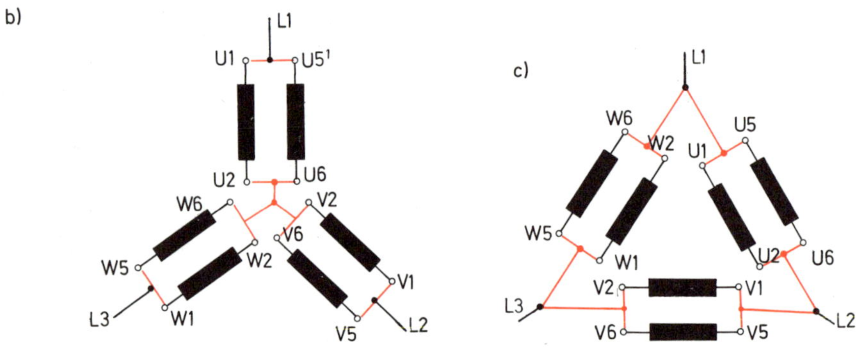

a) Motoren mit *zwei Ständerspannungen* überwiegen und kommen in Netzen 220/125 V bzw. 380/220 V zur Anwendung. Man bedient sich einfach der Stern-Dreieck-Umschaltung oder der Umklemmung am Anschlußbrett.

b) Motoren mit *drei Ständerspannungen* werden verschieden ausgeführt. Wie bei der Dahlanderschaltung können die Stränge in Halbstränge unterteilt und für 500 V in Dreieck (△), 380 V in Doppelstern (⅄⅄) und 220 V in Doppeldreieck (△△) an das Netz gelegt werden (Bild 1.5/30). Für die Doppelsternschaltung kann bis 440-V-Dreiphasenspannung und für die Doppeldreieckschaltung bis 250-V-Dreiphasenspannung angelegt werden. Durch entsprechende Bemessung erfolgt die Ständerwicklungsauslegung so, daß sich – trotz nicht genau passender Spannung – immer noch günstige Betriebseigenschaften ergeben.

Die Ständerwicklung kann auch neben der normalen Ausführung eine Zusatzwicklung besitzen. Bei 500 V Spannung liegt die Ständer- mit der Zusatzwicklung in Stern, bei 380 V Spannung ohne Zusatzwicklung in Stern und bei 220 V Spannung in Dreieck. Mit einem entsprechenden Schalter können die jeweiligen Umschaltungen erreicht werden (Bild 1.5/31).

---

[1] Hier weicht die IEC-Festlegung von der sonst üblichen IEC-Regel „Wicklungsanfänge und -enden sind durch nachgestellte Zahlen 1 und 2 zu bezeichnen“ ab. Es ist vorgesehen, einen deutschen Änderungsantrag mit dem Ziel zu stellen, die Bezeichnungen auf 1U1 – 1U2, 1V1 – 1V2, 1W1 – 1W2, 2U1 – 2U2, 2V1 – 2V2, 2W1 – 2W2 umzustellen.

Bild 1.5/31 Spannungsumschaltbarer Motor mit Zusatzwicklung und verriegelbarem Spannungsumschalter

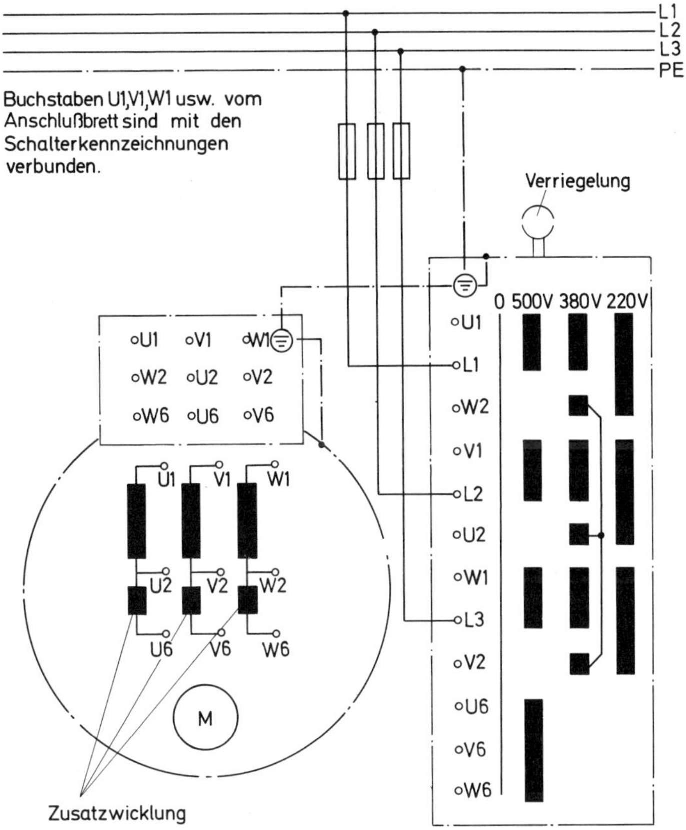

1.5.9. Betriebliche und praktische Gegenüberstellungen von Kurzschlußläufermotoren und Schleifringläufermotoren

1.5.9.1. Vorteile des Kurzschlußläufermotors gegenüber dem Schleifringläufermotor

a) Einfache Bauweise, geringe Herstellungskosten, störungsfrei, einfache Wartung.

b) Im Betrieb liegen der Leistungsfaktor cos φ und der Wirkungsgrad η etwa 1 bis 2% höher. Die Stirnringe der Kurzschlußläuferwicklung liegen eng am Blechpaket des Läufers, wodurch die Wicklungsstreuung gering wird. Deshalb hat der Kurzschlußläufermotor weniger Blindleistungsaufnahme und auch weniger Wärmeverluste als der Schleifringläufermotor.

c) Praktische Verwendung für alle polumschaltbaren Motoren (Abschnitt 1.5.7.3).

d) Vorwiegende Verwendung in explosionsgefährdeten Räumen.

1.5.9.2. Vorteile des Schleifringläufermotors gegenüber dem Kurzschlußläufermotor

a) Wesentlich günstigere Anlaufbedingungen (Abschnitt 1.5.5.2) und Verwendung zur Drehzahlsteuerung mittels Schlupfveränderung (Abschnitt 1.5.7.1).

b) Verwendbar als elektrische Welle (Abschnitt 1.5.10).
c) Verwendbar als Drehtransformator (Abschnitt 1.5.11).
d) Verwendbar als asynchroner Frequenzumformer (Abschnitt 1.9.2.1).

1.5.10. Elektrische Welle

Klapp-, Hub-, Verladebrücken, Hebebühnen, Supportantriebe für lange Wellendrehbänke usw. müssen gewöhnlich von mehreren Motoren angetrieben bzw. betätigt werden. Dazu ist unbedingt ein *Gleichlauf* der Motoren erforderlich. Um das zu erreichen, kann man ihre Läufer durch eine starre Welle (*mechanische Welle*) bzw. durch Getriebe verbinden.
Ist die Ausführung einer mechanischen Welle schwierig bzw. unmöglich, kann die Verbindung von Läufer zu Läufer elektrisch hergestellt werden (*elektrische Welle*).
Allerdings können hierfür nur Schleifringläufermotoren verwandt werden.

1.5.10.1. Aufbau bzw. Schaltungsweise

Ständer- wie auch Läuferwicklungen der Schleifringläufermotoren müssen untereinander parallel verbunden sein. Im Läuferkreis sitzt der gemeinsame Anlasser. Man kann sich das System aus zwei getrennten Schleifringläufermotoren aufgebaut denken, deren Anlasser zur Deckung gebracht worden sind (Bild 1.5/32).
Haben die Schleifringläufermotoren verschiedene Drehzahlkennlinien, treten Pendelungen und Schwebungen auf: ein geordneter Betrieb ist nicht möglich. Sollen weiterhin größere Drehzahlbereiche bestrichen werden, genügt die in Bild 1.5/32 dargestellte einfache elektrische Welle nicht mehr. Zwecks Erzielung einer größeren Stabilität für größere Steuerbereiche ist wenigstens eine weitere Antriebsmaschine nötig, welche starr mit einem Wellenmotor gekuppelt wird.

1.5.10.2. Wirkungsweise der einfachen Wellenschaltung

Das Drehfeld beider Ständerwicklungen erzeugt in den Läufern Schlupfspannungen, die sich durch Gegenwirkung das Gleichgewicht halten. Erfährt einer der Läufer eine kleine Winkeländerung

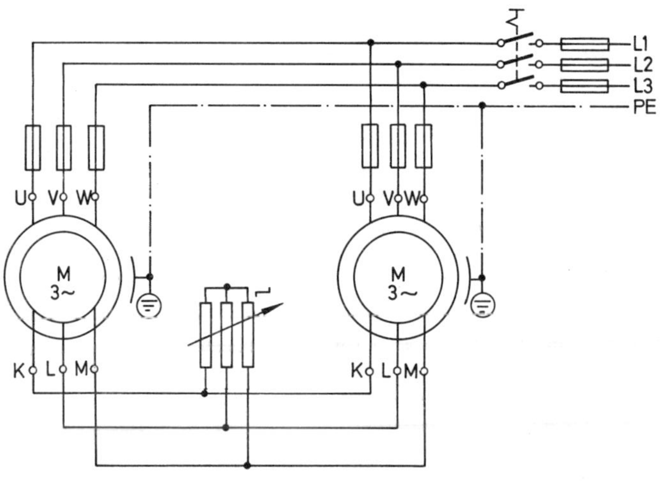

Bild 1.5/32
Einfache elektrische Welle

gegenüber dem anderen Läufer, entstehen Differenzspannungen, wodurch das elektrische Gleichgewicht gestört wird. Es fließt im Läufersystem ein Ausgleichsstrom, welcher bestrebt ist, die Läufer in die symmetrische Stellung zurückzuführen.
Das Gleichlaufprinzip ist nur dann sicher wirksam, wenn in den Läufern hinreichend große Spannungen erzeugt werden, d.h. der Dauerschlupf größere Werte aufweist. Aus diesem Grunde erfolgt der Einbau des unvermeidlichen Anlassers, der stets zu einem gewissen Teil eingeschaltet bleiben muß. Wird von einem Wellenmotor die inverse (entgegengesetzte) Drehrichtung gefordert, müssen von diesem Motor läufer- und ständerseitig zwei gleiche Stränge vertauscht werden.

1.5.11. Drehtransformator (Asynchronmotor als Stelltransformator)

Grundsätzlich kann jeder normale Schleifringläufermotor bei geöffnetem Läuferkreis als Transformator arbeiten. Die erzeugte Sekundärspannung (Läuferstillstandsspannung) ist dann konstant. Soll die abgegriffene Spannung jedoch in möglichst weiten Grenzen verstellbar sein, muß der Schleifringläufermotor als Stelltransformator (*Drehtransformator*) hergerichtet werden.

1.5.11.1. Aufbau

Bei Drehtransformatoren wird mittels Schnecken- oder Spindeltrieb der Läufer festgebremst; seine Verstellung kann von Hand oder durch einen Stellmotor erfolgen. Ständer und Läufer liegen an der Netzspannung (Grundspannung) U_1. Als Primärseite wird meist der in Stern oder Dreieck geschaltete Läufer gewählt, da in diesem Falle für den Rotor nur drei Schleifringe benötigt werden. An der geöffneten Ständerwicklung (Sekundärseite) wird die veränderte Spannung abgegriffen (Bild 1.5/33). Bei der Wahl des Rotors als Sekundärseite werden sechs Schleifringe benötigt.

1.5.11.2. Wirkungsweise

Wird an die geöffnete Ständerwicklung die Grundspannung U_1 gelegt und wäre kein Rotoranschluß vorhanden, ergäbe sich am Statorausgang wiederum die Grundspannung U_1. Die angeschlossene verkettete Rotorwicklung (Primärseite) erzeugt ein Drehfeld, welches in der Ständerwicklung

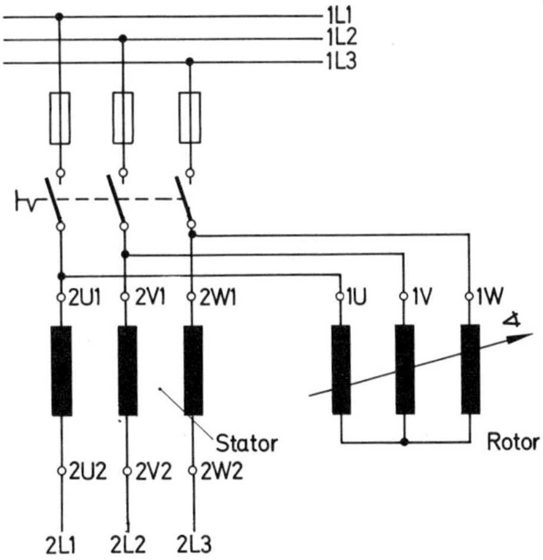

Bild 1.5/33 Drehtransformator mit Rotor als Primärseite

(Sekundärseite) eine *Zusatzspannung* U_z induziert. Besitzen Läufer- und Ständerwicklung die gleichen Windungszahlen, wird die Größe der Zusatzspannung U_z gleich der Größe der Grundspannung U_1. Die gesteuerte Ausgangsspannung U_2 kann also in den extremsten Fällen

$$U_2 = U_1 + U_z = 2 \cdot U_1 \text{ bzw.}$$
$$U_2 = U_1 - U_z = 0 \quad \text{werden.}$$

Der Spannungswert der induzierten Zusatzspannung U_z ist in jedem Falle gleich groß. Durch die Läuferverdrehung wird die *Phasenlage* der Zusatz- zur Grundspannung verändert, was eine Veränderung der Ausgangsspannung U_2 mit sich bringt (Bild 1.5/34).

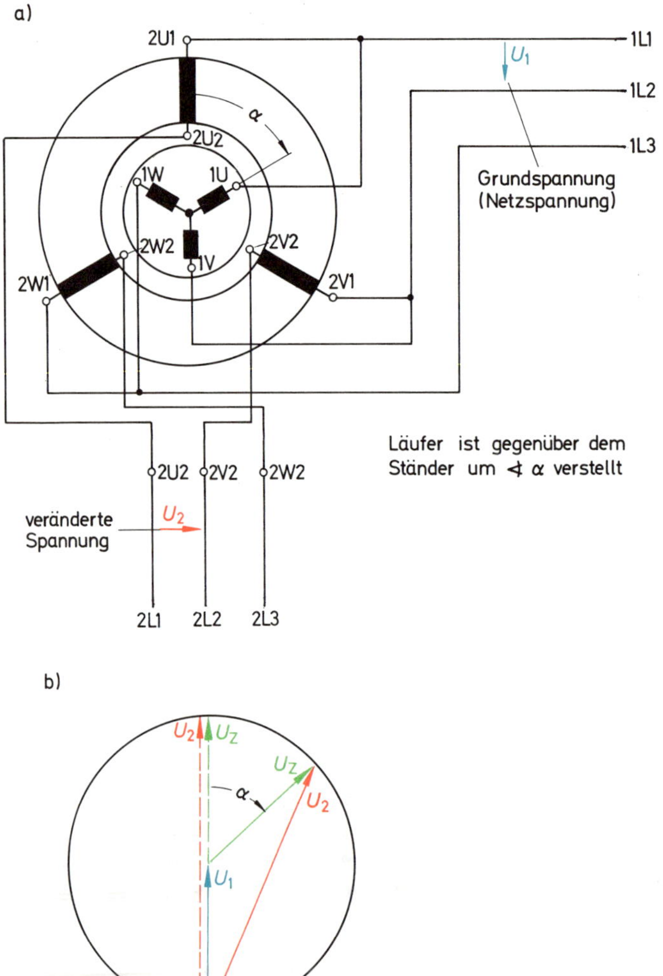

Bild 1.5/34
Spannungsbedingungen im Drehtransformator durch Läuferverdrehung
a) Schematische Darstellung
b) Zeigerbild

Bemerkung: Zwecks besserer Unterscheidung sind die Spannungen verschiedenfarbig dargestellt

Infolge des Luftspaltes ist die Kurzschlußspannung u_k im Drehtransformator hoch (etwa 25 bis 30% der Zusatzspannung). Im belasteten Zustand wird deshalb die Ausgangsspannung sich stärker verändern als bei einem normalen Transformator.
Wegen der galvanischen Verbindung von Primär- und Sekundärseite ist der Drehtransformator eine Spannungsteilermaschine und darf als Schutzumformer nicht benutzt werden (Abschnitt 1.4.7 bzw. 1.9.3.2).

1.5.12. Asynchrongeneratoren

Von Gleichstrom- und Synchronmaschinen ist bekannt, daß sie als Motoren und Generatoren benutzt werden können. Grundsätzlich ist auch jeder Asynchronmotor in der Lage, generatorisch zu arbeiten, wenn ein mechanischer Antrieb und eine magnetische Erregung vorhanden sind.

1.5.12.1. Schaltung

Drehstrom-Asynchronmaschinen sind nicht in der Lage, sich selbst zu erregen. Es ist den Maschinen deshalb auch nicht allein möglich, auf ein mit ohmschen bzw. induktiven Widerständen belastetes Netz generatorisch zu arbeiten, weil von diesen Widerständen nicht der erforderliche Magnetisierungsstrom (induktiver Strom) bezogen werden kann.

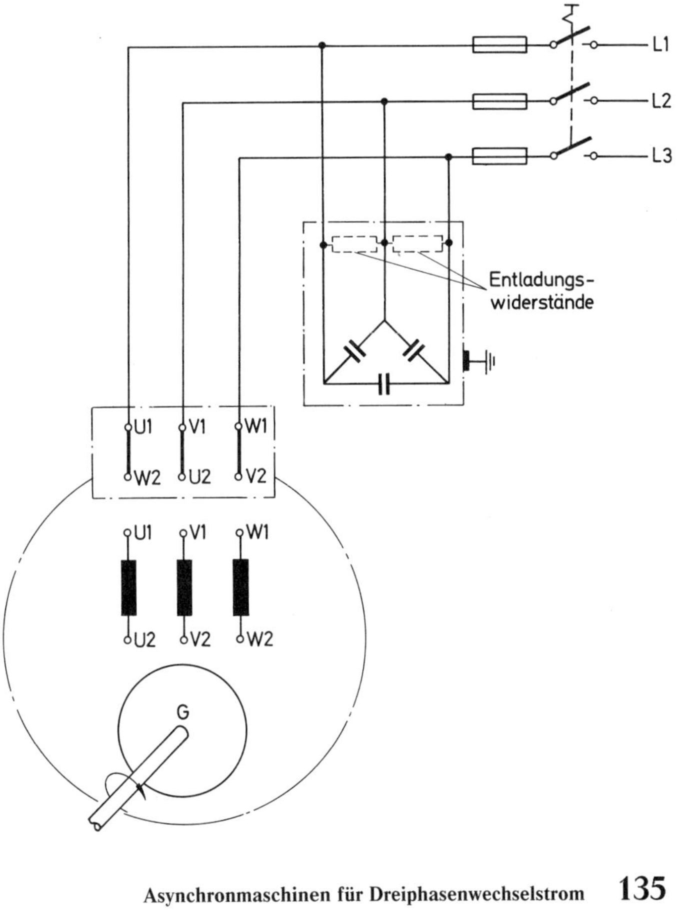

Bild 1.5/35
Kondensatorerregter Asynchrongenerator

Die Erregungen können erfolgen durch

a) Anschluß an ein von Synchrongeneratoren versorgtes Netz (netzerregter Asynchrongenerator),
b) Parallelschaltung von Kondensatoren zur Ständerwicklung (kondensatorerregter Asynchrongenerator — Bild 1.5/35).

1.5.12.2. Wirkungsweise

a) Der *netzerregte Asynchrongenerator* entnimmt zum Magnetfeldaufbau dem Versorgungsnetz die notwendige Blindleistung. Wird der Läufer übersynchron angetrieben (negativer Schlupf), entsteht in ihm die Urspannung $-U_{02}$. Der Läuferstrom $-I_2$ ruft das Läuferfeld $-\Phi_2$ hervor, welches bei negativem Schlupf der mechanischen Drehrichtung entgegenläuft. Dieses hat generatorischen Charakter zur Folge. Mit steigender übersynchroner Drehzahl wird die ins Netz gelieferte Wirkleistung erhöht. Die Netzfrequenz wird von den angeschlossenen Sychrongeneratoren bestimmt.
b) Der *kondensatorerregte Asynchrongenerator* arbeitet unabhängig von einer Blindleistungsversorgung aus dem Netz. Die Parallelschaltung von Kondensator und Ständerwicklung bildet einen Schwingkreis, mit dessen Hilfe der Magnetfluß im Ständerkreis aufgebaut wird. Bei richtiger Kondensatorbemessung wird die gewünschte Urspannung erzeugt. Zur Spannungskonstanthaltung muß die Drehzahl zwischen Leerlauf und Vollast um etwa 10 bis 15% veränderlich sein. Die entstehenden Frequenzschwankungen sind dabei praktisch ohne Bedeutung. Für größere Leistungen fallen die Kondensatorkosten stark ins Gewicht.
Asynchrongeneratoren kommen vorwiegend als Zusatz- bzw. Hilfsgeneratoren in Betracht.

1.6. Asynchronmaschinen für Einphasenwechselstrom

Asynchronmaschinen sind robust, billig und einfach in der Wartung. Sie werden deshalb auch für Einphasenwechselstrombetrieb bevorzugt und fast ausschließlich als Motoren verwandt.
Übersynchron angetrieben können Asynchronmaschinen für Einphasenwechselstrom (Einphasen-Asynchronmaschinen, Einphasen-Induktionsmaschinen) ebenso wie Asynchronmaschinen für Drehstrom als Generatoren arbeiten.

1.6.1. Aufbau

Einphasen-Asynchronmotoren sind gewöhnlich Kurzschlußläufermotoren, sehr selten Schleifringläufermotoren. Das Ständereisen von Drehstrom-Asynchronmotoren kann verwandt werden. Es gibt aber auch spezielle Ständereisenausführungen mit verschieden großen Nutquerschnitten, dem *Haupt-* und *Hilfsstrang* angepaßt (Bild 1.6/1). Zum Betrieb reicht der Hauptstrang (Betriebsstrang). U1—U2 aus. Der Hauptstrang belegt zwei Drittel der Ständernuten. Würde der Hauptstrang alle Nuten belegen, wäre die elektrische Ausnützung zu ungünstig. Bei 33% Materialmehraufwand ergäbe sich nur ein Spannungsgewinn von etwa 13,4%. Das restliche Drittel der Ständernuten wird vom Hilfsstrang (Anlaufstrang) Z1—Z2 belegt. Unter gewissen Bedingungen bleibt der Anlaufstrang während des Betriebes eingeschaltet.
Der Einphasen-Asynchronmotor ist durch Anschlußbezeichnung und meist noch durch Kondensatorangabe (Bild 1.6/2) leicht vom Drehstrom-Asynchronmotor zu unterscheiden.

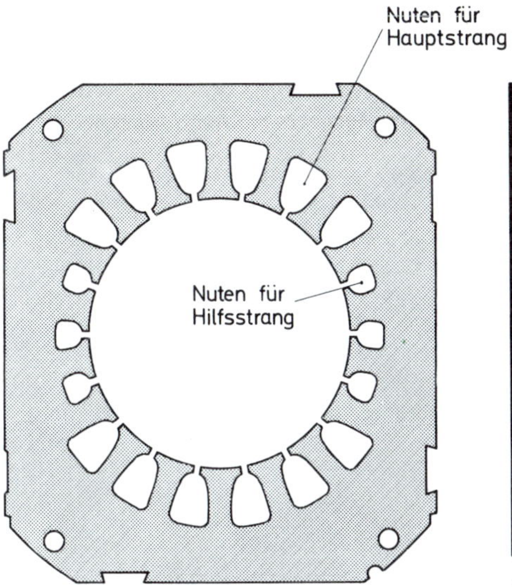

Bild 1.6/1 Ständerblechschnitt eines Einphasen-Asynchronmotors

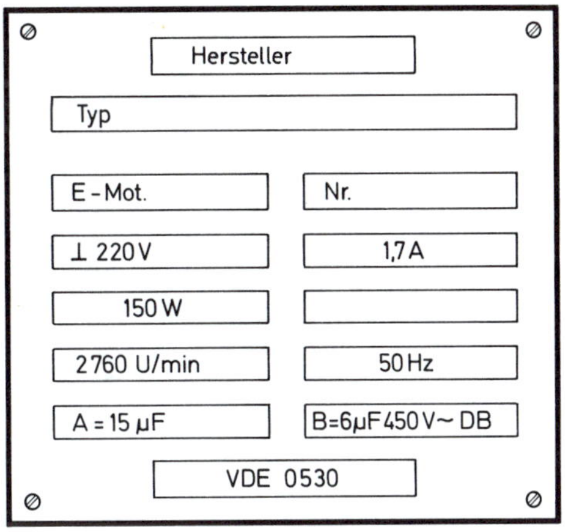

Bild 1.6/2 Leistungsschild eines Einphasen-Asynchronmotors

Bemerkung: Anstelle Betriebsart DB gilt nach neuer Norm S1. Anstelle Drehzahl U/min gilt nach neuer Norm min⁻¹.

1.6.2. Wirkungsweise

1.6.2.1. Einschaltmoment

Beim Drehstrom-Asynchronmotor ergaben die drei um 120° elektrisch versetzten Einphasen-Wechselströme ein symmetrisches (kreisförmiges) Dreiphasenfeld (Drehfeld – Bild 1.5/1). Ein kreisförmiges Drehfeld besitzt stets eine eindeutige Drehrichtung.

Ist beim Einphasen-Induktionsmotor nur ein Hauptstrang vorhanden, kann nur ein *Einphasenfeld* entstehen, das am Ständerumfang keine bevorzugte Drehrichtung aufweist. Man kann es sich als zwei gleiche halbgroße Drehfelder mit entgegengesetzten Drehrichtungen vorstellen (Bild 1.6/3). Der Läufer verharrt im Stillstand. Der Motor verhält sich wie ein Transformator mit kurzgeschlossener Sekundärseite.

Bild 1.6/3
Ströme und Magnetflüsse eines Einphasen-Asynchronmotors im Einschaltmoment

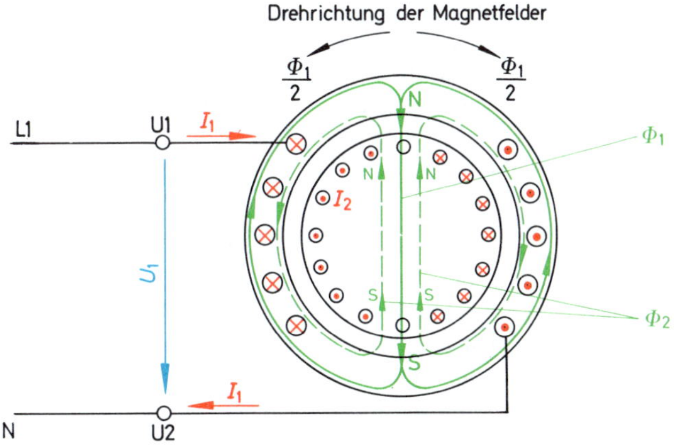

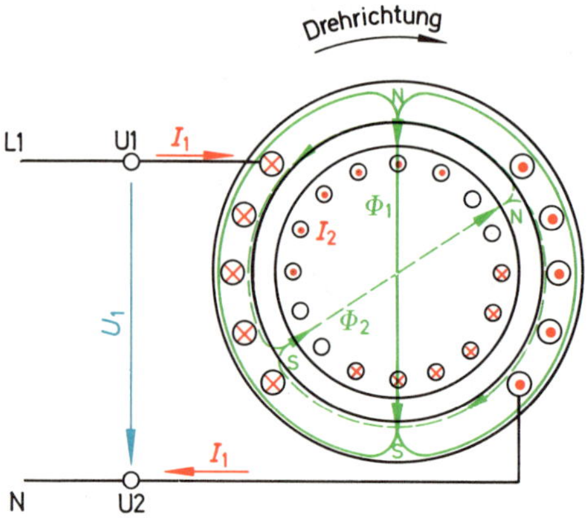

Bild 1.6/4 Ströme und Magnetflüsse eines Einphasen-Asynchronmotors im Betrieb

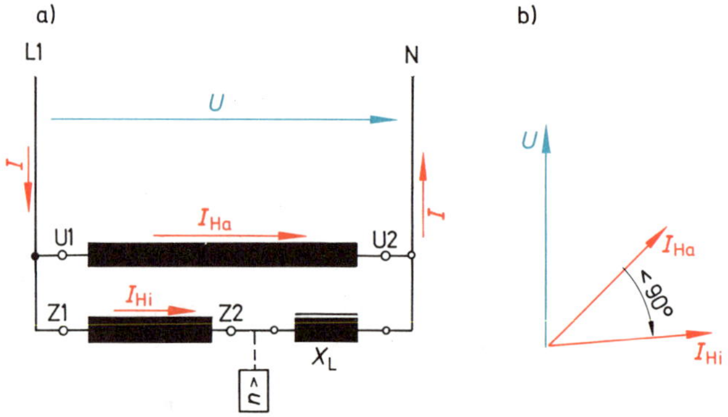

Bild 1.6/5
Anlaßvorgang mit Drossel
a) Schaltbild
b) Zeigerbild

1.6.2.2. Anlauf

Zur Inbetriebnahme der Einphasen-Asynchronmotoren muß die Überführung aus dem *transformatorischen* in den *motorischen* Zustand erfolgen. Hierzu ist eine bevorzugte Drehfeldbildung erforderlich, welche durch Läuferanwurf bzw. Anlaßglieder im Kreis des Hilfsstranges oder auch durch spezielle Hilfsstränge (Abschnitt 1.6.3) erreicht wird.

a) Der *Anwurfmotor* besitzt nur den Hauptstrang mit den Anschlüssen U1 – U2. Wird der Motor rechts- oder linksherum angeworfen, verlagern sich die Läuferströme. Die dadurch entstehenden phasenverschobenen Magnetfelder von Ständer und Läufer bilden eine *unsymmetrische (elliptische)* Drehfeldeinheit (Bild 1.6/4). Eine elliptische Drehfeldeinheit besitzt ungleichförmige Geschwindigkeit und ungleiche Größe.

b) Die *Anlaßdrossel* liegt mit dem Hilfsstrang in Serie. Die Induktivität der Drossel bringt eine starke Stromnacheilung mit sich. Die Verschiebung der Ströme des Hauptstranges zum Hilfsstrang ruft dann das elliptische Drehfeld hervor. Die Drossel verschlechtert durch ihre hohe Blindleistungsaufnahme den Leistungsfaktor cos φ wesentlich. Sie wird deshalb mit dem Hilfsstrang nach Hochlauf des Motors abgeschaltet (Bild 1.6/5).

c) Der *ohmsche Anlaßwiderstand* hat die gleiche Schaltung wie die Anlaßdrossel. Der Widerstandswert des Anlaßgliedes beträgt etwa das 4- bis 8fache der Wicklung. Er bringt eine wesentliche Verbesserung der Phasenlage des Stromes zur Spannung im Hilfsstrang, hat aber auch eine

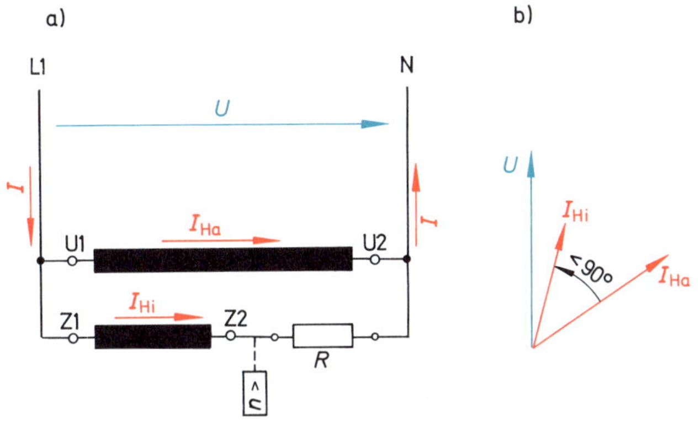

Bild 1.6/6
Anlaßvorgang mit ohmschem Widerstand
a) Schaltbild
b) Zeigerbild

wesentlich höhere Stromaufnahme zur Folge. Anlaßwiderstand und Hilfsstrang werden nach dem Hochlauf ebenfalls abgeschaltet (Bild 1.6/6).

d) Der *Anlaßkondensator* verschafft dem Motor die günstigsten Anlaufeigenschaften. Durch die ideale Verschiebung der Ströme I_{Ha} und I_{Hi} von etwa 90° bei Nennbelastung kommt die elliptische Drehfeldbildung der kreisförmigen am nächsten. Wegen zu hoher Stromaufnahme im Hilfsstrang muß auch der Anlaßkondensator C_A nach dem Hochlauf abgeschaltet werden (Bild 1.6/7).

e) Der *Betriebskondensator,* dessen Kapazität gewöhnlich ein Drittel der des Anlaufkondensators ist, kann mit dem Anlaufkondensator in Parallelschaltung zur Inbetriebnahme benutzt werden. Bei nicht zu hohem Anlaufmoment genügt der Betriebskondensator C_B auch allein zum Anlauf. Nach dem Hochlauf bleibt der Betriebskondensator C_B mit dem Hilfsstrang Z1 – Z2 eingeschaltet (Bild 1.6/7).

Der Einphasen-Induktionsmotor mit Betriebskondensator hat höhere Leistung und besseren Leistungsfaktor cos φ als die anderen Einphasen-Induktionsmotorenschaltungen.

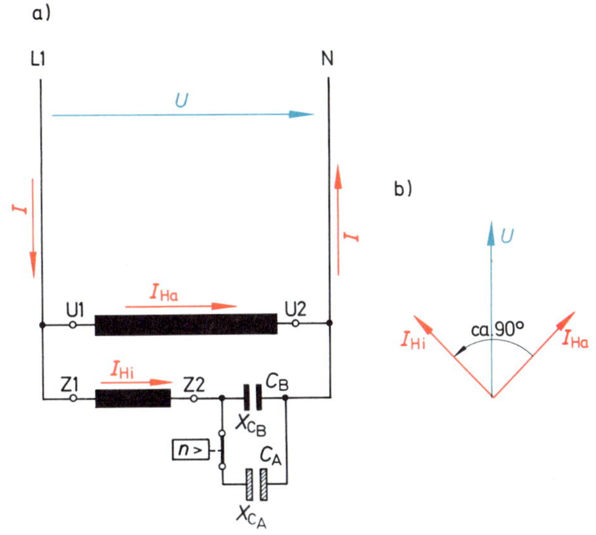

Bild 1.6/7
Anlaßvorgang mit Kondensatoren
a) Schaltbild
b) Zeigerbild

Die Bemessung der Kondensatoren beruht weitgehend auf empirischer (erfahrungsgemäßer) Basis. Die Kondensatorgröße richtet sich nach der Höhe des Anlaufmomentes M_A. Überschlägig kann man festlegen, daß für 736 W Nutzleistung etwa 1 kvar Blindleistung benötigt wird, um dem Motor ein Anzugsmoment von 50 bis 70% des Nennmomentes zu erteilen.
Mit dem Wachsen der Kapazitäten fallen etwa quadratisch die Spannungen an den Kapazitäten. Es gilt die Beziehung

$$\frac{C_1}{C_2} \approx \left(\frac{U_2}{U_1}\right)^2$$

Unter diesen Voraussetzungen müßten bei niedrigen Spannungen relativ große Kondensatoren verwandt werden. Um bei höheren Anlaufmomenten mit kleinerer Kapazität auszukommen, wird zur Spannungserhöhung am Kondensator ein Sparumspanner (Spartransformator) eingeschaltet (Bild 1.6/8).

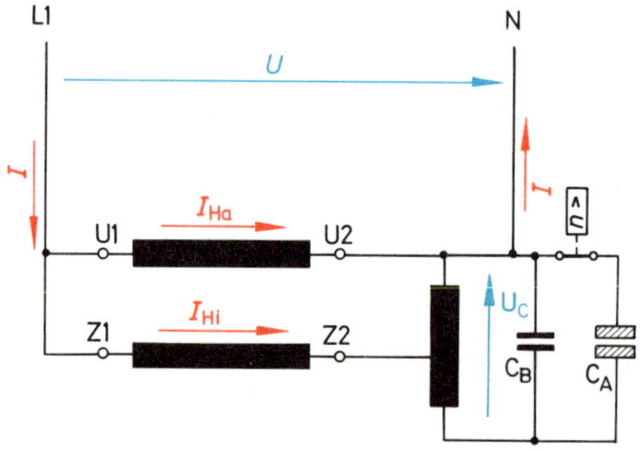

Bild 1.6/8
Einphasen-Asynchronmotor mit Sparumspanner zur Erhöhung der Spannung am Kondensator

1.6.2.3. *Betrieb, Betriebsverhalten*

Da ein Einphasenfeld aus zwei gegenlaufenden (inverslaufenden) gleich großen Drehfeldern besteht, entstehen im Stillstand zwei gleich große gegeneinander wirkende Drehmomente (Abschnitt 1.6.2.1).
Dreht sich der Läufer, überwiegt das in Drehrichtung wirkende Drehmoment.
Das gegenläufige (inverse) Drehfeld bleibt aber noch zu einem gewissen Teil bestehen.
Dadurch ergeben sich folgende Nachteile:

a) Ein Gegendrehmoment (Bremsmoment mit $f \approx 100$ Hz).
b) Erhöhter Magnetisierungsstrom I_μ und damit schlechterer Leistungsfaktor cos φ.
c) Höhere Erwärmung und damit größere Verluste im Läufer, schlechterer Wirkungsgrad und somit geringere Belastbarkeit.
d) Zusätzliche Schwingungen und Geräusche, verursacht durch das Bremsmoment (Pendelmoment).

Um die Nachteile weitestgehend zu beheben, bleibt der Hilfsstrang mit passendem Betriebskondensator während des Betriebes eingeschaltet (Bild 1.6/9, 10). Dadurch sinkt die Blindleistungsaufnahme, und der Leistungsfaktor cos φ steigt (Abschnitt 1.6.2.2e).

Bild 1.6/9
Einphasen-Asynchronmotor mit Anlauf- und Betriebskondensator
a) Rechtslauf
b) Linkslauf

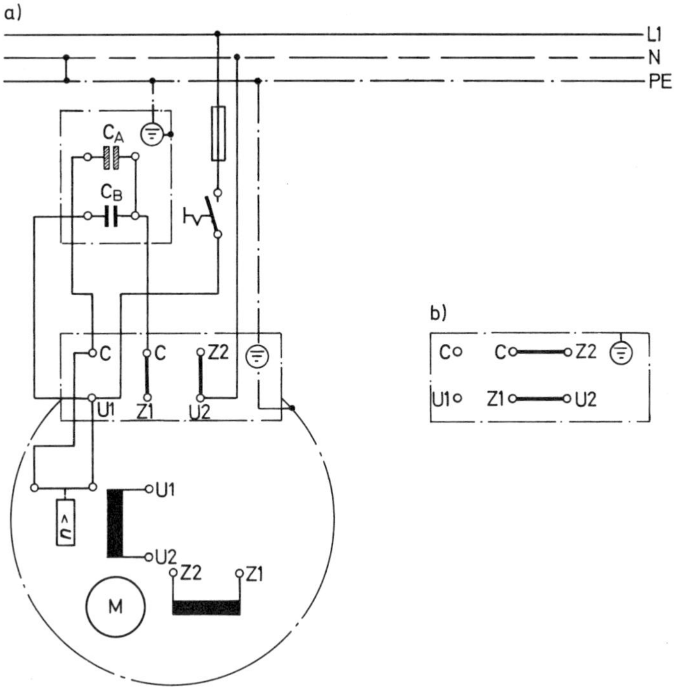

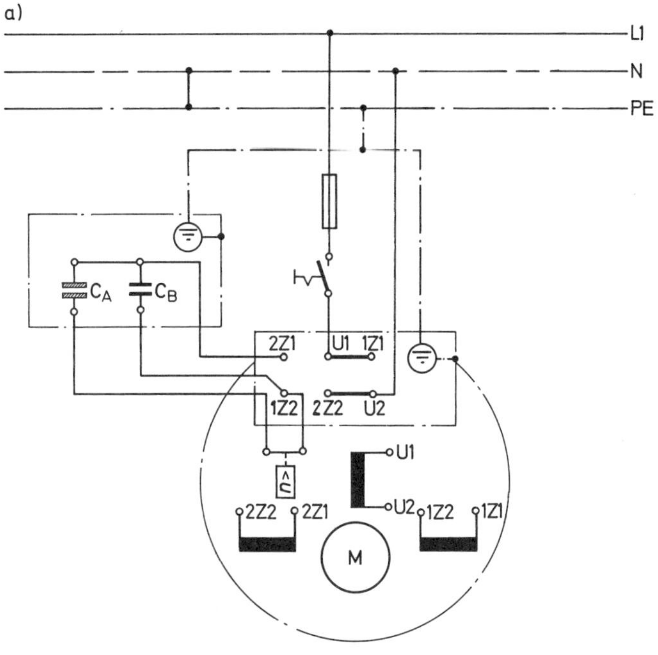

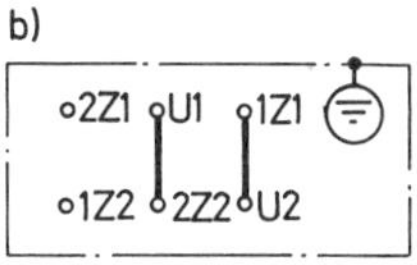

Bild 1.6/10 Einphasen-Asynchronmotor mit geteiltem Hilfsstrang
a) Rechtslauf,
b) Linkslauf

Der Betriebskondensator bildet mit dem Hilfsstrang einen Reihenschwingkreis. Der Kondensatorspannungswert liegt über dem Netzspannungswert. Nach praktischen Erfahrungen soll er mindestens 1,25 × Netzspannungswert sein, also bei 220-V-Motoren etwa zwischen 300 bis 400 V und auch höher liegen. Um die Isolation infolge Spannungsüberhöhungen am Hilfsstrang nicht zu gefährden, wird er oftmals geteilt angeordnet (Bild 1.6/10).
Erfahrungsgemäß lassen die E-Werke am 220-V-Netz Einphasen-Asynchronmotoren mit Leistungen bis etwa 2 kW zu.

1.6.3. Spezieller Hilfsstrang

Beim Vorhandensein eines speziellen Hilfsstranges erübrigt sich ein weiteres Anlaßglied. Er kann in folgender Ausführung vorkommen:

a) verzinnter Eisendraht bzw. Chrom-Nickel-Draht,
b) bifilare Hilfswicklung (Hilfsstrang),
c) kurzgeschlossene Hilfswicklung (Hilfsstrang).

Zu a) Bei der Herstellung des Hilfsstranges aus *verzinntem Eisendraht* bzw. *Chrom-Nickel-Draht* ist zu beachten, daß dessen Wicklungen nicht gegen Kupferwicklungen ausgetauscht werden dürfen. Der Motor könnte u.U. nicht anlaufen.
Zu b) Beim *bifilaren Hilfsstrang* werden die Spulen zu 67% in Vorwärtsrichtung, zu 33% in Rückwärtsrichtung gewickelt. Ein Teil des Blindwiderstandes und somit ein Teil des Magnetisierungsstromes werden aufgehoben. Der ohmsche Widerstandsanteil bleibt in voller Höhe erhalten. Es gelten etwa die Anlaufbedingungen wie beim ohmschen Anlaßwiderstand (Bild 1.6/6). Nach dem Hochlauf muß der Hilfsstrang unbedingt abgeschaltet werden, was allgemein durch ein Stromrelais geschieht (Bild 1.6/11). Sollte infolge Überbelastung das Stromrelais nicht abschalten bzw. während

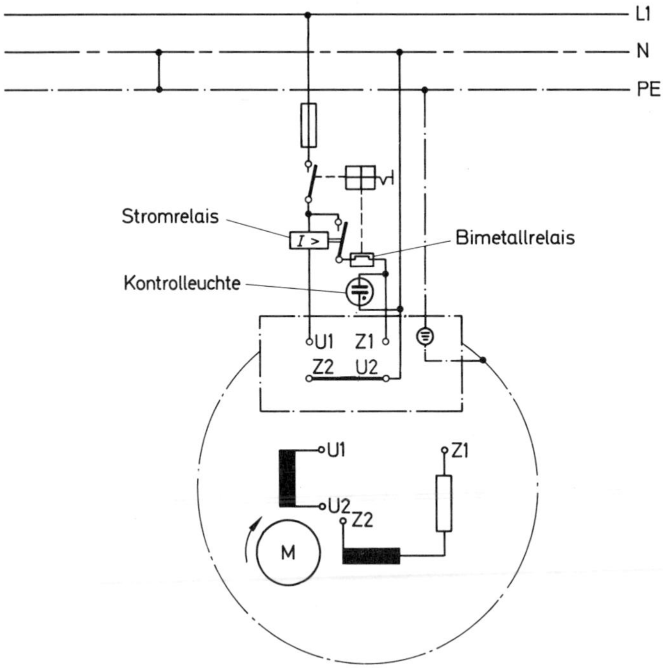

Bild 1.6/11 Einphasen-Asynchronmotor mit bifilarem Hilfsstrang, Stromrelais und Bimetallrelais

des Betriebes wieder einschalten, hat ein Bimetallrelais den Hilfsstrang vor zu lang andauernder Überlast zu schützen (Bild 1.6/11).

Die Betriebseigenschaften des Motors mit bifilarem Hilfsstrang liegen ungünstiger als beim Kondensatormotor. Er wird für Leistungen bis etwa 1 kW gebaut.

Zu c) Der *kurzgeschlossene Hilfsstrang* läßt sich als verteilte Wicklung oder als einfacher Kurzschlußring im Ständerblechpaket unterbringen. Der letztere Fall liegt bei dem in der Praxis sehr verbreiteten *Spaltpolmotor* vor.

1.6.4. Spaltpolmotor

1.6.4.1. Aufbau

Die Käfigwicklung des Läufers besteht gewöhnlich aus verschränkt angeordneten Rundstäben. Die Ständerform weicht von der konventionellen Bauweise (genutetes Ständerblechpaket) ab. Er besitzt lamellierte, ausgeprägte Pole, die durch die Spaltnut in Haupt- und Spaltpole geteilt sind (Bild 1.6/12 und 1.6/13). Zur Erreichung einer günstigen Feldverteilung läßt man die Polschuhspitzen

Bild 1.6/12 Ständerblechschnitt eines Spaltpolmotors

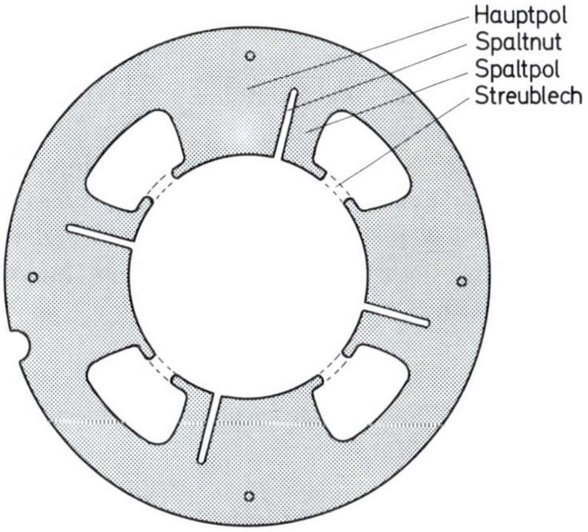

Bild 1.6/13 Bauausführungen von Spaltpolmotoren

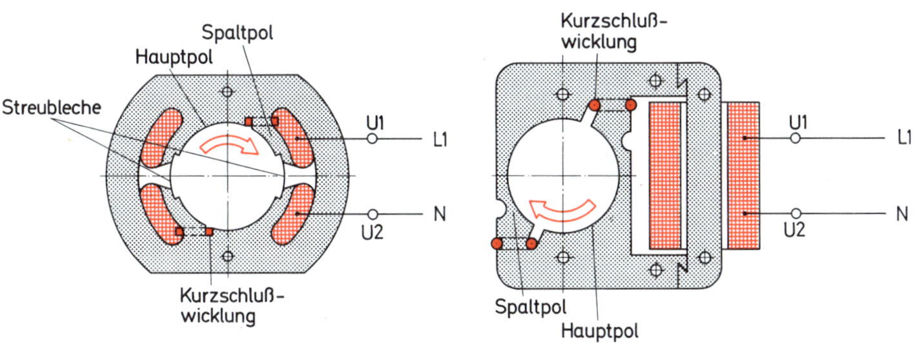

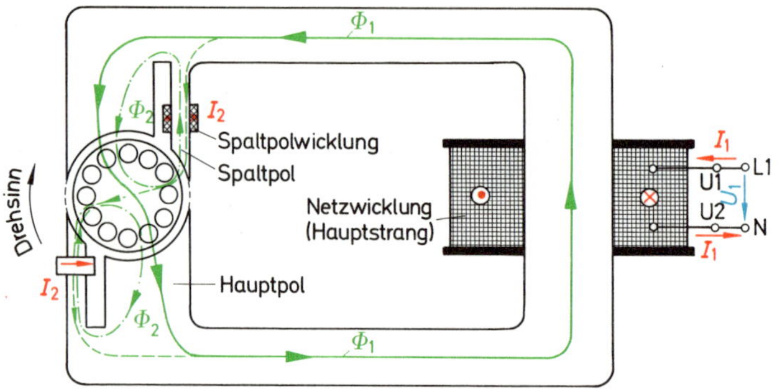

Bild 1.6/14
Ströme und Magnetflüsse eines Spaltpolmotors

zusammenlaufen bzw. überlappen oder verbindet sie durch Streubleche (Bild 1.6/12 und 1.6/13). Die Netzwicklung (Hauptstrang) U1 – U2 liegt um die Polschäfte bzw. um das Ständerjoch, die Spaltpolwicklung (kurzgeschlossene Hilfswicklung) um den Spaltpol (Bild 1.6/13).

1.6.4.2. Wirkungsweise, Betriebsverhältnisse

Der durch den Hauptstrang U1 – U2 fließende Strom I_1 baut das Magnetfeld Φ_1 auf. Das Feld Φ_1 durchsetzt Haupt- und Spaltpole und erzeugt nach dem Lenzschen Gesetz in der Spaltpolwicklung eine Spannung, die den nacheilenden Strom I_2 zum Fließen bringt. Dieser Strom I_2 entwickelt das nacheilende Magnetfeld Φ_2. Im Hauptpol entsteht eine „Kraftlinienverdichtung", im Spaltpol eine „Kraftlinienverdünnung". Auf diese Weise entsteht ein elliptisches Drehfeld, welches vom Hauptpol zum Spaltpol desselben Poles wandert (Bild 1.6/14).
Der Läufer dreht sich stets in Richtung Hauptpol – Spaltpol desselben Poles.

Vorteile

a) Sehr einfach im Aufbau, billig, robust, keine Wartung.
b) Selbsttätiger Anlauf mit gutem Anlaufmoment M_A (etwa 50% vom Nennmoment M_N).
c) Betrieb als Synchronmotor bei teilweiser Läuferausführung mit hartmagnetischem Werkstoff. Der Motor läuft normal asynchron an und wird wie der Reluktanzmotor (Abschnitt 1.7.5.2) in den Synchronismus hineingezogen.

Nachteile

a) Nur für kleine Leistungen (etwa 1 bis 300 W) verwendbar, da Leistungsfaktor cos φ und Wirkungsgrad η schlecht sind.
b) In Normalausführung nicht ohne weiteres drehrichtungsumkehrbar (reversierbar). Es muß eine zweite Spaltpolwicklung vorhanden sein bzw. der Läufer muß durch Abnahme der Lagerschilder umgekehrt werden.

Spaltpolmotoren haben neben Universalmotoren große Bedeutung im Haushalt und Kleingewerbe.

1.6.5. Drehstrom-Asynchronmotor am Einphasennetz

Fällt während des normalen Drehstrom-Motorenbetriebes eine Sicherung aus, liegt der Drehstrom-Asynchronmotor am Einphasennetz. Er kann mit 50% seiner ursprünglichen Leistung weiterarbeiten.
Wird der Drehstrommotor an das Einphasennetz gelegt, verhält er sich wie ein Einphasenmotor ohne Hilfsstrang: er läuft nicht an. Erst ein Anwurf wie beim Einphasen-Anwurfmotor (Abschnitt 1.6.2.2a) setzt ihn in Betrieb. Soll der Drehstrommotor selbsttätig anlaufen, müssen Anlaßglieder (Kondensator, Drossel, ohmscher Widerstand) wie beim Einphasenmotor verwandt werden. Ein Universalrezept für den Anlauf gibt es nicht. Es sind viele Anlaßmöglichkeiten entwickelt worden, von denen die *Steinmetzschaltung* in der Praxis am bekanntesten ist.

1.6.5.1. Anlaßmöglichkeiten am Einphasennetz

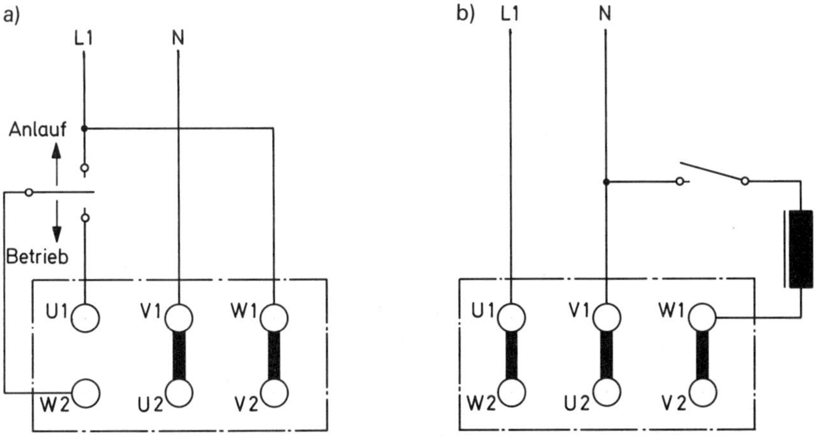

Bild 1.6/15 Anlaßmöglichkeiten von D-Motoren am E-Netz
a) Ohne Anlaßglied
b) Mit Anlaßglied

1.6.5.2. Steinmetzschaltung

Die Steinmetzschaltung kommt für Y - wie auch für △ -Schaltung in Verbindung mit Kondesatoren zur Anwendung (Bild 1.6/16). Bei der Spannungsangabe 380/220 V wird der Drehstrommotor am 220-V-Einphasennetz in Dreieck, bei 220/125 V in Stern geschaltet.
In DIN 48501 sind nach praktischer Erfahrung die Größen der Betriebskondensatoren wie folgt festgelegt:

Leistung des Drehstrommotors in W	Erforderliche Kondensatorgröße in µF bei		
	Netzspannung 110 V	Netzspannung 220 V	Netzspannung 380 V
100	28	7	2
200	52	13	4
300	80	20	7
400	104	26	9
500	132	33	11
600	160	40	13
700	184	46	15
800	212	53	18
900	236	59	20
1000	264	66	22
1100	–	73	24
1200	–	79	26
1300	–	86	29
1400	–	93	31
1500	–	99	33

Tab. 1/8
Betriebskondensatoren für Steinmetzschaltung

Mit dem Betriebskondensator wird ein Anzugsmoment M_A von etwa 30% des Nennmoments M_N erreicht. Die Leistung beträgt etwa 70% der normalen Drehstrommotorenleistung. Soll das Anzugsmoment höher liegen (etwa 100%), legt man einen Anlaßkondensator C_A mit etwa doppelter Kapazität parallel zum Betriebskondensator. Nach erfolgtem Hochlauf muß der Anlaufkondensator C_A abgeschaltet werden (Bild 1.6/16).
Durch Umklemmen oder Umschalten des Betriebskondensators lassen sich leicht Drehrichtungsänderungen erreichen (Bild 1.6/16). Wie der Einphasenmotor läßt sich auch der Steinmetzmotor bis etwa 2 kW Leistung überall am Einphasennetz verwenden.

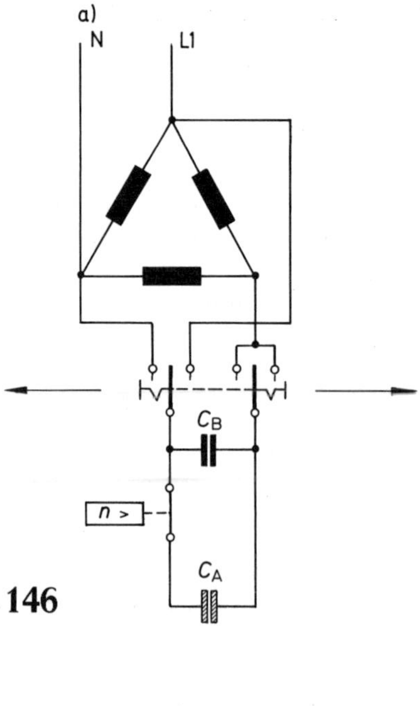

Bild 1.6/16
Steinmetzschaltungen
a) Motor 380/220 V am 220-V-Netz
b) Motor 220/125 V am 220-V-Netz

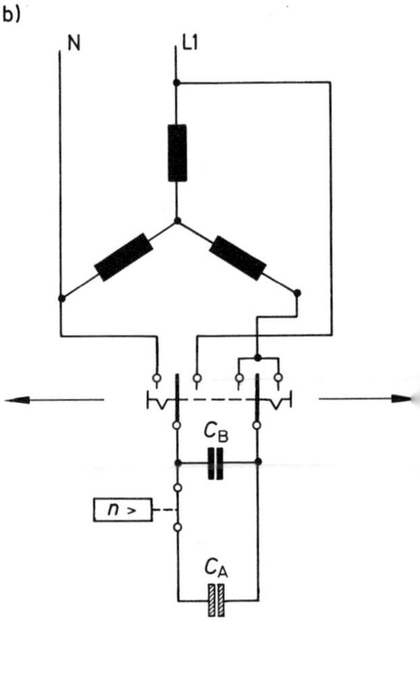

1.7. Synchronmaschinen

Synchronmaschinen sind Drehfeldmaschinen ohne Stromwender. Sie arbeiten ohne Schlupf ($s = 0\%$), d.h., Drehfelddrehzahl und Läuferdrehzahl stimmen überein.
In Synchronmaschinen wird das Drehfeld durch ein Gleichfeld eines umlaufenden Permanent- bzw. Elektromagneten erzeugt (Generatoren)[1] oder wenn in eine Drehstromwicklung Drehstrom hineingeschickt wird (Motoren).
Während Asynchronmaschinen vorwiegend zum Motorenbetrieb Verwendung finden, kommen Synchronmaschinen hauptsächlich für Generatorenbetrieb in Frage.

1.7.1. Aufbau

Grundsätzlich werden Außen- und Innenpolmaschinen hergestellt.

1.7.1.1. Außenpolmaschine

Der Ständer der Außenpolmaschine gleicht dem der Gleichstromnebenschlußmaschine ohne Wendepole (Bild 1.2/8), der Läufer dem des Schleifringläufers (Bild 1.5/3). Die Spannungserzeugung erfolgt im Läufer, die elektrische Energie wird über Schleifringe zu- bzw. abgeführt. Bei höheren Spannungen bereitet eine sorgfältige Isolation der Schleifringe Schwierigkeiten. Hohe Leistungen erfordern große Ausmaße der Schleifringe und Bürsten. Die Fliehkräfte der rotierenden Maschinenteile können beachtliche Größen erreichen. Aus diesem Grunde werden Synchron-Außenpolmaschinen nur für kleinere Leistungen gebaut. Einankerumformer — von der Wechselstromseite betrachtet — sind Synchron-Außenpolmaschinen (Abschnitt 1.9.3).

1.7.1.2. Innenpolmaschine

Der Ständer der Innenpolmaschine gleicht dem der normalen Asynchronmaschine. Das Magnetfeld wird im Läufer (Polrad) erzeugt.
Entsprechend der Art der Antriebsmaschine

Dampfturbine ⟶ Schnelläufer
Wasserturbine ⟶ Langsamläufer

wird das Polrad als

a) Vollpolläufer, auch Walzen- oder Zylinderläufer genannt, für hohe Drehzahlen bzw.
b) Schenkelpolläufer, auch Läufer mit ausgeprägten Polen genannt, für langsamere Drehzahlen ausgeführt.

Innenpolmaschinen werden heute für Leistungen über 1,6 GVA (sprich: Giga-Volt-Ampere) gebaut.[2]
Zu a) Der *Vollpolläufer* besitzt ein z.T. mit Parallel- bzw. Radialnuten hergerichtetes Läufereisen, in welchem die Erregerwicklung untergebracht ist (Bild 1.7/1). Die Nuten werden durch Bronzekeile verschlossen. Vollpolläufer haben gewöhnlich Dampfturbinen als Antriebsmaschinen und werden deshalb vorwiegend zweipolig, seltener vierpolig und sehr selten sechspolig ausgeführt.

---

[1] Die obige festgelegte Drehfeldbildung für Generatoren gilt für die weitaus häufiger in der Praxis vorkommenden Innenpolmaschinen (Abschnitt 1.7.1.2).

[2] Der Entwicklungstrend neigt — infolge hoher Einsparung an Energie — immer mehr zum Supraleiter-Generator hin. Man ist der Ansicht, daß am Ende dieses Jahrhunderts der größte Teil der Kraftwerke mit derartigen Generatoren ausgerüstet sein wird.

a)

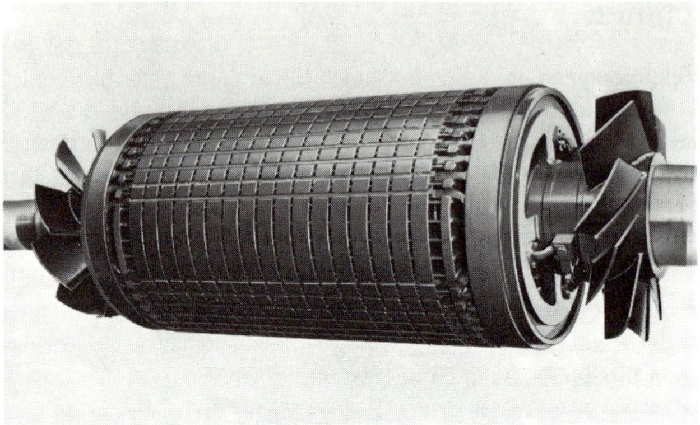

Bild 1.7/1 Vollpolläufer

a) Vierpoliger Vollpolläufer. Werkbild: Siemens

b) Schematische Darstellung eines zweipoligen Vollpolläufers mit Parallelnuten

c) Schematische Darstellung eines vierpoligen Vollpolläufers mit Radialnuten

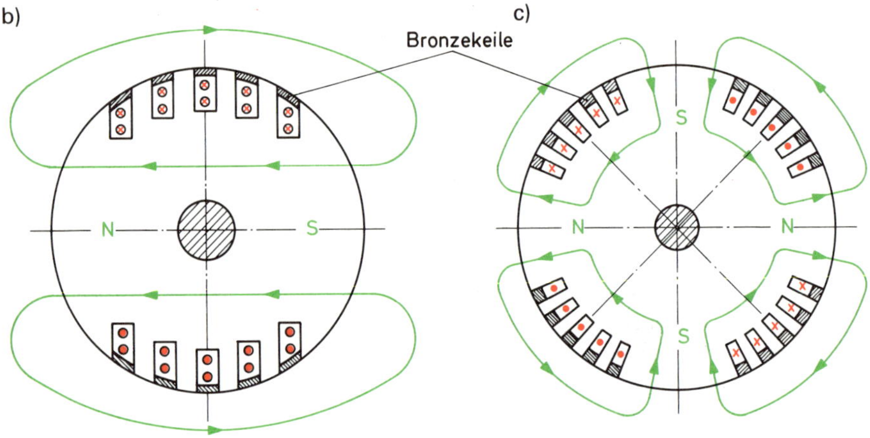

Zu b) Der *Schenkelpolläufer* besitzt ausgeprägte Pole, auf deren Polschäften die von Gleichstrom durchflossenen Erregerwicklungen untergebracht sind (Bild 1.7/2). Schenkelpolläufer werden normalerweise von Wasserturbinen angetrieben.

1.7.1.3. Dämpferwicklung

Die Ausführung der Dämpferwicklung gleicht der Käfigläuferwicklung. Die Dämpferstäbe können in Rund-, Rechteck- oder Flachform ausgeführt sein und sind an den Stirnseiten durch Kurzschlußringe verbunden (Bild 1.7/2c). Die Stäbe werden unisoliert in den Polschuhen untergebracht. Dämpferwicklungen können drei grundlegende Aufgaben erfüllen:

a) Bei Parallelschaltung von Synchrongeneratoren soll die Netzstabilität gewahrt werden.

b) Bei schnell entstehenden Belastungsänderungen sollen Pendelerscheinungen und somit Oberwellenbildungen (Abschnitt 1.5.3.2.2) verhindert werden, um zusätzlich Verluste im Generator und Netz zu verhüten. Während der Pendelschwingungen

Bild 1.7/2a Zwölfpoliger Schenkelpolläufer. Werkbild: BBC

Bild 1.7/2b
Vierpoliger Schenkelpolläufer. Werkbild: Siemens

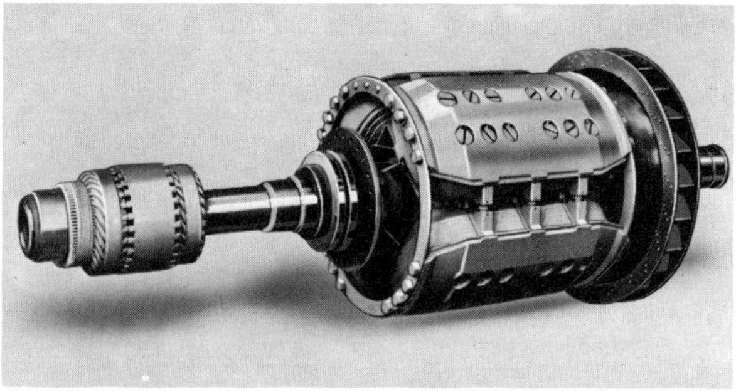

Bild 1.7/2c
Vierpoliger Schenkelpolläufer mit angebautem Anker der Erregermaschine. Werkbild: AEG-Telefunken

treten in der Dämpferwicklung Ströme auf, die ein zusätzliches Hilfsmoment hervorrufen, um damit das Polrad schnell wieder „in Tritt" zu bringen.

c) Bei Synchronmotoren können Dämpferwicklungen zum Selbstanlauf dienen (Abschnitt 1.7.4.1).

1.7.1.4. Erregermaschine

Die Erregermaschine ist ein angepaßter Gleichstrom-Nebenschlußgenerator, welcher gewöhnlich auf der Welle der Synchronmaschine sitzt (Eigenerregung — Bild 1.7/2c). Bei Spannungen von 60 V bis etwa 220 V wird dem Polrad die notwendige Erregerleistung zugeführt. In großen Synchronmaschinen können Erregerströme in der Größenordnung von einigen Hundert Ampere fließen. Vielfach wird in moderneren Anlagen die Selbsterregung angewandt. Die „aufgeschaukelte" Erregerenergie wird gleichgerichtet, geglättet und dem Polrad zugeführt. Die Konstanthaltung der Netzspannung erfolgt gewöhnlich durch elektronische Regelung.

1.7.2. Wirkungsweise des Synchrongenerators

1.7.2.1. Leerlauf

Wie bei jeder spannungserzeugenden Maschine gilt auch hier das allgemeine Induktionsgesetz

$$U_0 \approx \Phi \cdot n \cdot N$$

Wegen Frequenzeinhaltung muß die Maschine zunächst auf ihre synchrone Drehzahl

$n_0 = \frac{60 \cdot f}{p}$ gebracht werden. Die Angleichung der richtigen Spannungshöhe erfolgt mit dem variablen Magnetfeld Φ.

Das Wachsen und Fallen des Magnetfeldes unterliegt dem Verlauf der Magnetisierungskennlinie; die Leerlaufkennlinie des Synchrongenerators ist deshalb identisch mit der des Gleichstromgenerators (Bild 1.2/9a).

Bei der Innenpolmaschine wird die elektrische Spannung im Ständer (Anker) induziert. Die Generatorspannungen in den Kraftwerken liegen meist bei 10,5 kV; es gibt aber auch Sonderfälle über 15 kV. Bei noch höheren Spannungen bedeutet der aufkommende Glimmeffekt Gefahr für die Ankerleiterisolation.

Bei hohen Betriebsspannungen liegen auch die Remanenzspannungen beachtlich hoch. Angenommen bei $U = 10\,500$ V und 4% Remanenz wird

$$U_{\text{Remanenz}} = 0{,}04 \cdot 10\,500 \text{ V} = \underline{420 \text{ V!}}$$

Bild 1.7/3
Leistungsschild einer Synchronmaschine

Bemerkung: Anstelle Schutzart P 00 gilt nach neuer Norm IP 00. Anstelle Betriebsart DB gilt nach neuer Norm S1
Anstelle Drehzahl U/min gilt nach neuer Norm min^{-1}

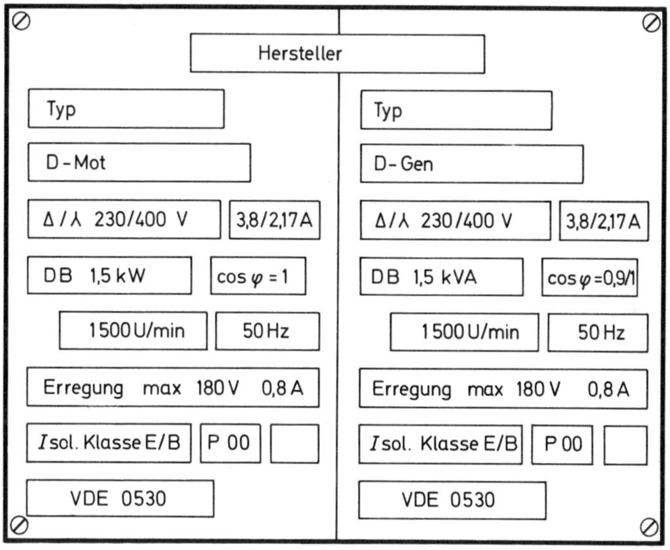

1.7.2.2. Belastung

Die Leistungsangabe des Synchrongenerators in kVA (Bild 1.7/3) zeigt, daß Parallelen zum Transformator vorhanden sind (Abschnitt 1.4.3.1). Die Höhe der Klemmenspannung wird durch den ohmschen Spannungsabfall ($I \cdot R_i$) und durch den vom Streufeld verursachten induktiven Spannungsabfall ($I \cdot \omega L_i$) in der Maschine beeinflußt (Bild 1.7/4). Die Spannungshöhe wird aber hauptsächlich – wie beim Transformator – von der Belastungsart (ohmsche, induktive bzw. kapazitive Last) bestimmt.

a) *Ohmsche Belastung* (Bild 1.7/5)

Bei ohmscher Netzbelastung (Bild a) haben Spannung U und Strom I den Phasenwinkel 0° ($\cos \varphi = 1$) zur Folge (Bild b). Es entsteht wie bei Gleichstromgeneratoren (hier liegt stets ohmsche

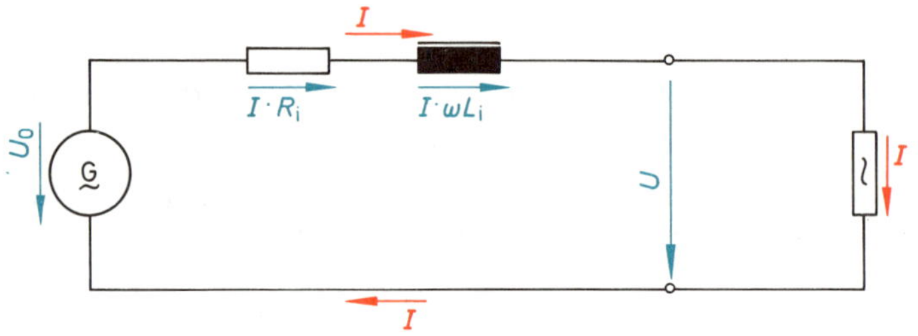

Bild 1.7/4 Spannungsverhältnisse im Synchrongenerator

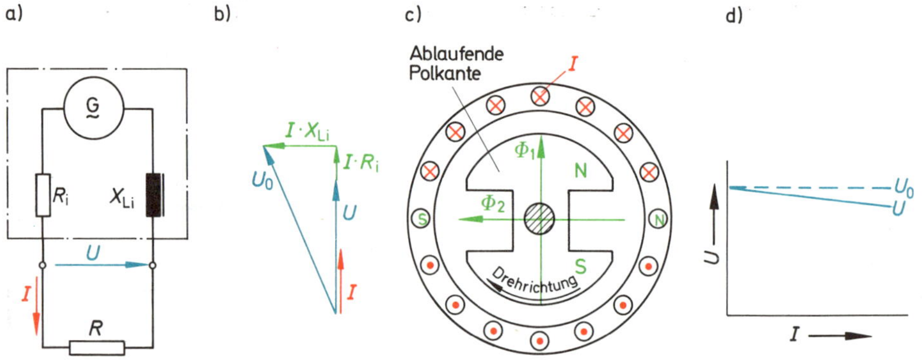

Bild 1.7/5 Betriebsverhältnisse des Synchrongenerators bei ohmscher Last a) Schaltbild, b) Zeigerbild, c) Ströme und Magnetflüsse, d) Kennlinie

Bemerkung: zwecks besserer Unterscheidung sind die Spannungen im Bild b) verschiedenfarbig dargestellt.

Belastung vor) ein *Ankerquerfeld* Φ_2 (Bild c), welches eine Verschiebung des Polfeldes Φ_1 zur ablaufenden Kante verursacht. Die entstehende Feldverzerrung bringt eine Verminderung der Klemmenspannung *U* mit sich (Bild d).

b) *Induktive Belastung*

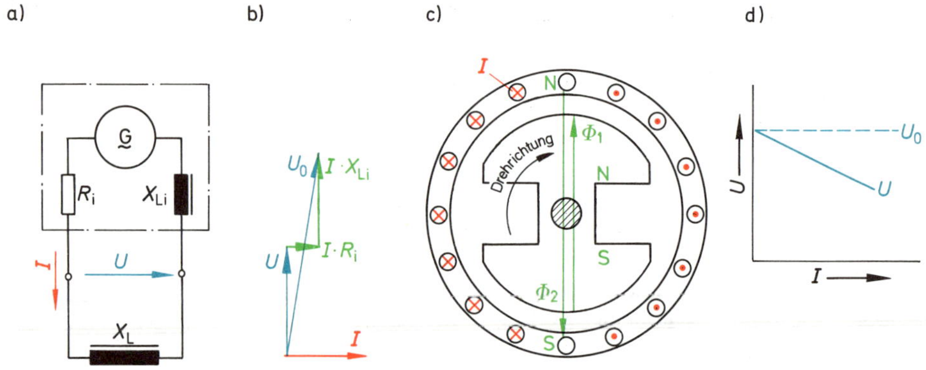

Bild 1.7/6 Betriebsverhältnisse des Synchrongenerators bei induktiver Last a) Schaltbild, b) Zeigerbild, c) Ströme und Magnetflüsse, d) Kennlinie

Bemerkung: zwecks besserer Unterscheidung sind die Spannungen im Bild b) verschiedenfarbig dargestellt

Bei rein induktiver Netzbelastung (Bild a) eilt der Strom I der Spannung U um 90° ($\cos \varphi = 0$) nach (Bild b). Die veränderte Phasenlage des Netzstromes I bringt eine Stromverlagerung im Ständer (Anker) der Maschine mit sich. Das Ankerquerfeld wird zum *Ankergegenfeld* Φ_2 (Bild c). Die neue Phasenlage der Spannungsabfälle verursacht noch stärkeren Abfall der Klemmenspannung als bei ohmscher Belastung (Bild d). Hauptabnehmer der elektrischen Energie sind die Asynchronmotoren, welche Wirk- und Blindleistung benötigen. Das Polrad des Synchrongenerators muß deshalb stets eine gewisse magnetische Reserve aufweisen, um stärkere Spannungsabfälle ausgleichen zu können.

c) *Kapazitive Belastung*

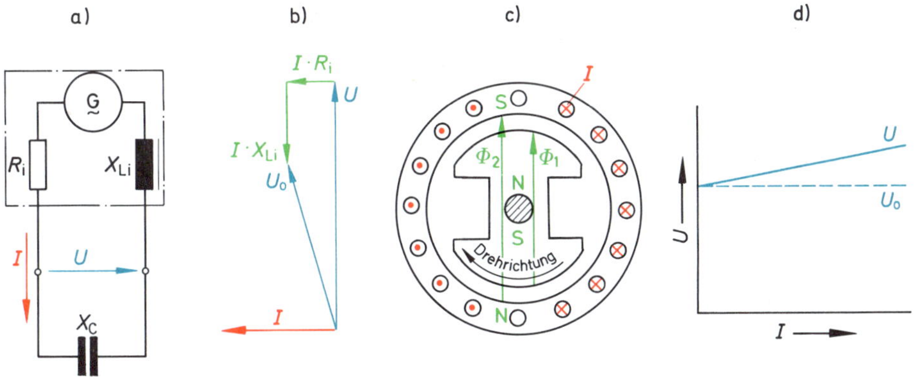

Bild 1.7/7 Betriebsverhältnisse des Synchrongenerators bei kapazitiver Last a) Schaltbild, b) Zeigerbild, c) Ströme und Magnetflüsse, d) Kennlinie

Bemerkung: zwecks besserer Unterscheidung sind die Spannungen im Bild b) verschiedenfarbig dargestellt

Bei rein kapazitiver Netzbelastung (Bild a) eilt der Strom I der Spannung U um 90° ($\cos \varphi = 0$) vor (Bild b). Die Verlagerung der Ströme im Ständer (Anker) gegenüber der rein induktiven Belastung wird jetzt 180° entgegengesetzt. Das Ankerfeld wird zum *Ankermitfeld* Φ_2 (Bild c). Die gegenseitige Unterstützung der Felder Φ_1 und Φ_2 bringen eine Spannungserhöhung mit sich (Bild d). Schon ein langes offenes Kabel kann beachtliche kapazitive Belastung darstellen und am Kabelende eine höhere Spannung als am Kabelanfang aufweisen (Ferranti-Effekt).

Die Höhe der Klemmenspannung hängt während des Betriebes neben der Belastungsgröße von der Belastungsart und somit vom Charakter der Ankerrückwirkung ab.

Mit Rücksicht auf angeschlossene Verbraucher muß die Spannung konstant gehalten werden. Das geschieht mit Hilfe von Schnellreglern, z.B. Kohledruckregler.

1.7.3. Parallelschaltung

Der Sinn der Parallelschaltung ist auch hier eine Leistungserhöhung, und wie beim Parallelschaltungsvorgang von Gleichstromgeneratoren und Transformatoren sind entsprechende Voraussetzungen zu erfüllen.

1.7.3.1 Synchronisiervorgang

a) *Gleiche Betriebsspannungen* werden mit Spannungsmessern überprüft und durch Feldänderungen mittels Feldsteller angeglichen.
b) *Gleiche Frequenzen* werden durch Drehzahlabgleich erreicht. Die Überprüfung erfolgt durch Frequenzmesser. Unterschiedliche Frequenzzahlen führen zu Schwebungen.
c) *Gleiche Phasenfolge* kann etwa mit der Polarität bei Gleichstrommaschinen verglichen werden. Haben die parallelzuschaltenden Generatoren Rechtslauf, muß der Anschluß in Buchstabenfolge (L1–U; L2–V; L3–W) durchgeführt werden. Die richtige Phasenfolge wird mit dem Drehfeldanzeiger überprüft.
d) *Gleiche Phasenlage* ist bestimmt durch das gleichzeitige Zusammentreffen der Höchst- bzw. Tiefstwerte (Deckungsgleichheit) der Spannungswellen innerhalb der zusammenzuschaltenden Systeme (Bild 1.7/8).

Synchronismus, d.h. Gleichzeitigkeit, besteht dann, wenn die Forderungen gleiche Frequenz und gleiche Phasenlage erfüllt sind.

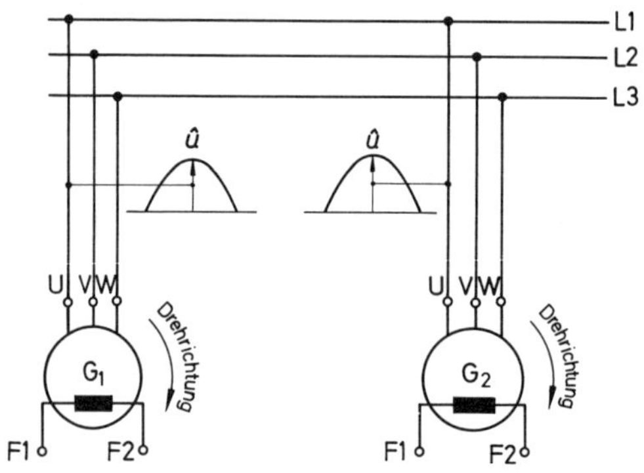

Bild 1.7/8 Gleiche Phasenlage bei parallelgeschalteten Synchrongeneratoren

1.7.3.2. Prüfung der Phasenlage

Bei Transformatoren ist die notwendige Phasenlage durch die Schaltgruppe festgelegt. Bei Synchrongeneratoren wird die richtige Phasenlage durch Synchronisier-Lampenschaltungen bzw. Synchronoskope überprüft.

1.7.3.2.1. Synchronisier-Lampenschaltungen

a) Die *Dunkelschaltung* kommt häufig zur Anwendung, da Hell-Dunkel-Unterschiede während des Synchronisierens gut erkennbar sind. Beim langsamen An- und Ausgehen der Lampen ist die Nähe des Synchronisierpunktes erreicht. Bleiben die Lampen dunkel, kann parallelgeschaltet werden (Bild 1.7/9).
b) Die *Hellschaltung* kommt selten zur Anwendung, da der Zeitpunkt des Parallelschaltens weniger gut zu erkennen ist (Bild 1.7/10).
c) Die *Umlaufschaltung (drehendes Licht, kombinierte Schaltung, Hell-Dunkel-Schaltung)* ist die beste Synchronisierlampenschaltung.

Bild 1.7/9
Synchronisiereinrichtung Lampen-Dunkel-Schaltung
a) Schaltbild
b) Zeigerbild

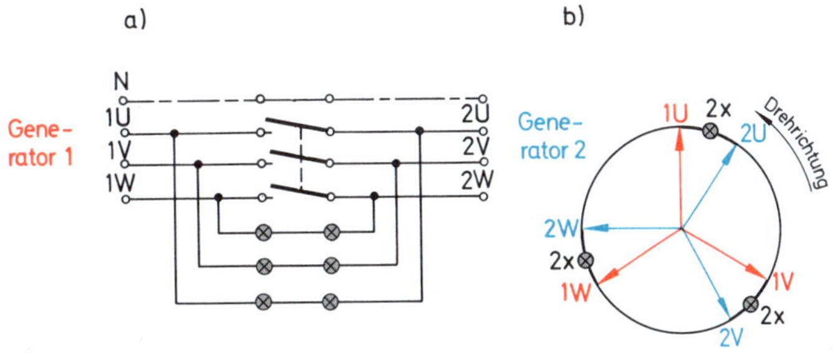

Bild 1.7/10
Synchronisiereinrichtung Lampen-Hell-Schaltung
a) Schaltbild
b) Zeigerbild

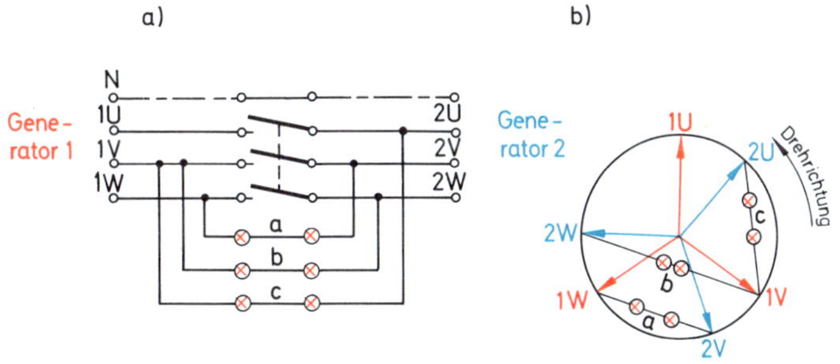

Bild 1.7/11
Synchronisiereinrichtung Lampen-Umlauf-Schaltung
a) Schaltbild
b) Zeigerbild

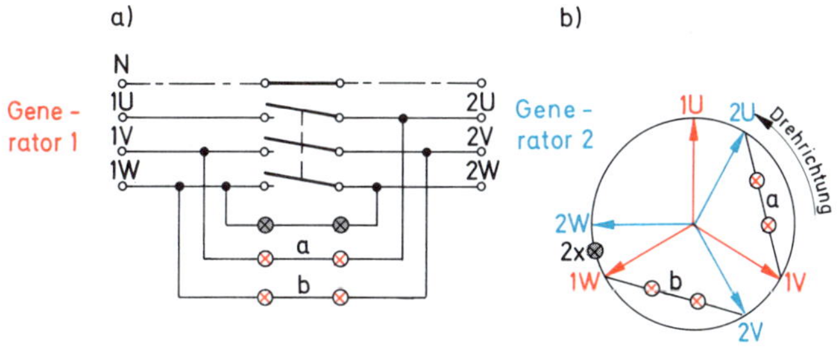

Die Drehrichtung des Lichtes läßt erkennen, ob der parallelzuschaltende Generator zu schnell bzw. zu langsam läuft. Kommt das umlaufende Licht im rechten Augenblick zum Stillstand und entsprechen die Lampenanzeigen den geforderten Bedingungen (Lampen in Hellschaltung müssen leuchten, Lampen in Dunkelschaltung müssen aus sein), kann parallelgeschaltet werden (Bild 1.7/11).

Da während des Synchronisiervorganges die Spannung kurzzeitig wesentlich höher als 220 V sein kann, sind in den Bildern 1.7/9 bis 1.7/11 jeweils zwei Lampen in Serie geschaltet.

1.7.3.2.2. Synchronoskop

Exakter als Synchronisier-Lampenschaltungen arbeiten Synchronoskope. Bezüglich ihres Aufbaues unterscheidet man:

1. Elektrostatisches Synchronoskop,
2. Induktionssynchronoskop,
3. Elektrodynamisches Sychronoskop (Bild 1.7/12).

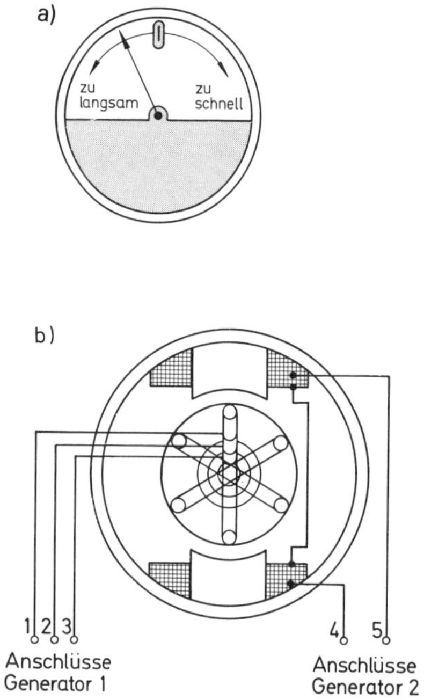

Bild 1.7/12 Synchronoskop
a) Skala mit rotierendem Zeiger
b) Schematische Darstellung

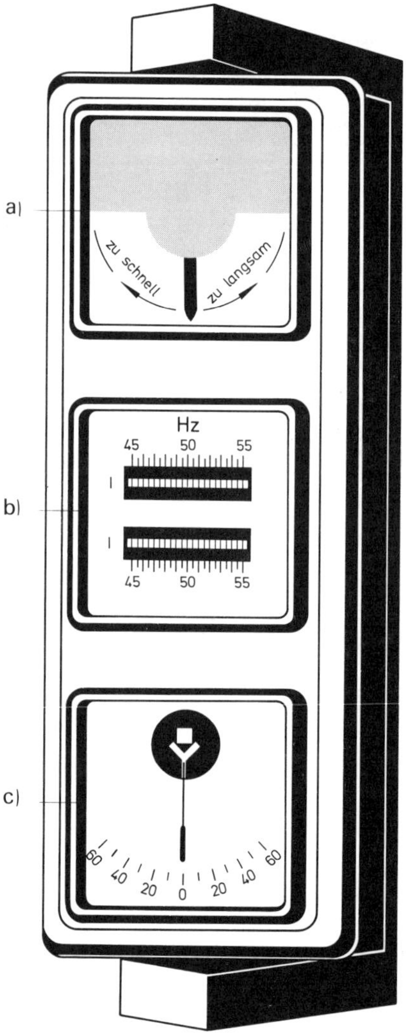

Bild 1.7/13 Synchronisierwandarm mit
a) Synchronoskop
b) Doppelfrequenzmesser
c) Differenzspannungsmesser
Werkbild: AEG-Telefunken

Das elektrodynamische Synchronoskop entspricht im Prinzip einem kleinen Schleifringläufermotor, dessen Ständerwicklung mit einer Generatorenseite und dessen Läuferwicklung mit der anderen Generatorenseite (bzw. dem Netz) verbunden ist. Der Rechts- bzw. Linkslauf des Zeigers besagt (wie bei der Umlaufschaltung), ob der zuzuschaltende Generator zu langsam oder zu schnell läuft. Steht der Zeiger auf der markierten Anzeige der Scheibe, ist Phasengleichheit erreicht.
In Kraftwerken ist die Synchronisiereinrichtung als Synchronisierarm mit Doppelspannungsmesser oder Differenzspannungsmesser, Doppelfrequenzmesser und Synchronoskop ausgeführt (Bild 1.7/13).
Den prinzipiellen Aufbau einer Parallelschaltung von Synchrongeneratoren zeigt Bild 1.7/14.

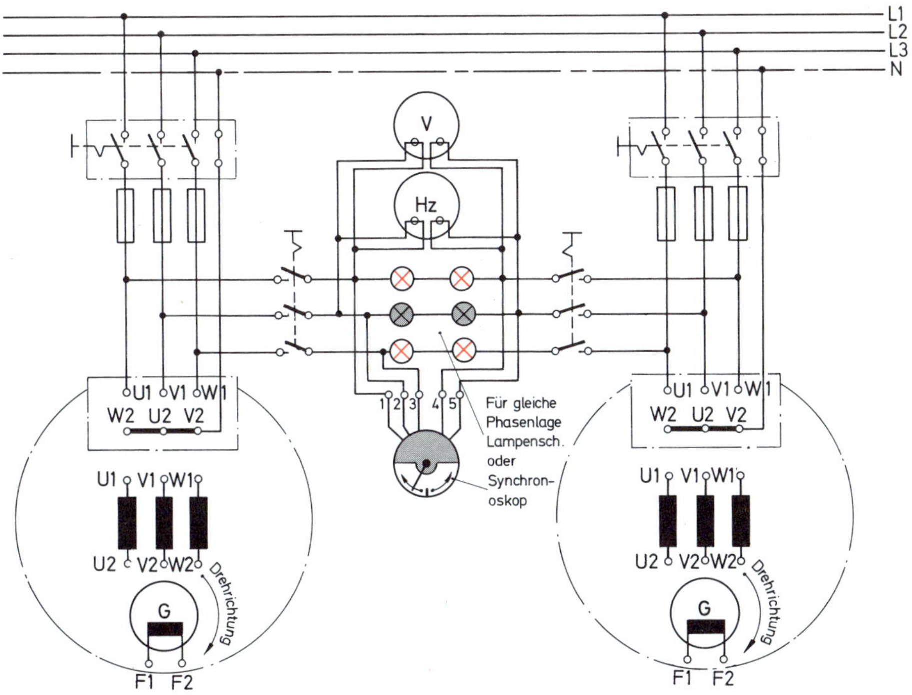

Bild 1.7/14 Parallelschaltung zweier Synchrongeneratoren mit Synchronisiereinrichtung

1.7.3.3. Lastverteilung

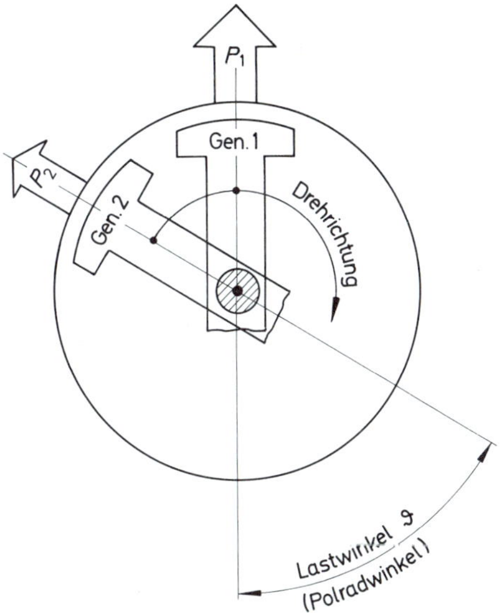

Bild 1.7/15 Parallel arbeitende Generatoren mit Lastwinkel ϑ

Nach dem Synchronisiervorgang muß die notwendige Wirkleistungsverteilung erfolgen. Dieser Vorgang ist bei Gleichstromgeneratoren effektiv einfach: der Generator, der den höheren Leistungsanteil erbringen soll, wird schneller angetrieben bzw. höher erregt. Eine höhere Erregung hat aber bei Synchrongeneratoren Blindleistungsänderungen zur Folge (Abschnitt 1.7.4.3). Ein schnellerer Lauf verändert die Frequenz. Sobald zwischen den Polrädern ein Lastwinkel (Polradwinkel) ϑ herrscht, wird stets der Generator mit dem voreilenden Polrad die höhere Wirkleistung ins Netz liefern (Bild 1.7/15). Bei weiterer Vergrößerung des Polradwinkels kann der nacheilende Generator ganz entlastet werden und sogar in den Motorenzustand übergehen.
Das nacheilende Polrad muß mit höherem Drehmoment angetrieben werden. Zu diesem Zweck erhält die Antriebsmaschine (Dampfmaschine, Wasserturbine usw.) erhöhte Energiezufuhr. Sobald der Lastwinkel ϑ Null geworden ist, herrscht richtige Lastverteilung. Die Dämpferentwicklung sorgt dafür, daß Pendelungen und somit Frequenzabweichungen in Grenzen bleiben (Abschnitt 1.7.1.3).
Bei Steigerung der mechanischen Energiezufuhr einer Antriebsmaschine gibt ein mit ihr gekuppelter Synchrongenerator höhere Wirkleistung ab.

1.7.4. Wirkungsweise des Synchronmotors

1.7.4.1. Anlaufbedingungen

Legt man den Ständer einer Synchron-Innenpolmaschine an das Versorgungsnetz, entsteht ein Drehfeld (Abschnitt 1.5.1); der Anlauf des Polrades ohne Dämpferwicklung erfolgt aber nicht.
a) *Große Synchronmotoren* werden (wie große Kurzschlußläufermotoren) mit Hilfe eines Anwurfmotors in Gang gesetzt. Bevor man solche Synchronmotoren an das Drehstromnetz legt, müssen sie wie parallelzuschaltende Generatoren behandelt werden (gleiche Spannung U, gleiche Frequenz f, gleiche Phasenfolge, gleiche Phasenlage). Nach erfolgter Synchronisierung wird der Anwurfmotor abgeschaltet. Mit Hilfe der Erregung wird die günstigste Stromaufnahme aus dem Drehstromnetz eingestellt (Abschnitt 1.7.4.3).
b) *Kleine Synchronmotoren* werden gewöhnlich mit Anlaßwicklung (Dämpferwicklung — Abschnitt 1.7.1.3) in Gang gesetzt. Der Motor hat in diesem Augenblick das Verhalten eines Kurzschlußläufermotors. Der Anlaßvorgang kann direkt bzw. über die üblichen Anlaßglieder (Y-Δ-Schalter, Ständeranlasser, Anlaßtransformator) erfolgen. Im Anlauf ist die Gleichstromerregung abgeschaltet und die Erregerwicklung F1—F2 des Polrades kurzgeschlossen. Grund des Kurzschlusses: Das Drehfeld würde in den Erregerwicklungen Spannungen von großer Höhe (oft über 1000 V) induzieren. Ist der Anlauf erfolgt, wird die Kurzschlußbrücke von F1—F2 geöffnet und die Gleichstromerregung eingeschaltet. Das erregte Polrad wird in den Synchronismus gezogen, die Dämpferwicklung wird wirkungslos.
Der Anlauf des Synchronmotors erfolgt durch Anwurfmotor bzw. durch asynchronen Anlauf mit Dämpferwicklung (Anlaßwicklung).

1.7.4.2. Betriebsverhalten

Synchronmotoren haben konstante Betriebsdrehzahlen, die sich auch bei normalen Lastschwankungen nicht ändern. Sie arbeiten mit dem Schlupf $s = 0\%$.

1.7.4.2.1. Leerlauf

Das Ständerdrehfeld Φ_1 stellt mit dem Erregerfeld des Polrades Φ_2 einen festen *magnetischen Kraftschluß* dar, wobei sich immer entgegengesetzte Pole gegenüberstehen (Bild 1.7/16). Die

Bild 1.7/16 Leerlauf des Synchronmotors

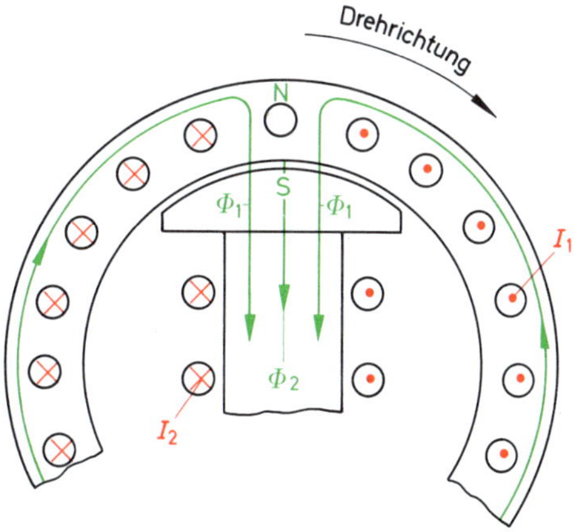

Drehzahl des rotierenden Drehfeldes ist für das Polrad richtungweisend. Wie alle Drehfeldmotoren ohne Stromwender sind auch Synchronmotoren an die Beziehung

$$n_0 = \frac{60 \cdot f}{p} \text{ gebunden.}$$

1.7.4.2.2. Belastung

Solange der Synchronmotor normalen Betriebsbedingungen unterworfen ist, läuft er synchron. Wächst die Belastung an der Welle, wird sich ein immer größerer Lastwinkel (Polradwinkel) ϑ einstellen (Bild 1.7/17). Beim zweipoligen Synchronmotor liegt das Kippmoment bei 90°; der voreilende Ständerpol wirkt auf den Läufer ziehend, der nacheilende schiebend. Reißt infolge zu

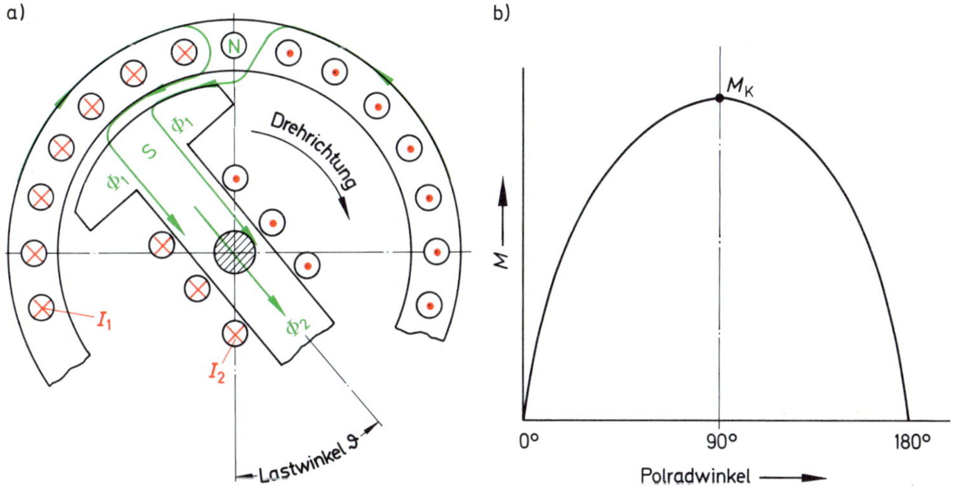

Bild 1.7/17 Belastung des Synchronmotors a) Lastwinkel ϑ, b) Drehmomentenkennlinie in bezug auf Polradwinkel

starker Dehnung das „magnetische Band“ zwischen Ständer und Läufer, kommt der Läufer zum Stillstand.

Synchronmotoren haben bei normalen Lastschwankungen unveränderte Drehzahlen; bei Überlast fallen sie „außer Tritt“ und bleiben stehen.

1.7.4.3. Phasenschieber (Blindleistungsmaschine)

Die Höhe der Stromaufnahme eines Synchronmotors richtet sich nach der Belastung an der Welle und der Größe des Erregerstromes in der Polradwicklung. Der Synchronmotor kann nicht (wie der Gleichstrommotor) bei Verstellung der Erregung seine Drehzahl ändern. Eine Änderung des Erregerstromes I_e bringt eine Veränderung der Blindleistung Q und des Leistungsfaktors $\cos \varphi$ mit sich. Die Leistungsangabe kann darum wie beim Synchrongenerator auch in kVA erfolgen.

a) *Veränderung des Erregerstromes*

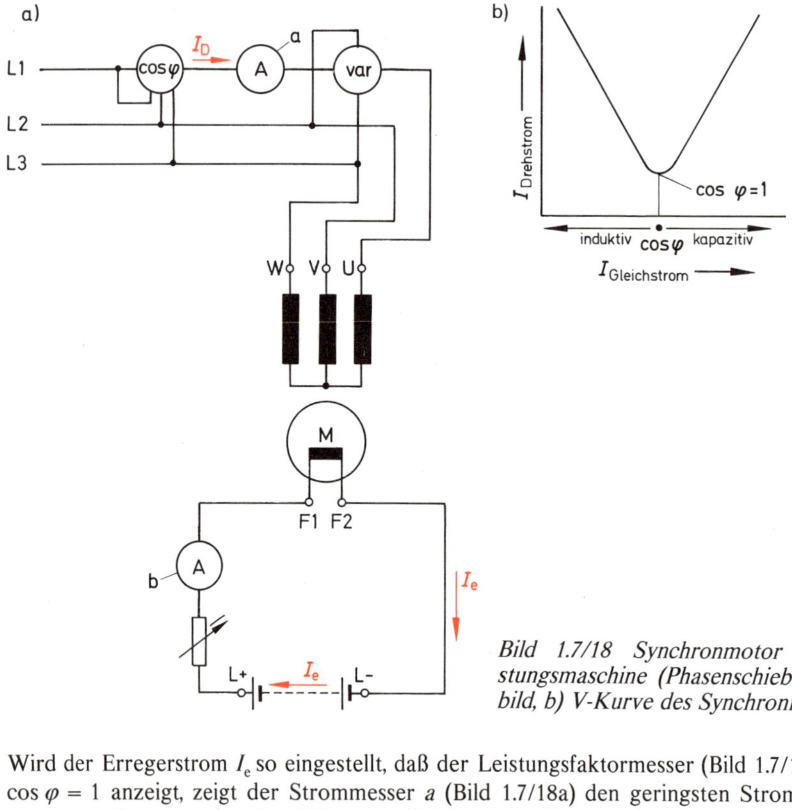

Bild 1.7/18 Synchronmotor als Blindleistungsmaschine (Phasenschieber) a) Schaltbild, b) V-Kurve des Synchronmotors

Wird der Erregerstrom I_e so eingestellt, daß der Leistungsfaktormesser (Bild 1.7/18a) den Wert $\cos \varphi = 1$ anzeigt, zeigt der Strommesser *a* (Bild 1.7/18a) den geringsten Stromwert an. Der gemessene Strom ist ein reiner Wirkstrom (Bild 1.7/18b). Der eingeschaltete Blindleistungsmesser (Bild 1.7/18a) zeigt den Wert Null an. Der Synchronmotor nimmt in diesem Falle weder Blindleistung auf noch gibt er welche ab.

Wird der Erregerstrom I_e vermindert, schlägt der Leistungsfaktormesser nach „induktiv“ aus. Der Blindleistungsmesser schlägt ebenfalls aus und der Stromwert des Strommessers *a* steigt an (V-Kurve; Bild 1.7/18b).

Wird der Erregerstrom I_e verstärkt, schlägt der Leistungsfaktormesser nach „kapazitiv" (entgegengesetzt) aus. Der Blindleistungsmesser hat ebenfalls entgegengesetzten Ausschlag. Der Stromwert steigt wiederum an (V-Kurve; Bild 1.7/18b).
Ein untererregter Synchronmotor nimmt Blindleistung aus dem Netz auf; beim übererregten Synchronmotor sind die Betriebsbedingungen umgekehrt.

b) *Praktische Ausnutzung der Erregerstromänderungen*

Der Synchronmotor läßt sich ausgezeichnet zur Anhebung des Leistungsfaktors cos φ verwenden (Phasenschieber, Blindleistungsgenerator). In größeren Anlagen arbeiten bisweilen anstatt Kondensatoren Synchronmotoren. Durch stetige Veränderung des Erregerstromes I_e läßt sich der Leistungsfaktor cos φ bei jeder Belastungsart im Netz auf den gewünschten Sollwert einstellen. Mit Hilfe eines Blindverbrauchszählers kann die Sollwertregelung über ein automatisches System erfolgen. Liegt keine volle Auslastung als Phasenschieber (Blindleistungsmaschine) vor, kann der Synchronmotor entsprechend dem Gesetz

$$S = \sqrt{Q^2 + P^2} \quad \text{in kVA}$$

noch mechanische Leistung an seiner Welle abgeben.

1.7.5. Synchron-Kleinstmaschinen

Besitzen Synchron-Kleinstmaschinen permanente Magnetpole, lassen sie sich als Generator (Fahrraddynamo) und als Motor verwenden. Besitzen sie dagegen Weicheisenpole, ist nur die Verwendung als Motor möglich.

1.7.5.1. Synchron-Kleinstmotor

1.7.5.1.1. Aufbau

Das Ständereisen läuft gewöhnlich in zwei Polhörnern aus, die an den Innenseiten mit je 8 bis 10 Zähnen versehen sind. Die Netzwicklung (Ständerwicklung) U1–U2 ist eine einfache konzentrische Spule. Der Ständer ist aus Dynamoblechen aufgebaut. Der Läufer kann aus weich- oder hartmagnetischem Werkstoff bestehen. Er besitzt – der gewünschten Drehzahl entsprechend – am gesamten Umfang als Pole ausgebildete Zähne (Bild 1.7/19).

1.7.5.1.2. Wirkungsweise

Synchron-Kleinstmotoren können für Anwurf wie auch für Selbstanlauf gebaut sein. Die eingeschaltete Netzwicklung U1–U2 baut ein Wechselfeld auf. Den Polaritäten der Polhörner stehen entgegengesetzte Läuferpolaritäten gegenüber. Besteht der Läufer aus Weicheisen, ist ein Selbstanlauf nicht möglich. Die durch den Anwurf entstehende Schwungenergie bewegt den auf „Lücke stehenden" Läufer weiter (Bild 1.7/19b). So wird bei jeder Halbperiode des Wechselstromes ein Läuferzahn um eine Zahnteilung am Polhorn weiterrücken.
Die Zähnezahl des Läufers (nicht die Zähnezahl des Polhorns) ist bestimmend für die Drehzahl.

Beispiel

Der Läufer eines Uhrenmotors hat die Zähnezahl $z = 30$. Wie groß wird die Umdrehungszahl n_0 bei $f = 50$ Hz?

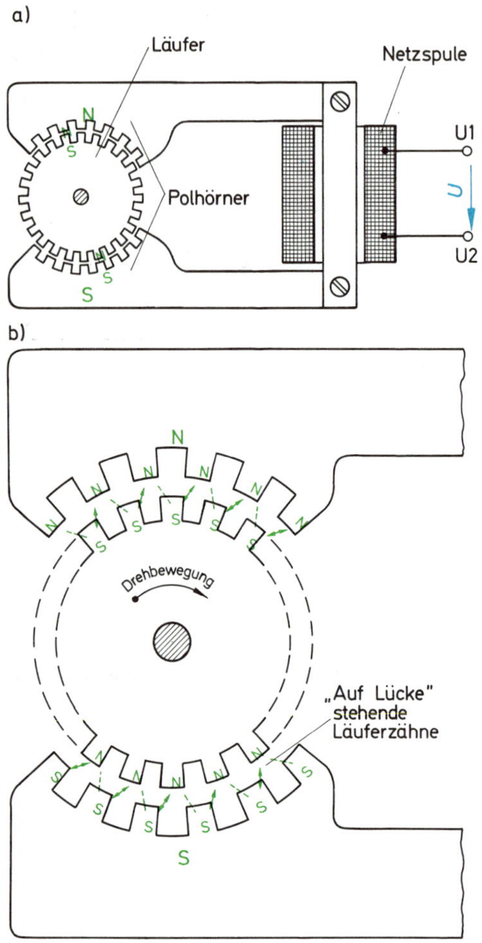

Bild 1.7/19 Synchron-Kleinstmotor
a) Einschaltmoment
b) Betriebszustand

Lösung

$$n_0 = \frac{120 \cdot f}{z} = \frac{2 \cdot 60\ \text{s} \cdot \text{min}^{-1} \cdot 50\ \text{s}^{-1}}{30} = \underline{\underline{200\ \text{min}^{-1}}}$$

1.7.5.2. Drehstrom-Reluktanzmotor

Der Reluktanzmotor besitzt einen Kurzschlußläufer mit teilweise ausgebildeter Käfigwicklung (Bild 1.7/20a). Dadurch entstehen am Läuferumfang – entsprechend der Polzahl des Ständers – Zonen mit höherer und niedrigerer magnetischer Leitfähigkeit. Zonen (Bereiche) mit höherer Permeabilität (magnetische Leitfähigkeit) können als Pole angesehen werden. Das gleiche Ziel kann auch durch Aussparungen bzw. Abflachungen – wiederum entsprechend der Ständerpolzahl – am Läufer erreicht werden (Bild 1.7/20b). Die Überhöhungen am Läufer können hier ebenfalls als Pole betrachtet werden.

Durch das Bestreben der Feldlinien, den Weg des kleinsten magnetischen Widerstandes zu gehen, wird der Läufer in den Synchronismus gezogen.
Der Reluktanzmotor läuft asynchron an und zieht sich in den Synchronismus hinein. Bei Überlastung fällt er in den Asynchronismus zurück und läuft bei nicht zu großer Überlastung weiter. Die bauliche Veränderung des Läufers verschlechtert die Betriebseigenschaften wesentlich gegenüber einem gleichwertigen normalen Kurzschlußläufermotor. Darum kommt er nur für kleine Leistungen in Frage. Verwandt wird er als Uhrenmotor sowie für Spinnerei- und Aufspulmaschinen.

Vorteile:

a) einfacher Aufbau, robust, wartungsfrei, preiswert,
b) benötigt keine besondere Anlaßhilfe,
c) benötigt keine besondere Gleichstromerregung.

Nachteile:

a) keine Verwendungsmöglichkeit als Phasenschieber,
b) schlechter Wirkungsgrad η und Leistungsfaktor $\cos \varphi$.

a)

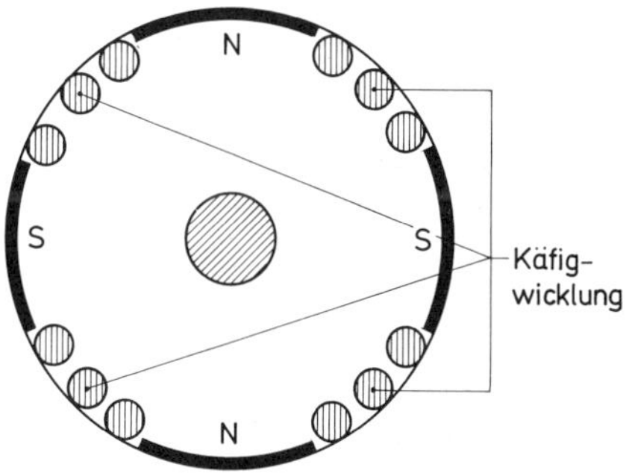

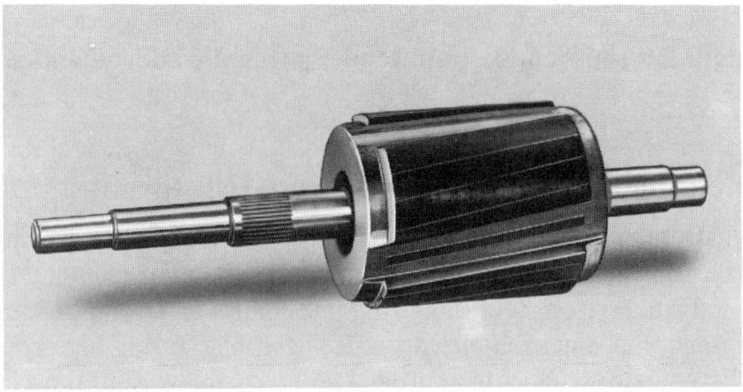

b)

Bild 1.7/20 Reluktanzläufer
a) Ohne Aussparungen am Läuferumfang
b) Mit Aussparungen am Läuferumfang
Werkbild: AEG-Telefunken

1.8. Stromwendermaschinen für Einphasenwechselstrom Stromwendermaschinen für Dreiphasenwechselstrom (Drehstrom)

1.8.1. Frequenzfragen

Drehfeldmaschinen ohne Stromwender (Synchron- und Asynchronmaschinen) lassen sich ohne hohe Verluste nur mit entsprechendem Aufwand an Zusatzeinrichtungen in größeren Bereichen drehzahlverstellen. Die Bindung an die Beziehung

$$n_0 = \frac{f}{p}$$

f in s^{-1}
n_0 in s^{-1}

ergibt bei Polpaaränderungen immer nur stufige (sprunghafte) Drehzahlsteuerungen. Bei Drehzahlverstellungen durch Frequenzwandlungen ist man auf Frequenzumformer angewiesen (Abschnitt 1.9.2).
Stromwendermaschinen (Kollektormaschinen) erlauben stufenlose Drehzahlsteuerungen in weiten Grenzen. Drehzahlsteuerungen (Drehzahländerungen) erfolgen hier ebenfalls durch Frequenzwandlungen, die vom Stromwender (Kollektor) in Verbindung mit den Bürsten erreicht werden. Im Anker jeder Gleichstrommaschine fließt Wechselstrom (Abschnitt 1.1.1c). Wenn also ein Gleichstromgenerator vierpolig und seine Drehzahl $n = 1200\ \text{min}^{-1}$ ist, herrscht im Anker die Frequenz $f = 40$ Hz. Die Frequenz wird zwischen dem rotierenden Stromwender und den stehenden Bürsten auf $f = 0$ Hz gebracht. Dieser Vorgang entspricht einer Gleichrichtung bzw. Frequenzumformung. Der umgekehrte Fall vollzieht sich beim Gleichstrommotor. Das gleiche gilt auch bei der Zuführung eines Wechselstromes.

Beispiel

Ein zweipoliger Universalmotor macht am Gleichspannungsnetz die Drehzahl $n = 9000\ \text{min}^{-1}$. Wieviel beträgt die Frequenz im Ankerinnern?

Lösung

$$f = \frac{p \cdot n_0}{60} = \frac{1 \cdot 9000\ \text{min}^{-1}}{60\ \text{s} \cdot \text{min}^{-1}} = 150\ \text{s}^{-1}\,(\text{Hz})$$

Bei allen Stromwendermaschinen stellt der rotierende Stromwender gegen die stillstehenden Bürsten einen Frequenzwandler dar.

1.8.2. Stromwendermaschinen für Einphasenwechselstrom (Motoren)

Grundsätzlich läßt sich jeder Gleichstrommotor mit Wechselspannung betreiben. Bei einem Gleichstrom-Nebenschlußmotor wird jedoch infolge der hohen Induktivität der Feldwicklung die Phasenverschiebung zwischen Feld- und Ankerstrom sehr ungünstig und somit das Drehmoment und die Leistungsabgabe zu unbedeutend. Bei einem Gleichstrom-Reihenschlußmotor herrscht kein Phasenunterschied in bezug auf Erregerstrom und Ankerstrom. Dieser Vorteil wird praktisch bei den Universalmotoren ausgenutzt. Die abgegebene Leistung ist im Wechselstromfall allerdings 10 bis 20% geringer als im Gleichstromfall (Abschnitt 1.3.1.5).
Für den Anschluß von Gleichstrommotoren an das Einphasennetz kommen nur Motoren mit Reihenschlußcharakter zur Anwendung.
Aus der Vielzahl der entwickelten Stromwendermotoren für Einphasenwechselstrom haben sich

a) der Repulsionsmotor mit einfachem Bürstensatz,
b) der Repulsionsmotor mit doppeltem Bürstensatz (Deri-Motor)

in der Praxis durchgesetzt.

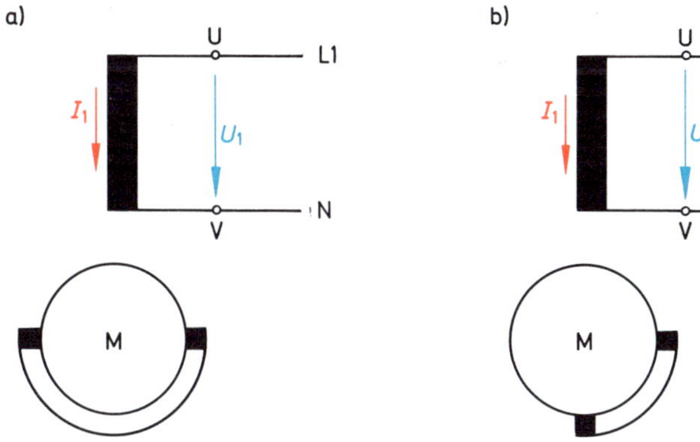

Bild 1.8/1
Repulsionsmotor mit einfachem Bürstensatz
a) zweipolig
b) vierpolig

1.8.3. Repulsionsmotoren

1.8.3.1. Aufbau

Das genutete Blechpaket des Ständers (Primäranker) gleicht dem des Einphasen-Asynchronmotors. Die Arbeitswicklung (Netzwicklung) U – V belegt zwei Drittel der Nuten, das restliche Drittel wird nur teils bewickelt bzw. bleibt frei (Abschnitt 1.6.1). Der Rotor (Sekundäranker) gleicht dem Gleichstromanker. Wegen der höheren Schwierigkeiten in der Stromwendung gegenüber Gleichstrom, wird hier die Lamellenspannung (Spannung zwischen zwei benachbarten Lamellen) geringer gewählt. Somit steigt die Lamellenzahl, die Stromwenderausmaße nehmen zu.
Beim Repulsionsmotor mit einfachem Bürstensatz befinden sich auf dem Stromwender – entsprechend der Polzahl des Motors – die um 180° (zweipoliger Motor) oder 90° (vierpoliger Motor) auf der verstellbaren Bürstenbrücke versetzten Bürsten (Bild 1.8/1). Zur Drehzahlsteuerung kann der Bürstensatz theoretisch um 90° (zweipoliger Motor) bzw. 45° (vierpoliger Motor) von der neutralen Zone (Anlaufstellung) nach der einen bzw. anderen Seite entsprechend der gewünschten Drehrichtung verschoben werden.
Beim Deri-Motor sitzen zwei kurzgeschlossene Bürstensätze auf dem Stromwender. Jeweils ist eine unbewegliche mit einer beweglichen Bürste verbunden. Die unbeweglichen Bürsten stehen in Richtung Erregerachse. Mit den beweglichen Bürsten erreicht man die gleichen Betriebsbedingungen (Drehzahlverstellungen und Drehrichtungsänderungen) wie beim einfachen Repulsionsmotor. Der theoretische Verschiebewinkel ist jeweils doppelt so groß (Bild 1.8/2), wodurch die Drehzahleinstellung feinstufiger wird.
Ständer und Läufer stehen bei Repulsionsmotoren nicht in galvanischer Verbindung.

1.8.3.2. Wirkungsweise

Repulsionsmotoren stimmen in bezug auf ihre induktive Kopplung zwischen Ständer und Läufer mit den Asynchronmotoren (Induktionsmotoren) prinzipiell überein.
Die induktive (transformatorische) Kopplung zeigt, daß Repulsionsmotoren nur an Wechselspannung angeschlossen werden dürfen.

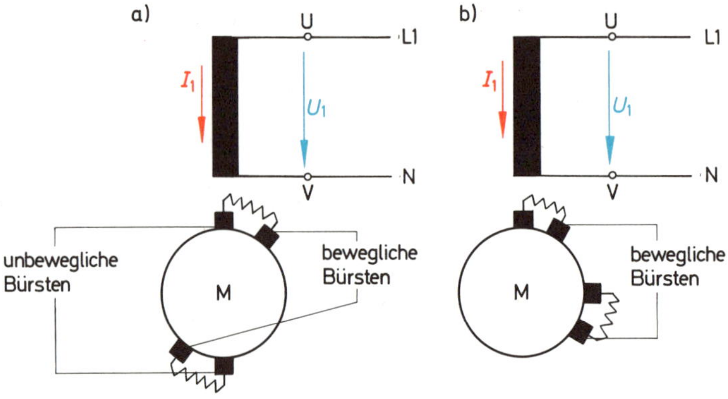

Bild 1.8/2 Repulsionsmotor mit doppeltem Bürstensatz (Deri-Motor)
a) zweipolig
b) vierpolig

1.8.3.2.1. Anlaufstellung

Steht die kurzgeschlossene Bürstenbrücke des einfachen Repulsionsmotors in der neutralen Zone und wird die Ständerwicklung ans Netz gelegt, läuft der Repulsionsmotor (wie der Einphasen-Asynchronanwurfmotor) nicht an. Das magnetische Feld durchsetzt zwar die Rotorwicklung, aber die Läuferspannungen heben sich auf. Der Läuferstrom ist somit ebenfalls Null (Bild 1.8/3a; gegenwirkende Ströme sind hier eingezeichnet). Die Ständerwicklung entnimmt dem Netz nur einen geringen Leerlaufstrom.
Bei der Anlaufstellung des Deri-Motors stehen die unbeweglichen mit ihren beweglich verbundenen Bürsten (A und A_1 bzw. B und B_1) nebeneinander (Bild 1.8/3b).

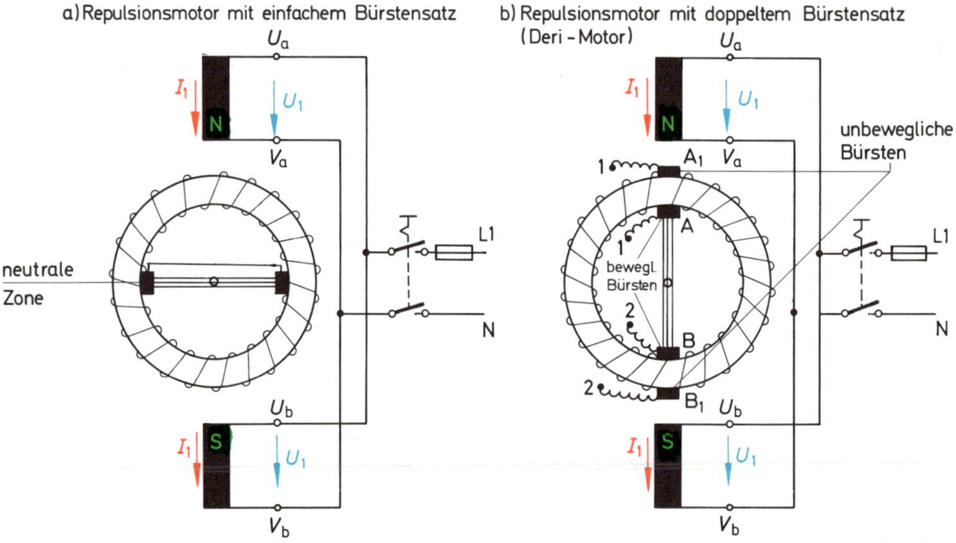

Bild 1.8/3 Anlaufstellungen der Repulsionsmotoren a) Repulsionsmotor mit einfachem Bürstensatz, b) Repulsionsmotor mit doppeltem Bürstensatz (Deri-Motor)

1.8.3.2.2. Betriebsstellung

Um Einphasen-Asynchronmotoren in Betrieb zu bringen, wird der Anwurf bzw. der Hilfsstrang mit oder ohne Anlaßglieder benötigt. Beim einfachen Repulsionsmotor wird die Bürstenbrücke verschoben. Die normalen induzierten Läuferspannungen liegen bei 10 bis 15 V, im Höchstfall etwa bei 60 V. Die Verlagerung der Läuferströme erfolgt nach der *Motorenregel* so, daß eine Verschiebung der Bürstenbrücke nach rechts eine Linksdrehung des Läufers mit sich bringt. Der Drehsinn läßt sich auch aus den Ständer- und Läuferpolaritäten ableiten (Bild 1.8/4a). Bei Drehrichtungsänderungen muß die Bürstenbrücke entgegengesetzt gedreht werden. Die magnetische Achse des Läufers steht bei der Drehung – im Gegensatz zum Asynchronmotor – im Raume still. Sie kann nur durch Verstellen der Bürsten verändert werden.

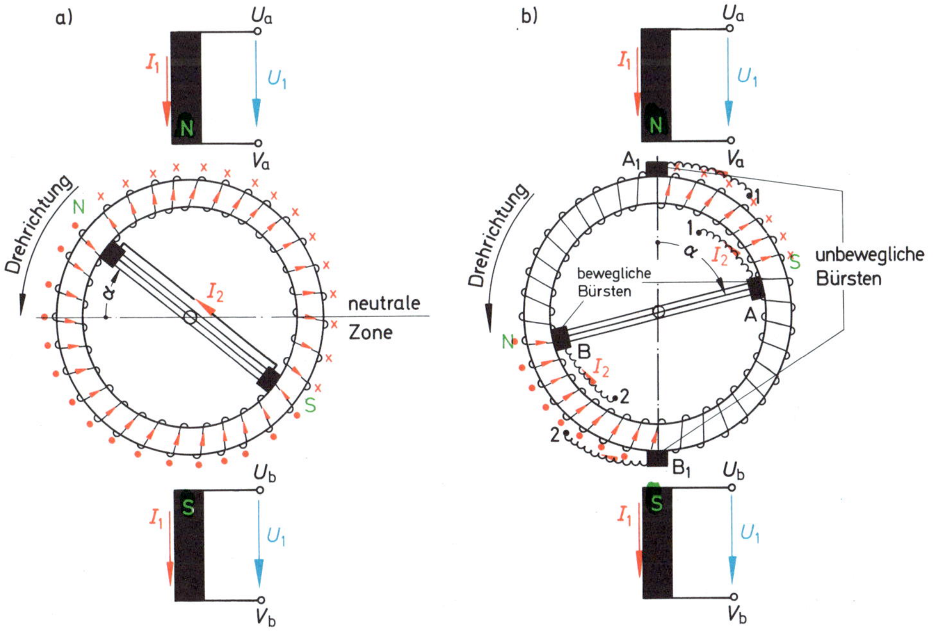

Bild 1.8/4 Betriebsstellungen der Repulsionsmotoren a) Repulsionsmotor mit einfachem Bürstensatz, b) Repulsionsmotor mit doppeltem Bürstensatz (Deri-Motor)

Beim Deri-Motor werden durch Verstellen der beweglichen Bürsten die gleichen Vorgänge erreicht (Bild 1.8/4b).

Denkt man sich die Läuferwicklung an der Bürstenbrücke zu einer Spule zusammengefaßt und aus der horizontalen Lage allmählich in die vertikale Lage gedreht, wird der durchsetzende Fluß immer geringer (Bild 1.8/5). Bei Gleichstrommotoren bedeutet eine Flußverminderung (Feldschwächung) Drehzahlerhöhung; so ist es auch bei Repulsionsmotoren.

Alle Stromwendermotoren für Einphasenwechselstrom arbeiten mit Reihenschlußcharakter. Sie besitzen ein kräftiges Anzugsmoment, neigen aber im Leerlauf zum Durchgehen.

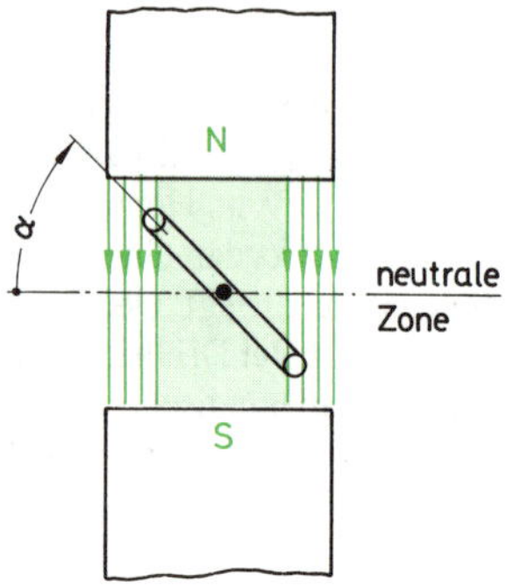

Bild 1.8/5 Durchsetzung einer Spule vom Magnetfluß nach Verstellung der Bürstenbrücke aus der neutralen Zone

1.8.3.2.3. Kurzschlußstellung

Wird die Bürstenbrücke von der Anlaufstellung um 90° (zweipoliger Motor mit einfachem Bürstensatz) bzw. 180° (zweipoliger Motor mit doppeltem Bürstensatz) verschoben, ist die Kurzschlußzone erreicht. Der Motor verhält sich wie ein kurzgeschlossener Transformator (Bild 1.8/6). Die Motorwirkung hört auf, der Läufer bleibt stehen. Da infolge der sehr hohen Läuferströme längere Betriebsdauer in dieser Zone Beschädigungen nach sich zieht, verhindert ein mechanischer Anschlag das Erreichen der Kurzschlußstellung.

1.8.3.2.4. Anwendung

Repulsionsmotoren kommen überall dort zur Anwendung, wo ein kräftiger aber stoßfreier Anlauf gefordert wird (Spinnerei- und Druckereimaschinen usw.). Wo feinstufige Drehzahländerungen gefordert werden, ist der Deri-Motor mit seinem größeren Verstellbereich im Vorteil.

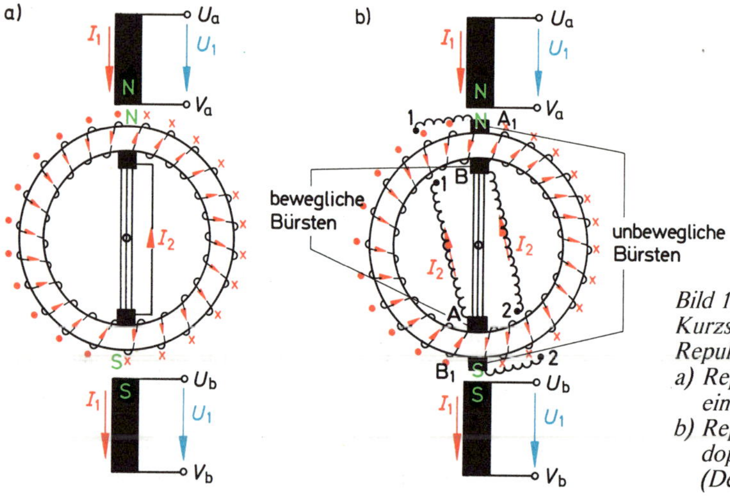

Bild 1.8/6
Kurzschlußstellungen der Repulsionsmotoren
a) Repulsionsmotor mit einfachem Bürstensatz
b) Repulsionsmotor mit doppeltem Bürstensatz (Deri-Motor)

1.8.4. Stromwendermaschinen für Drehstrom (Motoren)

Stromwendermaschinen für Einphasenwechselstrom arbeiten nur mit Reihenschlußcharakter. Stromwendermaschinen für Drehstrom können für Reihen- oder für Nebenschlußverhalten hergerichtet sein.

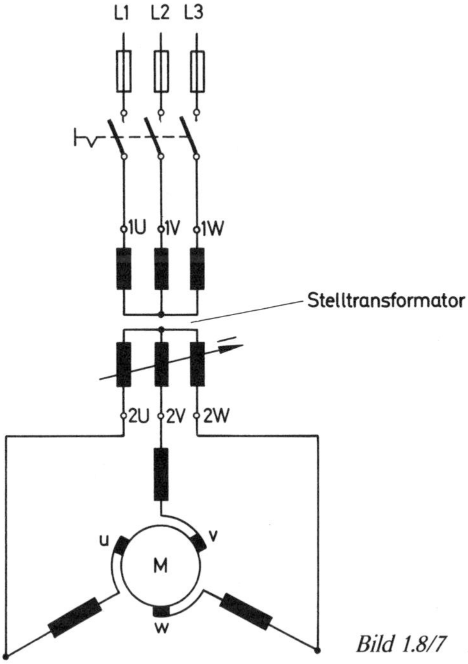

Bild 1.8/7 Drehstrom-Reihenschluß-Stromwendermotor

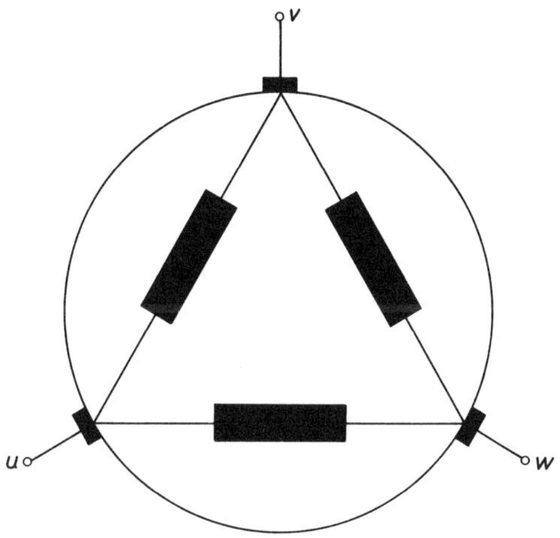

Bild 1.8/8 Dreieckschaltung durch die Bürsten bei einem Läufer mit Stromwender

1.8.4.1. Drehstrom-Reihenschluß-Stromwendermotor

1.8.4.1.1. Aufbau

Der Ständer gleicht dem eines normalen Drehstrom-Asynchronmotors, der Läufer einem Gleichstromanker. Die Enden der Ständerwicklungen führen zu den (wenigstens) drei um 120° versetzten Bürsten am Stromwender (Bild 1.8/7). Die Bürstenanordnung gibt der Läuferwicklung den Charakter einer Dreieckschaltung (Bild 1.8/8). Der Stelltransformator setzt die Läuferspannung auf ein erträgliches Maß herab, um das Bürstenfeuer zu reduzieren. Soll die Ständerwicklung an Hochspannung liegen, wird der Stelltransformator zwischen Ständer und Läufer angeordnet.

1.8.4.1.2. Wirkungsweise

Im Betrieb entstehen ein Ständerdrehfeld Φ_1 und ein Läuferdrehfeld Φ_2. Bei räumlicher Deckung beider Felder entsteht kein Drehmoment: der Motor befindet sich in der Anlaufstellung (Bild 1.8/9a). Werden die Bürsten gegen die Drehfeldrichtungen verschoben, läuft er (wie der Repulsionsmotor) der Bürstenverstellung entgegen (Bild 1.8/9b). Die Funkenbildung ist unbedeutend, da

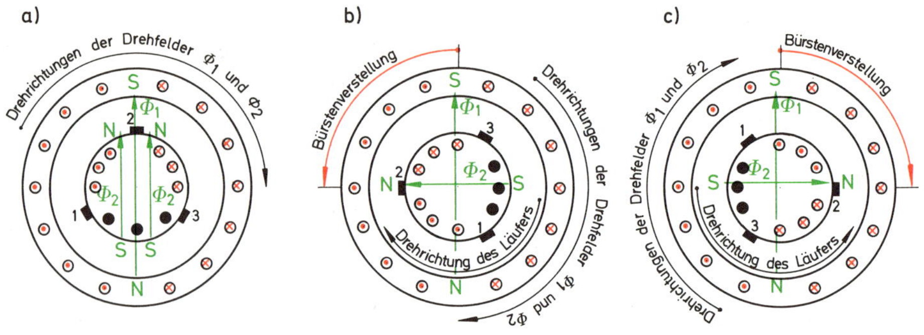

Bild 1.8/9 Betriebsvorgänge beim Drehstrom-Reihenschluß-Stromwendermotor
a) Anlaufstellung b) günstige Betriebsstellung c) ungünstige Betriebsstellung

infolge der geringen Schnittgeschwindigkeit die Spannungserzeugung in den Läuferwindungen gering ist. Werden die Bürsten in Drehrichtung der Drehfelder verstellt, läuft der Motor entgegengesetzt (Bild 1.8/9c). Induzierte Spannung und Funkenbildung sind dann groß. Bei der Drehrichtungsumkehr werden aus diesem Grunde gleichzeitig zwei Netzanschlüsse vertauscht.
Der Betriebszustand ist funkenfrei, wenn die Drehfelder entgegengesetzt der Bürstenverstellung laufen.
Drehzahlsteuerungen können durch Bürstenverstellungen aber auch durch Spannungsveränderungen am Stelltransformator erreicht werden. Durch seine Reihenschlußcharakteristik besitzt der Motor ein kräftiges Anzugsmoment, neigt aber im Leerlauf zum Durchgehen.

1.8.4.2. Ständergespeister Drehstrom-Nebenschluß-Stromwendermotor

Die Netzeinspeisung erfolgt im Ständer. Der Ständer ist somit Primärseite.

1.8.4.2.1. Aufbau

Ständeraufbau und Ständerwicklungen stimmen mit den Ausführungen des normalen Drehstrom-Asynchronmotors überein. Die gewünschte *Steuerspannung* wird dem Rotor über den Stelltransformator zugeführt, welcher im Dreieck-Sechsphasensystem verkettet in Y-Schaltung[1] ausgeführt sein kann (Bild 1.8/10). Zur Verbesserung des Leistungsfaktors cos φ werden die Bürsten auf dem Stromwender verschiebbar angeordnet. Ständergespeiste Drehstrom-Nebenschluß-Stromwendermotoren werden für größere Leistungen gebaut.

1.8.4.2.2. Wirkungsweise

Der ständergespeiste Drehstrom-Nebenschluß-Stromwendermotor gestattet nicht nur eine verlustlose Steuerung der Drehzahl, sondern auch eine Verbesserung des Leistungsfaktors cos φ. Steht der Schleifer auf dem Sternpunkt des Stelltransformators (Bild 1.8/10), arbeitet der Motor wie ein normaler Asynchronmotor mit Schlupf. Wenn (angenommen) der Schleifer des Stelltransfor-

---

[1] Nach alter VDE-Bezeichnung: Schaltung F_1.

Bild 1.8/10
Ständergespeister Drehstrom-Nebenschluß-Stromwendermotor mit Stelltransformator in △-✻-Schaltung

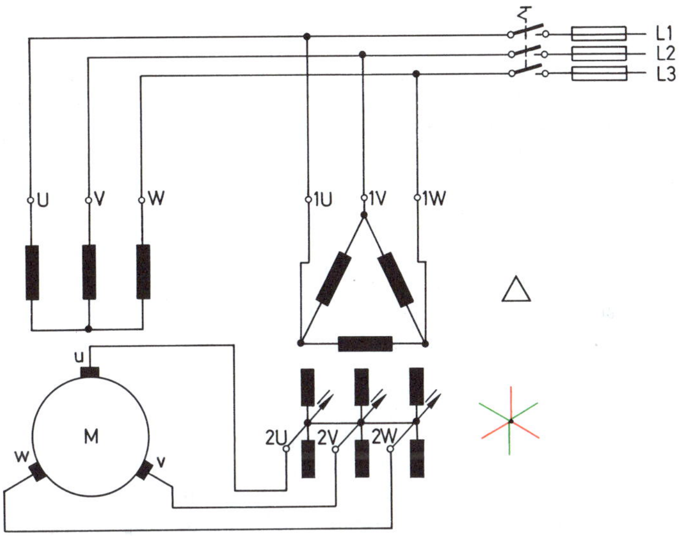

mators nach unten bewegt wird, möge der Motor langsamer (untersynchron) laufen. In diesem Fall werden — zwecks Verbesserung des Leistungsfaktors cos φ — die Bürsten entgegen dem Drehsinn des Drehfeldes verschoben. Bei Verschiebung des Schleifers nach oben würde der Motor dann schneller (übersynchron) laufen. Zur Leistungsfaktorverbesserung müssen die Bürsten diesmal im Drehfeldsinn verschoben werden.
Anschließende Erläuterung soll in allgemeiner Weise den Wirkungsablauf klarlegen:
Für einen zweipoligen Motor beträgt am 50-Hz-Netz die Drehfelddrehzahl $n_0 = 3000\ \text{min}^{-1}$. Bei der Rotordrehzahl $n_N = 2700\ \text{min}^{-1}$ wird dann die Schlupfdrehzahl

$$n_{\text{Schlupf}} = 3000\ \text{min}^{-1} - 2700\ \text{min}^{-1} = \underline{300\ \text{min}^{-1}}$$

Die Schlupfspannung (Induktionsspannung) im Rotor möge 20 V betragen, die Schlupffrequenz beim Schlupf $s = 10\%$ ($s = 0{,}1$) ist dann

$$f_{\text{Schlupf}} = s \cdot f = 0{,}1 \cdot 50\ \text{Hz} = \underline{5\ \text{Hz}}$$

Am Stelltransformator möge eine Steuerspannung, z.B. 15 V, mit der Frequenz $f = 50$ Hz abgegriffen und dem Läufer zugeführt werden. Bei der im Rotor herrschenden Schlupffrequenz von 5 Hz muß nun die Frequenz der Steuerspannung ebenfalls auf 5 Hz gebracht werden. Diese Aufgabe obliegt dem rotierenden Stromwender (Frequenzwandler).
Bei einer Subtraktion von Schlupf- und Steuerspannung wird die Leistung größer als es den momentanen Belastungsbedingungen entspricht.

Die Formel

$$\boxed{P = \frac{M \cdot n}{9550}}$$

P	Leistung	in kW
M	Drehmoment	in Nm
n	Drehzahl	in min^{-1}

läßt erkennen, daß bei steigender Leistung P und konstantem Drehmoment M die Drehzahl n wachsen muß. Die Drehzahl läßt sich auf diese Weise über den Synchronismus (negativer Schlupf)

steigern. Drehzahlverminderung läßt sich auf umgekehrtem Wege erreichen. Die vom Stelltransformator gelieferte Steuerspannung muß die entgegengesetzte Phasenlage haben, damit sich Steuer- und Induktionsspannung (Schlupfspannung) addieren. Um den erforderlichen Belastungsbedingungen gerecht zu werden, muß der Rotor langsamer laufen.
Die Zufuhr von Steuerspannungen zur Schlupfspannung bringt bei konstantem Drehmoment für Drehstrom-Nebenschluß-Stromwendermotoren Veränderungen der Drehzahlen mit sich.
In der Praxis liegen die Stellbereiche gewöhnlich 50% untersynchron bis 50% übersynchron.

1.8.4.3. Läufergespeister Drehstrom-Nebenschluß-Stromwendermotor

Die Netzeinspeisung erfolgt im Läufer. Er ist also Primärseite.

1.8.4.3.1. Aufbau

Der Läufer besitzt zwei getrennte Wicklungen. Die Drehstromnetzwicklung (Primärseite) wird über Schleifringe versorgt. Ihre Funktion entspricht der der Ständerwicklung beim ständergespeisten Drehstrom-Nebenschluß-Stromwendermotor. Die zweite Läuferwicklung (Stromwenderwicklung, Gleichstromzusatzwicklung) ist mit den Stromwenderlamellen verbunden. Ihre Funktion entspricht der des Stelltransformators beim ständergespeisten Motor. Auf dem Stromwender schleifen wenigstens 3 · 2 gegenläufige Bürsten bzw. Bürstensätze, deren Anschlüsse mit den Anfängen bzw. Enden der Ständerwicklungen (Sekundärwicklungen) verbunden sind (Bild 1.8/11). Wegen der hohen Läufermasse kommen läufergespeiste Drehstrom-Nebenschluß-Stromwendermotoren nur für kleine bis mittlere Leistungen zur Ausführung (Bild 1.8/12).

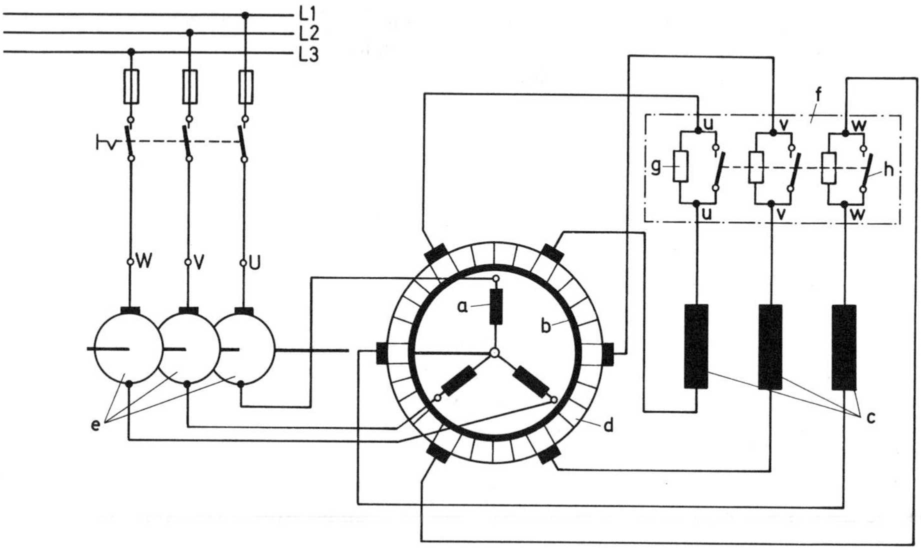

Bild 1.8/11 Läufergespeister Drehstrom-Nebenschluß-Stromwendermotor a = Netzanschlußwicklung, b = Stromwenderwicklung, c = Ständerwicklung, d = Stromwender, e = Schleifringe, f = Anschlüsse, g = Anlaßwiderstände, h = Überbrückungsschalter

1.8.4.3.2. Wirkungsweise

Der Netzstrom wird der Läuferdrehstromwicklung (Primärseite) über Schleifringe zugeführt. **Das im Läufer entstehende Drehfeld Φ_1 läuft der mechanischen Drehrichtung entgegen.**

Bild 1.8/12
Läufergespeister Drehstrom-Nebenschluß-Stromwendermotor für Fernsteuerung. Leistung P = 12,3 bis 37 kW
Werkbild: Elektra-Faurndau

Die Feldlinien des Drehfeldes schneiden die Ständerwicklung und rufen in ihr die Induktionsspannung hervor. Gleichzeitig wird die Gleichstromzusatzwicklung geschnitten und in ihr eine Steuerspannung meist bis etwa 60 V erzeugt.
Stehen im Betrieb jeweils zwei zusammengehörige Bürsten bzw. Bürstensätze nebeneinander, erhält die Ständerwicklung keine Steuerspannung: der Motor läuft asynchron. Beim Auseinanderziehen der Bürstensätze erhält die Ständerwicklung eine entsprechende frequenzgewandelte Steuerspannung, welche sich wie beim ständergespeisten Motor zur induzierten Spannung addiert oder subtrahiert. Der so gewonnene Drehzahlstellbereich bewegt sich ebenfalls meist zwischen 50% untersynchron und 50% übersynchron.
Um beim Anlauf unter stärkerer Belastung die Stromaufnahme zu reduzieren, werden Widerstände zwischen Ständer- und Läuferzusatzwicklung geschaltet, welche nach dem Hochlauf überbrückt werden (Bild 1.8/11).
Der ständergespeiste wie auch der läufergespeiste Drehstrom-Nebenschluß-Stromwendermotor kommt zur Anwendung, wenn Steuerbarkeit der Drehzahl sowie lastunabhängige Drehzahl verlangt werden, z.B. Antrieb in der Druckereitechnik, Antrieb von Papiermaschinen, Antrieb von Spinnmaschinen usw.

1.9. Umformer

Umformer sind umlaufende Maschinen oder Maschinensätze zur Umwandlung elektrischer Leistungen in elektrische Leistungen anderer Art.
Übliche Umformungen sind:

Gleichspannung	in Gleichspannung	anderer Größe,
Wechselspannung	in Wechselspannung	anderer Größe,
Wechselspannung	in Gleichspannung,	
Gleichspannung	in Wechselspannung,	
Wechselspannung	in Wechselspannung	anderer Frequenz,
Phasenzahl	in Phasenzahl	anderer Größe.

1.9.1. Motorgeneratoren

Motorgeneratoren (Maschinensätze) lassen sich für sämtliche Umformmöglichkeiten verwenden, haben jedoch den umfangreichsten Materialaufwand und erfordern die meiste Wartung.

1.9.1.1. Aufbau

Motor und Generator sind miteinander gekuppelt. Ein *Eingehäuseumformer* liegt vor, wenn beide Maschinen im gemeinsamen Gehäuse untergebracht sind. Sitzen Motor und Generator auf gemeinsamer Welle, spricht man vom *Einwellenumformer*.

1.9.1.2. Wirkungsweise

Motor und Generator müssen zwecks ihres betrieblichen Verhaltens spezifiziert betrachtet werden. Der gesamte Wirkungsgrad ist das Produkt aus Motorwirkungsgrad und Generatorwirkungsgrad

$$\eta_{ges} = \eta_{Mot} \cdot \eta_{Gen}$$

und ist stets geringer als der ungünstigste Wirkungsgrad einer einzelnen Maschine.

1.9.2. Frequenzumformer

Frequenzumformer können Maschinensätze wie auch Einzelmaschinen sein.
Übliche Frequenzumformer sind

a) der synchrone Frequenzumformer (Motor mit Synchrongenerator gekuppelt),
b) der asynchrone Frequenzumformer (Abschnitt 1.9.2.1),
c) der Frequenzumformer mit Stromwender (dient meist zur Erzeugung sehr niederfrequenter Wechselspannungen).

1.9.2.1. Asynchroner Frequenzumformer

1.9.2.1.1. Aufbau

Eine beliebige Antriebsmaschine wird mit einem entsprechend hergerichteten Schleifringläufer gekuppelt (Bild 1.9/1). Die Ständerwicklung des Schleifringläufermotors ist mit dem 50-Hz-Netz verbunden. Je nach Drehzahl und Drehrichtung wird dem Läufer die neue Spannung mit der gewünschten Frequenz entnommen.

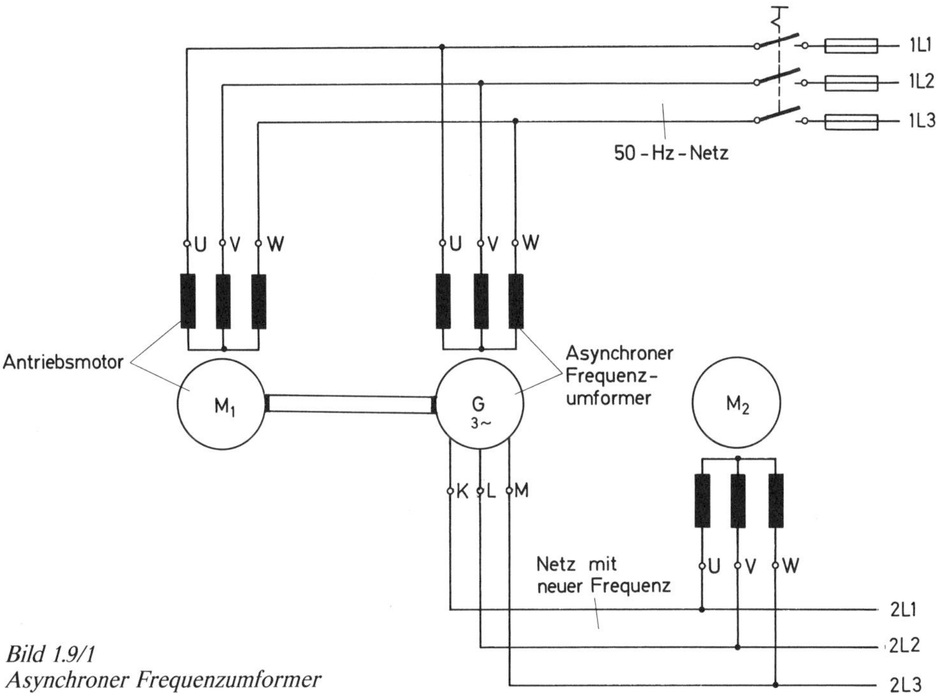

Bild 1.9/1
Asynchroner Frequenzumformer

1.9.2.1.2. Wirkungsweise

Entsteht durch den Ständerstrom ein Drehfeld und ist der Läufer festgebremst, erhält man die auf dem Leistungsschild angegebene Läuferstillstandsspannung (Transformatorenwirkung mit Schlupf $s = 100\%$ und $f = 50$ Hz). Dreht sich der Läufer in Richtung Drehfeld, tritt eine Verminderung der Schnittgeschwindigkeit ein. Läuferspannung und Läuferfrequenz nehmen proportional mit dem Schlupf ab (Abschnitt 1.5.2.2.2).
Eine Erhöhung der Schnittgeschwindigkeit und damit der Frequenz und Spannung ist nur erreichbar durch

a) erheblich schnelleren Läuferantrieb in Drehfeldrichtung (negativer Schlupf) oder
b) Läuferantrieb in Gegendrehfeldrichtung (inverse Richtung bzw. inverser Schlupf $s > 100\%$).

In der Praxis herrscht die inverse Drehrichtung vor.

Beispiel

Ein sechspoliger Schleifringläufer hat die Läuferstillstandsspannung $U_{1\,\text{Läufer}} = 180$ V und liegt am 50-Hz-Netz. Er soll als asynchroner Frequenzumformer Verwendung finden und eine Läuferspannung $U_{2\,\text{Läufer}}$ mit der Frequenz $f = 60$ Hz erzeugen.

a) Welche Drehzahl ist hierfür notwendig?
b) Auf welche Weise läßt sich die Drehzahl erreichen?
c) Wie groß wird die neue Läuferspannung $U_{2\,\text{Läufer}}$?
d) Wie groß wird der Schlupf?

Lösung

a) $$n_0 = \frac{60 \cdot f}{p} = \frac{60\ \text{s} \cdot \text{min}^{-1} \cdot 60\ \text{s}^{-1}}{3} = \underline{1200\ \text{min}^{-1}}$$

b) Synchrone Drehzahl $n_0 = 1000\ \text{min}^{-1}$ bei $f = 50$ Hz

Entweder Läufer mit $n = 200\ \text{min}^{-1}$ invers antreiben, denn

$$1000\ \text{min}^{-1} - (-200\ \text{min}^{-1}) = \underline{1200\ \text{min}^{-1}}$$

oder Läufer mit $n = 2200\ \text{min}^{-1}$ in Drehrichtung antreiben, denn

$$2200\ \text{min}^{-1} - 1000\ \text{min}^{-1} \doteq \underline{1200\ \text{min}^{-1}}$$

c) $$U_{2\,\text{Läufer}} = \frac{U_{1\,\text{Läufer}} \cdot f_2}{f_1} = \frac{180\ \text{V} \cdot 60\ \text{Hz}}{50\ \text{Hz}} = \underline{216\ \text{V}}$$

d) Für $U_{1\,\text{Läufer}}$ beträgt $s_1 = 100\%$
Für $U_{2\,\text{Läufer}}$ beträgt

$$s_2 = \frac{s_1 \cdot U_{2\,\text{Läufer}}}{U_{1\,\text{Läufer}}} = \frac{100\% \cdot 216\ \text{V}}{180\ \text{V}} = \underline{120\%}$$

1.9.3. Einankerumformer (EU)

Grundsätzlich werden unterschieden

a) Einankerumformer mit getrennten Läuferwicklungen,
b) Einankerumformer mit angezapften Läuferwicklungen.

Bei Einankerumformern findet die Umwandlung im Läufer (Anker) statt.

1.9.3.1. Einankerumformer mit getrennten Läuferwicklungen

Sie kommen vorwiegend zur Umformung Gleichstrom in Gleichstrom und Wechselstrom in Gleichstrom bzw. umgekehrt in Betracht.

1.9.3.1.1. Aufbau

Einankerumformer sind Außenpolmaschinen. Auf den Polschäften der ausgeprägten Pole sitzen die Nebenschlußwicklungen (E1—E2) bzw. die fremderregten Wicklungen (F1—F2). Zusätzlich können die Magnetgestelle mit Hauptschlußwicklungen, Wendepolen und Dämpferwicklungen (Abschnitt 1.7.1.3) versehen sein (Bild 1.9/2).
Die getrennten Läuferwicklungen (Motor- und Generatorwicklungen) haben ein gemeinsames Erregerfeld. Liegt ein Drehstrom-Gleichstrom-Umformer vor, ergibt die Betrachtung von der Stromwenderseite eine Gleichstrommaschine, von der Schleifringseite eine Synchron-Außenpolmaschine. Motor- und Generatorseite besitzen getrennte Anschlußbretter.

1.9.3.1.2. Wirkungsweise

Die getrennten Läuferwicklungen gestatten generatorseitig Spannungsübersetzungen in weiten Grenzen. Treten beim Gleichstrom-Gleichstrom-Umformer an der Generatorseite Spannungsabfälle auf, wird an der Motorseite die Ankerspannung erhöht. Unter Konstanthaltung des Erreger-

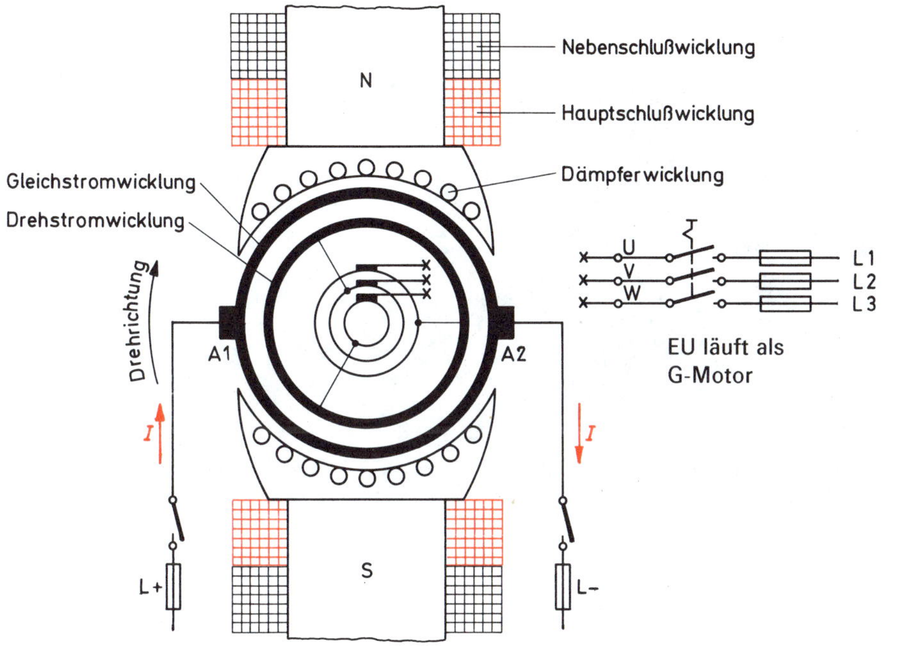

Bild 1.9/2 Einankerumformer mit getrennten Ankerwicklungen (Läuferwicklungen)

feldes läuft der Umformer schneller, wodurch die Abfälle ausgeglichen werden. Mit dieser einfachen Methode lassen sich Spannungsabfälle beim Gleichstrom-Drehstrom-Umformer jedoch nicht ausgleichen (Abschnitt 1.9.3.2.2). Wegen seiner getrennten Ankerwicklungen läßt er sich als Schutzumformer verwenden. Der Wirkungsgrad ist wesentlich besser als beim Motorgenerator.

1.9.3.2. Einankerumformer mit angezapften Läuferwicklungen

Sie kommen vorwiegend zur Umformung von Gleich- in Wechselstrom bzw. umgekehrt vor.

1.9.3.2.1. Aufbau

Der Ständer gleicht dem des Einankerumformers mit getrennten Läuferwicklungen (Abschnitt 1.9.3.1.1). Die Läuferwicklung ist als Gleichstromwicklung ausgeführt und – entsprechend der Phasenzahl der Wechselspannung – angezapft. Die in den Kollektorlamellenfahnen eingelöteten Anzapfungen werden zu Schleifringen geführt. Motor- und Generatorseite werden (wie beim Einankerumformer mit getrennten Wicklungen) nur von einer Erregerwicklung versorgt; darum liegt auch die Kombination Gleichstrommaschine und Synchron-Außenpolmaschine vor (Bild 1.9/3). Der Einbau eines Stelltransformators ist unvermeidlich, um gleich- wie auch wechselspannungsseitig genormte Spannungsgrößen zu erhalten (Bild 1.9/4). Ohne Stelltransformator erreicht man mit einer im Anker untergebrachten Zusatzwicklung die gewünschte Spannungsumformung (seltene Ausführung).

Bild 1.9/3 Einankerumformer für größere Leistungen. Werkbild: AEG-Telefunken

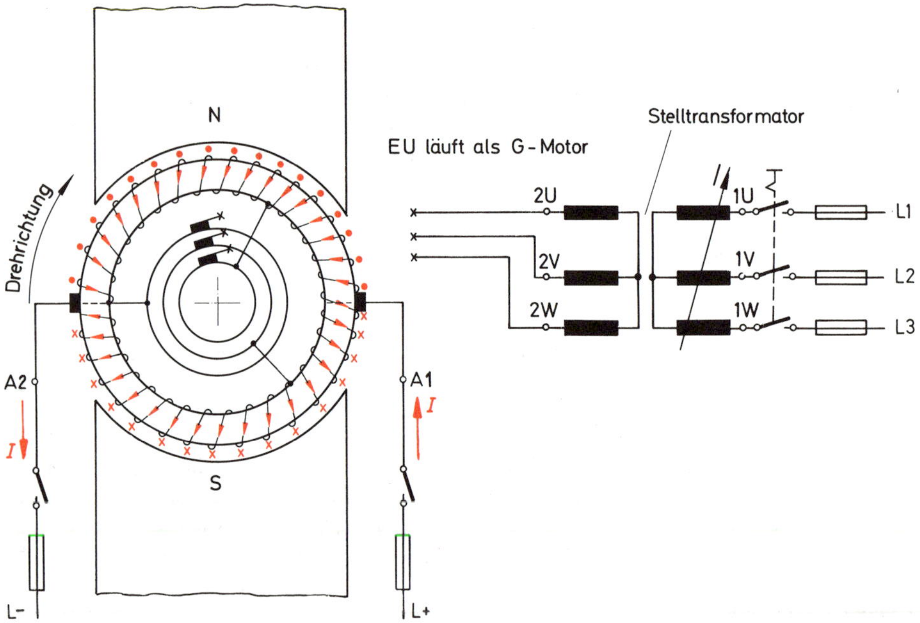

Bild 1.9/4 Einankerumformer mit angezapften Ankerwicklungen (Läuferwicklungen)

1.9.3.2.2. Wirkungsweise

Die Anzapfungen geben dem Umformer ein *starres* Spannungsverhältnis.
Beträgt die angelegte Gleichspannung $U-$ = 220 V, so werden

a) die Einphasenspannung $U\sim^{1} = 220\ V \cdot 0{,}71 = 155\ V$,
b) die Dreiphasenspannung $U\sim^{3} = 220\ V \cdot 0{,}61 = 134\ V$,
c) die Sechsphasenspannung $U\sim^{6} = 220\ V \cdot 0{,}35 = 77\ V$.

Erhält der Umformer gleichstromseitigen Antrieb, gelten die üblichen Betriebsbedingungen der Gleichstrommotoren (Abschnitt 1.3). Zwecks Einhaltung der Frequenz für die Wechselstromseite ist die Drehzahl synchron zu halten. Die an den Schleifringen vorhandene Einphasen- bzw. Dreiphasenspannung wird durch den Stelltransformator bzw. durch die Zusatzwicklung auf ihren Normwert gebracht. Soll der Einankerumformer parallel auf ein Drehstromnetz arbeiten, muß synchronisiert werden (Abschnitt 1.7.3.1). Auftretende Spannungsabfälle werden durch den Stelltransformator ausgeglichen. Würde der Spannungsabfall innerhalb des Umformers ausgeglichen, wäre bei gleichstromseitigem Antrieb Drehzahlveränderung die Folge.
Die Umformung Wechsel- in Gleichspannung ist der üblichere Betriebsfall. Die Antriebsseite unterliegt im Anlauf den Bedingungen des Synchronmotors: er muß mit Anwurfmaschine bzw. Dämpferwicklung hochgefahren werden (Abschnitt 1.7.4.1). Das Drehfeld läuft (wie beim läufergespeisten Drehstrom-Nebenschluß-Stromwendermotor) der mechanischen Drehrichtung entgegen. Das starre Spannungsverhältnis bleibt auch hier erhalten. Auftretende Spannungsabfälle werden ebenfalls vom Stelltransformator ausgeglichen. Eine Veränderung der Felderregung würde eine Veränderung des Leistungsfaktors cos φ mit sich bringen (Abschnitt 1.7.4.3a).
Wegen der angezapften Wicklungen gehört dieser Einankerumformer wie der Spartransformator (Abschnitt 1.4.7) und der Drehtransformator (Abschnitt 1.5.11) zur Gruppe der Spannungsteilermaschinen und darf als Schutzumformer nicht verwandt werden. Die große Wicklungsersparnis im Läufer hält die Läuferverluste sehr gering. Sein Wirkungsgrad liegt über 0,9.

1.10. Gliederung der Einphasen-, Dreiphasen-(Drehstrom-) und Gleichstrommaschinen

1.10.1. Energieumformung

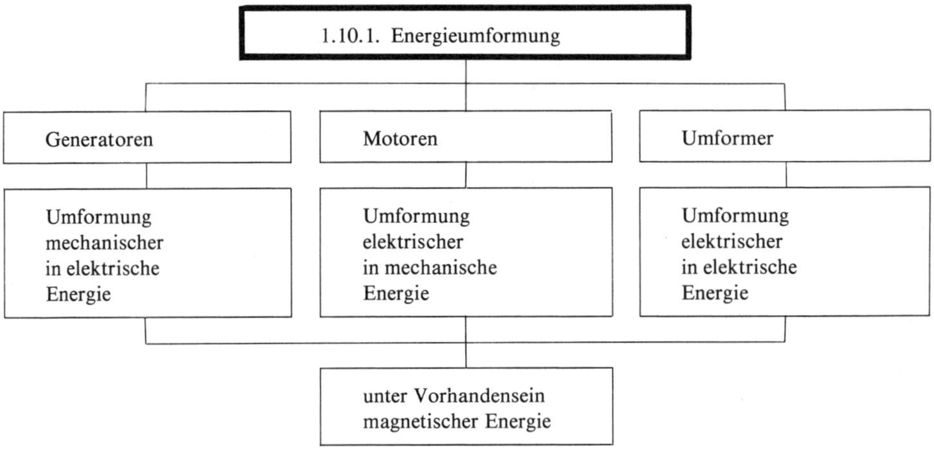

1.10.2. Drehfeldmaschinen mit kreisförmigem und elliptischem Drehfeld

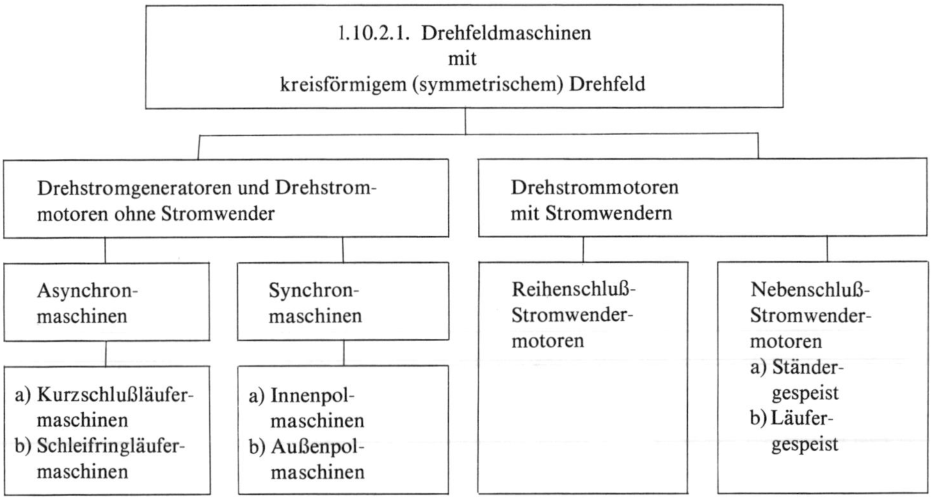

- 1.10.2.2. Drehfeldmaschinen mit elliptischem (unsymmetrischem) Drehfeld
  - Einphasengeneratoren und Einphasenmotoren ohne Stromwender
    - Asynchronmaschinen
      - a) Kurzschlußläufermaschinen
      - b) Schleifringläufermaschinen (selten !)
    - Synchronmaschinen
      - a) Innenpolmaschinen
      - b) Außenpolmaschinen
  - Einphasenmotoren mit Stromwendern
    - Reihenschluß-Stromwendermotoren
      - a) Repulsionsmotoren
      - b) Serien-Repulsions-Motoren (selten !)
      - c) Winter-Eichberg-, Latourmotoren (selten !)

1.10.3. Schlupf

- Positiver Schlupf (untersynchron): Die Drehfelddrehzahl überwiegt der Läuferdrehzahl
- Negativer Schlupf (übersynchron): Die Läuferdrehzahl überwiegt der Drehfelddrehzahl
- Inverser Schlupf ($s > 100\%$): Der Läufer dreht sich dem Drehfeld entgegen

1.10.3. Schlupf

- Nach %-Einheiten
  - a) Ca. + 1% bis . . .
    - Alle Asynchronmotoren und Stromwendermotoren
  - b) Ca. – 1% bis . . .
    - Alle Asynchrongeneratoren und Stromwendermotoren
  - 0%
    - Alle Synchronmaschinen
  - 100%
    - a) Drehtransformatoren
    - b) Alle eingeschalteten Asynchronmaschinen mit stehendem Läufer
  - > 100%
    - Alle asynchronen Frequenzformer, die am 50-Hz-Netz liegen und eine höhere Frequenz als 50 Hz erzeugen sollen

1.10.4. Maschinen mit Neben- und Reihenschlußcharakter

1.10.4. Maschinen mit Neben- und Reihenschlußcharakter

Nebenschlußcharakter

Alle Maschinen, die mit praktisch konstantem Feld arbeiten und deshalb auch leer (unbelastet) arbeiten können

a) Gleichstrom-Nebenschluß-Maschinen
b) Drehstrom-Nebenschluß-Stromwendermotoren
c) Drehstrom-Asynchronmaschinen
d) Einphasen-Asynchronmaschinen
e) Netztransformatoren
f) Spannungswandler

Reihenschlußcharakter

Alle Maschinen, die ein stark veränderliches Feld haben und deshalb nicht leer (unbelastet) arbeiten können

a) Gleichstrom-Reihenschluß-Maschinen
b) Drehstrom-Reihenschluß-Stromwendermotoren
c) Einphasen-Reihenschluß-Stromwendermotoren
d) Stromwandler

Synchronmaschinen
Sie können den Maschinen mit Neben- und Reihenschlußcharakter zugeordnet werden

Nebenschlußcharakter

Arbeiten stets mit konstanter Drehzahl, gehen also im Leerlauf nicht durch

Reihenschlußcharakter

Arbeiten mit stark veränderlichem Feld und sind deshalb in der Lage, neben Wirk- auch Blindleistungsaufgaben zu erfüllen

Gleichstrom-Doppelschluß-Maschinen
Entsprechend der Auslegung und Schaltung der Erregerwicklungen können sie sein:
a) normalkompoundiert,
b) unterkompoundiert,
c) überkompoundiert,
d) gegenkompoundiert.

1.11. Störungen an elektrischen Maschinen

1.11.1. Störungen an Gleichstrommaschinen

Störungsart	Ursache	Abhilfe
1. Motor läuft nicht an	a) Sicherungen sind durchgebrannt b) Fehler im Anlasser c) Bürsten liegen nicht auf d) Anker- oder Feldwicklung unterbrochen e) Lager festgefressen	a) defekte Sicherungen ersetzen b) auf Durchgang prüfen, Anlasserstufe erneuern c) Bürsten ersetzen Bürsten neu einschleifen Bürstendruck nachstellen d) durchprüfen, defekte Wicklungen ersetzen e) Lager auswechseln
2. Motor läuft schwer an	a) Körperschluß der Wicklung b) Windungsschluß c) Spannungsabfall auf der Zuleitung zu groß	a) mit Meßinstrument (Kurbelinduktor) oder hoher Prüfspannung messen, Wicklung erneuern b) schadhafte Anker- oder Erregerwicklung ersetzen c) Querschnitt vergrößern
3. Unruhiger Lauf	a) defekte Kugellager b) Riemenscheibe rutscht auf der Welle c) verspannte Lagerschilder	a) Kugellager ersetzen b) Riemenscheibe festspannen oder neu ausrichten c) Befestigungsschrauben gleichmäßig nachziehen
4. Motor läuft zu schnell	a) Feldschwächung der Erregerwicklung durch Windungsschluß b) Bürstenbrücke aus der neutralen Zone verschoben c) Klemmenspannung zu hoch	a) Wicklung erneuern b) neutrale Zone neu einmessen bzw. Bürstenbrücke auf Markierung einstellen c) Stellanlaßwiderstand oder Konstanthalteeinrichtung einschalten
5. Motor hat zu starkes Bürstenfeuer	a) Motor ist überlastet b) Stromwender verschmiert bzw. zeigt Lamellenschluß c) Wendepole sind falsch geschaltet oder haben Windungsschluß d) Bürstenbrücke hat sich verschoben	a) Stromaufnahme überprüfen, Belastung vermindern b) Stromwender reinigen bzw. überdrehen und Glimmerzwischenlagen ausfräsen c) Wendepole richtig anschließen bzw. Neuwicklung d) Bürstenbrücke neu einstellen
6. Mechanisch intakter Gleichstromgenerator erregt sich nicht selbst	a) keine Remanenz b) falsche Drehrichtung c) Feldwicklung falsch angeschlossen	a) Erregerwicklung kurzzeitig an eine Gleichspannungsquelle einschalten b) Drehrichtung der Antriebsmaschine umkehren c) Feldwicklung umpolen

1.11.2. Störungen an Einphasen- und Dreiphasenmotoren

A) Störungen an Asynchronmotoren (Induktionsmotoren)

Störungsart	Ursache	Abhilfe
1. Motor läuft nicht an	a) Zuleitungen sind infolge satten Schlusses unterbrochen	a) Feststellung und Beseitigung des vorliegenden Kurz-, Körper- oder Windungsschlusses
	b) beim Schleifringläufermotor Verbrauch bzw. keine richtige Auflage der Bürsten oder Unterbrechung im Läuferanlasser	b) Bürsten neu einschleifen bzw. durch besseres Bürstenmaterial ersetzen. Anlasserdefekt beheben.
	c) falsche Ständerschaltung für Anlauf unter großer Last	c) Anlassen mit △- statt Y-Schaltung
	d) Lager stark beschädigt oder festgebrannt	d) Kugellagerung erneuern. Bei Gleitlagern Welle neu einpassen
2. Motor hat stoßartigen Anlauf	a) Anlasser ist zu klein	a) Auswechseln gegen einen Anlasser mit höherem Widerstand bzw. höherer Stufenzahl
	b) verbrannte Anlasserkontakte bzw. verbrannter Schleifer	b) Kontakte und Schleifer säubern. Druck des Schleifers auf Kontakte überprüfen und neu einstellen
	c) Anlasser hat an einer Stelle Unterbrechung	c) Anlasser auswechseln oder defekte Stelle überbrücken, wenn Unterbrechung in einer der letzten Anlasserstufen ist
3. Motor läuft, von Hand angeworfen, in beiden Drehrichtungen an	a) Sicherung unterbrochen	a) neue Sicherung einsetzen bzw. Automat eindrücken
	b) Ständerzuleitungsstrang unterbrochen	b) Unterbrechungsstelle aufsuchen, Verbindung herstellen bzw. Zuleitungsstrang erneuern
4. Motor wird im Leerlauf zu warm	a) falsche Ständerschaltung bei zu hoher Betriebsspannung	a) Ständer von △- auf Y-Schaltung umschalten
	b) Windungsschluß	b) Messung des Leerlaufstromes bzw. Messung der Strangwiderstände. Defekten Strang bzw. defekte Stränge erneuern
5. Motor wird im Dauerbetrieb zu warm	a) Belastung an der Welle ist zu hoch	a) Verringerung der Belastung der mit dem Motor gekuppelten Arbeitsmaschine
	b) Schalthäufigkeit ist zu groß	b) die auf dem Leistungsschild angegebene Schaltart beachten
	c) zeigt sich die Erwärmung nur zu bestimmten Tageszeiten, so ist die Betriebsspannung zu hoch oder zu niedrig	c) handelt es sich um eine oft eintretende Erscheinung, dann Spannungskonstanthalteeinrichtung einbauen
	d) erforderliche Belüftung fehlt	d) Motor abstellen bis Fehler behoben
6. Schleifringe werden zu heiß	a) Reibung zwischen Bürsten und Ringen ist zu groß	a) Druck der Bürstenfedern etwas vermindern bzw. Ringen einen dünnen Vaselineüberzug geben. Eventuell zweckmäßigere Bürstensorte wählen
	b) Bürsten und Ringe sind überlastet	b) Stromstärke feststellen. Mechanische Last an der Welle vermindern

Störungsart	Ursache	Abhilfe
7. Ständerwicklung des Motors wird beim Betrieb stellenweise zu warm. Der Läufer hat verminderte Zugkraft. Der Motor brummt stark und hat — obwohl die drei Zuleitungen in Ordnung sind — ungleiche Stromaufnahmen	Kurzschluß in einer oder zwischen mehreren Windungen bzw. Teilspulensystemen	Beseitigung, wenn möglich, durch Austrocknen. Ansonsten neue Spulen einziehen
8. Ungleiche Stromaufnahme in den drei Zuleitungen, obwohl kein Schaltfehler am Anschlußbrett bzw. kein Schluß in der Motorwicklung vorliegt	a) Unterbrechung eines Wicklungsstranges im Motor bei △-Schaltung	a) Brücken lösen und jeden einzelnen Strang auf Durchgang prüfen. Unterbrechung im fehlerhaften Strang beseitigen
	b) Vertauschung einer Zuleitungsphase mit dem Mittelpunktsleiter	b) Spannungskontrolle zwischen den einzelnen Zuleitungssystemen bis der *N* herausgesondert ist. Gegen die 3. Zuleitungsphase austauschen

B) Störungen an Einphasen- bzw. Drehstrom-Stromwendermotoren

Störungsart	Ursache	Abhilfe
1. Bürstenfeuer am Stromwender bzw. starke Erwärmung der Wicklung	Störungen können die gleichen sein wie im Abschnitt 1.11.1 (Gleichstrommaschinen) unter 5a) und 5b) beschrieben	entsprechend wie im Abschnitt 1.11.1 (Gleichstrommaschinen) unter 5a) und 5b) beschrieben
2. Drehstrom-Reihenschluß-Stromwendermotor brummt und feuert stark, obwohl er keinen mechanischen bzw. elektrischen Fehler (Schluß) hat	Drehfeld läuft mechanischer Drehrichtung entgegen	Zwischen Ständer- und Kollektorwicklung zwei Zuleitungen vertauschen
3. Drehstrom-Reihenschluß-Stromwendermotor läuft zu schnell	Belastung zu gering	Bürstenbrücke in Drehrichtung verschieben, bis normale Drehzahl erreicht ist
4. Ein ansonsten intakter Drehstrom-Stromwendermotor erreicht nicht die auf dem Leistungsschild angebebene volle Drehzahl	a) feste Bürsten des Doppelbürstensatzes stehen beim läufergespeisten Stromwendermotor nicht in der neutralen Zone b) zu geringe Betriebsspannung c) zu große Belastung	a) Bürstenbrücke auf angegebene Markierung verschieben

2. Schalt- und Steuertechnik

Aus dem Gebiet der Niederspannungs-Schalt- und Steuerungstechnik sollen wichtige Schaltgeräte in Aufbau und Funktion behandelt werden. Weiterhin sind die Grundlagen aufgeführt, die erforderlich sind, um Schaltpläne sinngemäß richtig lesen zu können, und die es ermöglichen, einfache Steuerungen logisch aufzubauen.

2.1. Bedeutung der Schaltzeichen

Elektrische Schaltungen können nach einheitlichen Richtlinien des Deutschen Instituts für Normung (DIN) in Form von genormten Schaltplänen aufgezeichnet werden. Eine wichtige Voraussetzung für die schnelle und richtige Beurteilung eines Schaltgerätes oder einer elektrischen Anlage nach einem Schaltbild bzw. nach einem Schaltplan ist die genaue Kenntnis der Bedeutung von Schaltzeichen. Alle Elemente einer elektrischen Schaltung, wie z.B. Schaltkontakt, Antriebe, Leitungen, Klemmenverbindungen, mechanische nichtleitende Verbindungen von Gerätebauteilen usw., lassen sich eindeutig durch genormte Sinnbilder, sogenannte Schaltzeichen und Schaltkurzzeichen, darstellen.
Einige gebräuchliche, nach DIN 40708 bis 40715 genormte Schaltzeichen sind auszugsweise in Tabelle 2/1 zusammengefaßt und erklärt. Durch das Zusammenfügen der Schaltzeichen erhält man Schaltbilder oder Schaltpläne von Geräten oder elektrischen Einrichtungen.
Schaltgeräte bestehen im Aufbau allgemein aus drei Grundeinheiten:

1. Antriebsglieder

Dazu gehören handbetätigte Antriebe, wie z.B. bei Dreh-, Kipp- oder Hebelschaltern, und fremdbetätigte Antriebe, wie z.B. bei druck-, temperatur- und feuchtigkeitsabhängigen oder elektromagnetisch betätigten Schaltgeräten.

2. Mechanische Zwischenglieder

Darunter versteht man elektrisch nichtleitende, mechanische Verbindungen, die zur Kraftübertragung zwischen Antriebs- und Schaltgliedern dienen.

3. Schaltglieder

Als Schaltglieder bezeichnet man Arbeits- und Hilfskontakte, z.B. Schließer, Öffner, Wechsler.
Zur zeichnerischen Darstellung von Schaltgeräten werden die entsprechenden Schaltzeichen dieser drei Grundeinheiten sinnvoll aneinandergesetzt, so wie es aus Tabelle 2/2 ersichtlich ist.
Schaltgeräte werden in der Ruhestellung, also im unerregten Zustand, gezeichnet. Abweichungen von dieser Regel müssen durch Pfeilzeichen (Bild 2/45b) kenntlich gemacht werden. Für umfangreiche Aufzeichnungen, die der Übersicht dienen, wie z.B. in Übersichtsschaltplänen und Installationsplänen kommen anstatt der aufwendigen Schaltbilder vereinfachte Darstellungen, sogenannte Schaltkurzzeichen, zur Anwendung (vgl. Bild 2/4).
Schaltbilder bzw. Schaltkurzzeichen von weiteren gebräuchlichen Geräten werden im nachfolgenden Abschnitt Schaltgeräte mit aufgezeigt. Auf die normgerechte Darstellung der Schaltpläne wird im Abschnitt 2/4 gesondert eingegangen.

Tab. 2/1 Schaltzeichen nach DIN 40703 bis 40715

1. Leitungssymbole

1	—	Gleichstrom, allgemein
2	∼	Wechselstrom, allgemein
3	∼ 50 Hz	Frequenzangabe
4	3/N	3 Außenleiter und 1 Mittelpunktleiter
5		Erdung
6		Schutzleiteranschluß
7		Kreuzung v. Leitungen ohne Verbindung
8		nicht lösbare Verbindung lösbare Verbindung
9		Außenleiter Mittelpunktleiter Schutzleiter
10		Zusammengefaßte Leitungen
11	1 2 3 4	Reihen-Trennklemme

2. Schaltglieder

	alt	neu		
12				Öffner
13				Schließer
14				Wechsler mit Unterbrechung
15				Wechsler ohne Unterbrechung
16				Spätöffner
17				Frühschließer
18				Öffner mit Wischkontakt

3. Mechanische Zwischenglieder

	alt	neu	
19			Wirkverbindung (nicht-elektr. Verbindung) mit selbsttätigem Rückgang
20			Wirkverbindung ohne selbsttätigen Rückgang
21			Verzögerung bei Bewegung nach rechts bei Bewegung nach links
22			Mech. Kupplung
23	0 1 2	0 1 2	Schaltstellung 0, 1 u. 2

4. Antriebsglieder

24		Handbetätigung allgemein Druckbetätigung Zugbetätigung Drehbetätigung Kippbetätigung Schlüsselbetätigung
25		manuelle Betätigung außer Handbetätigung z.B. Fußantrieb
26		Nockenantrieb
27		Kraftantrieb allgemein
	ϑ	Kraftantrieb mit Bezeichnung der Antriebsgröße: F Kraft, p Druck, Q Menge, ϑ Temperatur, n Drehzahl
		Druckluftantrieb
		Dauermagnetantrieb
28		Schaltschloß mit Freiauslösung und Wiedereinschaltsperre

Fortsetzung Antriebsglieder

29	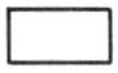	elektromechanisches Triebsystem z. B. Schützantrieb
30		elektromagn. Antrieb mit einer wirksamen Wicklung
	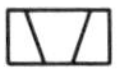	mit zwei gegenläufigen Wicklungen
31		Zeitrelaisantrieb Synchronmotorantrieb
		elektrothermischer Antrieb
		elektromagn. Antrieb (abfallverzögert)
		(anzugsverzögert)
	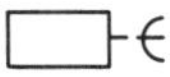	Antrieb allgemein mit mech. Verzögerung
	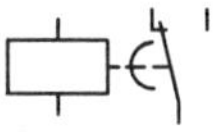	einschaltverzögertes Zeitrelais mit elektronischem Antriebssystem
32		Überstromauslöser (elekrothermisch, Bimetall)
	$I >$	(elektromagnetisch)
33	$U <$	Unterspannungsauslöser (elektromagnetisch)
34	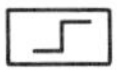	Stromstoßrelais

5. Schutzeinrichtungen

35	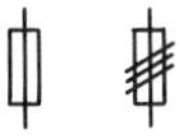	Schmelzsicherung 1 polig 3 polig
36		Leitungsschutzschalter
37		Motorschutzschalter
38	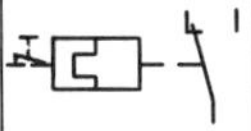	Bimetallrelais mit Rückgangsperre

6. Meldegeräte

39		Leuchtmelder
40	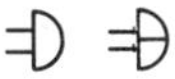	Klingel, Gong
41		Summer
42	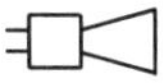	Hupe
43		Sirene
44		Schauzeichen

7. Maschinen, Transformatoren

45		Generator
46		M Motor, G Generator 3 ~ Drehstrom — Gleichstrom
47	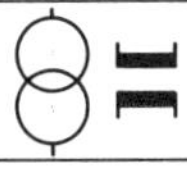	Transformator

8. Widerstände und sonstiges

48		Widerstand nicht linear
49	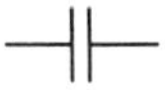	Kondensator
50	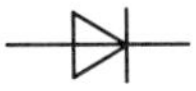	Diode

Tab. 2/2 Gerätedarstellung durch Zusammensetzen von Schaltzeichen

Antriebsglied	Zwischenglied	Schaltglied	Schaltbild	Kurzzeichen	Gerätebezeichnung
Handbetätigung	Einrastung Wirkverbindung				handbetätigter Ausschalter 3 polig
Nockenbetätigung	Selbsttätiger Rückgang nach erfolgter Betätigung	Öffner Schließer			Endtaster mit Öffner und Schließer
E-Magnetantrieb	5 s verzögert nach rechts bewegt nach 5 Sek.	Wechsler	5 s	5 s	elektromagnetisches Zeitrelais mit Wechsler einschaltverzögert

2.2. Schaltgeräte

Geräte, in denen Strompfade verbunden, unterbrochen bzw. getrennt werden, lassen sich unter dem Sammelbegriff „Schaltgeräte" zusammenfassen. Zu den Schaltgeräten gehören außer den Schaltern auch Anlasser, Steckvorrichtungen und Sicherungen. Zur Verhütung von Schäden und Unfällen müssen alle Schaltgeräte, die sowohl für die Funktion als auch für die Sicherheit einer elektrischen Anlage von größter Bedeutung sind, den Anforderungen nach **VDE 0660** genügen.
Danach müssen Schaltgeräte den betriebsmäßig auftretenden Strömen und mechanischen Beanspruchungen gewachsen sein, ohne Schaden zu nehmen und ohne die Sicherheit zu gefährden.

2.2.1. Schaltkontakte

Zu den störanfälligsten Bauteilen der Schaltgeräte zählen die Kontakte. Die gebräuchlichsten Kontaktarten sind Druckkontakte nach Bild 2/1a, wie sie z.B. bei Drucktastern und Mikroschaltern verwendet werden. Auch reibende Kontakte, wie z.B. Walzenschaltkontakte und Messerkontakte, sind gebräuchlich. Eine besondere Art des Kontaktes ist der Quecksilberschaltkontakt nach Bild 2/1b.
Die festen und beweglichen Kontaktstücke unterliegen während des Schaltvorganges mehr oder weniger starken Funken- oder Lichtbogenbeanspruchungen, die Veränderungen auf der Kontaktoberfläche zur Folge haben. Auch bei geschlossenen Kontakten kann bereits durch den Betriebsstrom infolge einer hohen Stromdichte in der Übergangsstelle eine merkliche Erwärmung auftreten. Bei dem Druckkontakt in Bild 2/1a ist ersichtlich, daß die Berührungsflächen nicht plan aufeinanderliegen. Der Stromübergang erfolgt, bedingt durch die Oberflächenrauheit und Unebenheit der Kontakte, nur an wenigen Stellen.

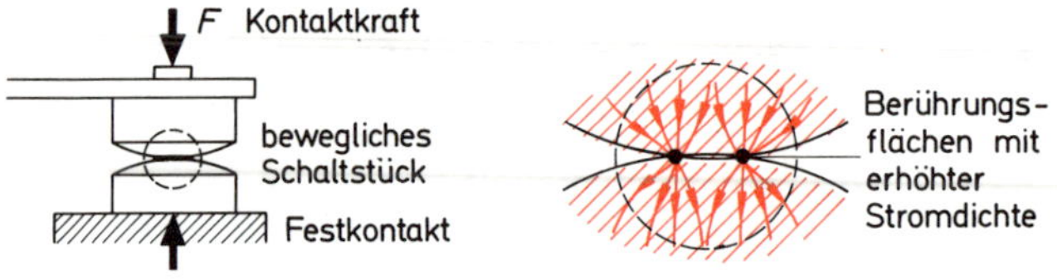

Bild 2/1a Schaltkontakt (Druckkontakt)

Die Erwärmung ist abhängig von der Größe des Übergangswiderstandes, und sie nimmt quadratisch mit ansteigendem Strom zu. Es ist also ein kleiner Übergangswiderstand anzustreben.
Der **Übergangswiderstand** wird aus dem Engewiderstand und dem Fremdwiderstand gebildet.
Der **Engewiderstand** entsteht an der Stelle der Querschnittseinengung infolge kleiner Berührungsflächen zwischen den Kontakten. Durch glatte Kontaktoberflächen, vorgeschriebenen Kontaktdruck, entsprechende Härte und gute Leitfähigkeit des Kontaktwerkstoffes läßt sich der Engewiderstand positiv beeinflussen.
Der **Fremdwiderstand** wird durch Fremdstoffe oder Verunreinigungen und durch Oxidschichten mit schlechter Leitfähigkeit an der Kontaktoberfläche gebildet. Durch das Ölen von Kontakten wird der Fremdwiderstand vergrößert. Den größten Schutz gegen Verunreinigungen bieten Schutzrohrkontakte, die in einem Glasrohr gasdicht eingeschmolzen sind (Reedrelais- und Quecksilberschaltkontakte).
Außer einem guten Übergangswiderstand im kalten wie auch warmen Betriebszustand werden an Schaltkontakte weitere Anforderungen gestellt, wie z.B.:
gute Wärmeleitfähigkeit zwecks besserer Kühlung,
geringe Neigung zum Verschweißen sowie zur Werkstoffwanderung,
hohe mechanische Verschleißfestigkeit und
chemische Beständigkeit.
Diese Eigenschaften erhält man vor allem durch entsprechende Kontaktwerkstoffe.

Kontaktwerkstoffe

Für Steuerstromkreise kommen hauptsächlich Kontakte mit Überzügen aus **Feinsilber** (Ag, lat. Argentum) oder Silberbronzen in Frage, da Silber und Silberoxide elektrisch und thermisch rel. gut leiten.
Silber-Kadmium-Legierungen verringern die Neigung zum „Kleben" der Kontakte, und **Silber-Palladium** erhöht die chemische Beständigkeit.
Die Wolfram-Kontakte sind sehr abbrandfest, und sie werden bei großen Schalthäufigkeiten z.B. an Reglern eingesetzt.
Kupferkontakte finden in der Starkstromtechnik Verwendung. Auf der Kontaktoberfläche bilden sich Kupferoxide. Da sich diese schlecht leitenden Oxidschichten bei kleinen Kontaktdrücken besonders nachteilig bemerkbar machen, ist die Anwendung von Kupferkontakten auf Schaltgeräte größerer Leistung begrenzt.
Bei kleinsten Spannungen und geringsten Kontaktdrücken finden **Goldlegierungen** (Au-Legierungen) mit Ag, Cu, Ni, Ko, Pt oder Pd Verwendung.

Quecksilber-Schaltkontakt

Die Prinzipdarstellung dieses Kontaktes ist in Bild 2/1b aufgeführt. Im Gegensatz zum herkömmlichen Schaltkontakt benötigt der Quecksilber-Schaltkontakt keine zusätzliche Kontaktkraft. Die in eine Glasröhre eingeschmolzenen Elektroden werden in der Einschaltlage durch das flüssige

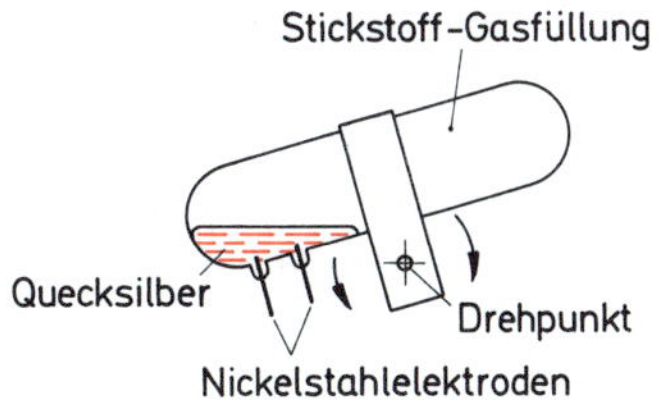

Bild 2/1b Quecksilberschaltkontakt

Quecksilber gebrückt. Bei Verwendung von Schutzgas kann ein Verzundern und eine Oxidation stark herabgemindert werden, so daß eine Lebensdauer von mehreren Millionen Schaltspielen ohne Wartung erreicht wird.

Funken und Lichtbogenentstehung

Das Öffnen und Schließen eines unter Spannung stehenden Stromkreises kann einen Abreiß- bzw. Schließfunken zur Folge haben. Je nach Größe des Stromes, der Spannung und der Induktivität des zu schaltenden Stromkreises ist die Funkenbildung weniger oder stärker ausgeprägt. Die stärkste Form der Funkenbildung ist der Lichtbogen, der aufgrund seiner hohen Temperatur Kontaktmaterial zum Verdampfen bringen kann. Die Entstehung des Lichtbogens beginnt damit, daß mit geringer werdender Kontaktkraft der Engewiderstand und damit die Stromdichte bis unmittelbar vor der Kontaktöffnung ansteigt.
Der Spannungsabfall am Kontakt nimmt ebenfalls mit steigendem Übergangswiderstand zu. Die im Stromkreis vorhandene Selbstinduktion ist bestrebt, den Stromfluß aufrechtzuerhalten. Während der Kontaktöffnung steigt die Stromdichte an der Kontaktstelle derart an, daß eine starke Materialerwärmung eintritt. Austretende Elektronen ionisieren die kurze Luftstrecke zwischen den Schaltstücken, die damit elektrisch leitend wird. Es kann ein Funke überschlagen, oder aus mehreren Funken bildet sich ein Lichtbogen.
Bei Gleichstrom ist die Funken- oder Lichtbogenbildung stärker ausgeprägt als bei Wechselstrom, da der Gleichstrom nicht periodisch durch Null geht. Im Nulldurchgang ist die Lichtbogenstrecke entionisiert, also nichtleitend. Um die Lichtbogenwirkung zeitlich zu begrenzen, sind Schaltkontakte möglichst kurzzeitig, also sprunghaft mit hoher Geschwindigkeit, zu öffnen oder zu schließen.
Beim Schließvorgang treten häufig Prellerscheinungen auf. Das heißt, nach dem Schließen federn die beweglichen Schaltstücke mehrfach zurück, so daß wiederum Lichtbögen entstehen können. Durch federnd nachgebende Konstruktionen und gleichmäßige Kräfteverteilungen werden Prellungen gedämpft, bzw. es wird die Prelldauer verkürzt (Bild 2/25c Seite 211).
Bei verschiedenen handbetätigten Schaltgeräten mit schleichenden Schaltbewegungen, wie z.B. beim älteren Walzenschalter ohne ausgeprägte Einrastung der Schaltstellung, ist es ratsam, zügig durchzuschalten, um schleichende Kontaktgebungen zu verhindern. In messenden Schaltgeräten mit schleichenden Schaltbewegungen, wie z.B. in Wächtern, Begrenzern, Reglern usw., werden vielfach Momentschalter verwendet, deren Kontakte sprunghaft umschalten (Abschnitt 2.2.4.3).

Funkenlöschung

Das Schalten von Gleichstrom bewirkt im verstärkten Maße Abreißfunken und damit einen größeren Kontaktabbrand gegenüber Wechselstrom.
Bei Schaltgeräten in Gleichstromkreisen mit kleiner Leistung läßt sich die Funkenbildung am Schaltkontakt und damit auch die Funkstörung dadurch vermindern, daß man eine Reihenschaltung aus einem Kondensator C und einem Widerstand R parallel zum Schaltkontakt legt (Bild 2/1c).
Im geschlossenen Zustand des Schaltkontaktes ist der Kondensator über den Widerstand kurzgeschlossen und entladen. Mit dem Öffnen der Kontaktstelle beginnt die Kondensatoraufladung.
Der Ladestrom, der zum Kondensator fließt, kling ab, und die Spannung am Kondensator und am Schaltkontakt nimmt zu. Bevor die Spannung den Überschlagsspannungswert überschreitet, ist der Schaltkontakt so weit geöffnet, daß ein Funke nicht mehr entstehen kann.
Im geöffneten Zustand des Schaltkontaktes ist der Kondensator bis zum anstehenden Spannungswert aufgeladen. Beim Schließvorgang begrenzt der Widerstand R den Entladestrom und vermindert somit einen Schließfunken.

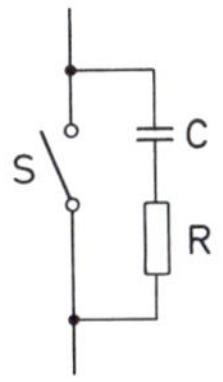

Größenangabe von Kapazitäts- und Widerstandswerten beim Schalten von Gleichstrom

Belastung P in W	Spannung U in V	Kapazität C in µF	Widerstand R in Ω
ca 100	200 ... 400 V	0,25	0,5
200 ... 500	200 ... 400 V	0,50	1,0

Bild 2/1c Funkenlöschung mit R-C-Schaltglied

Bild 2/1d Lichtbogenlöschkammer ▶

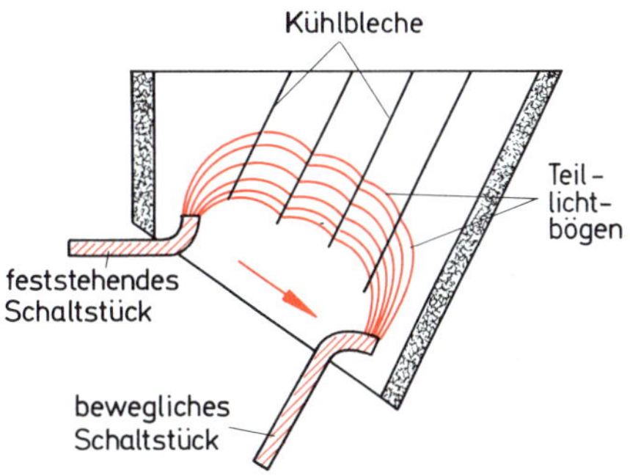

Lichtbogenlöschung

Schaltgeräte mit größerem Schaltvermögen sind so konstruiert, daß entstehende Lichtbögen schnell zum Erlöschen gebracht werden. Die Löschung erfolgt in sogenannten Entionisierungskammern, die zur Kühlung und zur Teilung der Lichtbögen Kühlbleche enthalten. Diese Lichtbogenkammern verhindern außerdem Querschlüsse, d.h. Überschläge in die Nachbarschaltzone.
Um die Lichtbogenstrecke zu vergrößern und um sie damit schneller zum Abreißen zu bringen, können auch sogenannte **Blasmagneten** verwendet werden. Der Lichtbogen besteht aus ionisiertem Gas, das auch als Plasma bezeichnet wird. Es ist stromleitend und hat somit ein eigenes Magnetfeld. Der Lichtbogen wird durch das Zusammenwirken der Magnetfelder abgedrängt. Man spricht dann von magnetischer Beblasung. Das Verbrennen der Schaltkontaktflächen wird dadurch vermindert, daß der Lichtbogen zu den hörnerförmigen Kontaktverlängerungen abwandert. Bei den hier nicht aufgeführten Hochspannungsschaltgeräten sind andere, aufwendige Konstruktionen zur Lichtbogenlöschung notwendig.
Grundsätzlich unterscheidet man bei Schaltgeräten über 1000 V Lichtbogenlöschungen durch Gasströmungen (Hartgasschalter, Druckgasschalter) und Flüssigkeitsströmungen (Ölströmungsschalter, Expansionsschalter). Erklärungen siehe Band „Installationstechnik" — Mittelspannungs-Schaltgeräte.

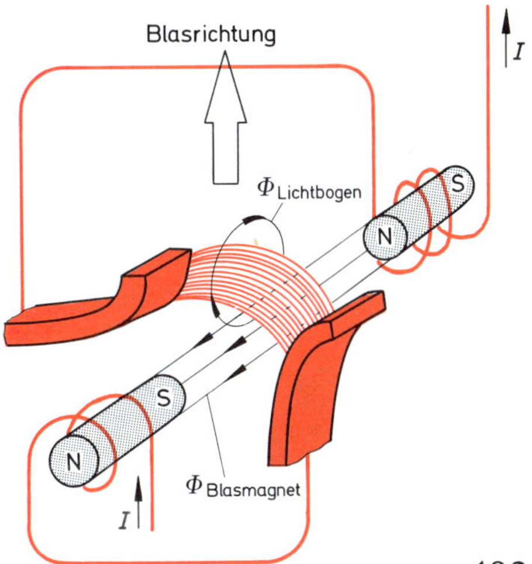

Bild 2/1e Prinzipdarstellung eines Blasmagneten

2.2.2. Schaltvermögen

Kennzeichnende Größen eines Schaltgerätes sind das **Nenn-Einschaltvermögen** und das **Nenn-Ausschaltvermögen.**
Das Nenn-Einschalt- oder -Ausschaltvermögen gibt an, welchen größten Strom das Schaltgerät bei einer bestimmten Spannung und einem bestimmten Leistungsfaktor cos φ ohne Schaden zu nehmen ein- oder ausschalten kann. Das Schaltvermögen wird entweder direkt in Ampere (A) oder in Kiloampere (kA) angegeben.
Eventuell wird die Größe der Vorsicherung genannt, die einen unzulässig hohen Kurzschlußstrom auf den zulässigen Wert begrenzt. Auch bei geschlossenen Schaltkontakten kann eine Überbeanspruchung des Schaltgerätes auftreten, wie z.B. im Kurzschlußfall, wenn eine zu groß ausgewählte Vorsicherung einen Abschaltstrom zuläßt, der für das Schaltgerät zu groß ist.
Überschreitet ein auftretender Kurzschluß bzw. Abschaltstrom das Schaltvermögen des Schaltgerätes, so können die Schaltkontakte verbrennen bzw. verschweißen. Der Lichtbogen und die auftretenden Stromkräfte können das Schaltgerät im Extremfall zerstören.
Werden Schaltgeräte ausgewechselt oder nachträglich eingebaut, so ist im Zweifelsfall festzustellen, wie hoch der zu erwartende Kurzschlußstrom an der Einbaustelle werden kann. Liegen mehrere Schaltgeräte an einer gemeinsamen Sicherung (Gruppensicherung), so darf der zulässige Höchstwert (Ia) der Vorsicherung das Schaltvermögen des kleinsten Schalters nicht überschreiten. Je nach Sicherungsart läßt sich mit einem zugehörigen Abschaltfaktor der Abschaltstrom berechnen (Abschnitt 2.2.9). Bei Gleichstrom ist das Schaltvermögen, bezogen auf Wechselstrom, wesentlich geringer.

Einteilung der Schaltgeräte nach dem Schaltvermögen

1. Leerschalter

Leerschalter sind zum Schalten von Spannungen bzw. zum annähernd **stromlosen Schalten** von Strompfaden geeignet.
Anwendung als Sicherungs-Leer-Trenner (siehe Bild 2/2a), die vor Leistungsschaltern und Sicherungen angeordnet werden. Sie sind konstruktiv als Hebelschalter mit Doppel-Messerkontakten ausgelegt, haben eine hohe thermische und dynamische Kurzschlußfestigkeit und sind zum Fortleiten großer Nennströme verwendbar. Zum Schalten von Nennströmen sind Leerschalter nicht zu benutzen. Kurzschaltzeichen siehe Bild 2/2b.

*Bild 2/2a
Sicherungsleertrenner
und Schaltzeichen*

*Bild 2/2b
Leerschalter
Trennschalter*

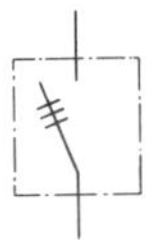

*Bild 2/3
Lastschalter
(Motorschalter)*

*Bild 2/4
Lasttrenn-
schalter*

Bild 2/5a
Leistungsschalter, Abbildung

Bild 2/5b
Leistungsschalter, Schaltkurzzeichen

2. Lastschalter

Die meisten gebräuchlichen Schaltgeräte der Hausinstallation, wie Licht- und Geräteschalter, haben das Schaltvermögen von Lastschaltern. Mit Lastschaltern können Ströme bis ca. zum **doppelten Nennstrom** geschaltet werden.
Anwendung z.B. als FI- oder FU-Schutzschalter in Verteilungen oder als Hebelschalter für Steuerungszwecke (Kurzschaltzeichen, siehe Bild 2/3 und als Lasttrennschalter Bild 2/4).

3. Motorschalter

Dort wo erhöhte Anlaufströme zu erwarten sind, wie z.B. bei Stromkreisen mit Asynchronmaschinen, werden Motorschalter verwendet.
Motorschalter sind in der Lage, Anlaufströme vom **3- bis 8fachen Motornennstrom** bei einem cos φ von rd. 0,4 zu schalten.
Anwendung als Y Δ-Schalter, Wendeschalter oder allgemein als Steuerschalter (Bild 2/6). Kurzschaltzeichen eines Motorschalters siehe Bild 2/3.

4. Leistungsschalter

Leistungsschalter können **Kurzschlußströme** ein- und ausschalten. Anwendung z.B. als Motorschutzleistungsschalter, zum Schalten großer Kurzschlußläufermotoren und Kondensatoren (Bild 2/5a, Abschnitt 2.2.9.6). Leistungsschalter können auch aus Schützen mit thermischen und magnetischen Auslösern zusammengestellt werden. Kurzschaltzeichen siehe Bild 2/5b.

2.2.3. Auswahl der Schaltgeräte

Die Schaltgeräte werden den der Praxis entsprechenden Erfordernissen angepaßt. Falsch angewendete, zu schwach ausgelegte oder zu stark überdimensionierte Schaltgeräte sind unzweckmäßig und haben damit höhere Kosten zur Folge. Für die verschiedenartigsten Anwendungsfälle stehen entsprechende Schaltgeräte zur Auswahl bereit. In Tabelle 2/3 soll ein großer Überblick darüber vermittelt werden, welche Gerätearten bestimmten Anwendungsfällen zuzuordnen sind.

Tab. 2/3 Auswahl der Schaltgeräte

Anwendungsfall	Schaltgeräteart
Überstromschutz von Leitungen und Geräten	Sicherungen, Leitungsschutzschalter, Sicherungstrenner, Leistungsschalter
Überstromschutz von Motoren	Motorschutzschalter, Schütze mit therm. bzw. magn. Auslösern in Verbindung mit Sicherungen
Unterspannungsschutz	Schutzschalter mit Unterspannungsauslösung (Schütze mit Selbsthaltung)
Schalten von Motoren mit handbetätigten Schaltern	Steuerschalter, wie z.B. Nockenschalter und Walzenschalter, als Aus-, Y △-, Wende-, Polumschalter usw. Anlasser, Motorschutzschalter, Motorschutz-Leistungsschalter
Fernbetätigtes Schalten von Motoren	Luftschütze oder Ölschütze. Selbsttätige Luftschütz-Anlaßgeräte, fernbetätigte Motorschutzschalter
Fernbetätigtes Schalten von Kondensatoren	Fernbetätigte Schutzschalter (Leistungsschalter), Luftschütze
Schalten von Hilfsstromkreisen durch: manuelle Betätigung ...	Drucktaster, Steuerschalter u.ä.
automatische Betätigung	Hilfsschütze, Relais, Regler u.a.
wegeabhängige Steuerung (Wegplansteuerung)	Endtaster, Lichtschranke
zeitabhängige Steuerung (Zeitplansteuerung)	Zeitrelais, Programmgeber, Schaltuhr
Drehzahlabhängigkeit	Drehzahlwächter, Fliehkraftschalter
Druckabhängigkeit	Druckwächter und Druckbegrenzer
Temperaturabhängigkeit	Thermostaten, Temperaturregler und Temperaturbegrenzer
Mengenabhängigkeit	Schwimmerschalter, Druckwächter, Druckdifferenzschalter, Strömungsschalter
Luftfeuchteabhängigkeit	Hygrostat

Die spezielle Auswahl von Schaltgeräten geschieht nach folgenden wichtigen Gesichtspunkten und Größen:
Nennstrom (zulässiger Dauerstrom) nach DIN 43626.
Nennspannung oder Reihenspannung (Nenn-Isolationsspannung)
Schaltvermögen
Schalthäufigkeit (dauernd zulässige Schaltspiele je Stunde in S/h bzw. mathem. h^{-1})
Schaltbedingungen (Tippbetrieb, Gegenstrombetrieb, siehe Abschnitt 2.2.7.2)

Lebensdauer (Angabe der Lebensdauer direkt nach der Anzahl der garantierten Schaltspiele oder Klassenangaben nach Tabelle 2/4).
Schutzarten nach DIN 40050 (Schutz gegen Berühren und Eindringen von Fremdkörpern, Wasserschutz, Schlagwetter- und Explosionsschutz).
Weitere Gesichtspunkte sind:
Kosten, Antriebsart, Baugröße, Formgebung usw.
In den Angebotslisten für Schaltgeräte werden neben den technischen Angaben häufig Anwendungsbeispiele mit aufgeführt.

Tab. 2/4 Geräteklassen

Geräteklasse	Lebensdauer in Schaltspielen	Geräte-Beispiel
A_1	$1 \cdot 10^3$	Trenner, große Motor- und große Leistungsschalter
A_3	$3 \cdot 10^3$	
B_1	$1 \cdot 10^4$	kleine Motor- und kleine Leistungsschalter
B_3	$3 \cdot 10^4$	
C_1	$1 \cdot 10^5$	große Schütze, Steuerschalter
C_3	$3 \cdot 10^5$	
D_1	$1 \cdot 10^6$	Luftschütze, Steuerschalter für aussetzenden Betrieb
D_3	$3 \cdot 10^6$	
E_1	$1 \cdot 10^7$	Luftschütze für aussetzenden Betrieb

Benennung der Schaltgeräte

Die Namensgebung für Schaltgeräte erfolgt außer der Angabe des **Verwendungszwecks,** wie z.B. Steuerschalter, Befehlsschalter, Schutzschalter usw., nach dem **Schaltvermögen,** wie z.B. Motorschalter, Leistungsschalter usw. Auch nach der **Antriebsart,** wie z.B. Fußschalter, Schlüsselschalter, und nach der **Wirkungsweise,** wie z.B. Rastschalter, Tastschalter und Schloßschalter, kann man Schaltgeräte benennen. Nach Konstruktionsmerkmalen, wie Nocken-, Walzen-, Mikroschalter, werden auch häufig Schaltgeräte beschrieben.
Unter Schlüsselschalter versteht man Schalter mit Schlüsselantrieb. Schloßschalter sind mechanisch verklinkte Schalter mit einem Schaltschloß. Als Beispiel sei der Leitungsschutzschalter und der Motorschutzschalter genannt.

2.2.4. Steuerschalter

Steuerschalter dienen hauptsächlich dem direkten handbetätigten Schalten von Haupt- und Hilfsstromkreisen. Das Schaltvermögen entspricht dem der Motorschalter. Steuerschalter kommen in der Praxis vielfach als Nocken- und Walzenschalter vor. Sie werden überwiegend als Rastschalter ausgeführt.

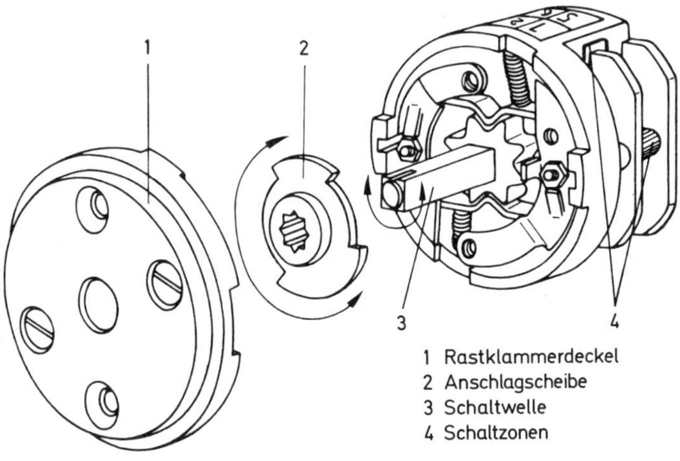

Bild 2/6 Nockenschalter

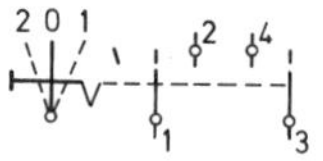

Bild 2/7 Wirkschaltbild eines handbetätigten Steuerschalters

Rastschalter sind Schaltgeräte, die nach dem Betätigen in der neuen Schaltstellung verbleiben. Sie gehen nicht selbsttätig durch Schwerkraft oder Federkraft in die Ausgangsstellung zurück. Jeder Schaltvorgang bedingt eine erneute Betätigung. In Bild 2/6 ist ein Steuerschalter dargestellt. Das dazugehörige Schaltbild ist aus Bild 2/7 ersichtlich.

2.2.4.1. Nockenschalter

Bei einem Nockenschalter werden die Schaltkontakte durch eine Schaltwalze mit aus Isolierstoff bestehenden Nocken betätigt (siehe Bild 2/6). Die beweglichen Schaltstücke werden in der Einschaltstellung durch eine Federkraft verstärkt auf die festen Schaltstücke gedrückt. Durch Betätigen des Antriebs wird die Nockenscheibe bis zur nächsten Einrastung gedreht. Damit werden die beweglichen Schaltstücke abgehoben, und die Stromwege sind unterbrochen. Es kommen hauptsächlich Druckkontakte zur Anwendung, die einem relativ geringen Verschleiß unterliegen. Da sie mit Silberüberzügen versehen sind, lassen sich mit ihnen hohe Schalthäufigkeiten erzielen.

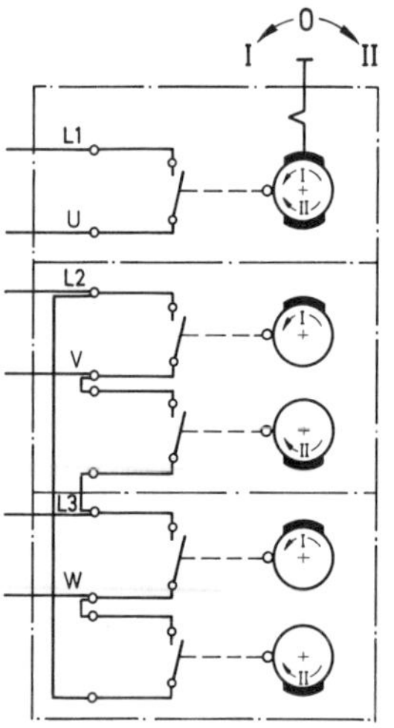

Bild 2/8a Nockenwendeschalter, Prinzipdarstellung

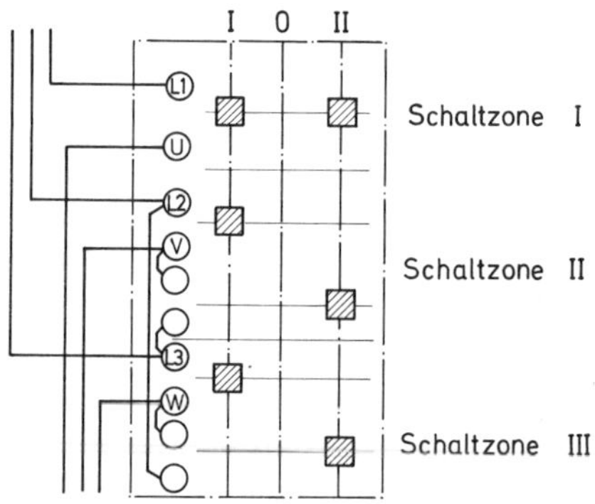

Bild 2/8b Nockenwendeschalter, Schaltbild

Mit dem Aneinanderreihen mehrerer Nockenschaltereinheiten in verschiedenen Schaltzonen erhält man verschiedenste Schaltprogramme bei relativ kleiner Baugröße (Bild 2/8a). Die Schaltzonen werden durch Zwischenwände getrennt, um Lichtbogenüberschläge zu vermeiden. Für die zeichnerische Darstellung eines Nockenschalters werden die Anschlußkontakte jeder Schaltzone so neben- oder untereinander angeordnet, daß nur die zu brückenden Anschlußkontakte unmittelbar nebeneinander liegen (siehe Bild 2/8b). Wird also in einer Einschaltung innerhalb einer Schaltzone die Verbindung zwischen einem Kontaktpaar hergestellt, so ist dieses durch ein nebenstehendes Nockensymbol zu kennzeichnen. Schaltverbindungen zwischen verschiedenen Schaltzonen werden durch Schaltbrücken hergestellt, die an den äußeren Anschlußkontakten anzulegen sind. Leitende Verbindungen innerhalb der Schaltwalze sind nicht möglich.

Meisterschalter

Der Meisterschalter ist ein Steuerschalter mit vielseitigem Schaltprogramm. Er findet Verwendung für Steuerungen z.B. in Kran- und Förderanlagen, in Hütten- und Walzwerken.
Das Äußere eines Meisterschalters ist aus Bild 2/9 ersichtlich. Der Aufbau entspricht im Prinzip dem Aufbau des Nockenschalters. Meisterschalter sind sehr leichtgängig und meistens von Hand über ein Handrad, einen Hebel oder über eine Seilscheibe mit Rückstellfeder zu bedienen. Mit dem Schalthebel können durch Schwenken und Drehen in verschiedenen Richtungen unterschiedliche Schaltvorgänge von Hilfs- und Hauptstromkreisen vorgenommen werden.

Hauptschalter

Bei Be- und Verarbeitungsmaschinen werden lt. DIN-VDE 57113 Hauptschalter vorgeschrieben, um eine Trennung der Steuerung vom Netz vornehmen zu können.
Der Schalter zeichnet sich aus durch eine direkte Betätigung mit eindeutiger **Schaltstellungsanzeige für „Ein und Aus"**, sichtbare Trennstellen mit vorgeschriebenen Luftstrecken lt. VDE 0660 und Abschließbarkeit in der Ausschaltstellung z.B. durch Vorhängeschlösser mit verschiedenen Schlüsseln. Der Hauptschalter soll für die Summe aller Verbrauchernennströme bemessen sein. Für leicht zugängliche Schalter wird Gebrauchskategorie AC3 empfohlen (siehe Abschnitt 2.2.7.2).

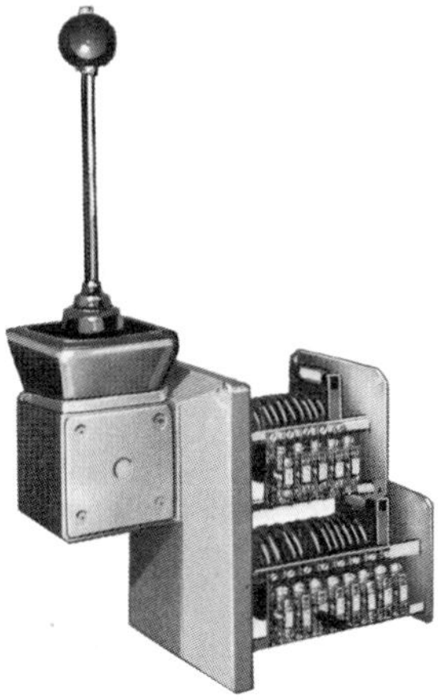

Bild 2/9 Meisterschalter

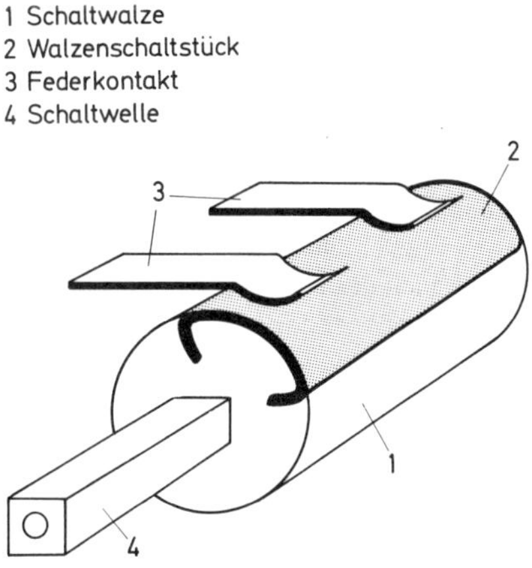

Bild 2/10 Walzenschalterzone

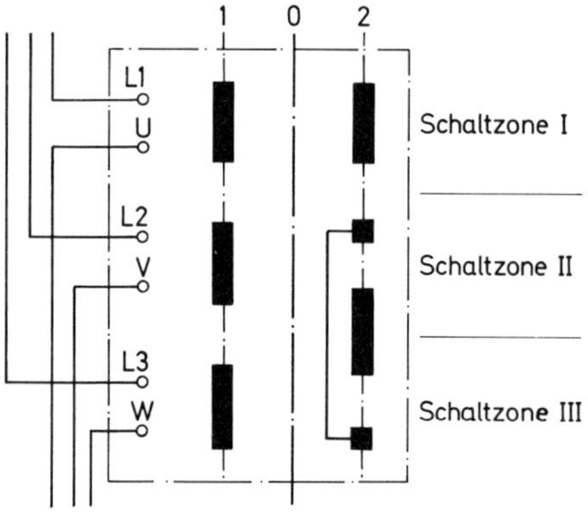

Bild 2/11 Walzenwendeschalter

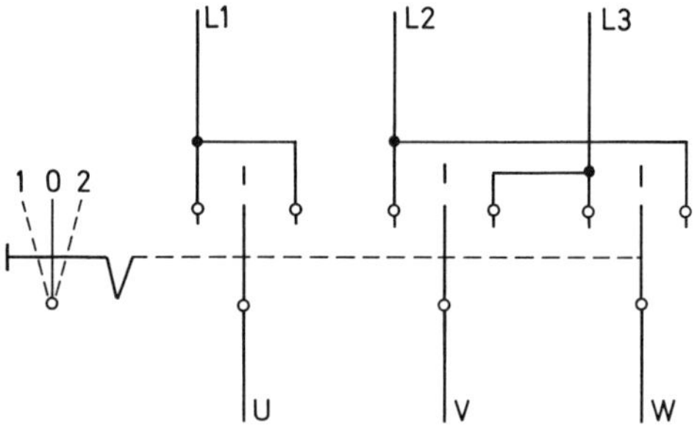

Bild 2/12 Wirkschaltbild des Wendeschalters

2.2.4.2. Walzenschalter

Bei dem Walzenschalter werden die Verbindungen durch leitende Schaltstücke auf der Walze hergestellt. In der Ausschaltstellung können die Federkontakte an den Isolierstoffteilen der Schaltwalze anliegen. Durch Drehung der Welle bis zur Einrastung in der Einschaltstellung nach Bild 2/10 werden die auf der Walze angeordneten Schaltstücke unter die Federkontakte gebracht. Damit ist eine leitende Verbindung hergestellt. Die Schaltstellungen werden durch gesonderte Einrastvorrichtungen arretiert.
Aufgrund der Kontaktreibung und der daraus resultierenden Kontaktabnutzung ist die Schalthäufigkeit geringer als bei Nockenschaltern.
Für die zeichnerische Darstellung von Schaltungsfunktionen bei Walzenschaltern werden die auf der Walze befindlichen Schaltsegmente als Abwicklung neben den symbolisch durch Buchstaben gekennzeichneten Federkontakten aufgeführt (Bild 2/11).
Aus dem Bild 2/11 erkennt man, daß in der Schaltstellung 1 die Anschlüsse L1, L2, L3 über die Schaltsegmente sinngemäß mit U, V, W verbunden werden. In der Schaltstellung 2 wird Anschluß L2 über eine Schaltbrücke in der Walze mit dem Anschluß W verbunden und entsprechend L3 mit V.

Darstellung der Schaltfunktion als Wirkschaltbild

Unabhängig von der Konstruktion der Nocken- oder Walzenschalter lassen sich die Schaltfunktionen durch Wirkschaltbilder darstellen. Dabei sind alle Schaltverbindungen durch die Schaltglieder, wie Schließer und Öffner, aufzuzeichnen, wie es aus Bild 2/12 ersichtlich ist. Diese Darstellung entspricht auch der eines Schalters mit Messerkontakten.

2.2.4.3. Momentschalter (Mikroschalter)

Momentschalter besitzen schnellschaltende Sprungkontakte. Aufgrund kurzer Schaltzeiten werden trotz kleiner Abmaße relativ große Schaltleistungen erzielt. Kleine Momentschalter oder Mikroschalter zeichnen sich außerdem durch relativ kleine Schalthübe aus, und die erforderlichen Antriebskräfte sind gering. Eine Prinzipdarstellung des Sprungkontaktes und das zugehörende Schaltzeichen sind in den Bildern 2/13a und b aufgeführt.
Der Schaltweg des Sprungkontaktes sowie die Schließungs- und Öffnungszeiten sind weitestge-

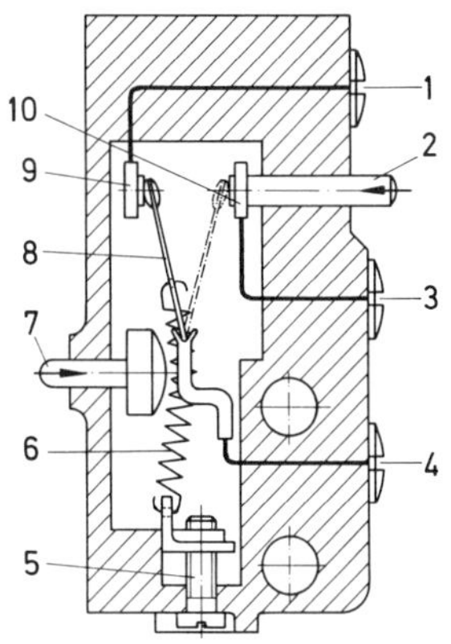

1 Zuleitung zum Öffner
2 Rückstelltaste
3 Zuleitung zum Schließer
4 gemeinsamer Anschluß
5 Justiereinrichtung für Kontaktdruck, Betätigungskraft, Differenzhub
6 Stahl-Schraubenfeder
7 Schalttaste
8 Kontaktwippe
9 Öffner
10 Schließer, gegebenenfalls verstellbar, um wahlweise die mechanische Rückstellung aufzuheben

Bild 2/13a Mikroschalter, Sprungkontakt

Bild 2/13b Mikroschalter, Schaltzeichen

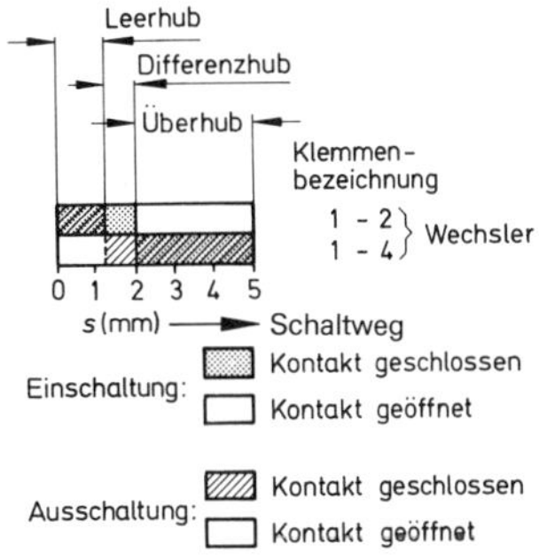

Bild 2/13c Mikroschalter, Diagramm

hend von außen unbeeinflußbar, und sie können nicht, wie zum Beispiel bei einem Druckknopftaster, verlangsamt oder beschleunigt werden.
Die Schaltwege für eine Ein- und für eine Rückschaltung sind in Bild 2/13c wiedergegeben.
Aus dem Schaltwegdiagramm erkennt man, daß der Einschaltpunkt und der Ausschaltpunkt an zwei verschiedenen Stellen liegen. Zwischen beiden Schaltpunkten liegt der sogenannte Differenzhub.
Mit einer relativ kleinen Antriebskraft F wird die Feder mit dem Stößel so weit durchgedrückt, daß die Kontaktbrücke über den Totpunkt hinaus in die neue Schaltstellung hineinspringt.
Beim Zurückgehen des Stößels erfolgt ein Umschalten der Kontaktbrücke erst dann, wenn die Feder den zweiten Totpunkt überschritten hat. Mikroschaltkontakte lassen sich in Verbindung mit entsprechenden Konstruktionsteilen als Tastschalter oder als Rastschalter verwenden. Anwendungsmöglichkeiten ergeben sich als Weg-, Druck- und Temperaturbegrenzer sowie als Programmschalter usw.
Die bei schleichenden, unsicheren Schaltbewegungen entstehenden Lichtbögen und Kontaktverzunderungen lassen sich durch Sprungkontakte sehr vorteilhaft vermindern. Dieses gilt besonders für das Schalten von Gleichstrompfaden.
Durch das sprunghaft schnelle Öffnen der Schaltstücke wird eine Wiederzündung in der Lichtbogenstrecke erschwert und somit der Kontaktabbrand vermindert.

2.2.5. Befehlsschalter

Als Befehlsschalter bezeichnet man allgemein Schaltgeräte, mit denen zum Erteilen von Ein- und Ausschaltbefehlen Steuer- oder Hilfsströme geschaltet werden. Mit den relativ kleinen Hilfsströmen können z.B. die Antriebe von Schützen über Befehlsschalter bzw. Hilfsschaltgeräte betätigt werden. Die Hauptkontakte der Schütze vermögen die relativ großen Leistungen der Verbraucher ein- oder auszuschalten. Eine gebräuchliche Art des Befehlsschalters ist der Druckknopftaster oder allgemein der Tastschalter.

Bild 2/14a
Druckknopftaster

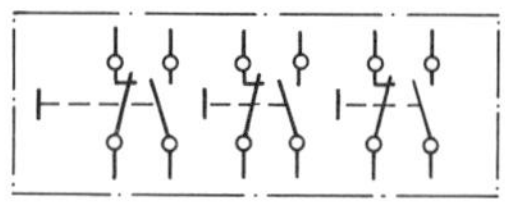

Bild 2/14b
Druckknopftaster, Schaltzeichen

Bild 2/15a
Fußtaster

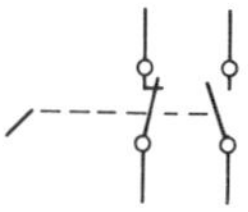

Bild 2/15b
Fußtaster-Schaltzeichen

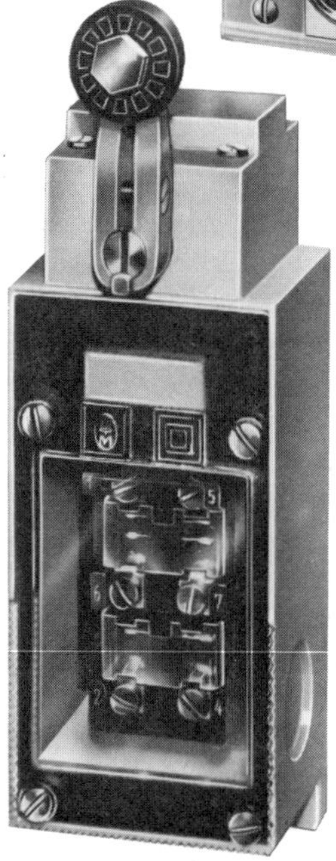

Bild 2/16a Endtaster

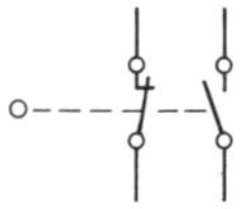

Bild 2/16b
Endtaster, Schaltzeichen

Unter Tastschalter versteht man Schaltgeräte mit Rückzugskräften. Nach erfolgter Betätigung geht der Schalter automatisch durch eine Rückstellfeder in die Ausgangslage zurück. Weitere typische Beispiele für Befehlsschalter sind außer dem Drucktaster der Schwenktaster, der Grenz- oder Endtaster sowie noch die Wächterarten, z.B. Druck-, Temperatur-, Drehzahlwächter usw. Einige Beispiele mit den entsprechenden Schaltzeichen sind aus den Bildern 2/14a bis 2/16b ersichtlich.

2.2.5.1. Druckknopftaster

Als Schaltglieder werden überwiegend Druckkontakte mit Überzügen aus verschleißfesten Silberlegierungen verwendet, wodurch eine große Lebensdauer erzielt wird. Eine Prinzipdarstellung des Drucktasters ist aus Bild 2/17 zu ersehen. Damit Eintaster bei ungewollten, großflächigen Berührungen nicht betätigt werden, sind die Druckknöpfe mit der Gehäuseoberfläche ebenbündig ausgeführt.

Bild 2/17 Kontaktelement eines Drucktasters

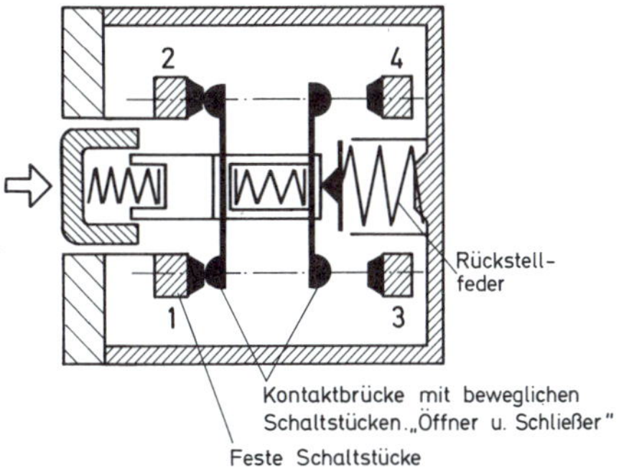

Schaltfolge

Um ein zufälliges Schalten bei leichtem Berühren des Tastknopfes zu vermeiden, wird beim Hineintasten die erste Feder vorgespannt, ohne daß die Kontaktbrücken betätigt werden. Nach diesem Vorhub wird der Öffner mit den Klemmenbezeichnungen 1 und 2 abgehoben, aber der Schließer bleibt noch geöffnet. Durch weiteres Hineindrücken des Tasters wird die Rückstellfeder weiter gespannt. Nach dem Schließen des Schließers mit den Klemmenbezeichnungen 3 und 4 wird der Tastknopf bis zum Anschlag hineingedrückt. Damit entsteht ein Überhub, womit die Federkraft verstärkt und der erforderliche Kontaktdruck erzielt wird. Beim Loslassen des Tastknopfes wird zunächst der Schließer wieder geöffnet und dann wird der Öffner geschlossen.

Tasteranordnung und Farben für Druckknöpfe

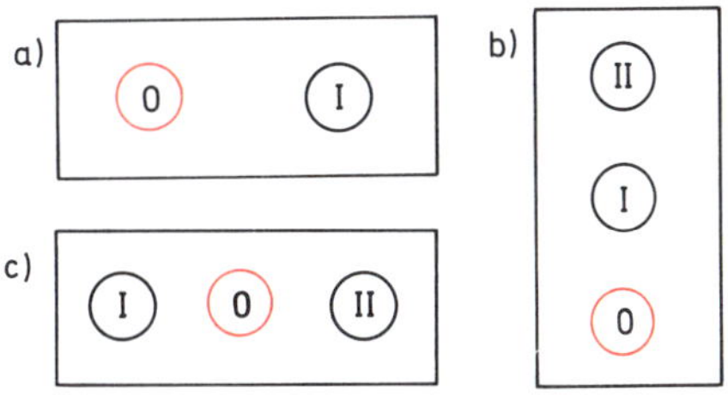

Bild 2/18a bis c Tasterkennzeichnung und Anordnung

Durch das Unterbringen mehrerer Kontaktelemente in einem gemeinsamen Gehäuse ergeben sich Tastertafeln für verschiedenste Anwendungsfälle. Einige Beispiele sind in den Bildern 2/18a bis c aufgeführt. Zum leichten Auffinden der Taster, vor allem des Austasters im Störungs- oder Notfall, ist die Kennzeichnung von Aus- und Eintastern nach DIN-VDE 57113 auszuführen.

Der Aus-Druckknopf soll rot und mit 0 gekennzeichnet sein. Die Anordnung ist normalerweise auf der linken Seite, wie in Bild 2/18a, oder unten, wie in Bild 2/18b, dargestellt. Bei Wendeschaltungen wird der Aus-Druckknopf in der Mitte zwischen den beiden Ein-Druckknöpfen angeordnet, wie es Bild 2/18c zeigt.

Einschaltknöpfe müssen die Farbe Grün oder Schwarz und gegebenenfalls Symbole z.B. I oder II aufweisen.

Not-Aus-Taster

Als **Not-Aus-Taster** werden rote Pilztaster ohne Aufdruck und ohne Leuchtmelder vor einem gelben Kontrastuntergrund vorgeschrieben. Die Handhabe muß vom Standplatz des Bedienenden aus schnell und ohne Schwierigkeiten möglich sein.

Meldeleuchten

Außer der farblichen Kennzeichnung von Tastern gibt es eine Festlegung der Leuchtmelderfarben zur Anzeige bestimmter Betriebszustände nach DIN-VDE 57113:

Betriebszustand:	Lichtfarbe:	Aufforderung für:
Anormaler Betriebszustand bzw. Störung	rot	Gefahr beseitigen bzw. Ausschalten.
Einwandfreier Ruhezustand bzw. Normal	grün	Einschalten
Grenzwertnäherung bzw. kritisch	gelb	Beachtung
Normaler Betriebszustand	weiß	
Sonderfunktionen	blau	

Zweckmäßigerweise verwendet man Lampen mit Steck- oder Bajonettfassungen, um Ausfälle durch Selbstlockern zu vermeiden.

2.2.5.2. Grenztaster oder Endtaster

Grenztaster sind wegeabhängige Befehlsschalter mit Rückzugskraft. Sie werden hauptsächlich als Begrenzer in Hilfsstromkreisen, gelegentlich auch in Hauptstrompfaden, eingesetzt.
Begrenzer haben die Aufgabe, Strompfade ein- oder auszuschalten, sobald der Grenzwert der zu überwachenden Größe erreicht ist. Als Beispiel sei die Schützsteuerung für ein Garagentor genannt. Sobald das Garagentor seine Grenzposition erreicht hat, wird durch den Grenztaster der Steuerstrom des jeweiligen Hauptschützes für „Schließen" oder „Öffnen" unterbrochen, so daß der Antriebsmotor durch das Schütz abgeschaltet wird.
Weitere Anwendungen der Grenztaster sind möglich bei Verriegelungen zur Sicherung gegen Wiedereinschaltungen oder zur Einleitung von weiteren Schaltvorgängen, wie zum Beispiel Übergang von Langsam- auf Schnellvorschub oder Einschaltung anderer Arbeitsgänge an Drehmaschinen und Automaten. Neben einfachen Wegbegrenzungen kann man Grenztaster benutzen, um mehrere Schaltvorgänge während eines Bewegungsablaufes durchzuführen, und zwar nicht nur in Längsrichtung, sondern auch bei Drehbewegungen. Wegabhängige Endtaster sind in den Bildern 2/19a und b aufgeführt. Das zugehörige Schaltzeichen ist aus Bild 2/19c ersichtlich. Grenztaster sind so anzuordnen, daß sie beim Überfahren nicht beschädigt werden und daß sie gegen unbeabsichtigtes Betätigen geschützt sind. Je nach gegebenem Anwendungsfall können verschiedene Arten

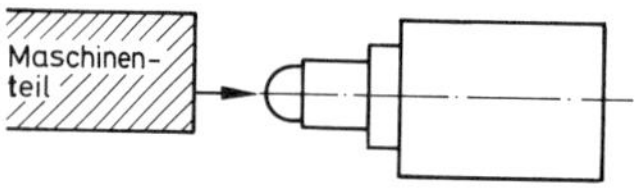

Bild 2/19a Grenztaster

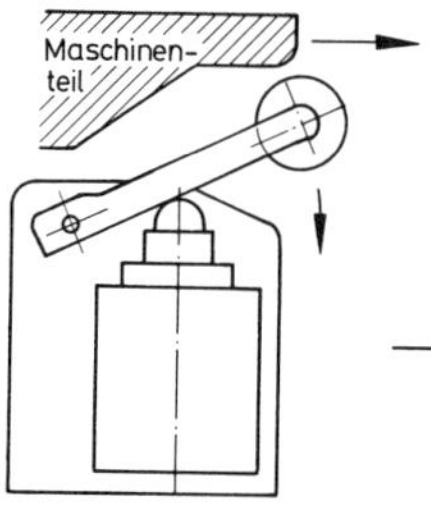

Bild 2/19b
Grenztaster mit Rollenhebel

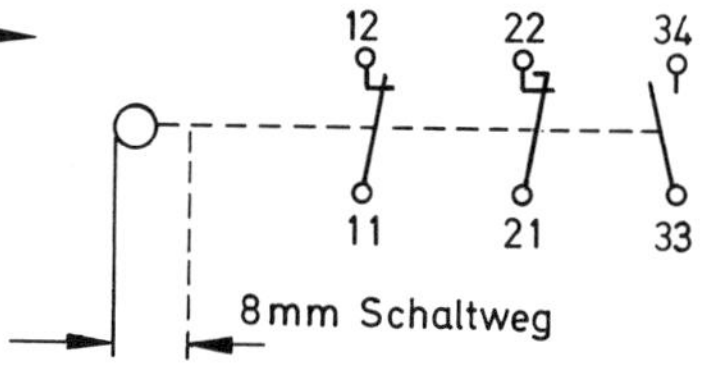

Bild 2/19c
Grenztaster, Schaltzeichen

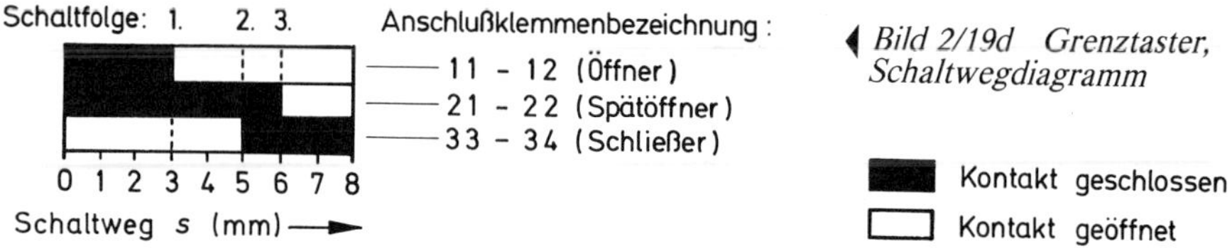

Bild 2/19d Grenztaster, Schaltwegdiagramm

von Grenztastern eingesetzt werden, z.B. mit oder ohne Rollenhebel (Bild 2/19a und b) oder berührungslose Grenztaster mit magnetischer Beeinflussung eines Mikroschaltkontaktes.
Um allen praktischen Anwendungsfällen gerecht zu werden, sind die Kontaktsätze im Normalfall als Schließer und Öffner vorhanden, und für den Spezialfall gibt es verschiedenste Kontaktzusammenstellungen. Die Schließ- und Öffnungszustände der Kontakte sind zum besseren Überblick im Schaltwegdiagramm aufgeführt.

Schaltwegdiagramm

Aus dem Diagramm Bild 2/19d ist sofort zu ersehen, daß sich der Spätöffner und der Schließer in der Einschaltung überschneiden. In der Ruhestellung bei $s = 0$ sind der Öffner sowie der Spätöffner geschlossen, und der Schließer ist geöffnet.
Wird der Stößel bis zum Anschlag bei $s = 8$ mm eingetastet, so wird laut Diagramm folgende Kontaktbewegung durchgeführt:

1. Kontakt 1 1—1 2 öffnet bei $s = 3$ mm
2. Kontakt 3 3—3 4 schließt bei $s = 5$ mm und
3. Kontakt 2 1—2 2 öffnet bei $s = 6$ mm.

Bei der Zurückführung wird die umgekehrte Schaltfolge durchlaufen.

2.2.5.3. Programmgeber

Programmgeber sind im allgemeinen motorangetriebene Schalter (Bild 2/20a), mit denen parallele oder nacheinanderfolgende Funktionsabläufe in kontinuierlicher Weise durchgeführt werden können.
Programmgeber werden in der nachstehend beschriebenen Ausführung überwiegend im Werkzeugmaschinensektor, in Waschautomaten, bei Lichtreklamen usw. eingesetzt. In spezieller Ausführung werden Programmgeber als Schaltuhren zum Freigeben von Nieder- und Hochtarifen an Elektrizitätszählern verwandt.
Als Motorantrieb dient ein Synchronmotor, damit der Zeitablauf infolge unerwünschter Spannungsschwankungen unbeeinflußt bleibt. Die Schaltwalze wird über ein Getriebe mit starker Untersetzung betätigt. Die Umlaufzeit ist über das Vorgelege variierbar und kann bis zu einigen Stunden andauern. Durch die auf der Schaltwalze angeordneten verdrehbaren Schaltscheiben mit Nocken aus verschleißfestem Kunststoff werden die Kontakte betätigt (Bild 2/20b).
Es werden häufig offenliegende Sprungkontakte oder Mikroschalter verwendet, um schleichende Kontaktgaben und Schaltpunktwanderungen zu vermeiden.

Bild 2/20a Programmgeber, Abbildung

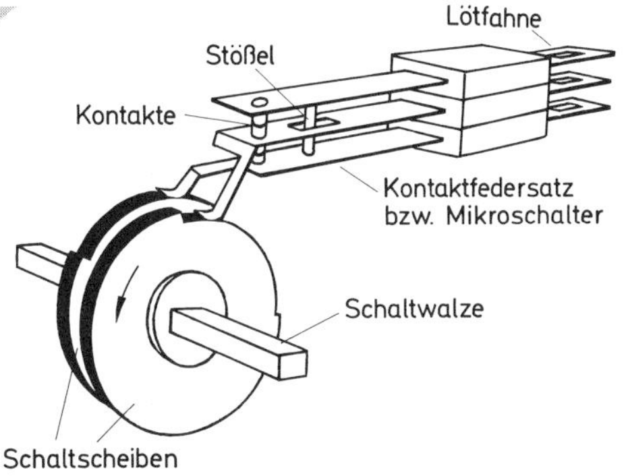

Bild 2/20b Programmgeber, Prinzipdarstellung

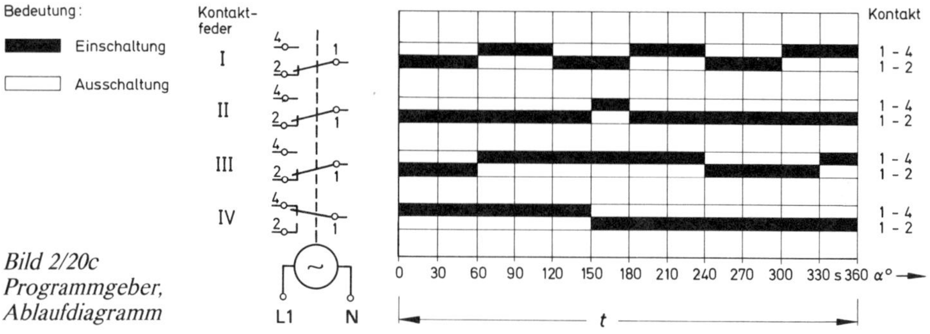

Bild 2/20c
Programmgeber,
Ablaufdiagramm

Zur Darstellung des Schaltprogramms wird ein Ablaufdiagramm nach Bild 2/20c gezeichnet. Programmsteuerungen lassen sich je nach Art und Umfang außer durch motorangetriebene Geber auch mit magnetisch angetriebenen Schaltwerken, sogenannten Schrittschaltwerken, durchführen.

2.2.5.4. Zeitrelais

Zeitrelais sind Schaltgeräte, mit denen zeitverzögerte Ein- und Ausschaltvorgänge überwiegend in Hilfsstromkreisen von Relais- und Schützsteuerungen durchgeführt werden. Unter „Relais“ versteht man allgemein ein Schaltgerät, welches ein Eingangssignal umsetzt in ein oder mehrere Ausgangssignale. Beim Zeitrelais wird das Ausgangssignal zeitverzögert erteilt.
Zur Erweiterung von handbetätigten Schützsteuerungen lassen sich z.B. mit Hilfe von Zeitrelais automatische Anlaßschaltungen für Drehstrommotoren erstellen. Als Beispiele seien die automatische Sterndreieckschaltung, die Anlaßschaltung für einen Drehstrom-Schleifringläufermotor und die Kusa-Schaltung genannt (siehe Bild 2/86, 87, 91, Seite 274 bis 281).
Die Ansicht eines mit einem Synchronmotor angetriebenen Zeitrelais zeigt Bild 2/21a, und das zugehörige Schaltbild gibt Bild 2/21b wieder. Außer den motorischen Antriebssystemen sind elektromagnetische und elektrothermische Antriebe gebräuchlich. In der Praxis haben sich elektronische Zeitrelais durchgesetzt.

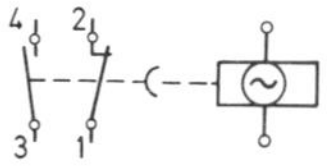

Bild 2/21b Zeitrelais, Schaltbild

Bild 2/21a Zeitrelais, Abbildung

Wirkungsweise des elektromechanischen Zeitrelais

Auf der Einstellskala des Zeitrelais wird der Verzögerungsmechanismus, bestehend aus Uhrwerk, Pneumatik oder Thermik, auf die Verzögerungszeit in Sekunden, Minuten oder Stunden eingestellt. Die Verzögerungszeit wird gemessen vom Ein- oder Ausschalten des Antriebs bis zum Betätigen der Schaltkontakte. Je nach Bedarf kommen ein- oder ausschaltverzögerte Relais zur Anwendung.

Beim elektronischen Zeitrelais ergibt sich die Verzögerungszeit durch Aufladen eines Elektrolytkondensators über einen einstellbaren Widerstand mit nachfolgender elektronischer Schaltung (z.B. Unijunktion-Kreis), die das Ausgangsrelais schaltet.

Einschaltverzögerung

Mit dem Einschalten des Antriebs wird der Verzögerungsmechanismus in Betrieb gesetzt. Nach dem Ablauf der Verzögerungszeit werden die Schaltkontakte betätigt und so lange in der Einschaltstellung gehalten, bis sie durch Ausschalten des Antriebs wieder in Ruhestellung zurückgehen.

Ausschaltverzögerung

Durch das Einschalten des Antriebs werden die Schaltkontakte betätigt und gleichzeitig kann ein Federkraftspeicher aufgezogen werden. Wird der Antrieb ausgeschaltet, so bewirkt die Federkraft den Verzögerungsvorgang. Die Schaltkontakte gehen automatisch nach dem Ablauf der Verzögerungszeit in die Ruhestellung zurück.

Zeitrelais, die nicht für 100% ED (Einschaltdauer) ausgelegt sind oder die bei längerer Betriebszeit nur während einer relativ kurzen Anlaßzeit benötigt werden, sind nach dem Verzögerungsvorgang wieder spannungsfrei zu schalten. Damit wird eine unnötige Beanspruchung und eine unzulässige Erwärmung des Relais vermieden. Ohne weitere Angaben bezieht sich eine prozentuale Angabe auf einen Schaltzyklus von 10 Minuten.

Für bestimmte Anwendungsfälle gibt es Zeitrelais, die neben den verzögert schaltenden Kontakten einen Sofortschaltkontakt oder Selbsthaltekontakt besitzen. Derartige Zeitrelais stellen im Prinzip eine Kombination aus Hilfsschütz und dem Zeitrelais dar.

2.2.5.5. Stromstoßschalter

Stromstoßschalter sind mechanisch verklinkte, elektromagnetisch betätigte Schalter, die nach einem impulsartigen Einschaltbefehl oder Ausschaltbefehl in der neuen Schaltstellung verbleiben. Man verwendet sie häufig als Fernschalter für Beleuchtungen in der Hausinstallation. Schaltgerät und Schaltbild sind durch Bild 2/22a und b dargestellt. Zum Schalten größerer Leistungen werden

Bild 2/22a Stromstoßschalter

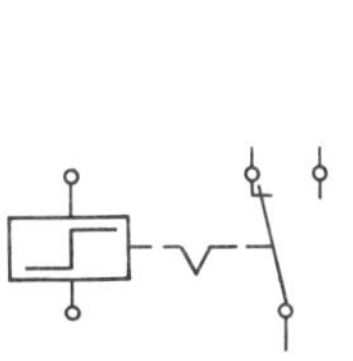

Bild 2/22b Stromstoßschalter

baulich größere Relais mit Quecksilberschaltröhren verwendet. Bei diesen Geräten ist auf eine den Herstellerangaben entsprechenden Einbaulage zu achten. Die kleinen Stromstoßschalter, auch Installationsfernschalter genannt, haben Metallkontakte. Sie werden als Aus-, Wechsel-, Serien- und Gruppenschalter angeboten. Die Steuerspannungen betragen 6 V, 8 V, 24 V und 220 V. Schaltleistungen je Kontakt etwa 220 V~ 10 A.
Stromrelais sind nicht mit Stromstoßrelais oder Stromstoßschaltern zu verwechseln. Stromrelais haben keine Verklinkung, sie schalten nach einer Befehlsgabe z.B. durch einen kurzzeitig fließenden Strom sofort wieder in die Ruhestellung zurück. Derartige Relais kommen als Lastabwurfschalter für Speicherheizgeräte, Durchlauferhitzer, Motoren usw. zur Anwendung (Bild 2/23).
Zur Überwachung von Strömen werden **Stromüberwachungsrelais** angeboten mit einstellbaren Ansprechwerten.

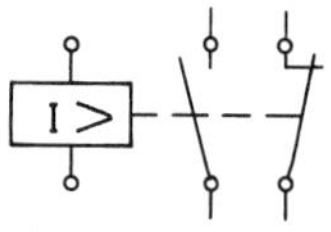

Bild 2/23 Stromrelais

2.2.6. Wächter und Begrenzer

Wächter sind Grenzwertschalter mit einem oberen und einem unteren Schaltpunkt. Bei dem Überschreiten des oberen Grenzwertes oder bei dem Unterschreiten des unteren Grenzwertes kann ein Hauptstromkreis oder ein Hilfsstrompfad geöffnet oder geschlossen werden. Als Schaltkontakt werden meistens Momentschalter eingesetzt. Wächter sind durch das Vorhandensein von zwei Schaltpunkten in der Lage, z.B. Drücke, Temperaturen, Drehzahlen oder andere Größen innerhalb des begrenzten Bereiches zu überwachen.
Begrenzer sind Grenzwertschalter mit nur einem Schaltpunkt. Sie dienen nicht zum betriebsmäßigen Schalten und Steuern von Stromkreisen, sondern sie werden vorwiegend als Schutzeinrichtungen dort eingesetzt, wo eine Überschreitung eines maximal zulässigen Wertes verhindert werden muß. Die Wiedereinschaltung nach einer Auslösung kann gegebenenfalls von Hand erfolgen.

2.2.6.1. Druckwächter

Druckwächter sind druckabhängige Befehlsschalter. Das Konstruktionsprinzip eines derartigen Schalters ist in Bild 2/24a dargestellt. Das Schaltzeichen ist aus Bild 2/24b ersichtlich.
Der Schaltkontakt kommt mit dem zu überwachenden Medium, wie z.B. Luft, Wasser, Öl usw., nicht direkt in Berührung. Durch Druckänderung wird eine Membrane oder ein Faltenbalg zur Auslenkung gebracht, wodurch der Druck auf den Schaltstößel übertragen wird. Da relativ kleine Hübe auftreten, werden die Schaltglieder als Moment- oder Sprungkontakte ausgeführt. Je nach dem Schaltvermögen können Wächter sowohl zum Schalten von Hilfsstromkreisen wie auch zum Schalten von Hauptstromkreisen Verwendung finden. Die Schaltpunkte des oberen und unteren Grenzwertes lassen sich in vorgegebenen Grenzen durch Verstellen des Federdruckes variieren.

2.2.6.2. Temperaturwächter

Die Erfassung von Temperaturschwankungen der Luft erfolgt in der gebräuchlichsten Weise durch Thermo-Bimetallstreifen (Bild 2/24c). Zwei Metalle (Bimetall) mit unterschiedlichen Ausdehnungskoeffizienten sind fest aufeinander gebracht. Die bei Temperaturschwankungen auftretenden

Bild 2/24a Druckwächter, Abbildung

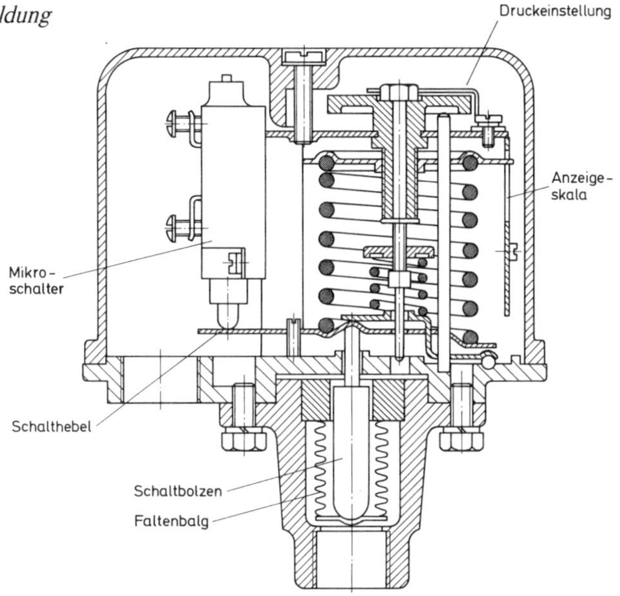

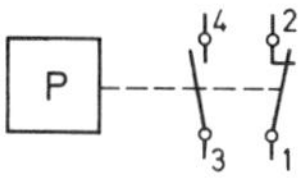

Bild 2/24b
Druckwächter, Schaltbild

unterschiedlichen Längenänderungen der Metalle bewirken eine Auslenkung und Kraftwirkung in Querrichtung, womit ein Schaltkontakt innerhalb eines Temperaturbereiches betätigt werden kann. In anderen Medien werden Temperaturunterschiede durch Längenausdehnung von Rohren gegenüber einem nicht dehnbaren Stab (Invarstab) erfaßt oder durch Ausdehnung von Flüssigkeitssäulen (Kontaktthermometer) gemessen und in Schaltbefehle umgewandelt. Da die von der Ausdehnung eines Gases oder einer Flüssigkeit herrührende Druckänderung der Temperatur angenähert proportional ist, können Temperaturwächter auch nach dem gleichen Prinzip wie Druckwächter arbeiten (Schaltzeichen siehe Bild 2/24d).

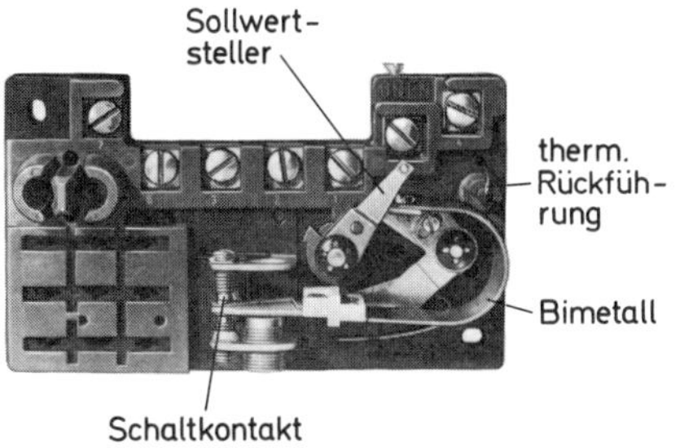

Bild 2/24c
Temperaturwächter, Abbildung

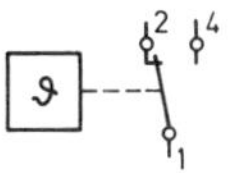

◀ *Bild 2/24d*
Temperaturwächter, Schaltbild

Bild 2/24e ▶
Drehzahlwächter, Abbildung

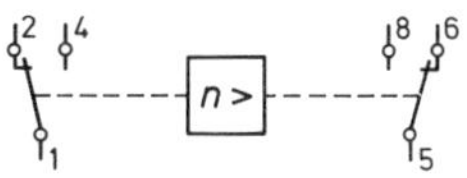

Bild 2/24f
Drehzahlwächter, Schaltbild für zwei Drehrichtungen

2.2.6.3. *Drehzahlwächter*

Drehzahlwächter sind Befehlsschalter, die bei Erreichung eines Drehzahlgrenzwertes einen Schaltbefehl durchführen. Drehzahlwächter finden als Befehlsgeber zum Beispiel bei der Gegenstrombremsung von Motoren Verwendung. Mit Hilfe von Schützschaltungen kann man nach der Erteilung des Ausschaltbefehls den Motor automatisch gegenerregen und somit eine Gegenstrombremsung durchführen. Kurz vor dem Nulldurchgang der Drehzahl muß eine Abschaltung des Bremsschützes erfolgen, damit ein Hochlaufen des Motors in die Gegendrehrichtung verhindert wird. Drehzahl- oder Bremswächter werden von den Rotoren, deren Drehzahl zu überwachen ist, entweder direkt mechanisch oder elektrisch beeinflußt. Ansicht und Schaltzeichen siehe Bilder 2/24e und f. Im Ruhezustand, also bei Stillstand des Rotors, befinden sich die Schaltkontakte in dem gezeichneten Zustand. Nach wenigen Umdrehungen wird der Wächter erregt und somit der erste Wechsler nach rechts betätigt. Er bleibt so lange in dieser Schaltstellung, bis die Drehzahl wieder auf einige Umdrehungen je min zurückgegangen ist.
Der zweite Wechsler hat die gleiche Wirkungsweise für die Gegendrehrichtung. Die Schaltung eines Bremswächters ist aus Bild 2/92 zu ersehen.
Drehzahlwächter bzw. Überwachungsrelais werden häufig zur Sollwertüberwachung eingesetzt. Die zu überwachende Drehzahl kann innerhalb eines Bereiches eingestellt werden.

2.2.7. Schütze

Schütze sind unverklinkte, fremdbetätigte Schalter mit elektromagnetischem Antrieb.
Man unterscheidet zwischen Haupt- und Hilfsschützen.
Hauptschütze werden zum betriebsmäßigen Schalten von Hauptstromkreisen für Gleich- und Wechselstromverbraucher sowie zum Steuern von Motoren, Kondensatoren, Heiz- und Lichtstromkreisen verwendet.
Hilfsschütze dienen zum Schalten von Hilfsstromkreisen. Dazu gehören z.B. Steuerstrompfade für Hauptschütze oder Meldegeräte. Das Schaltvermögen der Hilfsschütze ist begrenzt, sie sind daher nicht zum Schalten von stärker belasteten Hauptstromkreisen geeignet.

2.2.7.1. *Aufbau und Wirkungsweise*

Außer der im Bild 2/25a dargestellten, üblichen Kernmagnetausführung gibt es Klappanker- und Kniehebelausführungen.
Bei Wechselstromschützen besteht der Magnetkern und der Anker aus lamellierten Blechpaketen. Hierdurch werden die Wirbelstromverluste verringert.
Wechselstromschütze benötigen im Luftspalt des Blechpaketes sogenannte Spaltpolwindungen zur Vermeidung von Brumm- und Klappergeräuschen.
Durch jede Spaltpolwindung wird ein phasenverschobener Magnetfluß erzeugt, so daß das resultierende Magnetfeld keinen Nulldurchgang aufweist. Aus diesem Grunde kann die Zugkraft des Ankers nicht zu „Null" werden. Da der Anker also ständig angezogen bleibt und sich nicht bei jedem Nulldurchgang löst, treten Klappergeräusche nicht in Erscheinung.
Die beweglichen Schaltstücke des Schützes befinden sich auf einem isolierten Schaltstückträger, der vom Anker des Elektromagneten bewegt wird. Sind alle beweglichen Bauteile und Schaltkonkte von Luft umgeben und nicht von einer isolierenden Flüssigkeit, so spricht man von Luftschützen. Das vollständige Schaltbild eines Schützes mit Hauptkontakten, Schließern und Öffnern, der Schützspule und entsprechenden Klemmbezeichnungen ist durch Bild 2/25b wiedergegeben. Zur Erregung der Schützspule ist ein Steuerstromkreis zu schließen. Dieses kann durch handbetätigte Befehlsschalter oder automatisch durch Programmgeber, Wächter usw. erfolgen. Mit dem Anziehen des Ankers werden die Hauptkontakte betätigt, so daß ein Hauptstromkreis geschlossen

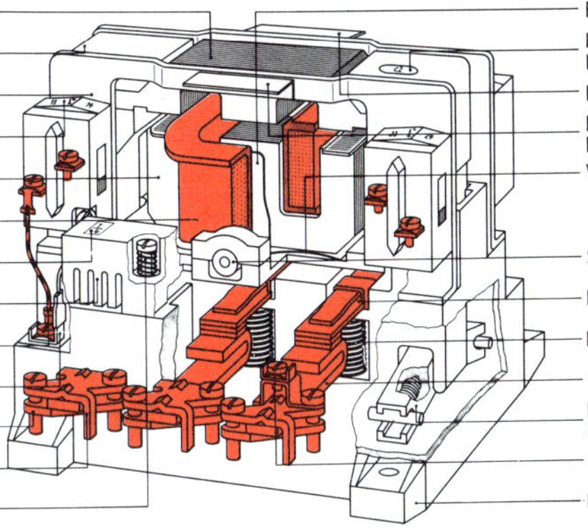

Bild 2/25a Luftschütz

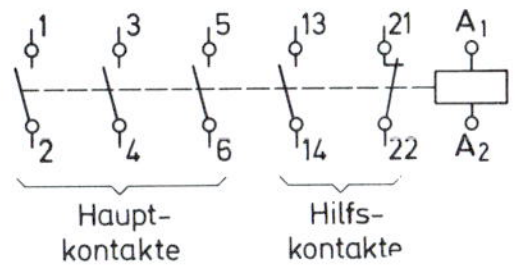

Bild 2/25b Schaltbild

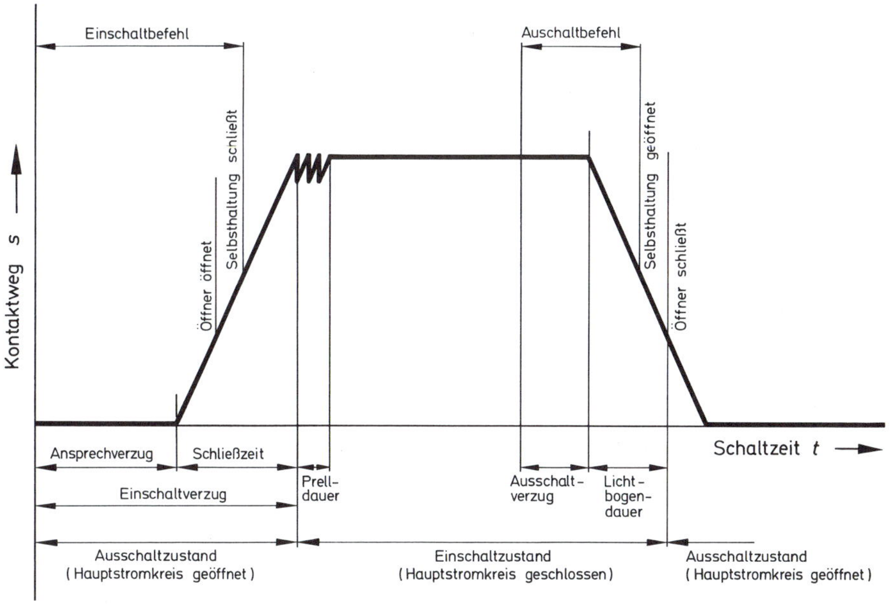

Bild 2/25c Schaltvorgang

werden kann. Die gemeinsam betätigten Schließer und Öffner dienen zum Schalten von Hilfsströmen, z.B. zur Schützselbsthaltung, für Meldeeinrichtungen oder für Verriegelungszwecke. So könnnen mit relativ kleinen Steuerleistungen einerseits große Schaltleistungen der Verbraucher geschaltet werden, andererseits ist es möglich, mit geringem Leitungsaufwand Fernschaltungen vorzunehmen.
Sobald die Schützspule beim Ausschalten des Steuerkreises wieder stromlos wird, gehen Anker und Schaltglieder durch Federkraft bzw. durch eigene Schwerkraft in die Ausgangs- oder Ruhestellung zurück. Der Ein- und Ausschaltvorgang eines Schützes mit Angabe der Verzugszeiten ist in Bild 2/25c grafisch dargestellt.

Bild 2/25d Stromverhalten (Übersichtsdarstellung)

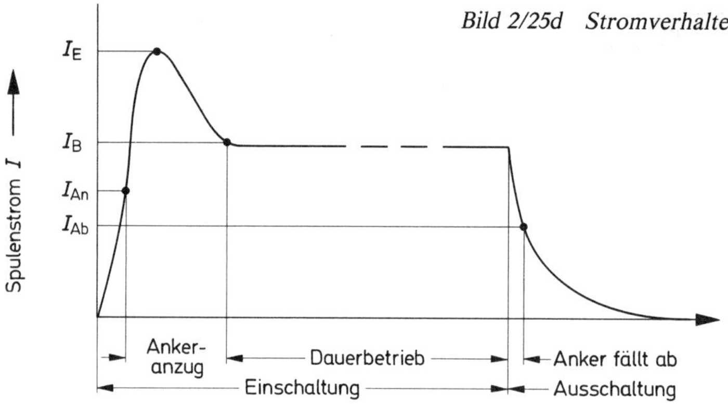

I_E Einschaltstrom, I_B Betriebsstrom, I_{An} Anzugsstrom, I_{Ab} Abfallstrom

Bei der Erregung der Schützspule zieht der Anker mit dem Erreichen des Anzugsstromes I_{An} schlagartig an.
Mit der hierdurch bedingten Verringerung des magnetischen Widerstandes ergibt sich eine Vergrößerung des induktiven Widerstandes der Schützspule. Damit wird der Einschaltstrom I_E auf den Wert des Betriebsstromes I_B verringert. Entsprechend verhalten sich die Leistungen.

Die Einschaltleistung des Schützes ist größer als die Halteleistung

Die verschiedenen Leistungsdaten werden auf dem Leistungsschild des Schützes in VA angegeben.
Mit dem Ausschalten der Schützspule bricht das Magnetfeld zusammen, so daß der Anker mit dem Erreichen des Abfallstromwertes in die Ausgangslage zurückfällt. Der Abfallstromwert liegt unterhalb des Anzugsstromwertes.

2.2.7.2. Schaltbedingungen

Die Auswahl der Schütze erfolgt unter anderem nach den Schaltbedingungen, die einen wesentlichen Einfluß auf die Lebensdauer eines Schaltgerätes haben. Man unterscheidet bei Wechselstromarten (AC) nachstehende Gebrauchskategorien:

a) **Leichte Schaltbedingungen**
z.B. das Ein- und Ausschalten von Wärmegeräten, kompensierten Leuchtstofflampen und Hilfsstromkreisen. **Gebrauchskategorie AC1**
Hilfsschütze entsprechen der Gebrauchskategorie AC 11

b) **Normale Schaltbedingungen**
z.B. das Schalten von Induktionsmotoren mit Anlaßvorrichtungen. **Gebrauchskategorie AC2**

c) **Schwere Schaltbedingungen**
z.B. das Ein- und Ausschalten von Kurzschlußläufer-Motoren mit Tippen und Gegenstrombremsen. Unter Tippen versteht man fortlaufendes, impulsartig wiederholendes Eintasten, wie es z.B. beim Einrichten von Arbeitsmaschinen vorkommt. **Gebrauchskategorie AC3**

d) **Extreme Schaltbedingungen**
z.B. ausschließlich Tippbetrieb und Gegenstrombremsen. Aus- und Einschaltungen mit Ruhezeiten entfallen. **Gebrauchskategorie AC4**

2.2.7.3. Lebensdauer

Die Lebensdauer eines Luftschützes (bzw. die der Schaltstücke) wird gemessen nach der Gesamtzahl der Schaltspiele bei bestimmter, der Gebrauchskategorie entsprechender Belastung. Je nach den Schaltbedingungen wird die Schaltstücklebensdauer in der Größenordnung von mehreren Millionen Schaltspielen garantiert. Unter einem Schaltspiel versteht man das einmalige Öffnen und Schließen eines Schützes.
Zehn Millionen Schaltspiele entsprechen etwa einer Lebensdauer von 10 Jahren, wenn bei täglich 8stündigem Betrieb eine durchschnittliche **Schalthäufigkeit** von 400 **Schaltungen je Stunde** vorliegt.
Für Luftschütze werden bei leichten Schaltbedingungen Schalthäufigkeiten von 3000 S/h angegeben. Dabei wird die Nennlebensdauer von über 10 Millionen Schaltspielen garantiert. Genaue Angaben über die Lebensdauer erhält man aus Tabellen der Schaltgerätehersteller, worin die Lebensdauer der Schaltstücke in Abhängigkeit vom Laststrom aufgetragen ist.

2.2.7.4. Ölschütze

In Betrieben der chemischen Industrie, an Orten mit aggressiven Atmosphären, in feuchten Räumen mit älteren elektrischen Anlagen, findet man Ölschütze. Schaltstücke, Schützspule und beweglicher Schaltteil sind vom Öl umgeben. Die Gefahr der Korrosion und Verschmutzung durch äußere Einflüsse ist daher sehr gering.

Anstelle von Ölschützen werden heute bevorzugt Luftschütze verwendet. Durch geeignete Kapselungen lassen sich Luftschütze universell sowohl in feuchten, staubigen als auch in anderen Raumarten einsetzen.

2.2.7.5. Remanenzschütze

Remanenzschütze werden als Haupt- und Hilfsschütze hergestellt. Ihre Funktion entspricht der Arbeitsweise von Haftrelais. Nach erfolgter Einschaltung verbleibt der Anker auch bei Spannungsausfall auf unbegrenzte Zeit in der Arbeitsstellung am Kern haften. Der Remanenzmagnetismus hält den Anker so lange fest, bis ein Gegenstromimpuls die Remanenz aufhebt und somit eine Rückstellung erfolgen kann.
Der Einsatz solcher Schütze ist dort vorteilhaft, wo nach einer Spannungsrückkehr in einer aus verschiedenen Arbeitsgängen bestehenden Steuerschaltung keine Unterbrechung oder Rückstellung des Funktionsablaufes erfolgen darf und wo der Ablauf selbsttätig weitergeführt werden soll.

2.2.7.6. Elektronik-Schütz

Das Elektronik-Schütz ist ein Schaltgerät für Drehstromleistungen bis etwa 15 kW, das sich wie ein übliches elektromechanisches Schütz anschließen und erregen läßt und den Lastkreis kontaktlos über Triac steuert.
Die Triac sowie die erforderlichen Ansteuerungsbauelemente wie z.B. Dioden, Transistor, Kondensatoren, Widerstände und Transformator sind zu einem Kompaktgerät zusammengestellt. Gegenüber mechanischen Schützen ergeben sich folgende Vorteile: keine Kontaktabnutzung, konstante und sehr kurze Schaltzeit und kleine Steuerleistung.

2.2.8. Steckvorrichtungen

Steckvorrichtungen haben die Aufgabe, Leitungsverbindungen zwischen ortsveränderlichen Betriebsmitteln untereinander und stationären Anlagen sicher herzustellen.
Die dafür erforderlichen Betriebsmittel sind:
Stecker, Steckdose, Kupplung und Gerätestecker.
Steckdosen in Verbindung mit Lampenfassungen und Mehrfachsteckdosen mit starr angebautem Stecker sind unzulässig. Zur Befestigungsfläche hin offene Steckdosen, müssen bei Anbringung auf brennbaren Bau- und Werkstoffen ausreichend feuersicher getrennt sein.

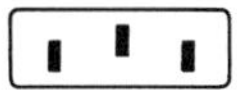

Bild 2/26 „Interstecker“

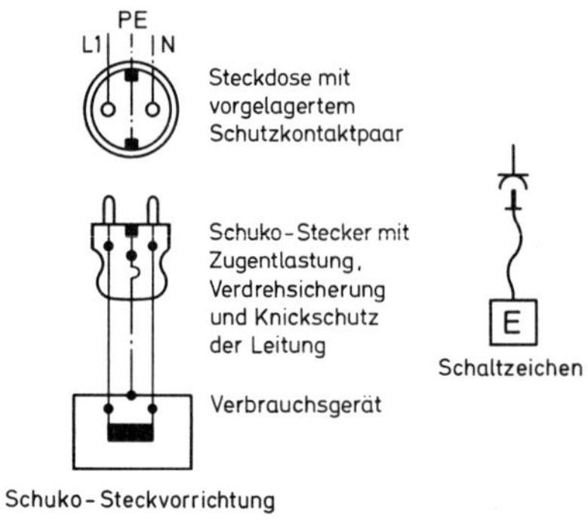

Bild 2/27 Schuko-Steckvorrichtung

Steckdosen-, Kupplungs- und Gerätesteckerkontakte müssen gegen direkte Berührung im Sinne von VDE 0100 gesichert sein. Nicht oder unvollständig eingesteckte Steckerstifte dürfen keine Spannung führen. Die Schutzarten sind zu beachten. Daher ist es wichtig, nur genormte Steckvorrichtungen einzusetzen und beim Anschluß solcher Betriebsmittel entsprechend den VDE-Bestimmungen zu verfahren.

Bei der Auswahl von Steckvorrichtungen müssen folgende Besonderheiten hauptsächlich beachtet werden:

Stromart:	Gleich- oder Wechselstrom
Nennstromgröße:	10 A, 16 A, 25 A, 32 A, 63 A, 125 A
Polzahl:	ein-, mehr- oder vielpolig
Nennspannung:	Kleinspannungen bzw. genormte Netzspannungen
Schutzarten nach VDE 0620 bzw. DIN 40050:	wasserdicht, staubgeschützt usw.

Arten

Für verschiedene Anwendungsfälle stehen unterschiedliche Steckvorrichtungssysteme zur Verfügung. Die in Deutschland gebräuchlichsten Steckvorrichtungen sind nachstehend aufgeführt. Außer Sondersteckvorrichtungen unterscheidet man 3 Arten:

a) Schuko-Steckvorrichtung DIN 49440 bis 443
b) Perilex-Steckvorrichtung DIN 49445 bis 448
c) CEE-Steckvorrichtung DIN 49462 bis 463

2.2.8.1. Schutzkontakt-(Schuko-)Steckvorrichtung

Dieses seit Jahren bewährte System wird allgemein angewendet für Einphasen-Wechselstrom im Haushalt, Gewerbe und in der Industrie (Bild 2/27).

Nennspannung: $U_N = 220$ V

Nennstrom: $I_N = 16$ A~ bzw. 10 A–

Die betriebstromführenden Leiter L1 und N sind gegeneinander polverwechselbar. Die betriebsstromfreie Schutzleiterverbindung PE ist polunverwechselbar.
Beim Einstecken des Steckers in die Gegensteckvorrichtung wird zuerst die Schutzleiterverbindung hergestellt bevor die betriebsstromführenden Steckverbindungen den Stromkreis schließen, und beim Abziehen des Steckers wird die Schutzleiterverbindung als letzte aufgehoben. In Zukunft ist mit einer stufenweisen Einführung eines neuen international genormten Steckers (Interstecker) zu rechnen. Diese Stecker werden flache Kontaktstifte mit einem Querschnitt von 2 mm × 7 mm haben. Der Schutzleiter sitzt so zwischen den stromführenden Stiften, daß eine Polunverwechselbarkeit vorliegt (siehe Bild 2/26).

2.2.8.2. Perilex-Steckvorrichtung

Anwendbar für Drehstromanlagen in Wohnungen, Büros, Geschäftshäusern, Laboratorien usw. (Bild 2/28), d.h. in Anlagen geringer mechanischer Beanspruchung.

Nennspannung: $U_N = 380$ V

Nennstrom: $I_N = 16$ A, 25 A

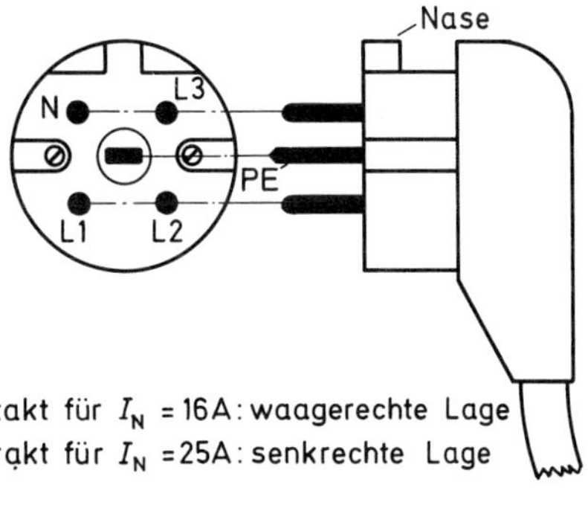

Bild 2/28 Perilex-Steckvorrichtung

Dieses polunverwechselbare Stecksystem hat sich in der Praxis bewährt, und es soll das alte ovale Steckvorrichtungssystem mit ablösen.
Die ovalen, dreipoligen Steckvorrichtungen dürfen nicht mehr verwendet werden. Vier- bzw. fünfpolige ovale Kragensteckvorrichtungen sollen bis zum Jahr 1980 abgeschafft werden.

Anlaß zu diesen Maßnahmen gaben die sich häufenden Gefahrenzustände mit derartigen Steckvorrichtungen, deren Schutzkontakte und Polunverwechselbarkeitseinrichtungen Mängel aufwiesen.

2.2.8.3. CEE-Steckvorrichtung

(CEE: Commission Elektrotechnischer Erzeugnisse)
Dieses System ist allgemein anwendbar für verschiedene Spannungen in Industrie, Gewerbe, Landwirtschaft, Baustellen usw. (wird für Neuanlagen seit dem 1. 1. 1975 vorgeschrieben, Bild 2/29a).

Nennspannung: U_N = 24 bis 750 V

Nennstrom: I_N = 16, 32, 63, 125 und 200 A

Da dieses System einheitlich für Spannungen bis 750 V ausgelegt ist, sind die Gehäuseabmaße im Verhältnis zu anderen Steckvorrichtungen kleinerer Spannung, beachtlich groß. Das System ist polunverwechselbar durch die Paßnut und durch verschiedene Kontaktdurchmesser. Zwischen Steckvorrichtungen gleicher Größe aber unterschiedlichen Spannungen besteht ebenfalls die Möglichkeit der Unverwechselbarkeit. Dieses wird erreicht durch Verdrehen des Einsatzes im Uhrzeigersinn (Bild 2/29b). Die äußere Unterscheidung ist durch verschiedene Farbgebungen möglich. Durch Angabe der Uhrzeigerstellungen wird die Lage der Schutzkontaktbuchse bezogen auf die Unverwechselbarkeitsnut dargestellt. Die Blickrichtung ist auf die Steckdose bezogen.

Schalten mit Steckvorrichtungen

Das Schalten von Strömen mit Steckvorrichtungen für Spannungen bis 250 V~ bzw. 380 V 3/N ist in Hausinstallationen bis 25 A zulässig. Für Industriesteckvorrichtungen bis 750 V liegt die Begrenzung, lt. VDE 0623, bei maximal 32 A. Bei größeren Nennstromstärken dürfen sie nur dann zum Schalten benutzt werden, wenn sie die nötige Schaltleistung haben und mit einem Sternsymbol gekennzeichnet sind, oder es müssen besondere Abschaltmöglichkeiten vorhanden sein, wie z.B. durch einen Pilotkontakt.

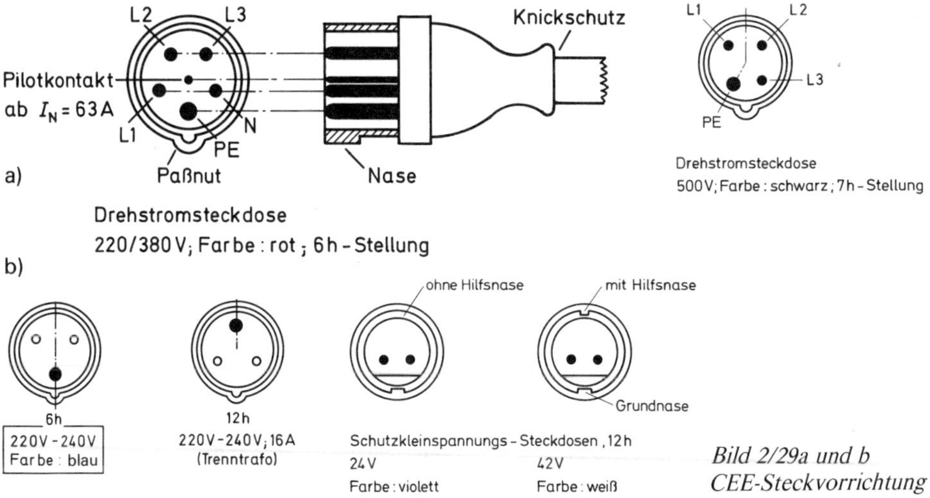

Bild 2/29a und b CEE-Steckvorrichtung

Bild 2/29c CEE-Steckvorrichtung

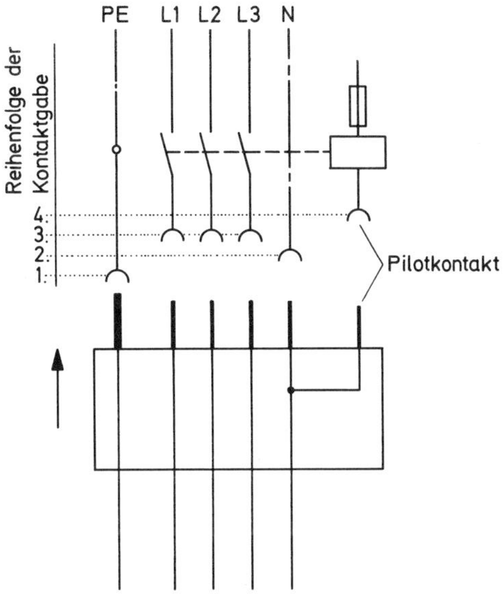

Der Pilotkontakt kann für Steuerungszwecke benutzt werden. Er ist kürzer als die übrigen Kontakte und somit nacheilend. Es besteht hierdurch die Möglichkeit, ein Schütz, das innerhalb der Steckdose eingebaut ist, anzusteuern, um den Laststromkreis zu betätigen.
Nachdem beim Zusammenstecken der Vorrichtung alle Hauptsteckkontakte geschlossen sind oder bevor beim Ziehen des Steckers diese Kontakte wieder öffnen, wird der Laststrom durch das Schütz (Bild 2/29c) und nicht durch Steckkontakte geschaltet.

Sonderausführungen

Für besondere Anforderungen werden Steckvorrichtungen verschiedener Ausführungen angeboten, die hier nicht näher beschrieben werden sollen. Das Angebot geht von einpoligen bis zu vielpoligen Steckvorrichtungen unterschiedlicher Leistungsgrößen und Bauarten, vorwiegend für Kleinspannungs- und Hochfrequenztechnik. Für den Netzanschluß ortsveränderlicher elektr. Betriebsmittel sollen nur genormte Steckvorrichtungen Verwendung finden.

2.2.9. Schutzeinrichtungen

Unter Schutzeinrichtungen sind in diesem Zusammenhang Niederspannungs-Schaltgeräte zu verstehen, die in der Lage sind, Betriebsmittel einer Schaltanlage, wie z.B. Geräte, elektrische Maschinen und Leitungen, gegen Kurzschlußauswirkungen bzw. gegen thermische Dauerüberlastungen und mögliche Brandfolgen zu schützen. Die dafür gebräuchlichsten Geräte sind Schmelzsicherungen und Schutzschalter mit thermischen und magnetischen Auslösern.

Übersicht

Schmelzsicherungen (VDE 0636):

D-System (Diazed-Sicherungen)
DO-System (Neozed-Sicherungen)

Geräteschutz-Sicherungssystem (VDE 0820)

NH-System (Niederspannungs-Hochleistungssicherungen)

Schutzschalter (VDE 0641 bis 0660):

LS-Schalter (Leitungsschutzschalter)
MS-Schalter (Motorschutzschalter)
Leistungsschalter
Bimetallrelais
Motorvollschutz

Fehlerstrom- und Fehlerspannungsschutzschalter sollen das Bestehenbleiben zu hoher Berührungsspannungen verhindern und sind daher im Thema Schutzmaßnahmen beschrieben (siehe Band Installationstechnik).

2.2.9.1. D- und DO-System

Diese beiden Schmelzsicherungssysteme sind im Aufbau und in der Funktion gleichartig. Die Unterscheidung liegt in der Baugröße und im zulässigen Nennspannungsbereich. Das Schaltvermögen liegt bei 50 kA.

Diazed-System (Diametral gestuftes, zweiteiliges Sicherungssystem mit Edisongewinde)

Nennspannung: bis 660 $V_\sim$, 600 V_-
Nennstrom: bis 100 A

Neozed-System (Neo ist gleichbedeutend mit neu)

Nennspannung: bis 380 $V_\sim$, 250 V_-
Nennstrom: bis 100 A

Aufbau und Wirkungsweise

Der Aufbau der Schmelzsicherung ist aus Bild 2/30a ersichtlich. Der Schmelzeinsatz ist als zylindrischer Porzellanhohlkörper gefertigt, der mit feinem Quarzsand zur Lichtbogenlöschung und zum Temperaturausgleich gefüllt ist. Ein oder mehrere Schmelzleiter aus Silber, Kupfer oder deren Legierungen verbinden Kopf- und Fußkontakt miteinander. Parallel zum Schmelzleiter ist ein

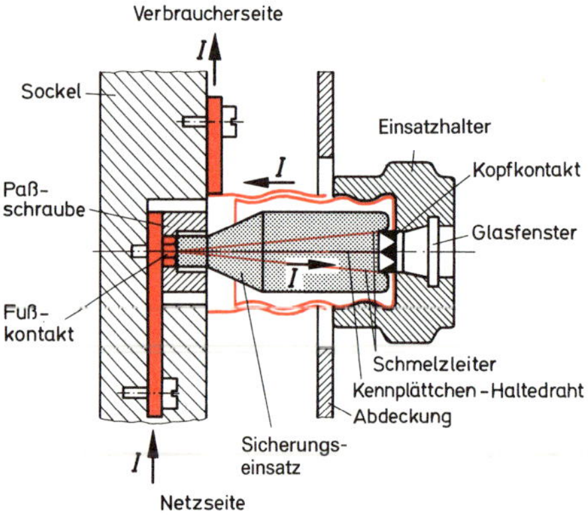

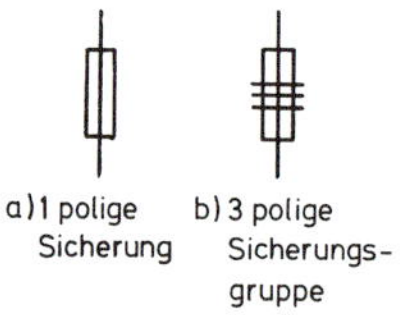

Bild 2/30b Schaltzeichen der Schmelzsicherung

Bild 2/30a Schmelzsicherung

Haltedraht gespannt, der über eine Feder ein farbiges Kennplättchen festhält. Das Kennplättchen dient zur Unterbrechungsmeldung und zur Kontrolle der Sicherungsgröße. Mit dem Durchschmelzen von Schmelzleiter und Haltedraht wird das Kennplättchen abgestoßen und fängt sich am Schutzglas der Schraubkappe. Wird der Schmelzeinsatz zerlegt, so kann man bei einem vollkommen abgebrannten Schmelzleiter auf eine Kurzschlußabschaltung schließen, bei einer Überlastungsabschaltung wird der Schmelzleiter nur unterbrochen.

Sicherungseinsätze

Für den Überlastschutz von Kabeln und Leitungen durch LS-Sicherungen ist jedem Leiterquerschnitt eine maximale Sicherungsgröße zugeordnet (vgl. Tab. 41 aus VDE 0100/5.73).
Die Sicherungsgrößen sind nach Nennströmen gestuft und nach VDE 0636 genormt (siehe Tabelle 2/5).

Tab. 2/5
Sicherungsgrößen

Sockel	Sicherungspatrone und Paßeinsatz	
Nennstrom in A	Nennstrom in A	Kennfarbe
25	2	rosa
	4	braun
	6	grün
	10	rot
	16	grau
	20	blau
	25	gelb
63	35	schwarz
	50	weiß
	63	Kupfer
100	80	Silber
	100	rot

Um zu verhindern, daß irrtümlich oder fahrlässig Schmelzeinsätze zu großer Nennströme verwendet werden, sind die Fußkontakte der Patronen und die Paßschrauben entsprechend der Nennströme mit unterschiedlichen Durchmessern versehen. Die entsprechenden Paßschrauben verhindern das Einsetzen von zu großen Sicherungspatronen.

Paßeinsätze dürfen nicht willkürlich durch solche höherer Nennstrombereiche ersetzt werden.

Sicherungssockel			
Größe	Nennstrom in A	Gewindegröße	Anschlußquerschnitt in mm^2
D-System:			
D II	25	E 27	1,5 ··· 6
D III	63	E 33	2,5 ··· 25
D IV	100	R $1^1/_4$″	10 ··· 50
DO-System:			
DO1	16	E 14	1,5 ··· 04
DO2	63	E 18	1,5 ··· 25
DO3	100	M 30 × 2	10 ··· 50

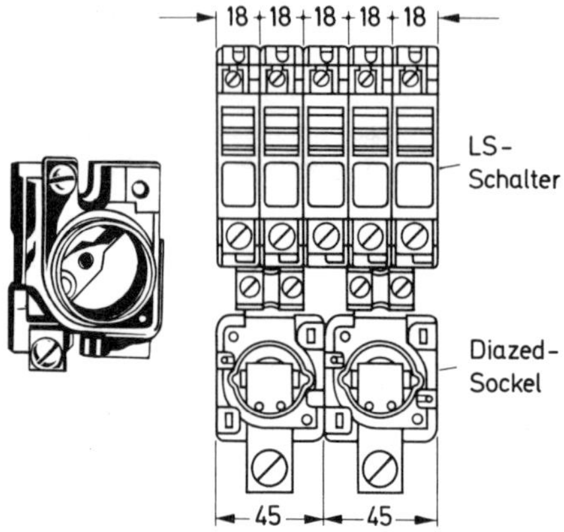

Bild 2/31a
Diazed-Sicherungssystem
DII

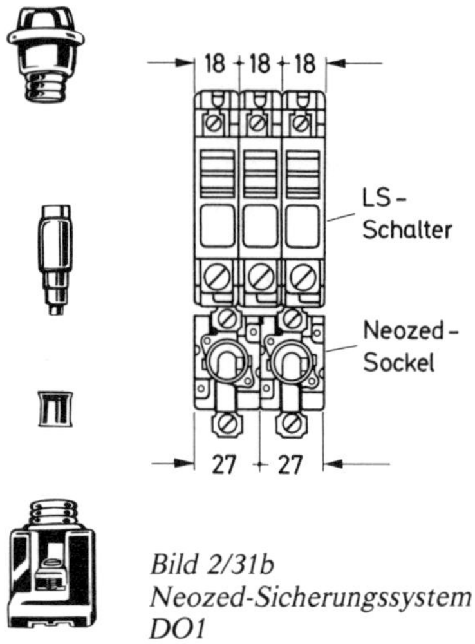

Bild 2/31b
Neozed-Sicherungssystem
DO1

Der Größenunterschied beider Systeme bzw. die Platzeinsparung bei der Verwendung von Neozed-Systemen ergibt sich anschaulich aus dem Bild 2/31a und b, in dem Leitungsschutzschalter als Bezugsgröße aufgeführt sind.

Abschaltverhalten

Selbsttätige Abschaltungen der Sicherungen können einerseits durch kurzzeitige, hohe Überströme, wie z.B. bei Kurzschlüssen, und andererseits durch thermische Dauerüberlastungen hervorgerufen werden.
Aus der Strom-Zeit-Darstellung nach Bild 2/32, in der eine Kurzschlußabschaltung aufgezeigt ist, ersieht man, daß der steil ansteigende Kurzschlußstrom innerhalb kurzer Zeit abgeschaltet werden kann und seinen Höchstwert bei weitem nicht erreicht.
Eine Abschaltung erfolgt nicht bei einer Belastung in der Größe des Sicherungsnennstromes, sondern bei einem nach VDE festgelegtem Vielfachen dieses Nennstromes. Das Vielfache wird durch den Abschaltfaktor k angegeben.

Abschaltstrom = k · **Nennstrom**

$$I_A = k \cdot I_N$$

Der Abschaltfaktor k ist sowohl für flinke als auch für träge Sicherungen bis 50 A gleich groß ($k = 3{,}5$). Ab 63 A ist der Abschaltfaktor für träge Sicherungen $k = 5$, bei flinken bleibt er 3,5.

Strom-Zeit-Verhalten

Aus den Strom-Zeit-Kennlinien nach Bild 2/33 sind die Abschmelzzeiten in Abhängigkeit vom Abschaltstrom zu ersehen.
Der Grenzstrom der Sicherung, d.h., der Strom, der die Sicherung bei sehr langer Belastungsdauer gerade noch zum Auslösen bringt, kann nur mit erheblicher Toleranz angegeben werden.

I_A Abschaltstrom
I_N Nennstrom
i_K Kurzschlußstromanstieg
t_1 Kurzschlußbeginn
t_2 Abschaltzeitpunkt durch die Sicherung
t_3 Beendigung der Abschaltung

$t_2 - t_1$ = Schmelzzeit
$t_3 - t_2$ = Löschzeit

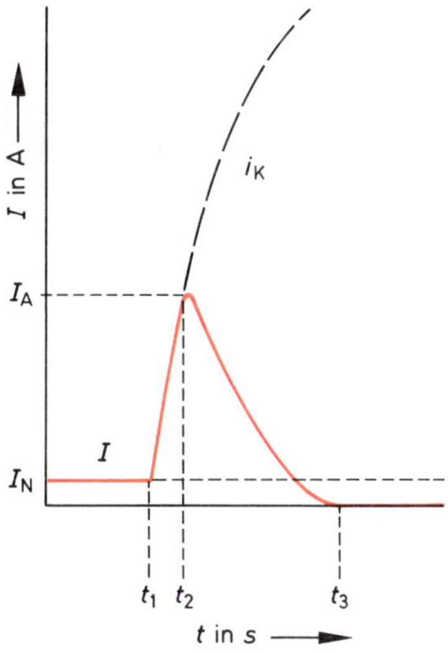

Bild 2/32
Stromverlauf bei einer Kurzschlußabschaltung

Für die Überprüfung von Schmelzzeiten wird die Sicherung mit einem kleinen und einem großen Prüfstrom belastet. Mit dem kleinen Prüfstrom darf innerhalb einer nach VDE festgelegten Zeit keine Abschaltung erfolgen. Und mit dem großen Prüfstrom muß es innerhalb der Prüfzeit zur Abschaltung kommen. Das Durchschmelzen ist bei einem zeitlich andauernden 1,2fachen Nennstrom nicht gewährleistet. Insofern sind Schmelzsicherungen nicht geeignet, elektrische Maschinen und andere gegen Überlastung empfindliche Bauteile gegen eine thermische Überbeanspruchung zu schützen. Dafür kommen stromabhängige, thermische Relais oder Bimetallrelais zur Anwendung, die auf den Nennstrom des Verbrauchers einstellbar sind.

Das Strom-Zeit-Verhalten von Sicherungen läßt sich durch Auswahl und Konstruktion des Schmelzleitermaterials variieren.

Somit lassen sich z.B. durch Schmelzlotaufträge bei trägen Sicherungen relativ hohe Anlaufströme von Kurzschlußläufer-Motoren überbrücken ohne daß die Sicherung während des Anlaufs anspricht.

Für den Bergbau kommen Schmelzeinsätze zur Anwendung, die bei Anzugströmen von Motoren bis zum 4fachen Nennstrom ein träges Verhalten haben, die aber kleine Kurzschlußströme über $4 \cdot I_N$ überflink abschalten. Diese Einsätze tragen die Aufschrift **„Bergbau"** bzw. „gB" und einen roten Ring, um Verwechslungen zu vermeiden.

Zum Schutz von Silizium- und Germaniumgleichrichtern sind Silized-Schmelzeinsätze geeignet. Sie sind den Gleichrichterkennlinien angepaßt und zeigen einen überflinken Verlauf der Strom-Zeit-Kennlinie. Als Unterscheidungsmerkmal tragen diese Einsätze die Aufschrift **„Silized"** bzw. „aR" und einen gelben Ring.

Schutzobjekte und Betriebsklassen

Grundsätzlich können Sicherungen für den Schutz von Teilbereichen einer Anlage (a) oder für Ganzbereiche (g) verschiedener festgelegter Schutzobjekte eingesetzt werden. Folgende Objekte werden unterschieden:

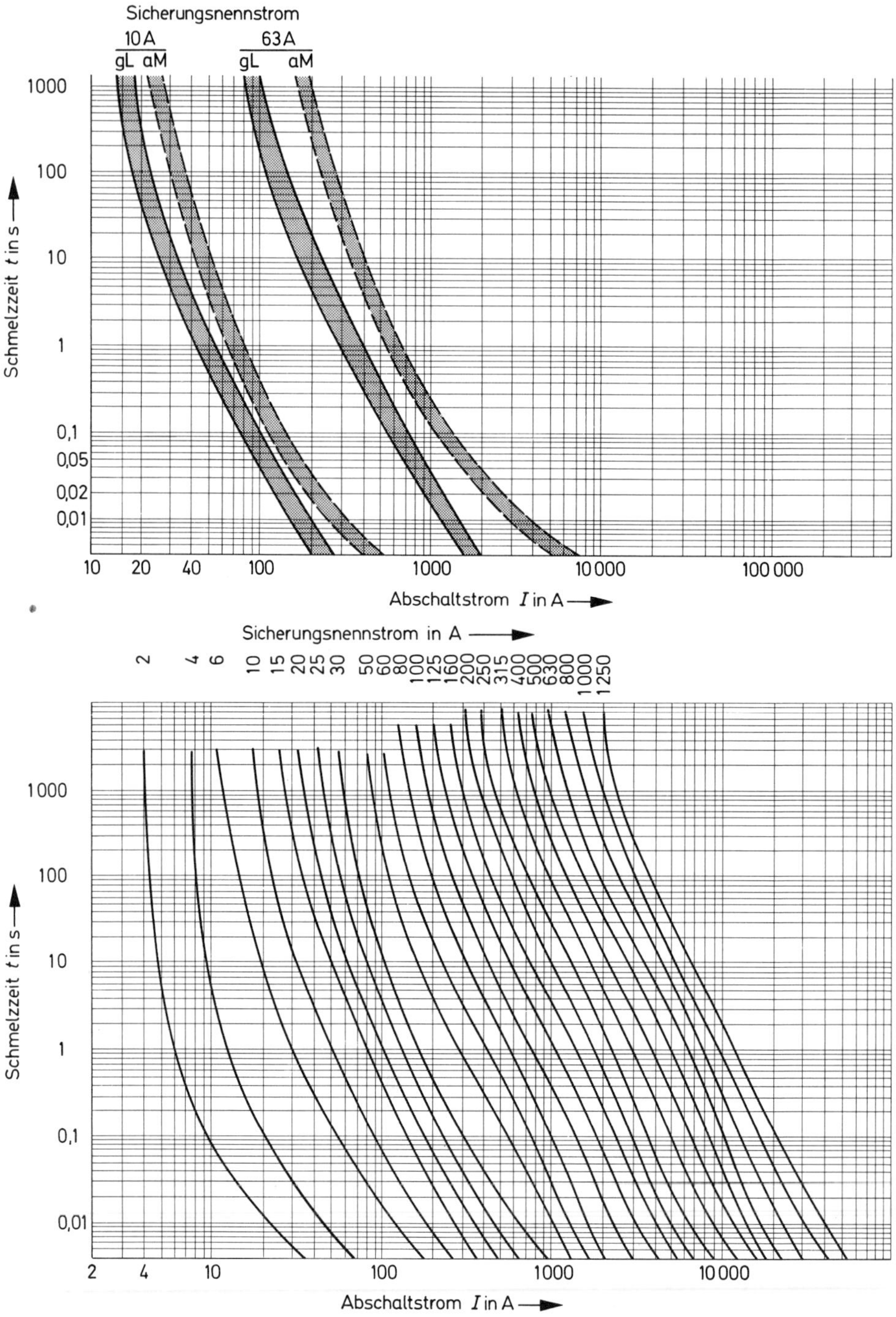

Bild 2/33a Strom-Zeit-Kennlinien von Schmelzsicherungen
gL = Ganzbereichs-Kabel- und Leitungsschutz
aM = Teilbereichs-Schaltgeräteschutz

L Kabel- und Leitungsschutz
M Schaltgeräteschutz
R Halbleiterschutz
B Bergbauanlagenschutz

Die Auswahl der Sicherungseinsätze erfolgt gezielt nach den gestellten Schutzanforderungen. Damit ergeben sich für die genannten Objekte verschiedene gebräuchliche Betriebsklassen und Kennfarben

gL Ganzbereichs-Kabel- und Leitungsschutz
Kennzeichnung: schwarz
aM Teilbereichs-Schaltgeräteschutz
Kennzeichnung: grün
aR Teilbereichs-Halbleiterschutz
Kennzeichnung: gelb
gR Ganzbereichs-Halbleiterschutz
gB Ganzbereichs-Bergbauanlagenschutz

2.2.9.2. *Geräteschutz-Sicherungssystem (VDE 0820)*

Gerätesicherungen oder Feinsicherungen bestehen aus einem zylindrischen Schmelzeinsatz (meistens aus Glas). Der Nennstrombereich geht ab 1 mA gestuft bis 10 A. Man verwendet sie zum direkten Einbau und zum Schutz gegen Kurzschluß und Überlastung von Geräten.
Die Abmaße betragen: Durchmesser rd. 5 mm, Länge je nach Nennstrombereich bis rd. 30 mm mit Kopf- und Fußkontakt. Die Sicherung wird von einem Sicherungshalter und der Verschraubung gehalten. Aufgrund der kleinen Abmaße ist das Schaltvermögen begrenzt. Man unterscheidet nach dem Schaltvermögen fünf Gruppen, die in der Tabelle 2/6 aufgeführt sind.
Die zulässige Nennspannung beträgt $U_\sim = 250$ V.
Es gibt superflinke FF, flinke F, mittelträge M, träge T und superträge TT Gerätesicherungen. Der 1,5fache Nennstrom kann die Sicherung nach etwa einer Stunde zum Abschalten bringen. Bei einer Kurzschlußabschaltung variieren die Abschaltzeiten von FF < 30 ms bis TT > 300 ms.
Die Bezeichnung der Schmelzeinsätze F 2,5/250 D bedeutet also: flinke G-Sicherung, Nennstrom 2,5 A, Nennspannung bis 250 V mit einem Schaltvermögen von rd. 300 A.

Tab. 2/6 Feinsicherungsgruppen

Gruppe	Ausschaltvermögen in A
B	50
C	80
D	300
E	1000
G	1500

2.2.9.3. *Niederspannungs-Hochleistungssicherungen (NH-Sicherungen) — VDE 0636*

Das Schaltvermögen der NH-Sicherungen liegt mit ca. 100 kA weit über dem geforderten Mindestwert von 50 kA. Man verwendet sie für Nennströme in der Größenordnung von 6 A bis 1250 A und für Nennspannungen bis $U_N = 500$ V$_\sim$ bzw. ungenormt bis 1000 V$_\sim$. Die nach sieben verschiedenen Nennstrombereichen unterteilten Sicherungsgrößen sind in Tabelle 2/7 aufgeführt.

Tab. 2/7 NH-Sicherungsgrößen

Größe	Nennstrombereich in A	Gesamtlänge in mm	Anschlußquerschnitt in mm²
00	von 6 gestuft bis 160	78	16– 50
0	von 6 gestuft bis 250	125	35– 95
1	von 16 gestuft bis 250	135	70–150
2	von 32 gestuft bis 400	150	150–300
3	von 315 gestuft bis 630	150	2× (40 × 5)
4	von 500 gestuft bis 1250	200	2× (60 × 5)
4a	von 500 gestuft bis 1250	200	2× (80 × 5)

Aufbau und Besonderheiten

Auf dem Sicherungshalter oder dem Unterteil mit den Leitungsanschlüssen (Bild 2/34c) sitzt, durch Steckverbindungen gehalten, der auswechselbare Schmelzeinsatz. Dieser Einsatz wird nur in Verbindung mit einem geschlossenen Steatit- oder Gießharzkörper verwendet (Bild 2/34a). Ein serienmäßig eingebauter Unterbrechungsmelder kann zum Überwachen des Betriebszustandes zusätzlich mit einem Schaltzustandsgeber kombiniert werden. Als Schmelzleiter dienen gitterartig ausgestanzte Kupferbänder mit Zinn- oder Silberbrücken zur Beeinflussung der Abschaltcharakteristik. Als Löschmittel wird Quarzsand verwendet.
Das Auswechseln einzelner im Unterteil (Bild 2/34c) steckenden Patronen kann mit Isoliergriffen (Bild 2/34b) im unbelasteten Zustand auch unter Spannung erfolgen. Bei der Ausführung als Sicherungstrenner werden meistens drei Patronen, die gemeinsam in einem Griffeinsatz angeordnet sind, geschaltet. Bei Sicherungstrennern ist das Herausschalten der Patronen so vorzunehmen, daß der obere Kontakt zuerst geöffnet wird. Hierdurch soll verhindert werden, daß ein evtl. vorhandener Lichtbogen in den Trenner „hineinläuft" und diesen überbrückt. Griffsicherungen dürfen nur von Fachleuten ausgewechselt werden.

Bild 2/34a
NH-Sicherung

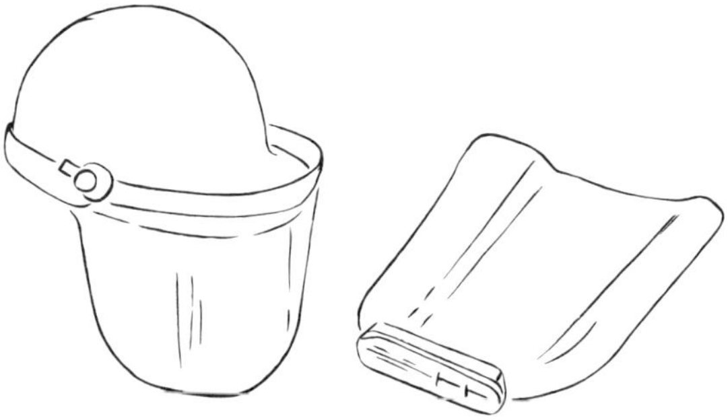

Bild 2/34b
NH-Sicherungsgriff mit Unterarmschutz, Helm und Gesichtsschutz

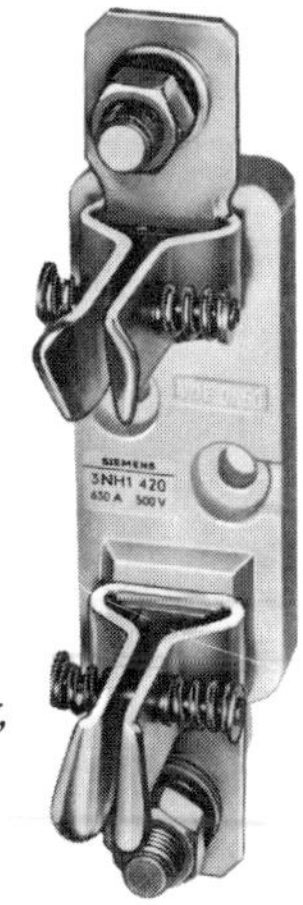

Bild 2/34c
NH-Sicherung, Unterteil

Die üblichen Schmelzeinsätze haben eine träg-flinke Charakteristik. Sie arbeiten im Überlastgebiet träge und schalten Kurzschlußströme flink ab.
Bei Verwendung von NH-Sicherungspatronen alter Norm eines einheitlichen Fabrikates erhält man in Maschen- und Strahlennetzen ein gutes Selektivverhalten bei üblichen Sicherungsabstufungen um 2 Nennstromgrößen. Das heißt, es wird die dem Kurzschluß am nächsten liegende schwächere Sicherung zeitlich vor der nächst größeren ansprechen. Bei Verwendung von Schmelzsicherungen neuer Norm (siehe Seite 221 — 223) genügt die Abstufung um mindestens 1 Größe. Die Strom-Zeit-Kennlinien von NH-Sicherungen sind in Bild 2/33b dargestellt.

2.2.9.4. Leitungsschutzschalter VDE 0641 bis 0644

Leitungsschutzschalter sind sogenannte Sicherungsautomaten mit elektromagnetischen und elektrothermischen Auslösern. Sie dienen als Schutzeinrichtungen für Leitungen und Geräte gegen Kurzschlüsse und Überlastströme. Man verwendet sie anstelle von Schmelzsicherungen mit dem Vorteil einer größeren Betriebssicherheit.
Nach VDE dürfen Leitungsschutzschalter auch als betriebsmäßige Schalter verwendet werden. Eine unzulässige Ergänzung (Flicken) von Schmelzleitern ist hier nicht möglich. Leitungen können im Überlastgebiet besser ausgenutzt werden als mit Schmelzsicherungen.
Leitungsschutzschalter werden als einpolige Schraubautomaten und als Sockelautomaten in ein- und mehrpoliger Ausführung bis zu Nennstromgrößen von 63 A angeboten. Die Schraubautomaten haben wie die Diazed-Sicherungen unterschiedliche Fußkontaktdurchmesser. Automaten mit unzulässig hohen Nennstromangaben können damit nicht bis zur Kontaktgabe eingeschraubt werden.

Schaltvermögen

Das Schaltvermögen, welches auf dem Leistungsschild der Automaten angegeben wird, betrug bisher mindestens 1500 A, und es ist erweitert worden auf 3000 A bis 15 000 A. Um sicher zu stellen, daß das Schaltvermögen der Automaten nicht überschritten wird und daß keine Zerstörung sondern eine einwandfreie Abschaltung erfolgt, müssen entsprechend dem Schaltvermögen Sicherungen vorgeschaltet werden, die den Kurzschlußstrom begrenzen. Durch das Sternzeichen gekennzeichnete Schutzschalter dürfen mit Schmelzsicherungen bis zu einem Nennstrom von 100 A vorgesichert werden. Bei neueren Typen wird das Schaltvermögen durch einen Zahlenaufdruck angegeben, z.B. 6000 für 6000 A (siehe Bild 2.38b).

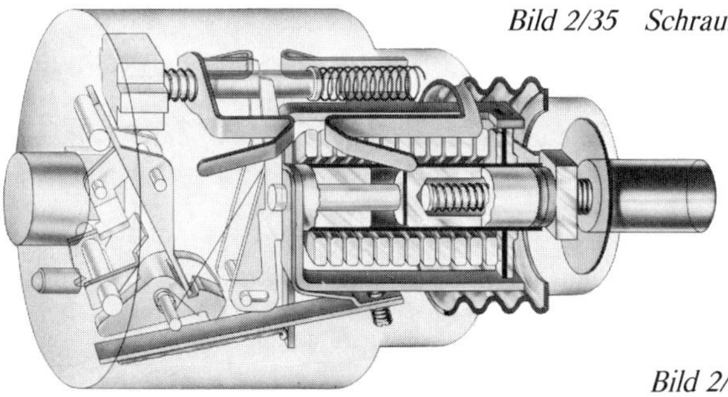

Bild 2/35 Schraubautomat

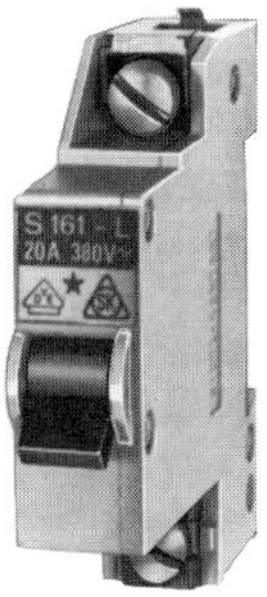

Bild 2/36 Sockelautomat

Freiauslösung

Aus Sicherheitsgründen wird nach VDE 0660 bei Schutzschaltern ein Schaltschloß mit Freiauslösung gefordert.
Durch die Freiauslösung wird ein Auslösevorgang ermöglicht, auch wenn der Schalterantrieb z.B. von Hand in der Einschaltstellung festgehalten wird.
Schraub- und Sockelautomaten sind in den Bildern 2/35 und 2/36 dargestellt.

Bild 2/37 Schaltkurzzeichen

Bild 2/38a Strom-Zeit-Kennlinie des LS-Schalters

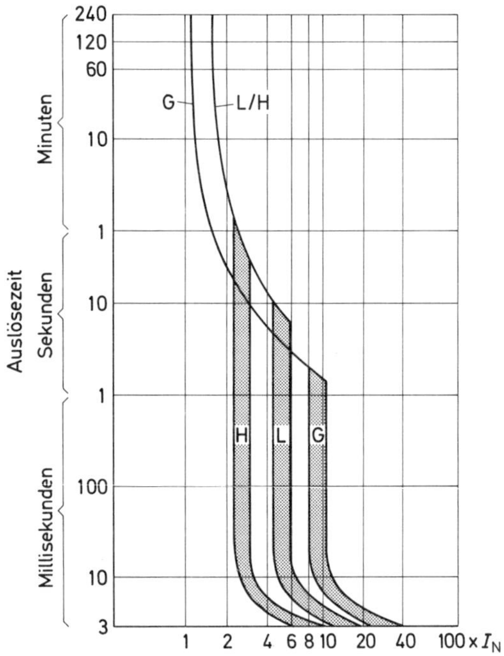

Mittlere Strom-Zeit-Kennlinie der Automaten
Schnellauslösung bei Wechselstrom

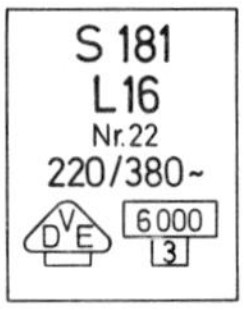

Bild 2/38b Leistungsschild des LS-Schalters

Wirkungsweise

Mit dem Einschalten des Schutzschalters wird eine Speicherfeder gespannt, die bei einer Handauslösung oder im Fehlerfall automatisch ein schnelles Öffnen der Schaltstücke und damit des Stromkreises bewirkt. Die automatische Auslösung erfolgt bei einer thermischen Überlastung durch Bimetalle und im Kurzschlußfall durch magnetische Auslöser. Bimetallauslöser und Magnetauslöser können im Fehlerfall unabhängig voneinander die Verklinkung im Schaltschloß aufheben. Durch diese sogenannte Freiauslösung ist auch ein Schließen des Stromkreises unmöglich, solange die Auslöser erregt sind und die Verklinkung aufheben.
Das Kurzzeichen des Leitungsschutzschalters ist in Bild 2/37 aufgeführt. Entsprechend dem Verwendungszweck unterscheidet man Automaten in der Ausführung **H (Haushalt), L (Leitungen)** und **G (Geräte),** die sich durch verschiedene Auslösecharakteristik unterscheiden. Die entsprechende Auslösezeit ist fest eingestellt und läßt sich nicht verändern. Aus den Strom-Zeit-Kennlinien nach Bild 2/38a sind die Unterschiede deutlich zu erkennen.

Strom-Zeit-Verhalten

Das Auslöseverhalten der Schutzschalter ist im Bild 2/38a gegenübergestellt. Die Kennlinien setzen sich aus der thermischen Auslösung (Überstromauslösung durch das Bimetall) und der Kurzschlußauslösung (magnetische Auslösung) zusammen.
Die Überstromauslösung im oberen Kennlinienfeld arbeitet stromabhängig verzögert, d.h., mit steigender Stromstärke wird die Abschaltzeit verkürzt.

LS-Schalter (Leitungsschutzschalter)

Leitungsschutzschalter mit L-Charakteristik schützen Leitungen bei Überlast und Kurzschluß. Der Abschaltfaktor beträgt k = 3,5.

HLS-Schalter (Haushalts-Leitungsschutzschalter)

Diese Automaten wurden vorzugsweise für den Leitungsschutz in Hausinstallationen eingesetzt. Die Kurzschlußschnellauslösung (k = 2,5) führt zu ungewollten Abschaltungen beim Anlassen von Asynchronmaschinen. Diese Automaten werden nicht mehr hergestellt und sie sind ersetzbar durch LS-Schalter der Selektivitätsklasse 3.

GLS-Schalter (Geräte-Schutzschalter)

Leitungsschutzschalter mit G-Charakteristik sind zur Absicherung von Stromkreisen und Geräten mit erhöhten Einschaltströmen geeignet. Der Ansprechstrom des Magnetauslösers beträgt 8 bis 12 × I_N. Durch thermische Dauerüberlastungen werden kürzere Abschaltzeiten erzielt als bei L- und H-Automaten.

Selektivitätsklassen

Neue Leitungsschutzschalter werden nach dem Abschaltverhalten in drei Selektivitätsklassen Nr. 1, 2 und 3 eingeteilt. In der Bundesrepublik Deutschland wird nur die Klasse 3 verwendet.
Die Stromunterbrechung erfolgt bei älteren Ausführungen bzw. bei Schutzschaltern der Selektivitätsklasse 1, bei den sogenannten Nullpunktlöschern, frühestens nach dem Nulldurchgang der ersten Stromhalbwelle (nach etwa 10 ms). Eine Verbesserung des Abschaltverhaltens ist mit kurzschlußstrombegrenzenden LS-Schaltern der Selektivitätsklasse 2 möglich. Die wirksamste Abschaltung erfüllt Klasse 3, die überwiegend in Verbraucheranlagen angewendet wird. Der Kurzschlußstrom wird bereits vor dem Erreichen des Nulldurchganges innerhalb einer Stromhalbwelle begrenzt (innerhalb von 10 ms).
Die Selektivitätsklassen werden auf den Leistungsschildern der Schutzschalter direkt angegeben (Bild 2/38b).

Sicherungsselektivität

Unter Selektivität versteht man allgemein die Staffelung von Sicherungen. In Reihe liegende Sicherungen sind so abzustufen, daß im Kurzschluß- oder Überlastungsfall das Schutzorgan abschaltet, das dem Fehlerort am nächsten liegt.
Dieses erreicht man durch die Abstufung der Sicherungen um eine oder mehrere Nennstromgrößen bzw. durch richtige Zuordnung der Selektivitätsklassen.

2.2.9.5. Motorschutzschalter

Motorschutzschalter werden sowohl als Schutzgerät wie auch als Schaltgerät für Motorenstromkreise verwendet. Der einfache Motorschutzschalter ist ein dreipoliger, handbetätigter Motorschalter mit thermisch verzögerten Auslösern. Gegebenenfalls sind zusätzlich magnetische Schnell-

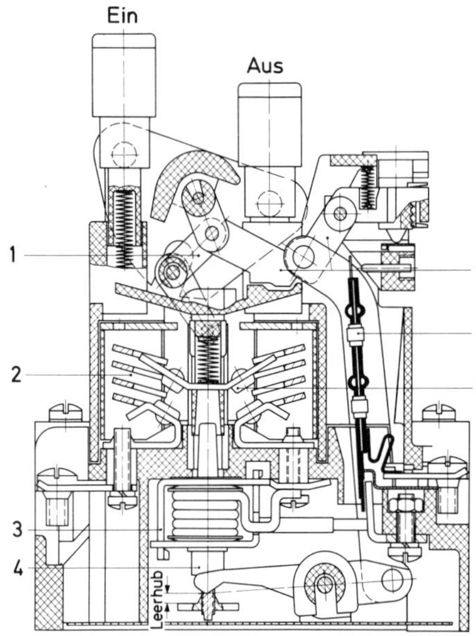

Bild 2/39a Motorschutzschalter

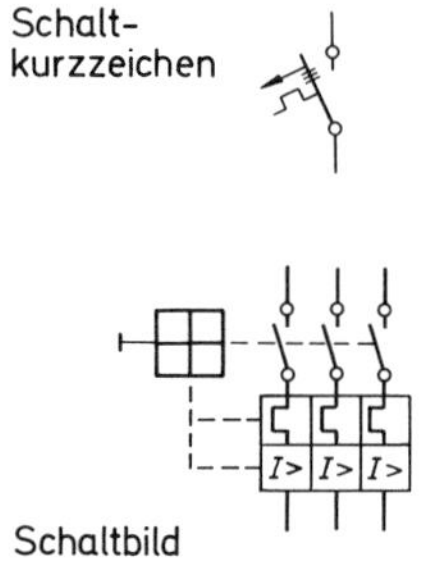

Bild 2/39b
Schaltzeichen und Schaltkurzzeichen

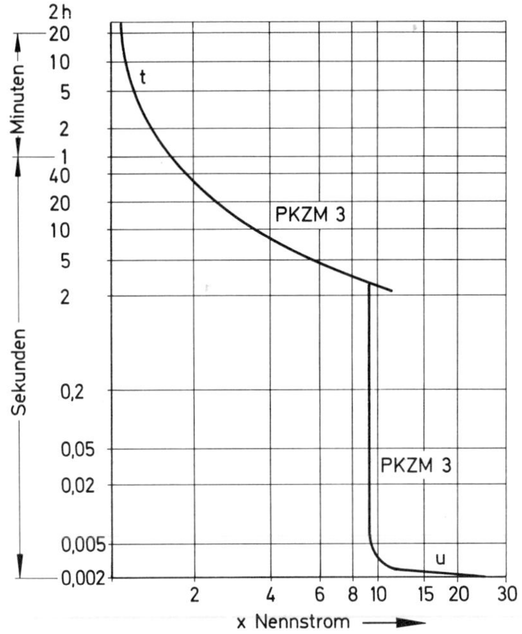

Bild 2/39c Strom-Zeit-Kennlinie

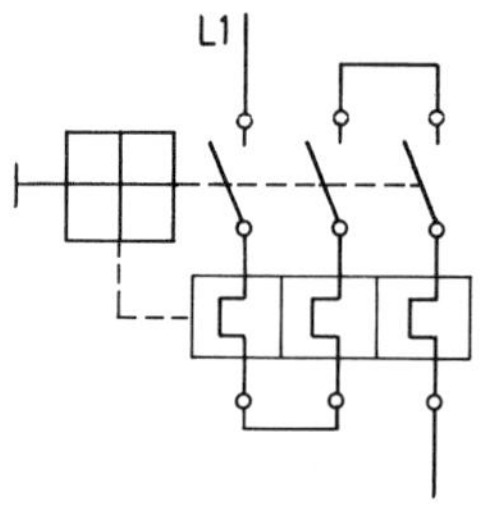

Bild 2/39d Schaltbild, einpolig

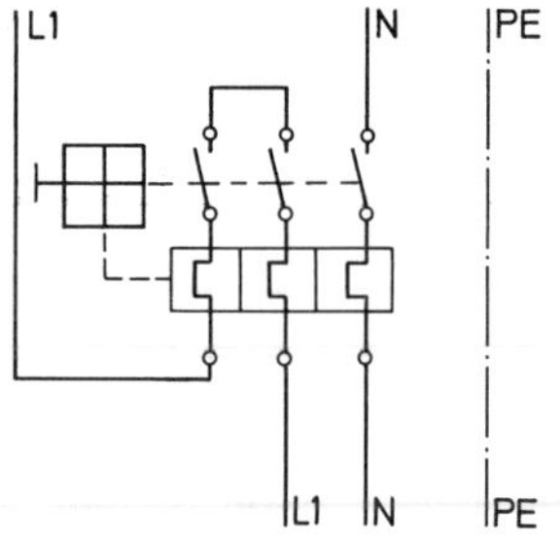

Bild 2/39e Schaltbild, zweipolig

auslöser und in Sonderfällen auch Hilfskontakte mit eingebaut. Motorschutzschalter werden in unterschiedlichen Größen für Nennströme gestuft bis rd. 100 A (200 A) hergestellt und je nach Bedarf für leichte Anlaufbedingungen (Trägheitsgrad T I) und für schwere Anlaufbedingungen (Trägheitsgrad T II) ausgerüstet. Die Schalthäufigkeit ist begrenzt, sie liegt für das Schalten von Motoren etwa bei 25 bis 50 Schaltungen je Stunde.
Das Konstruktionsprinzip und das Schaltbild eines Motorschutzschalters mit thermischen und magnetischen Auslösern ist in Bild 2/39a und b dargestellt. Die thermisch verzögerten Auslöser sind Bimetalle, die den Motor vor Überlastung, also vor einer zu großen Erwärmung, schützen. Durch Hubverstellung am Auslöser läßt sich an einer Skala der Nennstromwert des Motors genau einstellen.
Die magnetischen Auslöser übernehmen den Kurzschlußschutz.
Das Schaltschloß hat eine Freiauslösung sowie eine Schaltstellungsanzeige für den Ein- und Ausschaltzustand, wie der vorher beschriebene Leitungsschutzschalter.
Die magnetischen Auslöser sind überwiegend fest auf den 8- bis 16fachen Nennstrom einjustiert. Durch die thermische Verzögerung der Bimetalle und durch die relativ hohe magnetische Auslösereinstellung bewirken Einschaltströme von Motoren keine Abschaltung des Schutzschalters.
Die Strom-Zeit-Kennlinie eines Motorschutzschalters ist in Bild 2/39c dargestellt.
Beim Motorschutzschalter spricht die thermische Auslösung aus dem betriebswarmen Zustand heraus beim 1,2fachen Nennstrom innerhalb von 2 Stunden an.
Mit dem 1,5fachen Nennstrom erfolgt vom betriebswarmen Zustand aus eine Abschaltung innerhalb von 1 bis 2 Minuten.
Den 1,5fachen Nennstrom erhält man etwa bei Nennlast eines Drehstrommotors an zwei Außenleitern (Zweiphasenbetrieb).
Die Überprüfung der Wirksamkeit eines Motorschutzschalters im Betrieb, in dem der Störungsfall durch Herausdrehen einer Sicherung nachgebildet wird, erweist sich jedoch als unzulänglich. Abweichung vom Nennspannungswert und von der Nennbelastung können die Verhältnisse verfälschen. Die Ermittlung der Stromaufnahme durch Messung und der anschließende Vergleich mit der Abschaltkurve ist unerläßlich.

Schaltvermögen

Das Schaltvermögen der Motorschutzschalter ist begrenzt, vor allem bei solchen mit fehlender magnetischer Schnellauslösung. Motorschutzschalter benötigen daher unbedingt Vorsicherungen, deren Werte die Angaben der Gerätehersteller nicht übersteigen. Übersteigt der Kurzschlußstrom an der Einbaustelle eines Motorschutzschalters infolge einer zu großen Vorsicherung das Nennausschaltvermögen des Schalters, so wird ein vorhandener magnetischer Schnellauslöser zwar ansprechen, aber ein Lichtbogen zwischen den Schaltstücken könnte einen Schaden hervorrufen.
Bei Motorschutzschaltern mit kleineren Überstrom-Auslösebereichen (bis $\approx$ 4A) sind keine Vorsicherungen erforderlich. Der Kurzschlußstrom wird durch den relativ hohen Innenwiderstand begrenzt und kann somit direkt abgeschaltet werden.

Absicherung von Drehstrommotoren

Der alleinige Schutz von Motoren durch flinke oder träge Schmelzsicherungen ist nicht möglich. Die Sicherungen müßten so groß gewählt werden, daß sie den hohen Anlaufstrom aushalten. Damit ist aber die Möglichkeit einer Dauerüberlastung der Motoren gegeben, weil träge Sicherungen dem 1,5fachen Nennstromwert 1 bis 2 Stunden lang aushalten. Hierdurch kann es zur Zerstörung der Motorwicklung kommen.
Es ist zweckmäßig und häufig vorgeschrieben, zusätzlich zu den Schmelzsicherungen entsprechende

Überstrom- oder Temperaturschutzorgane einzusetzen. Siehe Abschnitt 2.2.9.7. und 2.2.9.8. Der allgemeine Kurzschlußschutz kann bei fehlendem Kurzschlußstromauslöser durch Leitungsschutzsicherungen erfolgen.

Kriterien zur Bemessung der Sicherungen:

a) Durch die Sicherungen müssen alle Objekte (Leitungen, Schalter usw.) ausreichend gegen Kurzschlußauswirkungen geschützt sein.
b) Die erhöhten Anlaufströme der elektrischen Maschinen dürfen die Sicherungen nicht abschalten. Zu berücksichtigen sind Anlaufströme in der Größenordnung vom Achtfachen der Motorennennströme.

Die Auswahl der Sicherungen kann überschlägig nach dem Vielfachen des Motor-Nennstromes bestimmt werden. Für Kurzschlußläufermotoren gelten folgende Richtwerte:

Bei Leeranlauf und Stern-Dreieck-Anlauf	Sicherungsnennstrom = 1 Stufe höher, als nach Motornennstrom erforderlich
Bei Nennlastanlauf	Sicherungsnennstrom = 2 Stufen höher als nach Motornennstrom erforderlich

2.2.9.6. Leistungsschalter

Unter Leistungsschalter versteht man Schaltgeräte mit großem Schaltvermögen. Zu erwartende Kurzschlußströme werden einwandfrei beherrscht bzw. abgeschaltet.
Leistungsschalter vereinigen in einem Gerät mehrere Aufgaben, z.B.:
Kurzschlußschutz,
Überlastschutz,
Betriebsschalter und
Trenn- bzw. Hauptschalter (Bild 2/40a und b).
Ein Leistungsschalter ist so auszuwählen, daß die am Einbauort zu erwartenden Einschalt- und Kurzschlußströme das Schaltvermögen des Schalters nicht übersteigen. Eine besondere Vorsicherung ist dann nicht erforderlich.
Für Niederspannungsanlagen werden Leistungsschalter innerhalb der Nennstromreihe von 16 A bis 4000 A hergestellt.
Man verwendet sie zum Schalten größerer Ströme in Schaltanlagen, als Hauptschalter vor Schützsteuerungen, in sicherungslosen Verteilungen zum Schutz und zum Schalten von leistungsstarken Motoren und von Kondensatoren. Die Betätigung erfolgt unmittelbar durch Handantrieb oder bei Fernbedienung durch Magnet-, Motor- oder Druckluftantriebe.
Die bei der Abschaltung des Stromkreises entstehenden Lichtbögen werden in sogenannten Lichtbogenkammern oder Entionisierungskammern gelöscht (Bild 2.1d). Die Lichtbogenkammern dürfen betriebsmäßig nicht entfernt werden. Es besteht sonst die Gefahr, daß die vorgeschriebenen Abschaltzeiten nicht eingehalten werden. Außerdem kann es zu Lichtbogenüberschlägen zwischen den Schaltzonen kommen. Die Leistungsselbstschalter sind je nach Bedarf mit magnetischen und thermischen Auslösern wie auch mit Unterspannungauslösern (Spannungsrückgangsauslösern) ausgerüstet. Unterspannungsauslöser lassen den Schalter bei Ausfall oder Absenkung der Netzspannung um 30% bis 65% auslösen und verhindern eine ungewollte Wiedereinschaltung. Unfälle können dadurch vermieden werden. Im spannungslosen Zustand verhindert der Auslöser eine

Bild 2/40a Leistungsschalter

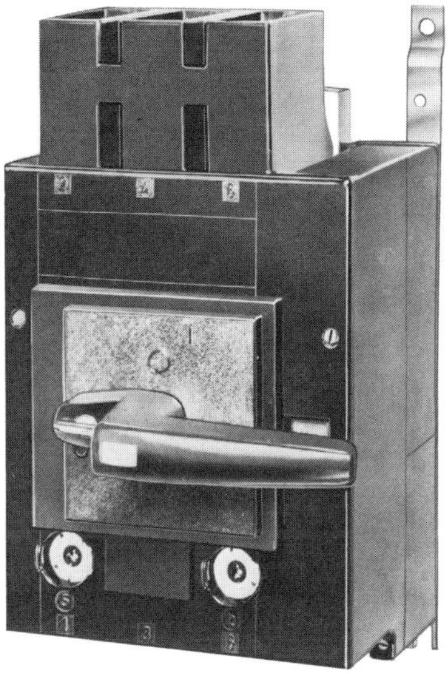

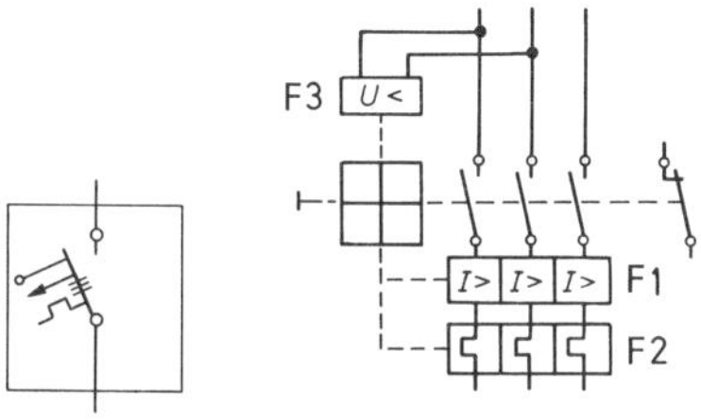

Schaltkurzzeichen und Schaltbild eines Leistungsschalters mit
magn. Auslöser F_1,
therm. Auslöser F_2, Unterspannungsauslöser F_3.

Bild 2/40b Schaltbild

Einschaltung des Schalters. Sollen sehr kurzzeitige Netzspannungsschwankungen oder Unterbrechungen nicht zu einer Abschaltung führen, so werden Unterspannungsauslöser mit Abfallverzögerung verwendet. Außer den vorher erwähnten strombegrenzenden Leistungsschaltern gibt es solche, die in ihrer Ausschaltzeit im ms-Bereich staffelbar sind, so daß hintereinandergeschaltete Leistungsschalter selektiv abschalten.

2.2.9.7. Thermisches Überstromrelais-Bimetallrelais

Bimetallrelais (Bild 2/41a) werden überwiegend in Verbindung mit Schützsteuerungen zum Motorschutz eingesetzt. Eine Kombination aus Schütz und Bimetallrelais kann die Schutzfunktion eines einfachen Motorschutzschalters ersetzen.
Handelsübliche Bimetallrelais werden dreipolig gebaut und in Nennstrombereiche bis zu 630 A gestuft. Die Bimetallstreifen können durch den hindurchfließenden Strom direkt erwärmt werden, oder die Erwärmung erfolgt indirekt über Heizwiderstände (Bild 2/41b). Schaltbild siehe Bild 2/41c.
Die Anordnung des Bimetallrelais im Haupt- und Hilfsstromkreis ist aus Bild 2/50 zu entnehmen.
Motoren, die unter Verwendung der automatischen Stern-Dreieck-Schaltung angelassen werden, können zweckmäßigerweise durch Bimetallrelais überwacht werden, die auf den 0,58fachen Wert des Motor-Nennstromes eingestellt werden.
Im Hauptstromkreis liegt in diesem Fall das Bimetall unmittelbar mit der Motorwicklung in Reihe (Bild 2/87a).
Jedes Bimetall überwacht somit direkt den Strom jedes Wicklungsstranges sowohl beim Sternanlauf als auch während des Dreieck-Betriebszustandes.
Der Einstellwert des Bi-Relais stimmt mit dem zulässigen Strom des Wicklungsstranges überein.
Bei Motorströmen in der Größenordnung von hundert Ampere, sind meistens Stromwandler erforderlich.

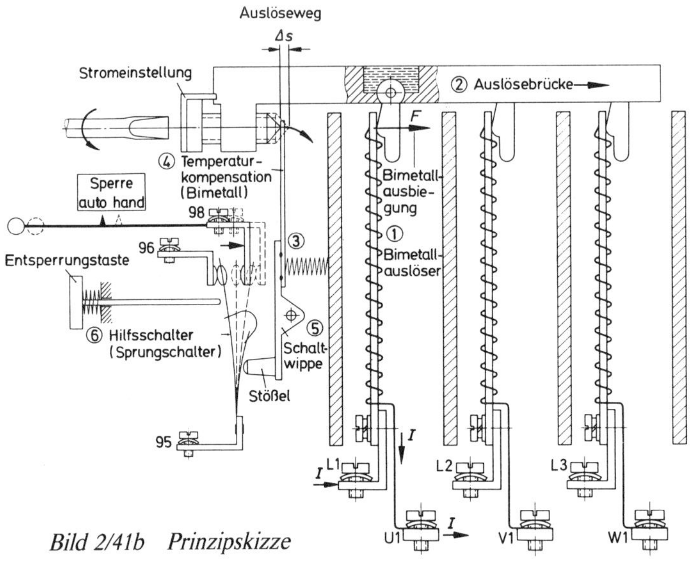

Bild 2/41b Prinzipskizze

Bild 2/41a Bimetallrelais

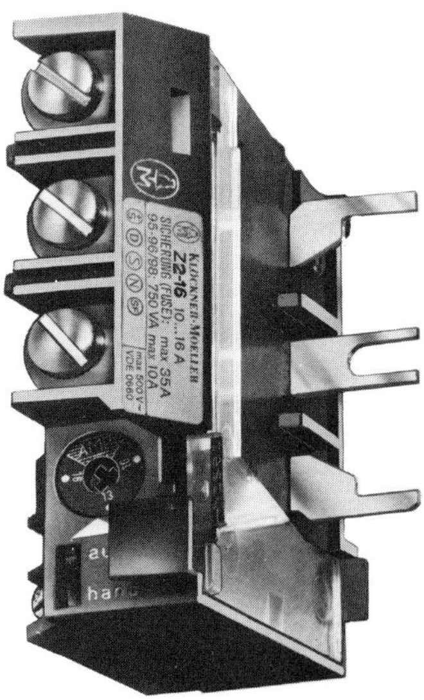

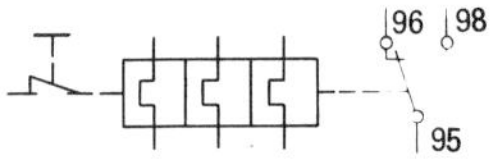

Bild 2/41c Schaltbild

Wirkungsweise

Im Fall erhöhter Stromaufnahme, z.B. durch Überlastung eines Motors, wird das auf Motornennstrom eingestellte Bimetall intensiver erwärmt als bei Nennbetrieb. Die durchbiegenden Bimetallstreifen wirken über die Schaltachse auf den Momentschalter. Der als Öffner oder Wechsler vorliegende Momentschalter unterbricht nur im Steuerstromkreis den Strom zur Schützspule.
Der überlastete Hauptstromkreis wird durch das Schütz abgeschaltet. Die Abschaltverzögerungszeit läßt sich an der Einstellskala des Bimetallrelais durch Verstellen des Leerhubes in Grenzen variieren. Der vorgeschriebene Einstellwert auf der Skala ist der Nennstrom. Raumtemperaturunterschiede brauchen normalerweise bei einer Stromeinstellung dann nicht berücksichtigt zu werden, wenn im Relais auf mechanischem Wege durch ein zweites Bimetall eine Temperaturkompensation durchgeführt wird. Mit der Abkühlung der Bimetallstreifen nach einer Erwärmung und Auslösung kann der Sprungkontakt des Momentschalters wieder zurückschalten, soweit keine Rückschaltsperre eingerichtet ist. Die Rückschalt- oder Wiedereinschaltsperre ist eine mechanische Verklinkung, die sich mittels eines Hebels oder einer Schraube am Relais ein- oder ausstellen läßt. In Verbindung mit Drucktastersteuerungen von Schützen ist eine Wiedereinschaltsperre nicht unbedingt erforderlich, weil eine automatische Wiedereinschaltung der Steuerung nach einer Öffnung der Schützselbsthaltung nicht erfolgen kann.
Für Schützsteuerungen ohne Selbsthaltung läßt sich eine selbsttätige, ungewollte Wiedereinschaltung des Schützes verhindern, indem man am Bimetallrelais die Wiedereinschaltsperre einrichtet (Bild 2/41b).
Ohne Wiedereinschaltsperre könnte sich der überlastete Hauptstromkreis selbsttätig solange ein- und ausschalten (pumpen) bis ein ernsthafter Schaden angerichtet ist. Schaltungsbeispiel siehe Bild 2/85b. Nach einer selbsttätigen Abschaltung durch Überlastung, anschließender Fehlersuche und Fehlerbeseitigung, wird das Bimetallrelais von Hand wieder eingeschaltet.

2.2.9.8. Motorvollschutz

Unter Verwendung von Bimetallrelais oder Motorschutzschaltern erhält man Schutz gegen unzulässige Temperaturerhöhungen indirekt durch die Stromüberwachung.
Sofern Temperaturen direkt mit Temperaturfühlern überwacht werden, um im Gefahrenfall Meldungen oder Abschaltungen zu vollziehen, spricht man von einem Motorvollschutz.
Die Temperaturerfassung erfolgt z.B. mit in Reihe geschalteten Thermistoren (Kaltleiter-Temperaturfühler) oder durch Protectoren (Thermokontakte), die an Stellen kritischer Temperaturbereiche, z.B. Wickelköpfe und Lager, vorgesehen werden.
Die in dem Bild 2/41d aufgeführte Thermistorsteuerung beinhaltet ein außerhalb des Motors installiertes Überwachungsgerät, das bis zur Motoreinschaltung über Kontakt S1 erregt werden muß. Danach erfolgt eine Selbsthaltung über K1.
Mit dem Überschreiten der Grenztemperatur steigt der Widerstand des Thermistors sehr intensiv an, so daß das Überwachungsrelais K2 abschaltet und den Motor-Steuerstromkreis unterbricht.

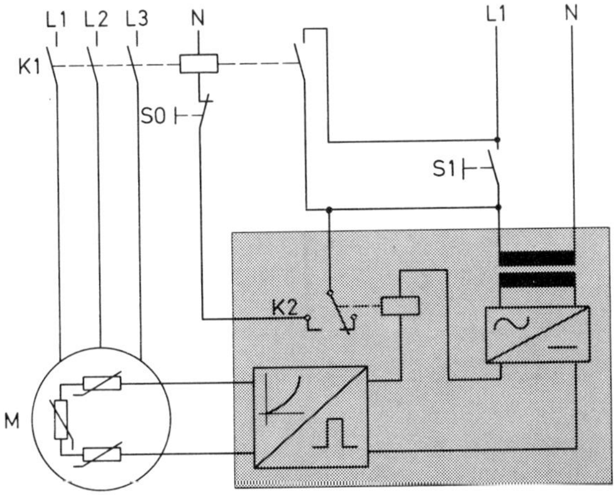

Bild 2/41d Motorvollschutz (Prinzipbild)

2.3. Stromkreise VDE 0100 § 60

Einfache Geräte-, Lampen- oder Motorschaltungen bestehen oft aus nur einem Stromkreis.
Der Stromkreis wird gebildet aus der Sicherung, der Hinleitung zum Verbraucher und aus der Rückleitung einschließlich aller dazugehörender Einrichtungen. Es lassen sich in Grenzen mehrere Verbrauchsgeräte, die unabhängig voneinander betrieben werden, zu einem Stromkreis zusammenfassen, wie es z.B. bei Lampenschaltungen üblich ist. **Schützschaltungen lassen sich aufgliedern in Haupt- und Hilfsstromkreise.**

2.3.1. Hauptstromkreis

Der Hauptstromkreis ist mit dem Laststrom des Verbrauchers beaufschlagt, und er wird gebildet aus den Hauptleitungen und den Hauptgeräten. Folgende Hauptgeräte werden vom Hauptstrom der Reihenfolge nach durchflossen:
Sicherungsgruppe, Hauptschalter, Hauptschütz, Bimetallrelais und Motorwicklung (Darstellung des Hauptstromkreises Bild 2/49a).

Auslegung der Absicherungen und der Leitungen für Drehstrommotoren

a) Entsprechend Abschnitt 2.2.9.5 bzw. nach technischen Tabellen wird der Nennstrom der Sicherungen nach Leistung, Spannung und Einschaltart des Motors, unter Berücksichtigung der Anlaufzeit, festgelegt.
b) Aus dem Nennstrom der Sicherung wird der Leitungsquerschnitt bestimmt (siehe Tabelle 41 der VDE 0100).
c) Nach dem Motornennstrom wird der thermische Überstromauslöser ausgewählt.
d) Der unter a) festgelegte Nennstrom der Sicherung darf in keinem Fall den vom Gerätehersteller angegebenen maximalen Nennstrom der Vorsicherung für die im Leitungszug liegenden Geräte überschreiten.
e) Bei langen Leitungsstrecken wird der Spannungsabfall nachgerechnet. Falls der Spannungsabfall zu hoch ist, müssen stärkere Leitungen genommen werden. Die Wahl der Sicherungen wird nicht beeinflußt.

Leitungsverlegungsvorschriften — VDE 0100

Leiter verschiedener Stromkreise dürfen in einer Mehraderleitung, einem Kabel oder einem Kanal zusammengefaßt werden, auch wenn unterschiedliche Spannungen und Frequenzen vorliegen. Die Isolationen müssen für die höchste Spannung ausgelegt sein, andernfalls sind die Stromkreise getrennt voneinander zu verlegen.
Einzelne Leiter eines Stromkreises dürfen nicht auf verschiedene Rohre, Leitungen oder Kabel verteilt werden, sofern sie andere Stromkreisleiter enthalten.
Für die farbige Unterscheidung der Leiter können folgende Farben verwendet werden (VDE 0113):

Hauptstromkreise für Gleich- und Wechselstrom:	schwarz
Mittelleiter ohne Schutzfunktion:	hellblau
Steuerleiter für Wechselstrom:	rot
Steuerleiter für Gleichstrom:	blau
Schutzleiterfarbe:	grün/gelb

Für mehrere zusammengehörende Stromkreise darf ein gemeinsamer Schutzleiter mit einem Querschnitt, der dem des stärksten Außenleiters entspricht, verwendet werden.

2.3.2. Hilfsstromkreis

Der **Hilfsstromkreis** besteht im wesentlichen aus den Hilfsleistungen und den Hilfsgeräten, wie z.B. Steuersicherung, Befehlsschalter, Hilfskontakte vom Schütz und vom thermisch verzögerten Relais, Magnetspule des Schützes und Meldegeräte (Darstellung des Hilfsstromkreises Bild 2/49b).

Absicherung des Hilfsstromkreises

Hilfsstromkreise müssen gegen fehlerhafte Überströme, z.B. Kurzschlußströme, geschützt werden. Überlastungen sind in Hilfsstromkreisen kaum möglich, da die Stromaufnahmen der Antriebsspulen und Meldelampen in ihrer Höhe festliegen und nicht beliebig erhöht werden.
Die Sicherungsgröße im Steuerstromkreis richtet sich nach dem Leitungsquerschnitt, nach den Schaltgeräten und ihren vom Gerätehersteller angegebenen Vorsicherungsgrößen und nach der Höhe des im Kurzschlußfall möglichen Stromes.
Der Abschaltstrom der Sicherung muß im Fehlerfall mindestens zum Fließen kommen, damit die Sicherung schnell genug anspricht. Der Kurzschlußschutz kann sekundärseitig entfallen, wenn der Primärschutz den Sekundärschutz mit übernimmt. Es können Sicherungen oder Schutzschalter Verwendung finden (Bild 2/42a und b). In geerdeten Steuerstromkreisen darf der geerdete Steuerleiter nicht abgesichert werden.

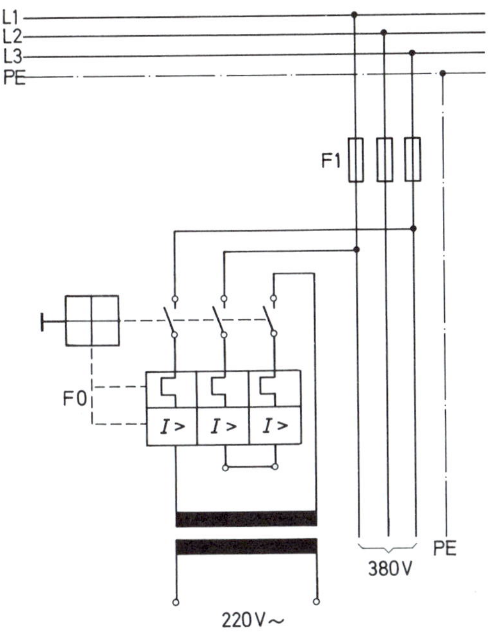

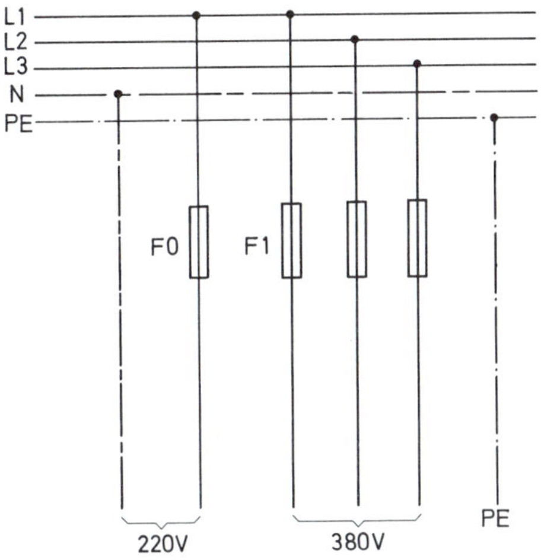

Bild 2/42b Steuerkreisabsicherung

◀ *Bild 2/42a Steuerkreisabsicherung*

Kurzschlüsse können dann, wenn sie nicht schnell genug abgeschaltet werden, Betriebsmittel zerstören und Brandgefahren bewirken.
Erdschlüsse können in *geerdeten Steuerstromkreisen* kurzschlußgleiche Erscheinungen hervorrufen. Der Schluß zwischen Leiter und Erde wird beim geerdeten Steuerstromkreis durch Ansprechen der Sicherung eine Abschaltung der Steuerung bewirken, sofern die Sicherung im ungeerdeten Leiter angeordnet ist. In *nichtgeerdeten Steuerstromkreisen* bleibt der einfache Erdschluß ohne Folgen. Dieser Fehler wird nur erkannt, wenn eine Isolationsüberwachung vorhanden ist.
Bei Doppelerdschlüssen besteht die Möglichkeit, daß Einschaltungen ungewollt entstehen und daß ein Stillsetzen verhindert wird (Bild 2/43, Fehler Nr. 2).
Körperschlüsse können unter anderem erhöhte Berührungsspannungen hervorrufen und somit das Bedienungspersonal gefährden.

Fehlerauswirkungen in Steuerstromkreisen

Zur Übersicht sind folgende Fehler im Bild eingetragen:

Kurzschluß ①
Erdschluß ②
Körperschluß ③
Leiterschluß ④

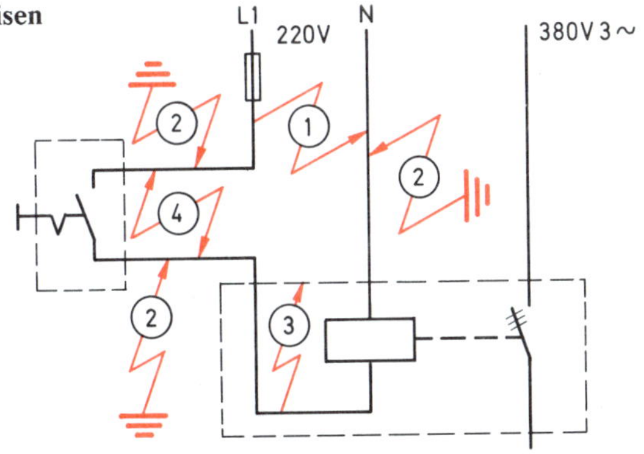

Bild 2/43 Fehlerarten

Leiterschlüsse ergeben wie bei Doppelerdschlüssen unbeabsichtigte Schaltzustände.

Leitungsverlegungsvorschriften — VDE 0100

Mehrere Hilfsstromkreise können in einer Mehraderleitung, in einem Rohr oder Kanal zusammengefaßt werden.

Bei Steuerspannungen bis 42 V darf der Steuerrückleiter entfallen, sofern er durch Konstruktionsteile mit ausreichender elektrischer Leitfähigkeit ersetzt wird. Das Erdreich darf nicht als alleiniger Rückleiter benutzt werden.

Steuerstromkreise können geerdet oder ungeerdet betrieben werden. In geerdeten Steuerstromkreisen mit einem Steuertransformator muß die Verbindung zur Betriebserde gut zugänglich und in Steuertransformatornähe auftrennbar sein, um z.B. problemlos Isolationswiderstandsmessungen durchführen zu können. Für ungeerdete Hilfsstromkreise ist gemäß VDE 0100 § 60 eine Isolationsüberwachung erforderlich, sofern Gefährdungen durch unbeabsichtigte Schaltzustände, z.B. durch Isolationsfehler, möglich sind.

Schutzmaßnahmen nach VDE 0100 sind erforderlich. Der Mindestquerschnitt für fest verlegbare Leitungen beträgt bei 220 V Steuerspannung A $\geqq 1{,}5\ \text{mm}^2$, Kupfer.

2.3.3. Steuerspannung

Die bevorzugte Steuerspannung ist $U_N = 220\ V_\sim$. Abgesehen von Schwachstromschaltungen mit entsprechenden Schaltgeräten, sollten kleinere Spannungen nur in unbedingt notwendigen Fällen angewendet werden, weil sonst durch große Übergangswiderstände an den Hilfskontakten die Schaltungssicherheit stark verringert wird. Höhere Spannungen, z.B. 380 $V_\sim$ bzw. 500 $V_\sim$ sind aus Sicherheitsgründen nicht erlaubt. Ausnahmen bestehen dann, wenn die Steuerleitungen nicht verzweigt werden.

Anschluß des Steuernetzes möglichst zwischen einem Außenleiter und dem Mittelpunktsleiter (Bild 2/42b) oder zwischen 2 Außenleitern, wenn ein Steuertransformator verwendet wird (Bild 2/42a).

2.3.4. Steuertransformator — VDE 0113

Bei umfangreichen, verzweigten Steuerstromkreisen, bei Steuerungen mit mehr als 5 Betätigungsspulen, bei Betriebsmitteln mit geringeren Kriech- und Luftstrecken als Isolationsgruppe C und bei Kleinspannungen wird aus Sicherheitsgründen ein Steuertransformator empfohlen.

Die Sekundärspannung darf nicht über 5% vom Nennspannungswert absinken, wenn Nennbetrieb herrscht. Damit die Steuerspannung den jeweiligen Netzverhältnissen angepaßt werden kann, enthält die Primärseite mehrere Spannungsanschlüsse.

Schaltbild eines Steuertransformators mit 2 getrennten Sekundärwicklungen:

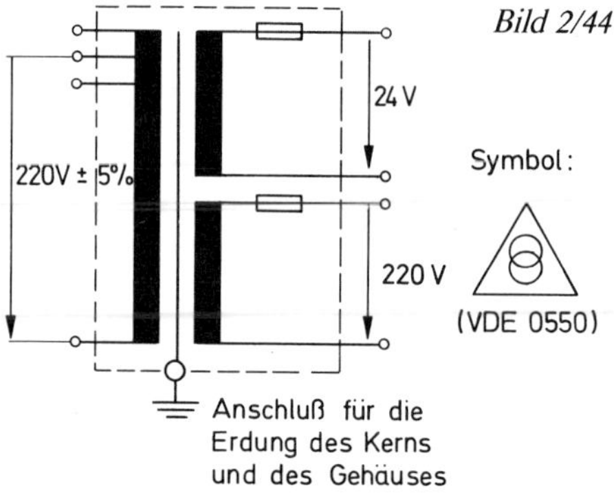

Bild 2/44 Steuertransformator

Der Steuertransformator soll vorzugsweise primär zwischen 2 Außenleitern angeschlossen werden, weil bei Schieflast die Spannung zwischen L1 und N stärker abweicht als zwischen L1, L2 und L3. Spartransformatoren sind für Steuerungszwecke nicht zulässig.

Vorteile des Steuertransformators:

a) Auswahlmöglichkeit der Steuerspannung unabhängig vom Primärnetz.
b) Geringere Lastabhängigkeit der Steuerspannung, z.B. bei Schieflast.
c) Begrenzung des Überstromes im Kurz- oder Erdschlußfall.
d) Erhöhter Schutz gegen indirektes Berühren (s. Abschn. 3.1.4.4 Installationstechnik).

Transformatorleistung

Die Größe des Steuertransformators ist von der zur gleichen Zeit auftretenden Einschalt- und Halteleistungen der Schaltgeräte und Meldegeräte abhängig. Zur Berechnung der nötigen Transformatorleistung gilt nachstehende Näherungsformel.

$$S_{Tr} \approx 0{,}8 \cdot (\Sigma\, S_H + S_{A\,max} + \Sigma\, P_L)$$

S_{Tr} Transformatorleistung in VA
$\Sigma\, S_H$ Summe der Halteleistung der Antriebe von Schützen usw. (ohne Berücksichtigung des größten Schützes) in VA
$S_{A\,max}$ Einschaltleistung des größten Schützes in VA
$\Sigma\, P_L$ Summe aller Leistungen der Kontroll-Lampen und -Einrichtungen in W
0,8 Gleichzeitigkeitsfaktor

Beispiel

In einer Steuerschaltung befinden sich 2 Schütze mit einer Halte- und Einschaltleistung von 20/250 VA und 6 Hilfsschütze von 8/50 VA sowie 6 Signallampen mit je 7 W. Die gleichzeitige Einschaltung liegt bei 80%.

Welche Leistung muß der Steuertransformator mindestens haben?

Lösung: $S_{Tr} \approx 0{,}8 \cdot (2 \cdot 20 + 6 \cdot 8 + 250 + 6 \cdot 7) = \underline{304\ \text{VA}}$

Es wird ein Steuertransformator mit der nächst größeren Leistung nach einer Angebotsliste ausgewählt.

2.4. Schaltpläne

2.4.1. Allgemein

Die zeichnerische Darstellung von elektrischen Schaltungen, wie man sie in der Praxis vorfindet, mit den verschiedensten Funktionen und Wirkungen, mit den Geräten und teilweise unüberschaubaren Leitungsführungen sowie den Klemmenanschlüssen und Bezeichnungen, erfolgt in sogenannten Schaltplänen. Für die eindeutige Information, im besonderen für die Planung, Montage, Fehlerursache und Wartung sind allgemein gültige Schaltungsdarstellungen erforderlich. Es werden daher die nach DIN 40719 genormten Schaltzeichen und Schaltpläne verwendet. Die wichtigsten Schaltpläne für die Schaltungstechnik sind der **Übersichtsschaltplan,** der **Wirkschaltplan,** der **Stromlaufplan** und der **Bauschaltplan.** Auf die Bedeutung und Darstellung dieser Schaltpläne wird nachfolgend eingegangen. Der für die Hausinstallation sehr wichtige **Installationsplan** wird im Band „Installationstechnik“ behandelt.

Da die in der Elektrotechnik angewendeten Schaltungen sehr vielfältig in ihren Abwandlungen sind, ist ein Auswendiglernen von kompletten Schaltplänen mit ihren verzweigten Linienführungen zu schwer und nicht sinnvoll. Sinnvoll ist es, typische Schaltfunktionen und Darstellungsgrundsätze verstehen zu lernen, um sich damit in die funktionellen Zusammenhänge eines Schaltplanes hineindenken zu können. Aus diesem Grunde werden im Abschnitt „Stromlaufpläne" und „Schaltalgebra", Abschn. 2.6 und 2.7, im besonderen Verknüpfungen mit Schaltgliedern und Grundschaltungen behandelt.

2.4.2. Zeichenregeln

Für die Darstellung von Schaltplänen solllten nachstehende allgemeine Regeln befolgt werden:

a) Aufbau des Schaltplanes in Leserichtung von oben nach unten und von links nach rechts. Das Netz oder die Stromzuführung wird obenliegend und der Verbraucher untenliegend dargestellt (Bild 2/45a). Dabei sind die Leitungslinien senkrecht oder waagerecht zu führen und nicht etwa schräg.

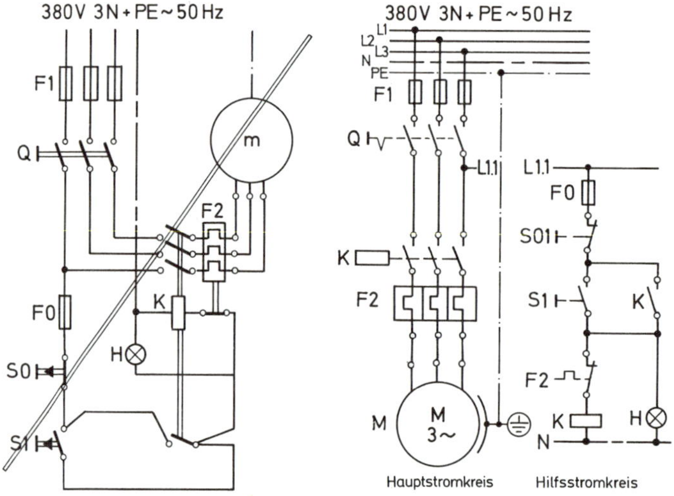

unrichtige, unübersichtliche Darstellung

richtige Darstellung einer Schützschaltung als Stromlaufplan

Bild 2/45a Darstellung einer Schützschaltung durch Haupt- und Hilfsstromkreis

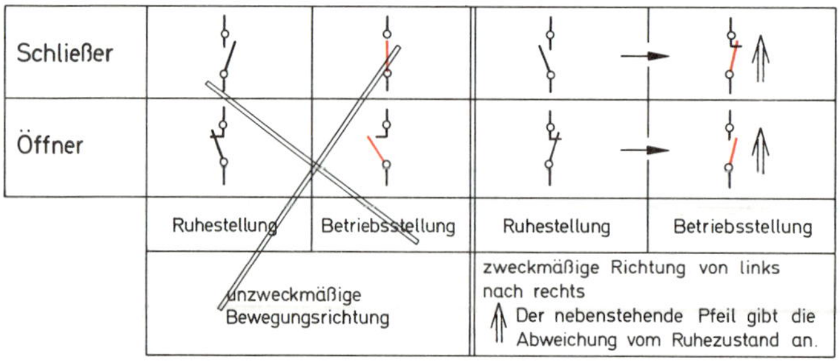

Bild 2/45b Schaltrichtung

b) Die Schaltsymbole sind möglichst einheitlich in senkrechten Strompfaden anzuordnen, um sie später nach Strompfadzahlen schnell auffinden zu können.

c) Alle Schaltglieder zeichnet man in der Grundstellung, d.h. Schließer in der Ausschaltstellung und Öffner in der Einschaltstellung. Abweichungen von dieser Regel sind in einem Schaltplan besonders zu vermerken.

d) Die Arbeitsrichtung der Schaltglieder ist von links nach rechts, d.h., Schließer schließen von links nach rechts und Öffner öffnen von links nach rechts (Bild 2/45b).

e) Jedes Gerät oder Schaltglied erhält eine Buchstabenkennzeichnung nach DIN 40719. Diese Kennbuchstaben sind in Tabelle 2/8 aufgeführt. Die Kennbuchstaben kennzeichnen die Geräteart und den Verwendungszweck. Zur Unterscheidung gleichartiger Geräte erhalten die Kennbuchstaben zusätzlich Ordnungszahlen, wie es aus dem Übersichtsschaltplan Bild 2/46a hervorgeht. Hierbei werden die senkrechten Hauptstrompfade fortlaufend durchnumeriert mit Strompfadzahlen. Diese Zahlen erscheinen über den Hauptstrompfaden und vor den Kennbuchstaben. Sind mehrere gleichartige Geräte in einem Hauptstrompfad vorhanden, so werden gleiche Kennbuchstaben durch eine weitere Zahl fortlaufend gekennzeichnet, um Verwechslungen zu vermeiden (Bild 2/46a). Die Vorzahlen können entfallen, sofern die Übersicht erhalten bleibt.

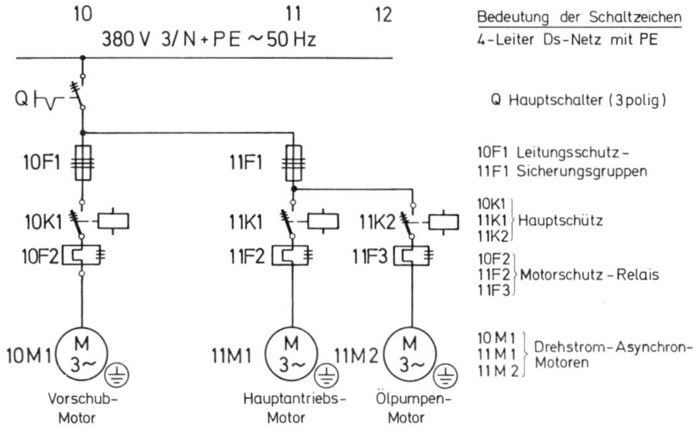

Bild 2/46a
Übersichtsschaltplan

2.4.3. Übersichtsschaltplan

Der Übersichtsschaltplan ist eine stark vereinfachte, meistens einpolig gezeichnete Darstellung einer Schaltung ohne Hilfsleitungen und Hilfseinrichtungen. Wie aus Bild 2/46a zu ersehen ist, werden nur die wirksamen Teile des Hauptstromkreises mit entsprechenden Bezeichnungen aufgeführt.
Aus der Übersicht erkennt man die Reihenfolge und die Art oder die Größe der Hauptschaltgeräte und die Anzahl der Hauptstromkreise. Funktionelle Zusammenhänge der Steuerung lassen sich mit dem Übersichtsschaltplan nicht darstellen. Dafür findet der Stromlaufplan Verwendung.
Eine besondere Art des Übersichtsschaltplanes ist das Blockschaltbild bzw. der Blockschaltplan (Bild 2/46b), in dem Baugruppen und ihre Zusammenhänge aufgeführt werden. In dem Bild wird eine Alarmanlage dargestellt, bei der eine Hupe über ein Relais zur Einschaltung gebracht wird, sobald die Brückenschaltung durch die Melder verstimmt wird. Die Einspeisung erfolgt über Netzgleichrichter und Batterie.

Tab. 2/8 Kennbuchstaben

Kennbuchstaben alt	neu	Betriebsmittel	Beispiele
u	A	Baugruppen	Verstärker, Gerätekombinationen
f	B	Umsetzer von nicht elektr. auf elektr. Größen und umgekehrt	Meßumformer, Drehfeldgeber, Winkelgeber
k	C	Kondensatoren	Kompensations-, Entstör-, Anlaufkondensatoren
–	D	Verzögerungs- und Speichereinrichtungen, binäre Elemente	Verzögerungsleitungen, bi- und monostabile Elemente, Kernspeicher, Register
–	E	Verschiedenes	Beleuchtung, Heizung sowie Einrichtungen, die nicht in der Tabelle erfaßt sind
e	F	Schutzeinrichtungen	Sicherungen, Auslöser, Sperren
m	G	Generatoren, Stromversorgung	Batterie, Netzgerät, Oszillatoren
h	H	Meldeeinrichtungen	Leuchtmelder, akustische Melder
c, d	K	Relais, Schütze	Zeitrelais, Haupt- und Hilfsschütze
k	L	Induktivitäten	Drosselspulen, Zündspulen
m	M	Motoren	Wechsel-, Drehstrom-, Gleichstrommotoren
g, u	P	Meßgeräte, Prüfeinrichtungen	Anzeigende, schreibende, zählende Meßeinrichtungen
a	Q	Starkstromschaltgeräte	Trenner, Leistungsschalter, Hauptschalter
r	R	Widerstände	Einstellbare und feste Widerstände, Shunts, Heißleiter usw.
b	S	Hilfsschalter, Wähler	Drucktaster, Steuerschalter, Drehwähler
m	T	Transformatoren	Strom- und Spannungswandler, Steuer-, Netz- und Schutztransformatoren
f	U	Modulatoren, Umsetzer elektr. Größen	Frequenzwandler, Umformer, Demodulator, Kodierungseinrichtungen
n, p	V	Röhren, Halbleiter	Elektronenröhren, Dioden, Gasentladungsröhren
–	W	Übertragungswege	Wellenleiter, Sammelschiene, Kabel
L	X	Klemmen, Steckvorrichtungen	Klemm- und Lötleisten, Stecker, Steckdosen
s	Y	elektrisch betätigte mechan. Einrichtungen	Bremsen, Kupplungen, pneumatische Ventile
–	Z	Abschluß, Filter, Begrenzer	Kabelnachbildungen, Dynamikregler

Bild 2/46b Blockschaltbild

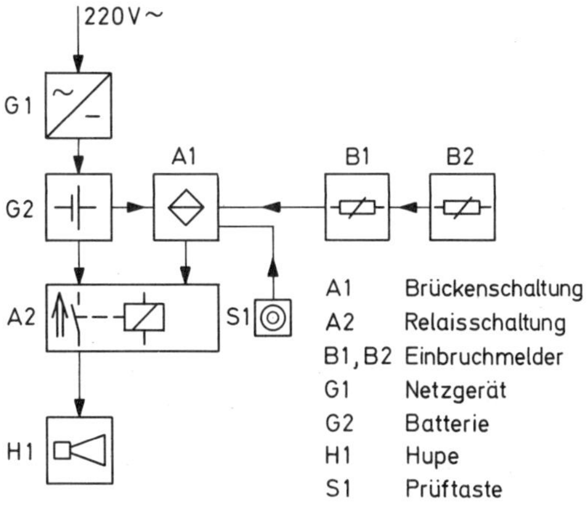

2.4.4. Wirkschaltplan

Der Wirkschaltplan ist die vollständige Darstellung einer Schaltung, in dem alle Haupt- und Hilfsleitungen eingetragen sind. Insbesondere wird auf die Erkennbarkeit des Zusammenhangs der Geräte Wert gelegt. Die Schalt- und Antriebsglieder liegen zeichnerisch auf einer Wirkungslinie, so daß man die Wirkung der Schaltgeräte erkennt. Schaltungsfunktionen sind bei umfangreicheren Schaltungen durch unvermeidbare Leitungskreuzungen und Verzweigungen nur mit Mühe zu erfassen. Die Anwendung des Wirkschaltplanes ist daher auf kleinere Schaltungen beschränkt. Aus dem Wirkschaltplan Bild 2/47 kann man im wesentlichen die Anordnung der Gerätebauteile, die Leitungsverbindungen, die Lage der Klemmenanschlüsse und die Aderzahl der Verbindungsleitungen erkennen. Größere Schaltungen lassen sich übersichtlicher als Stromlaufplan und als Bauschaltplan aufzeichnen.

Bild 2/47 Wirkschaltplan

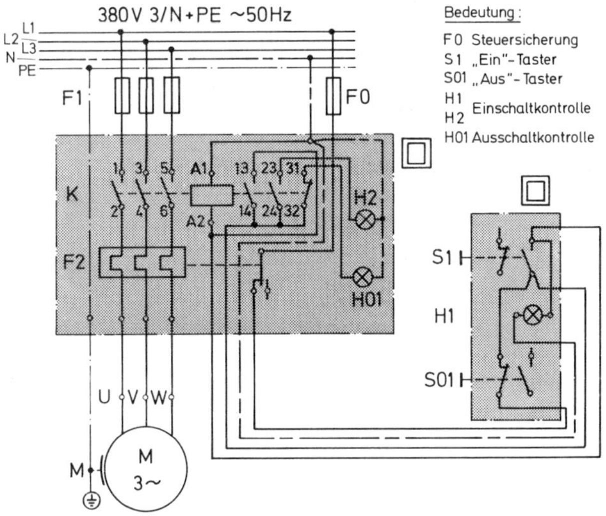

2.4.5. Stromlaufplan

2.4.5.1. Allgemein

Der Stromlaufplan ist die Funktionsdarstellung einer Schaltung. Die verzweigten Leitungsführungen werden in einer geordneten Form, in einzelne sogenannte Strompfade aufgegliedert. Um kreuzungsfreie Strompfade zu erhalten, dürfen die Schaltglieder und Antriebe, die zu einem Gerät gehören, an unterschiedlichen Stellen im Stromlaufplan angeordnet werden. Der Zusammenhang wird dadurch kenntlich gemacht, daß die zusammengehörenden Bauteile mit gleichen Kennbuchstaben nach DIN und mit gleichen Kennzahlen zu benennen sind. Durch fehlende oder unvollständige Kennbezeichnung wird die Funktion der Schaltung unklar dargestellt wie aus Bild 2/48a ersichtlich ist.
Nach Bild 2/48b ist anhand der Kennbuchstaben eindeutig feststellbar, daß die Leuchtmelder H 1 und H 2 vom Relais K betätigt werden.

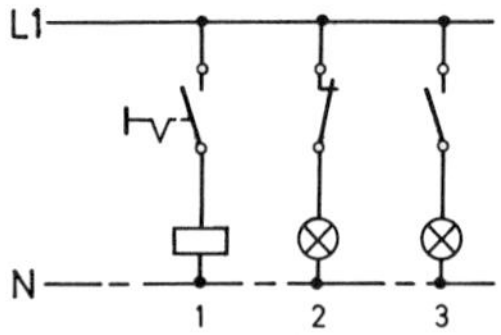

Bild 2/48a
Stromlaufplan ohne Kennbuchstaben

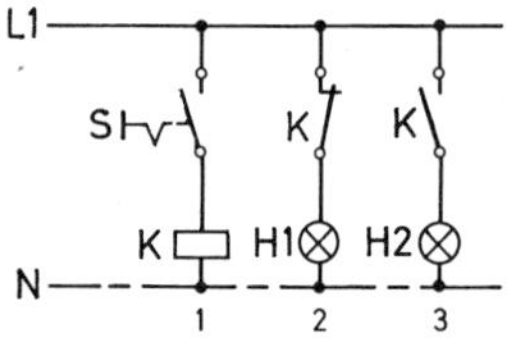

Bild 2/48b
Stromlaufplan mit Kennbuchstaben

Mit dem Einschalten des Schalters S wird ein Signal gegeben. Durch den jetzt fließenden Strom wird das Signal über die Steuerleitung zur Relaisspule weitergeleitet. Durch das Anziehen des Ankers wird das Signal umgewandelt in einen weiteren Schaltbefehl für die Lampen H 1 und H 2. Die Lampe H 1 erlischt und die Lampe H 2 leuchtet auf. Wird der Schalter S nur impulsartig ein- und ausgeschaltet, so werden die Lampen ebenfalls impulsartig ansprechen. Alle Steuerschaltungen beruhen auf dem Vorgang der Signalerzeugung, Weiterleitung und Umwandlung.
Außer den einfachen Ein- und Ausschaltfunktionen gibt es natürlich die Möglichkeit, durch verschiedene Kombinationen mit Öffnern, Schließern und Wechslern unterschiedliche Schaltfunktionen zu erhalten. Genannt seien an dieser Stelle nur die „Und"- „Oder"- „Nand"- sowie „Nor"-Schaltungen (siehe Schaltungsalgebra, Abschn. 2.6).

2.4.5.2. Darstellungsgrundsätze

Für eine übersichtliche Aufzeichnung von Stromlaufplänen sollten folgende Maßnahmen berücksichtigt werden:

1. Bildung von senkrechten und kreuzungsfreien Strompfaden an dem waagerecht zu zeichnenden Netz. Schrägführende Leitungen sind zu vermeiden. Die Gerätebauteile werden somit in Stromflußrichtung senkrecht untereinander angeordnet. Als Beispiel soll die Schützsteuerung für einen Drehstrommotor betrachtet werden, der von einer Befehlsstelle aus betätigt wird (Bild 2/49a und b). Die gleiche Schaltung ist als Wirkschaltplan in Bild 2/47 aufgeführt.

2. Zusammengehörende Bauteile, wie z.B. die Magnetspule, die Hauptkontakte, die Schließer und Öffner eines Schützes, sind unbedingt mit gleichen Bezeichnungen zu versehen. Mehrere gleiche

Bild 2/49a
Stromlaufplan des Hauptstromkreises

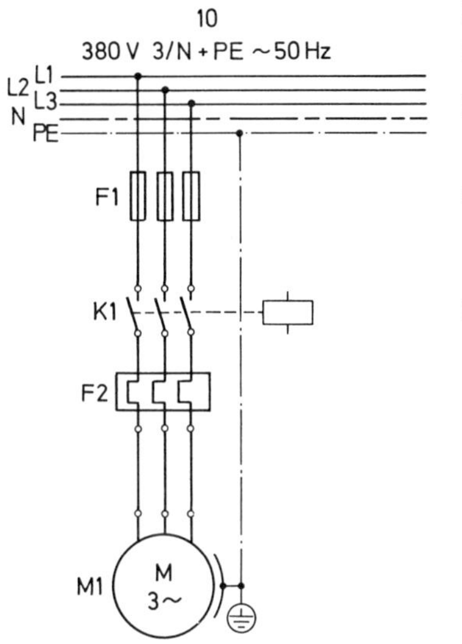

Erklärung:
Strompfadzahl des Hauptstromkreises
Netzbezeichnung
Drehstromnetz
F1 Sicherungsgruppe
K1 Hauptschütz
F2 Bimetallrelais
M1 Drehstrom-Kurzschlußläufer-Motor

Bild 2/49b
Stromlaufplan des Hilfsstromkreises

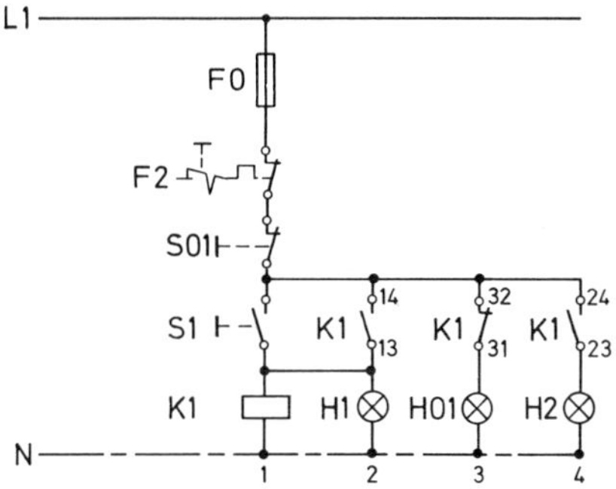

H	S	Ö
10	2	3
10	4	-
10	-	-

Erklärung:
F0 Steuersicherung
F2 Hilfskontakt des Bimetallrelais
S01 „Aus"-Taster
S1 „Ein"-Taster
K1 Schützspule, Schließer u. Öffner
H1 Einschaltkontrollampe
H2 Einschaltkontrollampe
H01 Ausschaltkontrollampe
Strompfadzahlen des Steuerstromkreises
Schaltgliedertabelle für Schütz K1
H = 3 Hauptkontakte im Strompfad Nr. 10
S = 2 Schließer im Strompfad Nr. 2 u. 4
Ö = 1 Öffner im Strompfad Nr. 3

Schaltglieder eines Gerätes können durch Klemmenbezeichnungen unterschieden werden (Bild 2/49b).

3. Die elektrischen Antriebe, Meldegeräte usw. liegen einheitlich direkt am N oder bei Verwendung eines Steuertransformators an einem Leiter. Zwischen Relaisspule und N bzw. PEN dürfen aus Sicherheitsgründen keine Schaltkontakte angeordnet werden.

4. Alle senkrechten Strompfade, in denen sich Schaltglieder befinden, sind von links nach rechts fortlaufend mit den Strompfadzahlen durchzunumerieren. Die Zahlen werden unter dem Stromlaufplan der Steuerung und über dem Hauptstromlaufplan bzw. Übersichtsschaltplan eingesetzt.

5. Zum schnellen Auffinden der Schaltglieder sind unterhalb größerer Stromlaufpläne zu jedem Antrieb die Strompfadzahlen der Strompfade anzugeben, in denen die einzelnen Schaltglieder liegen (Bild 2/49b).
In der unter K 1 stehenden Tabelle werden durch die Zahlenangaben keine Stückzahlen genannt, sondern es werden nur die Strompfadzahlen angegeben, in denen Schaltglieder von K 1 liegen.

Anstatt einer Tabelle wird auch vielfach das vollständige Schaltbild des Schützes mit Angaben der Klemmenbezeichnung und Strompfadzahlen aufgeführt.

Wirkungsweise der Schaltung

Es handelt sich um die Steuerung eines Antriebsmotors, der von einer Befehlsschaltstelle aus zu betätigen ist. Der Einschaltzustand wird an der Befehlsstelle und am Schütz und der Ausschaltzustand nur am Schütz durch Kontrollampen angezeigt. Wird der Motor überlastet, so erfolgt eine Abschaltung durch ein thermisch verzögertes Relais (Bimetallrelais). Diese Störung wird dadurch optisch kenntlich gemacht, indem keine der Kontrollampen aufleuchtet. Eine Wiedereinschaltung ist nur über das Bimetallrelais von Hand möglich.

2.4.6. Bauschaltplan

2.4.6.1. Allgemein

Unter einem Bauschaltplan versteht man die Aufzeichnung von Leitungen und Anschlußstellen innerhalb eines Gerätes oder zwischen Geräten einer Gerätegruppe. Alle Geräte oder deren Bauteile, wie Schließer, Öffner, Antriebe usw., werden lagerichtig dargestellt. Damit kann der Bauschaltplan als Fertigungsunterlage bei der Montage dienen. Man unterscheidet bei Bauschaltplänen zwischen der Darstellung der **Innenschaltung** und der **Außenschaltung** von Geräten. Innen- und Außenschaltung werden gegebenenfalls durch die in den Gerätegehäuse befindlichen Klemmenleisten verbunden. In Bild 2/50 ist die Innen- und Außenschaltung der Schützsteuerung für einen Drehstrommotor aufgeführt.

2.4.6.2 Zielbezeichnung

Um Verwechslungen beim Anklemmen von Leitungsadern zu umgehen, werden Anfang und Ende jeder Leitungsader mit der Angabe des Zieles versehen. Zum schnellen Auffinden der Ziele sind die Klemmenleisten mit den Bezeichnungen X 1, X 2, X 3 usw. beschriftet. Die Klemmen auf einer Leiste werden fortlaufend durchnumeriert. So ergibt sich z.B. für Klemme 1 auf der Leiste X 1, die Bezeichnung X 1.1 und auf der Leiste X 2 entsprechend X 2.1. Am Betätigungsgerät befindet sich auf der Leiste X 4 die Anschlußklemme 2 entsprechend der Bezeichnung X 4.2. Die an diese Klemme anzuschließende Leitungsader ist bezeichnet mit der Zielbezeichnung X 2.2, d.h., das Ziel dieser Ader liegt auf Leiste 2 an Klemme 2. Auf dieser Seite der Leitungsader ist sinngemäß das Leitungsziel mit X 4.2 angegeben.
Nach diesem Zielbezeichnungssystem sind keine Kenntnisse über die Funktion der inneren Schaltung erforderlich, um eine Verdrahtung oder einen funktionsgerechten Anschluß erstellen zu können (Bild 2/50).
Dieses gilt auch für Anschlußpläne, in denen nur Zielbezeichnungen tabellarisch für Eingänge und Ausgänge der zu verbindenden Leitungen, z.B. an Klemmleisten, aufgeführt werden.
In Verdrahtungs- bzw. Verbindungsplänen werden die Leitungsverbindungen direkt eingezeichnet, so daß dann auf eine Zielbezeichnung verzichtet werden kann.

2.4.6.3. Anlagenplan

Der Anlagenplan ist eine Abwandlung vom Bauschaltplan. Er kann allgemein für die Planung einer Steuerungs- und Installationsanlage verwendet werden. Im besonderen bei der für Prüfungszwecke üblichen Installation an einer Montagewand kommt der Anlagenplan bevorzugt zur Anwendung.

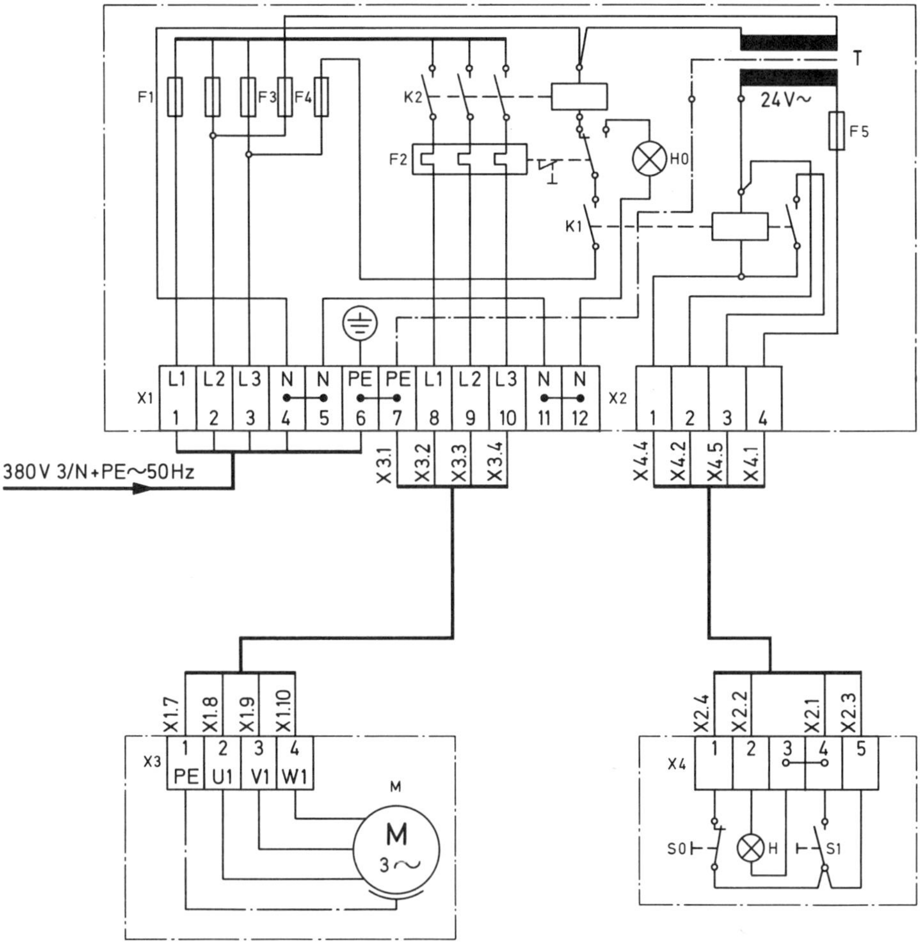

Bild 2/50 Bauschaltplan

Für den Entwurf des Anlagenplanes ist zunächst die Lage der benötigten Geräte so festzulegen, wie es den Anforderungen der Praxis entspricht.
Unzweckmäßige Leitungsführungen und Leitungskreuzungen außerhalb der Gerätegehäuse sind zu vermeiden. Schellenabstände und Gehäuseabmaße können von vornherein in die Planung mit einbezogen werden, so daß sich ein relativ genaues Abbild der Schaltanlage ergibt. Die einschlägigen VDE-Bestimmungen und Normen sind zu berücksichtigen. Im Anlagenplan werden alle benötigten Anschlußklemmen der Geräte lagerichtig eingetragen. Hauptkontakte und Hauptleitungsführungen können vereinfacht, einpolig dargestellt werden. In Bild 2/51a ist die Anordnung einer Schützsteuerung für einen Drehstrommotor, der von zwei Befehlsstellen aus gesteuert werden kann, dargestellt. Die Funktion der Schaltung wird als Stromlaufplan nach Bild 2/51b wiedergegeben. Auf die gesonderte Abbildung des Lastkreises soll bei dieser einfachen Schaltung verzichtet werden.

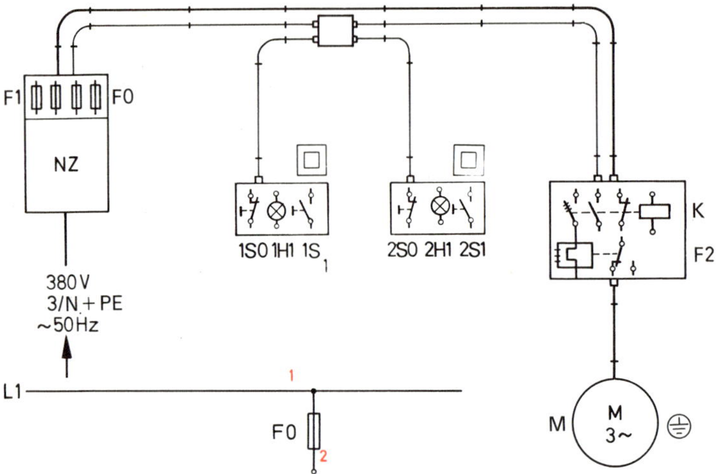

Bild 2/51a
Anlagenplan

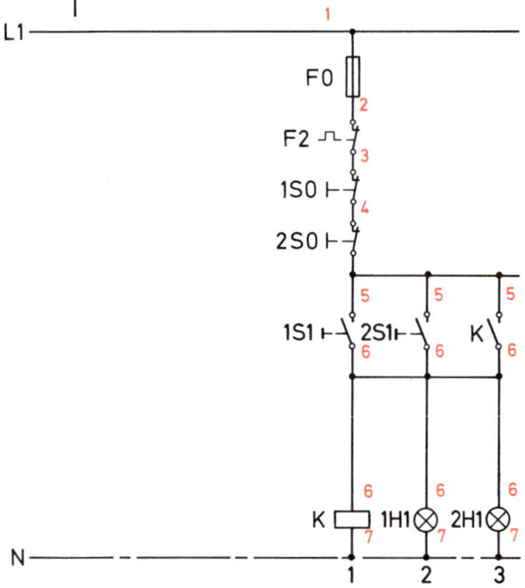

Bild 2/51b   Stromlaufplan mit Potentialzahlen

2.4.6.4.   Aderzahlermittlung

Nach der Geräteplanung sind die Aderzahlen der Verbindungsleitungen zu ermitteln. Dafür ist von besonderer Wichtigkeit, daß die Kennbuchstaben und Zahlen im Anlagenplan und im Stromlaufplan übereinstimmen, um Verwechslungen zu vermeiden. Als nächstes werden alle Leitungsabschnitte im Stromlaufplan durchnumeriert. Nach Bild 2/51b verbindet der Leitungsabschnitt Nr. 1 den Netzaußenleiter L 1 mit dem Fußkontakt der Steuersicherung F 0. Zwischen der Steuersicherung und dem Bimetallrelais-Öffner befindet sich Leitungsabschnitt Nr. 2 und Leitungsabschnitt Nr. 5 z.B. verbindet 2 S 0, 1 S 1, 2 S 1 und Schließer K miteinander. Da Anfänge und Enden der jeweiligen Leitungsabschnitte auf einheitlichem Spannungspotential liegen, werden längs der Leitung oder direkt an den Anschlüssen gleiche Zahlen, sogenannte **Potentialzahlen,** angetragen. Etwaige Spannungsabfälle an Leitungsabzweigungen oder längs der Leitung sind für diese Betrachtungsweise ohne Bedeutung. Dort, wo betriebsmäßig Potentialunterschiede auftreten, z.B. an Ein- und Ausgängen von Sicherungen, Öffnern, Schließern, Schützspulen und Meldegeräten, sind demnach unterschiedliche Zahlen anzutragen. Diese Zahlen haben natürlich nichts mit den Klemmenbezeichnungen zu tun, und man hat dafür Sorge zu tragen, daß keine Verwechslungen auftreten. Bei kleineren Schaltungen kann man auf die Klemmenbezeichnungen eventuell ganz verzichten.

Die Potentialzahlen, die an jeder Klemme der Steuergeräte im Stromlaufplan stehen, werden jetzt systematisch in den Anlagenplan übertragen.
Das Auffinden der Gerätebauteile ist mit Hilfe der eingetragenen Kennbuchstaben sehr einfach und überschaubar geworden. Sind alle Potentialzahlen übertragen worden, kann die Bestimmung der Aderzahlen in den Verbindungsleitungen zwischen den Geräten erfolgen. Dieses geschieht nach dem Prinzip, daß alle Klemmen mit gleichen Zahlenangaben durch Verbindungsadern zusammenzuschließen sind.

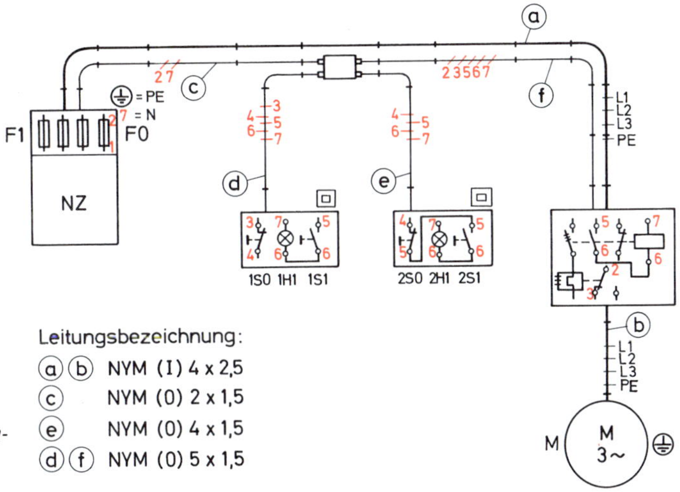

Bild 2/51c
Anlagenplan mit Potentialzahlen und Aderzahlangaben

Für jedes gleiche Potential an verschiedenen Geräten ist jeweils eine Verbindungsader vorzusehen. **Die Anzal der verschiedenen, zu verbindenden Potentiale zwischen den Geräten entspricht der Aderzahl.** Gleiche Potentialzahlen an verschiedenen Klemmen innerhalb eines Gerätes erfordern nur hier Drahtverbindungen und nicht in der Gerätezuleitung. Dieses Potential tritt außerhalb des Gerätes nicht in Erscheinung. Werden alle Leitungsverbindungen eingezeichnet, so erhält man einen Verbindungsplan.
Im Anlagenplan, nach Bild 2/51c, werden zur besseren Übersicht an den Verbindungsleitungen für jedes Potential je ein Querstrich mit Potentialzahlangaben vermerkt. Jeder Querstrich bedeutet dann eine Ader.
Für die Verdrahtung der Anlage ist es zweckmäßig, alle Leitungsadern des Hilfsstromkreises laut Anlagenplan mit entsprechenden Potentialzahlen zu versehen. Dafür stehen Klebe- oder Aufsteckzahlen zur Verfügung. Das Verbinden der Adern mit den Anschlußkontakten wird entsprechend der Zahlenangaben im Anlagenplan vorgenommen. In den Abzweigdosen sind nur Adern mit gleichen Zahlenangaben zusammenzuschließen. Die Anzahl der verschiedenen Potentiale entspricht der Anzahl der Abzweigklemmen. Bei einer systematischen Durchführung dieser Methode ist ein Versehen beim Anklemmen kaum noch möglich. Aufgrund der angetragenen Potentialzahlen an den Leitungsadern ist im Fall einer Funktionsstörung die Fehlersuche sehr rasch möglich.
Zusammenfassend soll der Planungsgang noch einmal im wesentlichen aufgeführt werden. Nachdem die Aufgabenstellung eindeutig bekannt ist, sind folgende Schritte zu erfüllen:

1. Hauptstromkreis darstellen,
2. Steuerstromkreis als Stromlaufplan aufzeichnen,

3. Kennbuchstaben und Potentialzahlen eintragen,
4. Anordnung der Geräte endgültig festlegen und vollständig aufzeichnen,
5. Alle Anschlußklemmen, Kennbuchstaben und Potentialzahlen in den Anlagenplan eintragen,
6. Aderzahlermittlung durchführen und Leitungsbezeichnungen festlegen.

2.5. Funktionsbeschreibung

Die Funktionsbeschreibung soll über den Arbeitsablauf der bestehenden oder zu entwerfenden Schaltung Aufschluß geben. Je nach den gestellten Anforderungen kann die Funktionsbeschreibung einfach oder ausführlich sein.

Als Erklärung zum fertigen Schaltplan genügt eine kurze Information mit Worten oder Symbolen. Werden Schaltzustände in Abhängigkeit von der Zeit grafisch dargestellt, so erhält man bei Relaisschaltungen ein Relaisdiagramm, aus dem der Funktionsablauf ersichtlich ist.

Eine Funktionsbeschreibung sollte mit den Angaben über Signaleingänge beginnen, da durch sie Steuerungsabläufe eingeleitet werden und anschließend mit der Beschreibung von Signalausgängen und deren Verhalten fortgesetzt werden.

Funktionsbeschreibung zum Bild 2/49b:

Einschaltung

Mit der Betätigung des Tasters S 1 wird der Strompfad 1 nach Bild 2/49b geschlossen. Damit sind Schützspule K 1 und Leuchtmelder H 1 erregt. Das Schütz zieht an und schließt damit seine Hauptkontakte im Strompfad 10 und den Selbsthaltekontakt im Strompfad 2. Der Öffner öffnet, und die Auskontrollampe H 01 erlischt. Kontrollampe H 2 wird eingeschaltet. Hauptstromkreis und Steuerstromkreis sind zur Selbsthaltung gekommen. Damit kann der Taster S 1 wieder geöffnet werden, ohne daß das Schütz abfällt. Der Motor ist eingeschaltet.

Ausschaltung

Wird Taster S 01 betätigt, so ist der Steuerstromkreis unterbrochen. Schützspule K 1 und Leuchtmelder H 1 und H 2 sind damit stromlos. Der Selbsthaltekontakt K 1, die Hauptkontakte sowie der Öffner gehen in die Ruhestellung zurück. Der Motor ist abgeschaltet, und die Auskontrollampe leuchtet wieder auf, sobald der Taster S 01 seine Ausgangsstellung erreicht hat.

Derartige Funktionsbeschreibungen sind zeitraubend, aber notwendig, um Funktionsabläufe verstehen zu lernen. Eine Vereinfachung in der Funktionsbeschreibung erhält man durch symbolische Darstellungen der Schaltzustände. Der Erregungszustand wird durch einen aufrechtstehenden Pfeil kenntlich gemacht, wie es in Bild 2/45b dargestellt ist. Der Ruhezustand wird durch einen entgegengesetzten Pfeil angezeigt.

Unter Berücksichtigung dieser Schaltzustandsangaben läßt sich der Funktionsablauf der vorher beschriebenen Schützsteuerung anhand der Kennbuchstaben schrittweise in der richtigen Reihenfolge aufzeichnen. Dabei wird jede Änderung in dem Schaltungsablauf vermerkt. Gleichzeitige Änderungen stehen in gleicher Zeile.

Einschaltung:			*Ausschaltung:*		
0. H 01 ↑			6. S 01 ↑		
1. S 1 ↑			7. K 1_{Sp}	H 1	H 2 ↓
2. K 1_{Sp}	H 1 ↑		8. K 1_{S}	K 1_{H}	K $1_{Ö}$ ↓
3. K 1_{S}	K 1_{H}	K $1_{Ö}$ ↑	9. S 01 ↓		
4. H 01 ↓	H 2 ↑		10. H 01 ↑		
5. S 1 ↓					

Bedeutung der Indexbezeichnungen:

Sp Schützspule
S Schließer
H Hauptkontakte
Ö Öffner

Für den Schaltungsentwurf sind außer detaillierten Funktionsangaben über Signal-Eingänge und -Ausgänge weitere Informationen notwendig, z.B. über Art und Umfang der zu planenden Steuerung. Genaue Erklärungen über die Signalverarbeitung, also über Schaltungsverknüpfungen mit Schaltgliedern und Antriebsgliedern, liegen nicht vor und müssen erarbeitet werden.
Für einen Schaltungsentwurf ist es zweckmäßig, daß man sich aus der Schaltungsbeschreibung zunächst die Laststromkreiszusammenhänge ermittelt und als Übersichtsschaltbild darstellt. Auch die Blockschaltbilddarstellung ist zweckmäßig. Anschließend beginnt der Entwurf der Schaltungsverknüpfungen.
Für umfangreiche, komplizierte Steuerungszusammenhänge läßt sich die Schaltungsalgebra vorteilhaft anwenden. Die Grundlagen hierfür sind im nachfolgenden Abschnitt aufgeführt. Kleinere Steuerungen lassen sich aus bekannten Grundschaltungen zusammenstellen (Abschn. 2.7).

2.6. Steuerungsentwurf mit der Schaltungsalgebra

2.6.1. Allgemein

Die Schaltungsalgebra ermöglicht das Entwerfen und Vereinfachen von Steuerungsvorgängen. So wie Problemstellungen aus verschiedensten Bereichen rechnerisch (algebraisch) gelöst werden können, so lassen sich auch schaltungstechnische Probleme rechnerisch erfassen und lösen. Eine klare Funktionsbeschreibung mit Angabe aller Bauteile ist die wichtigste Vorbedingung, um alle Einflußgrößen bestimmen zu können.
Im Gegensatz zur allgemeinen Algebra und zu speziellen Regelungsvorgängen, wo vorhandene Einflußgrößen eine Vielzahl fester Werte annehmen können, dürfen die Einflußgrößen bzw. veränderlichen Größen bei der Schaltungsalgebra nur zweiwertig (binär) sein, d.h., es dürfen jeweils nur zwei Ereignisse eintreten, wie z.B. bei einem einfachen Schaltkontakt der Einschalt- bzw. Ausschaltzustand. Der Einschaltzustand symbolisiert eine Ja-Entscheidung und der Ausschaltzustand eine Nein-Entscheidung.
Alle logischen Steuerungsvorgänge, die entsprechend der binären Arbeitsweise nur zwei stabile Zustände annehmen können, wie z.B. im Bereich der Elektrotechnik die Relais und Schützschaltungen sowie auch kontaktlose Steuerungen, lassen sich mit Hilfe der Schaltungsalgebra (Boolesche Algebra) entwerfen und vereinfachen.
Dieses geschieht in der Art, daß alle möglichen Schaltzustände der Eingangs- und Ausgangsgrößen der Steuerung tabellarisch in einer Funktionstabelle erfaßt werden. Nach dem hieraus erkennbaren Schaltungsverhalten, lassen sich Schaltungsgleichungen aufstellen, die algebraisch vereinfacht werden können. Aus der Endgleichung läßt sich dann die einfachste Schaltung ermitteln. Bevor diese Methode anhand von Beispielen angewendet wird, sollen grundsätzliche Zusammenhänge erklärt werden.

2.6.2. Bezeichnungen

Um eine Aussage über den jeweiligen Schaltzustand einer Schaltung machen zu können, sind gut unterscheidbare und eindeutige Bezeichnungen der Schaltzustände und der am Funktionsgang beteiligten Schaltelemente notwendig.

Bezeichnung der Schaltzustände

a) Der unerregte Zustand der Schaltelemente, wie z.B. der Schließer, Öffner, Spulen usw., wird durch **L** bzw. durch **O** bezeichnet.
b) Der erregte Zustand der Schaltelemente, wie z.B. der geschlossene Schließer, der geöffnete Öffner bzw. die erregte Spule usw., wird durch **H** bzw. durch **1** symbolisiert.

L low (klein)
H high (groß)

Die Zwischenzustände bei Schaltvorgängen, wie z.B. die Zeitspanne zwischen dem Anziehen und dem Durchschalten eines Schützes (Schließzeit, Prelldauer usw.), sind wohl für die Funktionssicherheit der Steuerung zu beachten, bleiben aber für die algebraische Betrachtung unberücksichtigt.

Bezeichnungen der Schaltelemente

Für die Anwendung der Schaltungsalgebra ist es notwendig, jede veränderliche Größe bzw. jedes Schaltelement einer Steuerschaltung durch besondere **Kennbuchstaben** und **Kurzzeichen** zu symbolisieren (Bild 2/52).
Die Kennzeichnung der einzelnen Schaltgeräte soll durch Großbuchstaben nach DIN 40719 erfolgen. Zur Unterscheidung von Antriebs- und Schaltgliedern können die Antriebe durch Großbuchstaben und die Schaltglieder durch Kleinbuchstaben gekennzeichnet werden.
Als Beispiel wird zunächst eine Schützschaltung mit dem Schütz K 1 und den Befehlsgebern S 1, S 2, S 3 und S 4 betrachtet. Das Schütz läßt sich in Abhängigkeit von den Schaltzuständen der Taster S 1 bis S 4 ein- und ausschalten (Bild 2/52a).

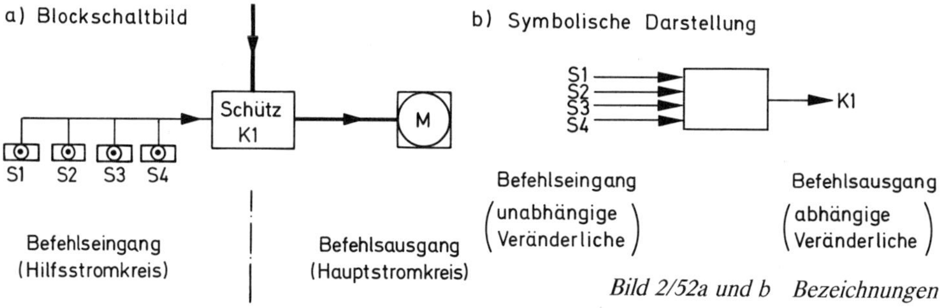

Bild 2/52a und b Bezeichnungen

Die symbolische Darstellung der Steuerung (Bild 2/52b) gibt noch keinen genauen Aufschluß über die Funktion und über den Aufbau der Schaltung. Es wird nur ausgesagt, daß die abhängige Veränderliche K 1 von den unabhängigen Veränderlichen S 1 bis S 4 beeinflußbar ist. Dieser Zusammenhang läßt sich mathematisch durch folgende Strukturformel ausdrücken:

$$K\,1 = f\,(S\,1, S\,2, S\,3, S\,4)$$

Die Sprechweise ist folgendermaßen:
K 1 = f von S 1, S 2, S 3, S 4. „f" ist gleichbedeutend mit Funktion.
Für genaue Funktionsaussagen ist es erforderlich, die Steuerschaltung mit allen Schalt- und Antriebsgliedern zeichnerisch bzw. in algebraischer Form darzustellen. Zu diesem Zweck erhalten die zu den Veränderlichen gehörenden Schaltglieder entsprechende Kleinbuchstaben.

Beispiele:

a) Taster S 1 mit Schließer s 1 und Öffner $\overline{\text{s 1}}$
b) Schütz K 1 mit Schließer k 1 und Öffner $\overline{\text{k 1}}$

Bild 2/53 Taster

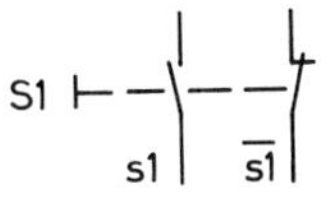

Bild 2/54 Schütz

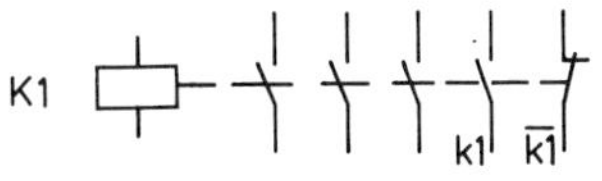

Zur Unterscheidung der verschiedenen Kontakte eines Gerätes können Zusatzzeichen (Indizes) zum Kleinbuchstaben gesetzt werden. Der Querstrich über dem Buchstaben bedeutet Wirkungsumkehr (Negation). Die Leseart $\overline{s1}$ ist: „nicht s 1".
Im Ruhezustand ist der Schließer s 1 geöffnet und der Öffner $\overline{\text{s 1}}$ geschlossen. Beide haben einen entgegengesetzten Schaltzustand sowohl im Ruhezustand als auch während der Betätigung. Man erkennt also in einer Schaltungsgleichung den Öffner an seinem Negationszeichen.

2.6.3. Schaltfunktion und Schaltungsgleichungen

Betrachtet wird zunächst das einfache Beispiel einer Schützsteuerung mit einer Taststelle (Tippbetrieb) als Ja- und Nicht-Funktion

Ja-Funktion

Ist der Taster S 1 ausgeschaltet (S 1 = L), so ist auch das Schütz K 1 ausgeschaltet (K 1 = L). Durch die Einschaltung des Tasters S 1 (S 1 = H) wird ebenfalls das Schütz K 1 eingeschaltet (K 1 = H). Dieses Verhalten, bei dem Eingangs- und Ausgangssignal identisch sind, bezeichnet man als Ja-Funktion (Bild 2/55a). Aus diesem Zusammenhang folgt die einfache Schaltungsgleichung:

$$\boxed{K\,1 = S\,1} \qquad \text{Gl. 2.1}$$

Bild 2/55a Ja-Funktion

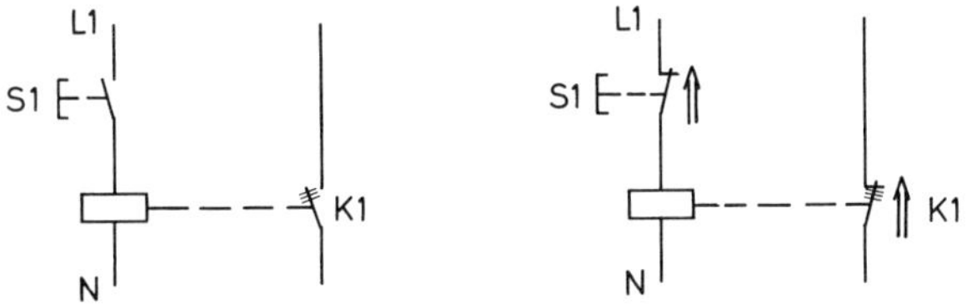

Bild 2/55b Nicht-Funktion

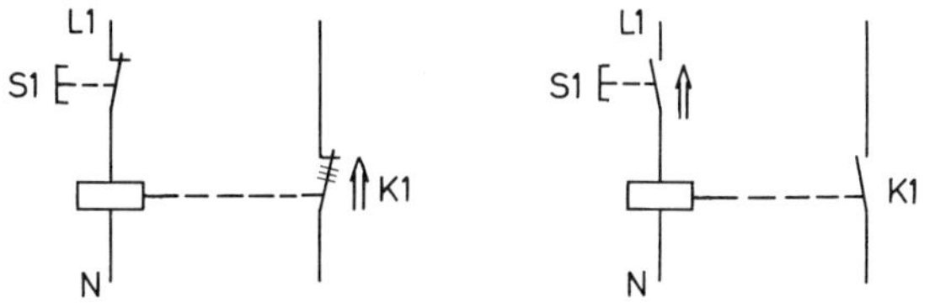

Nicht-Funktion

Verhält sich das Ausgangssignal umgekehrt oder invers zum Eingangssignal, so spricht man von einer Nicht-Funktion (Bild 2/55b). Die Erregung des Tasteröffners bewirkt ein Abschalten des Schützes. Somit lautet die
Schaltungsgleichung:

$$K\,1 = \overline{S\,1}$$

Durch Schaltungsgleichungen lassen sich aufwendige Funktionsbeschreibungen in eine kurze mathematische Form umsetzen. Steuerungsvorgänge einfacher und komplizierter Art können als Schaltungsgleichungen dargestellt und nach schaltungsalgebraischen Regeln rechnerisch vereinfacht werden. Im umgekehrten Sinne lassen sich die gefundenen Gleichungen wieder zu Schaltungen umformen.

2.6.4. Symbole für „Und“- und „Oder“-Verknüpfungen

Bei der Reihenschaltung von Schließern spricht man von einer „Und“-Verknüpfung (Abschnitt 2.6.5). Werden Schließer parallel geschaltet, ergibt sich eine „Oder“-Verknüpfung (Abschnitt 2.6.6).
Die in der Praxis vorkommenden Schaltungen mit kompliziert erscheinenden Verknüpfungen, lassen sich meistens auf Reihen- oder Parallelschaltungen zurückführen. Für Schaltungsgleichungen bzw. für den mathematischen Ausdruck einer Schaltung sind daher anstelle der Worte „Und“ und „Oder“ nur 2 Symbole notwendig, nach denen man Reihen- bzw. Parallelschaltungen unterscheiden kann.

Schaltung	Symbole
Reihenschaltung	$\wedge$ bzw. $\bullet$
Parallelschaltung	$\vee$ bzw. $+$

Das Symbol $\vee$ ist die Abkürzung des lat. Wortes vel = oder. Das Symbol $\wedge$ bedeutet die Umkehrung dieses Begriffes, also das logische „Und“.
Die Zeichen $\bullet$ und $+$ können $\wedge$ und $\vee$ ersetzen, um algebraische Umformungen der Schaltungsgleichungen in gewohnter Weise durchführen zu können. Empfohlen wird die Anwendung der $\wedge$-und $\vee$-Symbole, um Begriffsverwechslungen zu vermeiden, denn das $+$-Zeichen entspricht nicht der „Und“-Funktion, sondern der „Oder“-Funktion, und das $\bullet$-Zeichen bedeutet „Und“-Funktion.

2.6.5. Und-Verknüpfung

Im allgemeinen sind elektrische Schaltvorgänge an mehrere Schaltbedingungen gebunden, die vor dem Schalten einer Last bzw. eines Hauptstromkreises erfüllt sein müssen. Um bei einem einfachen Beispiel zu bleiben, soll die mit zwei *handbetätigten* Tastern ausgerüstete Sicherheitsschützschaltung einer Stanze betrachtet werden (Bild 2/56a).

Schaltbedingung

Das Schütz darf nur dann den Antrieb der Stanze einschalten, wenn die Hände der Bedienungsperson außerhalb des Gefahrensbereiches der Stanze sind. Dieses ist gewährleistet durch die

Schaltung

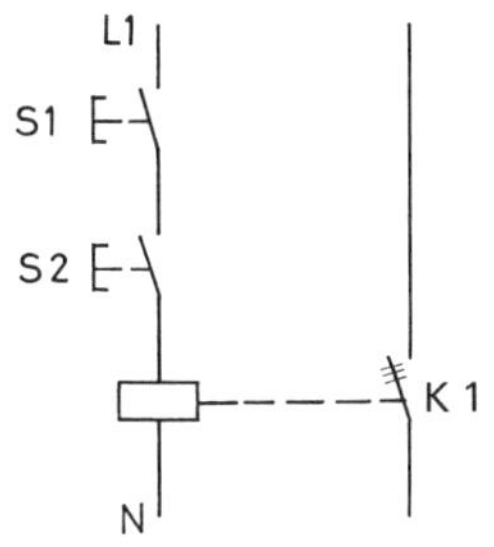

Bild 2/56a Und-Schaltung

Bild 2/56b Symbol für Und-Verknüpfung

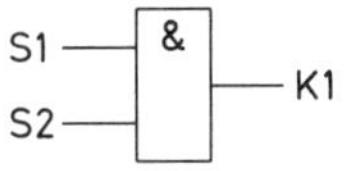

gemeinsame Betätigung beider Taster mit je einer Hand des Bedienenden. Die Betätigung eines Tasters alleine darf aus Sicherheitsgründen nicht zur Schützeinschaltung führen.
Wie aus dem Bild 2/56a hervorgeht, müssen die Befehlsgeber S 1 und S 2 gemeinsam erregt sein, um einen Schaltbefehl des Schützes K 1 zu bewirken. Bild 2/56b zeigt die symbolische Darstellung einer Und-Verknüpfung, die hauptsächlich für kontaktlose, digitale Steuerungen angewendet wird.

digital vom engl. digit = Ziffer oder Zahlenwert
digitale Steuerungen = Steuerungen mit Signalwert H bzw. L

Schaltungsgleichung

$$K\,1 = S\,1 \wedge S\,2 \qquad \text{Gl. 2.2}$$

Abhängige und unabhängige Variable

Die Kontakte der Eintaster S 1 und S 2 sind **unabhängige Variable,** sie sind also nicht voneinander und nicht vom Schütz K 1 abhängig. S 1 und S 2 können unabhängig vom Schütz jeden Schaltzustand annehmen.

Schaltzustände der Taster:

S 1 = H bzw. L
S 2 = H bzw. L

Die Kontakte des Schützes K 1 sind **abhängige Variable,** da sie nur durch die Betätigung von S 1 und S 2, also nur in Abhängigkeit von S 1 und S 2, erregt werden können.

Schaltzustände des Schützes:

K 1 = H bzw. L

Alle Variablen, also S 1, S 2 und K 1, können die Werte H bzw. L annehmen, davon K 1 nur unter bestimmten Bedingungen. Dieser Zusammenhang läßt sich in der Arbeitstabelle übersichtlich darstellen.

Arbeitstabelle

In der Arbeitstabelle (Funktionstabelle) wird das Verhalten der Ausgangsgröße in Abhängigkeit von den Schaltzuständen der Eingangsgrößen tabellarisch aufgeführt. Hierbei müssen alle Schaltkombinationen erfaßt werden.

Tab. 2/9 Arbeitstabelle (Und-Verknüpfung)

S 1	S 2	K 1 = S 1 ∧ S 2
L	L	L
L	H	L
H	L	L
H	H	H

S 1	S 2	K 1 = S 1 ∧ S 2
aus	aus	aus
aus	ein	aus
ein	aus	aus
ein	ein	ein

Die Tabelle zeigt, daß die Einschaltung von S 1 (S 1 = H) oder von S 2 (S 2 = H) alleine zu keiner Einschaltung von K 1 führt. Die Einschaltung von K 1 ist nur dann gewährleistet, wenn S 1 und S 2 gemeinsam betätigt werden. Man spricht in diesem Fall von einer Und-Verknüpfung. Für S 1 = H und S 2 = H ergibt sich K = H bzw. als Schaltungsgleichung ausgedrückt.

$$K\,1 = S\,1 \wedge S\,2$$

Wahrheitstabelle

Die in der Arbeitstabelle 2/9 aufgeführten allgemeinen Zeichen sollen hier ersetzt werden durch das Malzeichen und durch Zahlenwerte. Dadurch erhält man die sogenannte Wahrheitstabelle, in der die mathematische Schreibweise sichtbar wird, in diesem Fall also die Multiplikation mit Zahlenwerten. Man erkennt, daß bei der Reihenschaltung von Schließern, die Ausgangsgröße K 1 dem Produkt der Eingangsvariablen entspricht:

$$S\,1 \cdot S\,2 = K\,1$$
$$1 \cdot 1 = 1$$

S 1	S 2	K 1 = S 1 · S 2
0	0	0
0	1	0
1	0	0
1	1	1

Tab. 2/10 Wahrheitstabelle (Und-Verknüpfung)

Beim Vergleich dieser Wahrheitstabelle mit der Arbeitstabelle 2/9 wird Übereinstimmung in der Aussage festgestellt.

2.6.6. Oder-Verknüpfung

Funktionsbeschreibung

Im Gegensatz zur Steuerungsbedingung des vorherigen Abschnittes, besteht bei der Oder-Verknüpfung die Möglichkeit bereits durch die Betätigung eines beliebigen Befehlsgebers (Taster S 1 oder S 2) einen Schaltbefehl zu vollziehen, um z.B. die Einschaltung eines Schützes von mehreren Schaltstellen aus vornehmen zu können (Bild 2/57).

Wenn der Stromkreis durch beide Taster gleichzeitig geschlossen wird, bleibt das Potential am Schütz das gleiche, als wenn nur ein Taster geschlossen wird.

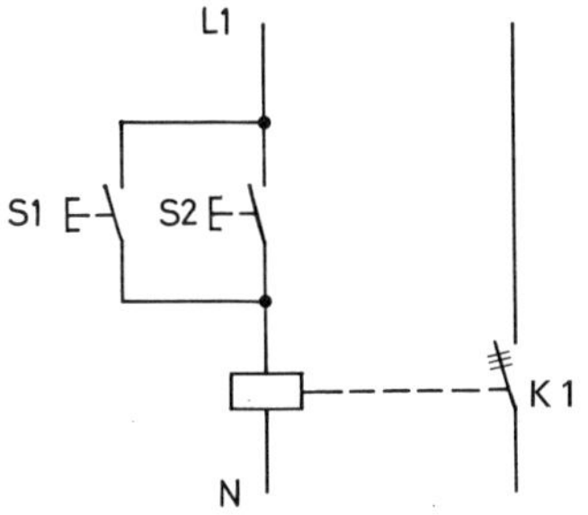

Bild 2/57a Oder-Schaltung

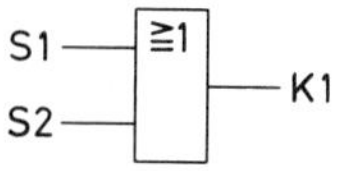

Bild 2/57b Symbol für Oder-Verknüpfung

Schaltungsgleichung

K 1 = S 1 ∨ S 2 Gl. 2.3

Tab. 2/11 Arbeitstabelle (Oder-Verknüpfung)

S 1	S 2	K 1 = S 1 ∨ S 2
L	L	L
L	H	H
H	L	H
H	H	H

Wahrheitstabelle

Durch Ersetzen von V durch + und durch Verwenden der Zahlenwerte anstatt der Buchstaben H und L, müssen sich die gleichen Aussagen wie in der Arbeitstabelle ergeben.

Tab. 2/12 Wahrheitstabelle (Oder-Verknüpfung)

S 1 + S 2	K 1 = S 1 + S 2
0 + 0	0
0 + 1	1
1 + 0	1
1 + 1	2 bzw. 1

In der allgemeinen Algebra ergibt sich aus 1 + 1 = 2. In der Schaltungsalgebra ist der Zahlenwert 1 mit dem Wert 2 gleichbedeutend, da durch beide Werte die gleiche Ja-Entscheidung zum Ausdruck gebracht wird.

Man erkennt, daß bei der Parallelschaltung von Schließern, die Ausgangsgröße K 1, der Addition der Eingangsvariablen entspricht.

Speicherschaltung

Durch die Parallelschaltung eines Schließers k 1 vom Schütz K 1, zu den Schließern von S 1 und S 2 erhält man ebenfalls eine Oder-Funktion. Hierdurch wird eine Selbsthaltung des Schützes und somit eine Speicherung des Schaltbefehls bewirkt („Haltegliedsteuerung“). Diese Schaltungsart wird im Abschnitt 2.6.10 und 2.7.2.2 weiterbehandelt.

2.6.7. Nicht-Verknüpfung

Unter einer Nicht-Verknüpfung versteht man die Funktionsumkehrung (Inversion) der Und- und Oder-Verknüpfung. Nach diesen in den Abschnitten 2.6.5 und 2.6.6 behandelten, nach dem Arbeitsprinzip aufgebauten Schaltungen, erfolgt nach einem Ja-Befehl eine Ja-Aussage. Bei der invertierten Schaltung (Ruheprinzip), muß der Ja-Befehl eine Nein-Aussage am Ausgang bewirken. Diese Schaltungsart wird mit Öffnern durchgeführt.
Die Umkehrung der Oder-Funktion wird als Nor[1]-Verknüpfung und die Umkehrung der Und-Funktion wird als Nand[2]-Verknüpfung bezeichnet. Die Kennbuchstaben erhalten also wieder den Negationsindex, z.B. $\overline{S\,1}$, $\overline{S\,2}$ (Abschn. 2.6.2).

2.6.7.1. Nor-Verknüpfung (Inverse Oder-Verknüpfung)

Funktionsbeschreibung
Im unerregten Zustand der Taster (Ruhezustand der Öffner $\overline{S\,1}$, $\overline{S\,2}$) muß das Schütz K 1 eingeschaltet sein. Die zeichnerische Darstellung der Schaltung erfolgt entsprechend DIN 40719 im Ruhezustand des Schützes (Bild 2/58a), obwohl es eingeschaltet ist.

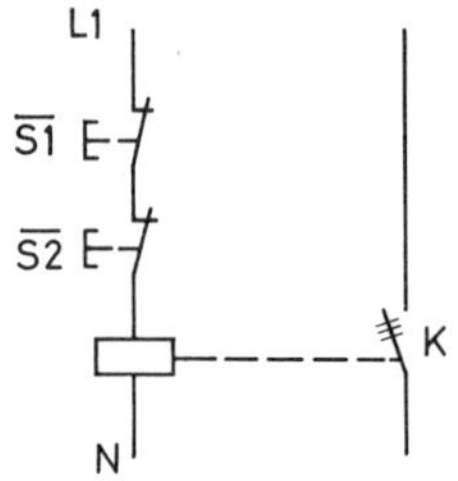

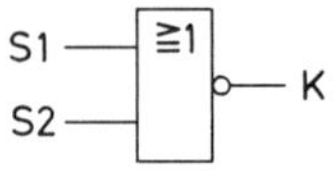

Bild 2/58b Symbol für Nor-Verknüpfung

Bild 2/58a Nor-Schaltung

Durch Betätigen eines Tasters S 1 = H oder S 2 = H oder durch gemeinsame Betätigung der Taster wird das Schütz zur Abschaltung gebracht (K = L).
Dieses inverses Verhalten gegenüber der Oder-Verknüpfung ist aus der Arbeitstabelle Tab. 2/13 ersichtlich. Zur Kennzeichnung der Umkehrung wird das Oder-Symbol durch einen Punkt erweitert (Bild 2/58b), und in Schaltungsgleichungen erkennt man die Umkehrung an einem Querstrich über der Funktionsangabe (Gl. 2.4).
Die in der Arbeitstabelle stehenden Angaben werden innerhalb einer Zeile als Und-Bedingung und von Zeile zu Zeile als Oder-Bedingung gelesen. Für die Einschaltung von K 1 (K 1 = H) ergibt sich folgende Gleichung: $K\,1 = \overline{S\,1} \wedge \overline{S\,2}$. Diese Gleichung ist identisch mit der nachstehenden Schaltungsgleichung (Gl. 2.4), lt. Umkehrungsgesetz Abschn. 2.6.9d) Seite 259.

Schaltungsgleichung

$$K\,1 = \overline{S\,1 \vee S\,2} \qquad \text{Gl. 2.4}$$

Arbeitstabelle

Tab. 2/13 Arbeitstabelle (Nor-Verknüpfung)

$\overline{S\,1}$	$\overline{S\,2}$	$K\,1 = \overline{S\,1 \vee S\,2}$
L	L	H
L	H	L
H	L	L
H	H	L

[1] Nor = not or (nicht oder)
[2] Nand = not and (nicht und)

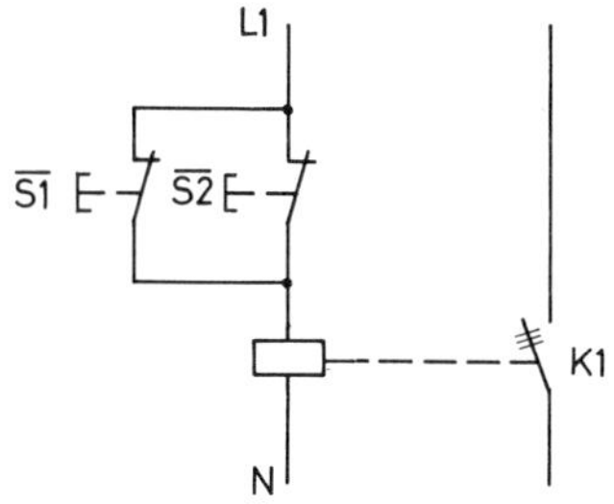

Bild 2/59a Nand-Schaltung

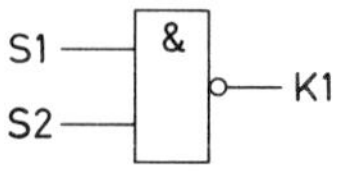

Bild 2/59b Symbol für Nand-Verknüpfung

2.6.7.2. Nand-Verknüpfung (Inverse Und-Verknüpfung)

Funktionsbeschreibung

Im unerregten Zustand der Taster (Ruhezustand der Öffner $\overline{S\,1}$, $\overline{S\,2}$) bleibt das Schütz K 1 eingeschaltet (Bild 2/59). Eine alleinige Betätigung von $\overline{S\,1}$ oder $\overline{S\,2}$ bedingt noch keine Signaländerung von K. Erst durch gemeinsames Betätigen der Taster $\overline{S\,1}$ und $\overline{S\,2}$ ($\overline{S\,1}$ = H und $\overline{S\,2}$ = H) erfolgt die Abschaltung des Schützes (K = L). Siehe Arbeitstabelle Tab. 2/14.
Die Schaltungsgleichung der Und-Verknüpfung (Gl. 2.2) läßt sich durch die Umkehrung der Funktion von S 1, S 2 sowie von ∧ in eine Nand-Verknüpfung umwandeln. In der Schaltungsgleichung erscheint daher der Querstrich über S. 1, S 2 und ∧ (Gl. 2.5).

Schaltungsgleichung

$$K\,1 = \overline{S\,1 \wedge S\,2} \qquad \text{Gl. 2.5}$$

Arbeitstabelle

$\overline{S\,1}$	$\overline{S\,2}$	$K\,1 = \overline{S\,1 \wedge S\,2}$
L	L	H
L	H	H
H	L	H
H	H	L

Tab. 2/14 Arbeitstabelle (Nand-Verknüpfung)

2.6.8. Regeln der Schaltungsalgebra

Reihen- bzw. Parallelschaltungen mehrerer Schließer oder Öffner *eines* Schaltgerätes sind aus der Sicht logischer Schaltungsverknüpfungen nicht sinnvoll. Die Funktion kann stets von einem Kontakt erfüllt werden. Eine derartige Zusammenschaltung von gleichartigen Kontakten kann aus physikalischen Gründen, z.B. zur Verringerung der Kontaktbelastung oder zur Erhöhung der Schaltungssicherheit erfolgen (Bild 2/60).
Die Reihenschaltung von Schließern und Öffnern *eines* Schaltgerätes ergibt eine Nein-Entscheidung bzw. einen nie geschlossenen Strompfad (Bild 2/61).
Die Parallelschaltung von Schließern und Öffnern *eines* Schaltgerätes ergibt eine Ja-Entscheidung bzw. einen dauernd geschlossenen Strompfad (Bild 2/62).
Aus diesen Festlegungen ergeben sich weitere Regeln, mit denen sich Schaltungsvereinfachungen durchführen lassen (Bild 2/63).
Die Regeln bzw. die daraus resultierenden Gleichungen sind zur Kennzeichnung fortlaufend von (1) bis (10) numeriert.

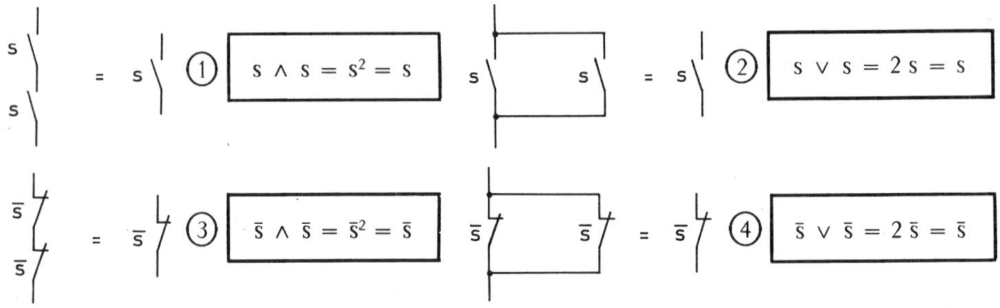

Bild 2/60 Schaltungsvereinfachung

Bild 2/61 Bleibende Unterbrechung

Bild 2/62 Bleibende Einschaltung

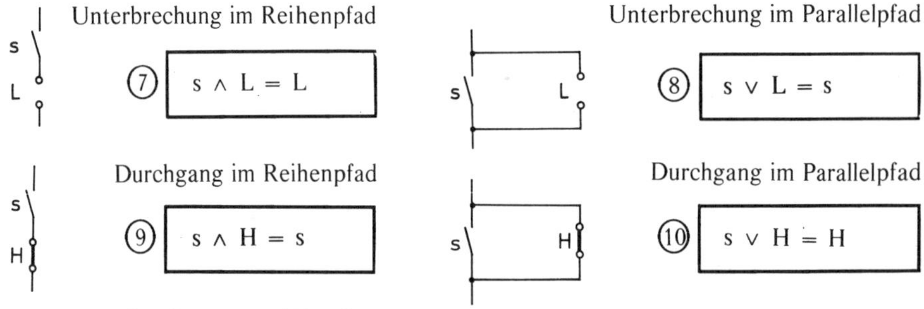

Bild 2/63 Unterbrechungen und Brücken

2.6.9. Grundgesetze der Schaltungsalgebra

a) **Vertauschungsgesetz** (Kommutatives Gesetz)

Das Vertauschungsgesetz sagt aus, daß in Reihe liegende Schaltglieder gegeneinander ausgetauscht werden können. Ebenfalls können parallel geschaltete Anordnungen gegeneinander ausgetauscht werden, ohne daß die Schaltungsfunktion geändert wird (Bild 2/64).

b) **Zusammenfassungsgesetz** (Assoziatives Gesetz)

Wie aus den zugehörigen Bildern zu ersehen ist, bedeutet die Zusammenfassung bzw. das Einklammern von in Reihenschaltung oder in Parallelschaltung liegenden Schaltgliedern keine Funktionsänderung. Diese Zusammenfassungen sind häufig für die Vereinfachung von Schaltungsgleichungen notwendig (Bild 2/65).

c) **Ausklammerungsgesetz** (Distributives Gesetz)

Nach diesem Gesetz ist es gestattet, gleiche Ja- oder Nein-Entscheidungen nach algebraischen Regeln auszuklammern. Durch das Ausklammern wird der Schaltungsaufbau vereinfacht, nicht aber die Funktion geändert (Bild 2/66).

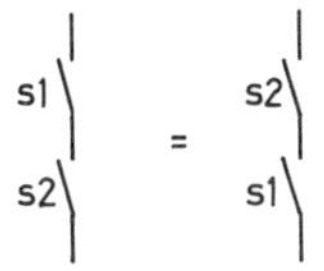

$$s1 \wedge s2 = s2 \wedge s1$$

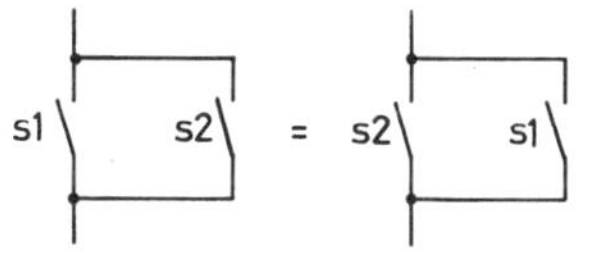

$$s1 \vee s2 = s2 \vee s1$$

Bild 2/64 Vertauschung

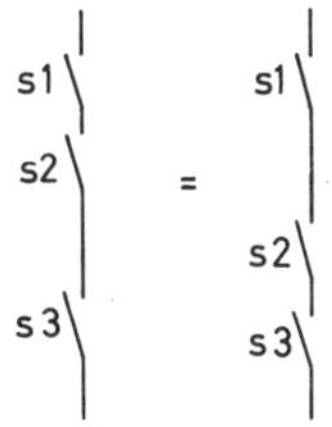

$$(s1 \wedge s2) \wedge s3 = s1 \wedge (s2 \wedge s3)$$

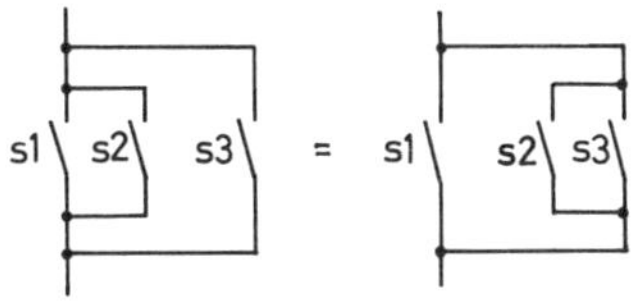

$$(s1 \vee s2) \vee s3 = s1 \vee (s2 \vee s3)$$

Bild 2/65 Zusammenfassung

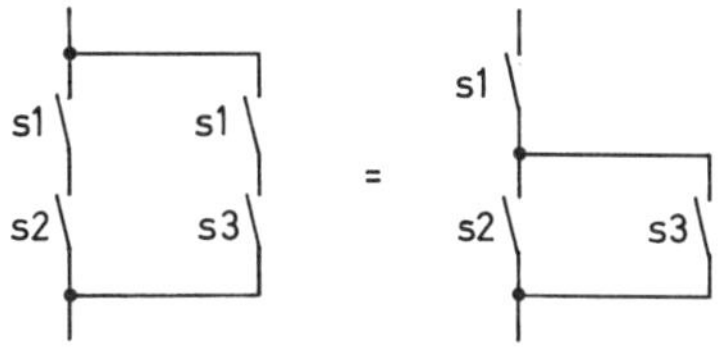

$$s1 \wedge s2 \vee s1 \wedge s3 = s1 \wedge (s2 \vee s3)$$

Bild 2/66 Ausklammerung

d) **Umkehrungsgesetz** (Inversionsgesetz, de Morgansches Gesetz)
Aus dem Umkehrungsgesetz geht hervor, daß bei der Inversion von zwei oder mehreren Entscheidungen stets die Verknüpfung und die Aussage der Entscheidung invertiert werden. Aus „Und" wird „Oder", aus „Ja" wird „Nein", und umgekehrt verhält es sich entsprechend (Bild 2/67).
Wird eine Gleichung auf beiden Seiten des Gleichheitszeichens invertiert, so ändert sich nicht die Funktion der Schaltung. Mit unterschiedlichen Schaltungen lassen sich somit gleiche Funktionsaussagen erzielen. Zweifaches Invertieren ergibt den Ausgangzustand.

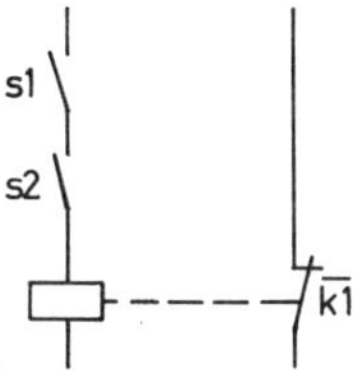

$$s1 \wedge s2 = \overline{k1}$$

≙

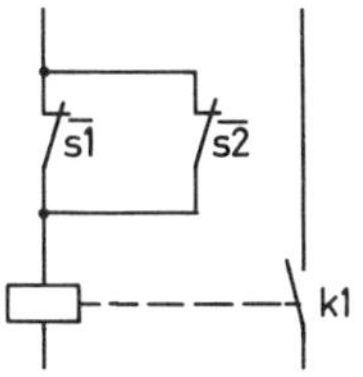

$$\overline{s1} \vee \overline{s2} = k1$$

Beide Schaltungen haben das gleiche Funktionsverhalten.

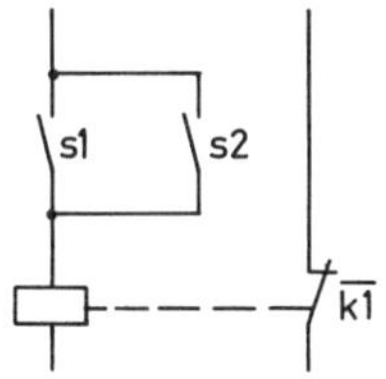

$$s1 \vee s2 = \overline{k1}$$

≙

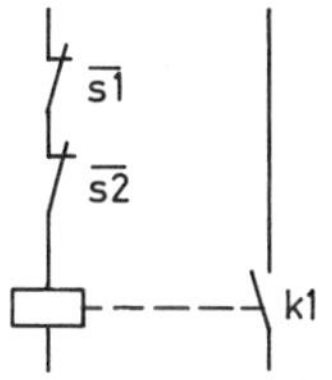

$$\overline{s1} \wedge \overline{s2} = k1$$

Beide Schaltungen haben das gleiche Funktionsverhalten.

Durch Invertierung der Ausgangsgleichung läßt sich $\overline{k1}$ in k1 umformen:

$\overline{s1 \wedge s2} = \overline{\overline{k1}}$ $\quad \overline{s1 \wedge s2} = k1$ $\qquad \overline{s1 \vee s2} = \overline{\overline{k1}}$ $\quad \overline{s1 \vee s2} = k1$

Durch Gleichsetzen der Schaltungsgleichungen ergibt sich:

$$\overline{s1 \wedge s2} = \overline{s1} \vee \overline{s2}$$

$$\overline{s1 \vee s2} = \overline{s1} \wedge \overline{s2}$$

Bild 2/67 Umkehrung

2.6.10. Übungen und Anwendungen

Aufgabe 1

Ein Hauptschütz K 4 darf nur zur Einschaltung kommen, wenn vorher alle Hilfsschütze K 1, K 2 und K 3 gemeinsam erregt sind. Die Schaltungskombinationsmöglichkeiten sind in einer Funktionstabelle darzustellen. Weiterhin sind Schaltungsgleichung und Stromlaufplan anzugeben. Für die Kennzeichnung der Geräte können die hierfür genormten Kennbuchstaben verwendet werden.

Lösung

Funktionstabelle:

K 1	K 2	K 3	K 4
H	H	H	H
L	H	H	L
H	L	H	L
H	H	L	L
H	L	L	L
L	H	L	L
L	L	H	L
L	L	L	L

Tab. 2/15 Und-Verknüpfung

Schaltungsleichung: $K\,4 = K\,1 \wedge K\,2 \wedge K\,3$
oder $K\,4 = K\,1\,K\,2\,K\,3$

Anmerkung:

Entsprechend den allgemeinen algebraischen Regeln, kann das „Malzeichen" (· bzw. ∧) beim Buchstabenrechnen entfallen.

$$a \cdot b = a \wedge b = ab$$

Schaltung:

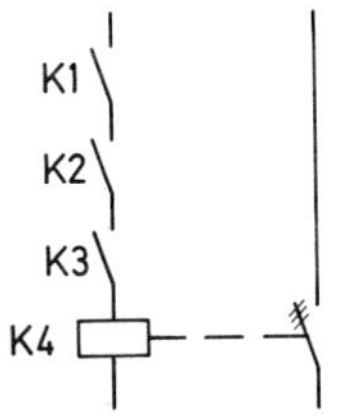

Bild 2/68 Und-Verknüpfung

Aufgabe 2

Es sind die Schaltungsgleichungen zum Bild 2/86b Seite 274 anzugeben für K 1, K 2 und K 3.

Lösung:

$$K\,1 = \overline{1\,S\,0} \wedge \overline{2\,S\,0} \wedge (1\,S\,1 \vee 2\,S\,1 \vee K\,1)$$
$$K\,2 = K\,1 \wedge \overline{K\,3}$$
$$K\,3 = K\,1 \wedge (K\,2 \vee K\,3)$$

Aufgabe 3

Es ist die Schaltungsgleichung folgender Steuerschaltung anzugeben, zu vereinfachen und zeichnerisch darzustellen:

Steuerschaltung:

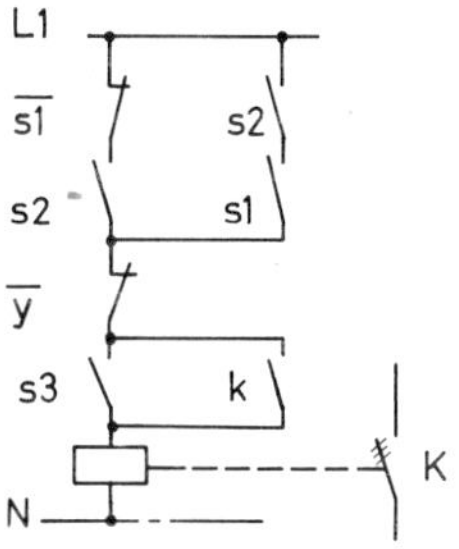

Bild 2/69 Ausgangsschaltung

Lösung:

Schaltungsgleichung: $K = (\overline{s1}\ s2 \lor s2\ s1)\ \overline{y}\ (s3 \lor k)$

Vereinfachung lt. Ausklammerungsgesetz und lt. Regel ⑥, Seite 258 $\overline{s1} \lor s1 = H = 1$: $K = s2\ (\overline{s1} \lor s1)\ \overline{y}\ (s3 \lor k)$

vereinfachte Schaltungsgleichung: $K = s2\ \overline{y}\ (s3 \lor k)$

Vereinfachte Steuerschaltung:

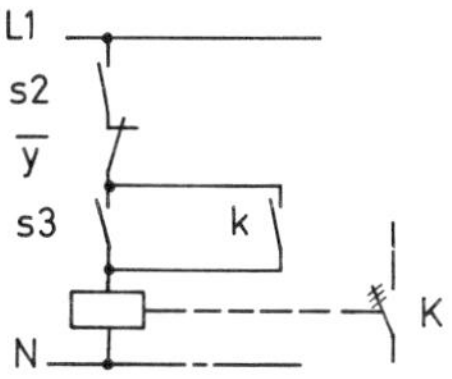

Bild 2/70 Vereinfachte Schaltung des Bildes 2/69

Aufgabe 4

Die angegebene Schaltungsgleichung ist zu vereinfachen und zeichnerisch als Stromlaufplan darzustellen:

Schaltungsgleichung: $K1 = \overline{f1}\ [(q\ \bar{s}\ k2) \lor (k1\ q\ s)]\ \overline{f1}\ \overline{f2}$

Vereinfachungen:

lt. Regel ④ $\overline{f1}\ \overline{f1} = \overline{f1}$	$K1 = \overline{f1}\ [(q\ \bar{s}\ k2) \lor (k1\ q\ s)]\ \overline{f2}$

lt. Ausklammerungsgesetz $q\,(\bar{s}\,k2 \vee s\,k1)$

$$K1 = \overline{f1}\; q \quad (\bar{s}\; k2 \vee k1\; s) \quad \overline{f2}$$

Steuerschaltung:

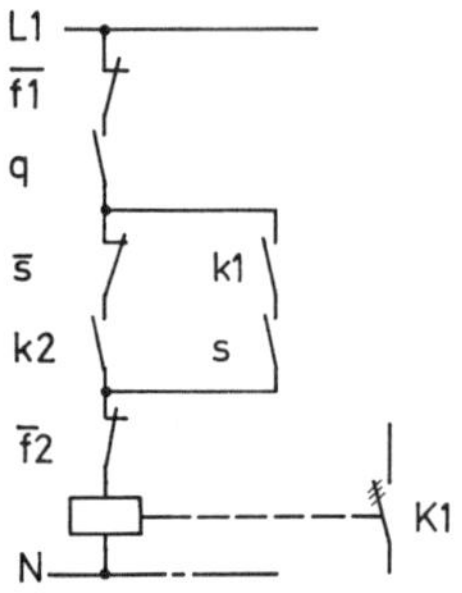

Bild 2/71 Stromlaufplan

Aufgabe 5

Ein Schütz K zur Steuerung eines Drehstrommotors, soll in Abhängigkeit von 4 Befehlsgebern (Ventile Y 1, Y 2 und Wächter S 1, S 2) gesteuert werden. Der Motor darf nur zur Einschaltung kommen, wenn die Befehlsgeber Y 1 und Y 2 gemeinsam erregt werden oder wenn sich die Wächter S 1 und S 2 in gemeinsamer Ruhestellung befinden. Sicherheitseinrichtungen sollen hier aus Vereinfachungsgründen unberücksichtigt bleiben.

Gesucht sind:

a) Blockschaltbild und Strukturformel
b) Funktionstabelle für die Einschaltung von Schütz K
c) Schaltungsgleichung
d) Stromlaufplan des Hilfsstromkreises

Lösung a:

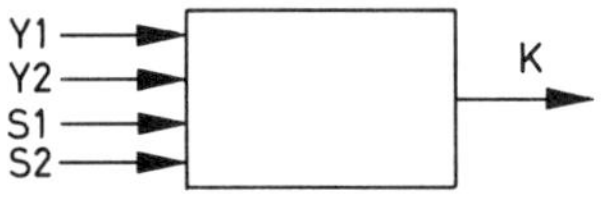

Bild 2/72a Blockschaltbild

Lösung b:

Zeile	Y 1	Y 2	S 1	S 2	K	Gleichung
1.	H	H	H	H	H	$\cdots Y1\; Y2\; S1\; S2 = K$
2.	H	H	L	H	H	$\cdots Y1\; Y2\; \overline{S1}\; S2 = K$
3.	H	H	H	L	H	$\cdots Y1\; Y2\; S1\; \overline{S2} = K$
4.	H	H	L	L	H	$\cdots Y1\; Y2\; \overline{S1}\; \overline{S2} = K$
5.	H	L	L	L	H	$\cdots Y1\; \overline{Y2}\; \overline{S1}\; \overline{S2} = K$
6.	L	H	L	L	H	$\cdots \overline{Y1}\; Y2\; \overline{S1}\; \overline{S2} = K$
7.	L	L	L	L	H	$\cdots \overline{Y1}\; \overline{Y2}\; \overline{S1}\; \overline{S2} = K$

Tab. 2/16 Funktionstabelle

Lösung c:

Anmerkung: Alle Bedingungen, die zu einer Erregung von K führen, in den Zeilen der Funktionstabelle, werden zu einer Schaltungsgleichung vereint. Hierbei ist zu berücksichtigen, daß innerhalb einer Zeile „Und“-Bedingungen und von Zeile zu Zeile „Oder“-Bedingungen vorliegen. Die Sprechweise beim Lesen oder Aufstellen der Schaltungsgleichung für die 1. und 2. Zeile lautet:
Y 1 und Y 2 und S 1 und S 2 oder
Y 1 und Y 2 und nicht S 1 und S 2 gleich K.
Durch gruppenmäßiges Zusammenfassen und durch Ausklammern gleicher Buchstaben lassen sich die Gleichungen lt. Ausklammerungsgesetz vereinfachen:

aus Zeile 1 + 2: $Y1\ Y2\ S2\ (S1 \vee \overline{S1}) = \underline{K = Y1\ Y2\ S2}$ nach Regel ⑥, Seite 258
aus Zeile 3 + 4: $Y1\ Y2\ \overline{S2}\ (S1 \vee \overline{S1}) = \underline{K = Y1\ Y2\ \overline{S2}}$ ergibt $S1 \vee \overline{S1} = H = 1$.
aus Zeile 4 + 5: $Y1\ \overline{S1}\ \overline{S2}\ (Y2 \vee \overline{Y2}) = \underline{K = Y1\ \overline{S1}\ \overline{S2}}$
aus Zeile 6 + 7: $\overline{Y1}\ \overline{S1}\ \overline{S2}\ (Y2 \vee \overline{Y2}) = \underline{K = \overline{Y1}\ \overline{S1}\ \overline{S2}}$

Zusammenfassung:
aus Zeile 1 bis 7: $K = Y1\ Y2\ S2 \vee Y1\ Y2\ \overline{S2} \vee Y1\ \overline{S1}\ \overline{S2} \vee \overline{Y1}\ \overline{S1}\ \overline{S2}$
Vereinfachung: $K = Y1\ Y2\ (S2 \vee \overline{S2}) \vee \overline{S1}\ \overline{S2}\ (Y1 \vee \overline{Y1})$
Endgleichung: $K = Y1\ Y2 \vee \overline{S1}\ \overline{S2}$

Schaltungsgleichung: $\mathbf{K = Y1\ Y2 \vee \overline{S1}\ \overline{S2}}$

Lösung d:

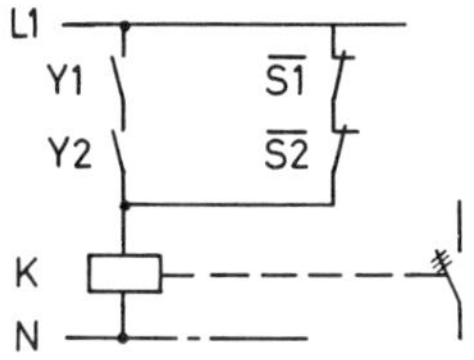

Bild 2/72b
Stromlaufplan

Aufgabe 6

In einer Betriebsstätte soll eine hydraulisch betätigte Hebebühne gesteuert werden. Die Aufwärtsbewegung erfolgt durch den Betrieb eines Kompressormotors. Das Absenken ist nur durch die Betätigung eines Magnetventils in der Öldruckleitung möglich.
Zum Betrieb des Kompressormotors wird ein Schütz (K1) durch einen Einschaltimpuls mit einem Drucktaster (S1) eingeschaltet. Ein Endtaster (S3) begrenzt die Hubhöhe.
Mit der Betätigung des Austasters (S0) muß eine Sofortabschaltung des Schützes (K1) möglich sein. Die Einschaltung ist zu verhindern, sofern Taster (S0) oder der Taster für die Abwärtsbewegung (S2) oder Endtaster (S3) betätigt ist.
Die Hebebühne wird abgesenkt, indem durch Betätigung des Drucktasters (S2) das Magnetventil (Y1) geöffnet wird. Das Absenken der Bühne ist zu verhindern, sofern der Einschalttaster zum „Heben“ betätigt wird.
Zum Schutz der Anlage sind Hauptsicherungen im Lastkreis und ein Bimetallrelais (F1) vorzusehen. Der Hilfsstromkreis ist durch eine Steuersicherung (F0) zu schützen.

Gesucht:

1. Schaltbedingungen bzw. Arbeitstabellen für a) Schütz (K1) und b) Magnetventil (Y1)
2. Schaltungsgleichungen
3. Stromlaufplan des Hilfsstromkreises

Lösung:

1. Bei Steuerungen mit mehreren Antriebsgliedern können die Schaltbedingungen für jedes Antriebsglied gesondert festgestellt werden, um daraus Schaltungsgleichungen zu entwickeln. Die verschiedenen Schaltgeräte und Steuerungsbedingungen, z.B. für das Eintasten oder Selbsthalten zum Heben der Bühne oder für das Absenken, lassen sich aus dem vorstehenden Text ermitteln.

1a) Schaltgeräte, wie die Steuersicherung (F0), der Öffner des Bimetallrelais (F1), der Austaster (S0), der Endtaster (S3) und der Befehlsgeber zum Absenken (S2), müssen sich in der Ruhestellung befinden, damit durch die Tasterbetätigung (S1) eine Schützeinschaltung zustande kommt. Tabellarisch ausgedrückt ergibt sich damit folgender Zusammenhang, aus dem eine Schaltungsgleichung gebildet werden kann:

Bedingung für Eintasten und „Heben"

F0	F1	S0	S1	S2	S3	K1
L	L	L	H	L	L	H

$$K1 = \overline{F0}\ \ \overline{F1}\ \ \overline{S0}\ \ S1\ \ \overline{S2}\ \ \overline{S3}$$

Für weitere Einschaltbedingungen von K1 (Oder-Bedingungen) sind neue Festlegungen nötig. Z.B. wenn der Taster (S1) wieder losgelassen wird, ergibt sich ebenfalls eine Schützeinschaltung (Selbsthaltung.)

Bedingung für Selbsthalten und „Heben"

F0	F1	S0	S1	S2	S3	k1	K1
L	L	L	L	L	L	H	H

$$K1 = \overline{F0}\ \overline{F1}\ \overline{S0}\ \overline{S1}\ \overline{S2}\ \overline{S3}\ k1$$

Werden beide Bedingungen (Und-Bedingungen wie auch Oder-Bedingungen) zusammengefaßt, so erhält man die gesamte Steuerungsbedingung für das Schütz (K1). Diese ist nachstehend unter Lösung 2. aufgeführt.

1b) Aus der Beschreibung für das Absenken der Hebebühne ergibt sich die Einschaltbedingung für Y1. Das Magnetventil (Y1) kann nur erregt werden, wenn die Steuersicherung (F0), der Eintaster (S1) und das Schütz (K1) in der Ruhestellung sind und wenn der Absenktaster (S2) erregt wird.

Bedingung für das „Absenken"

F0	S1	k1	S2	Y1
L	L	L	H	H

$$Y1 = \overline{F0}\ \ \overline{S1}\ \ \overline{k1}\ \ S2$$

2. Die sich aus den Arbeitstabellen ergebenden Schaltungsgleichungen für K1 müssen zusammengesetzt und vereinfacht werden.

$$K1 = (\overline{F0}\ \overline{F1}\ \overline{S0}\ S1\ \overline{S2}\ \overline{S3}) \vee (\overline{F0}\ \overline{F1}\ \overline{S0}\ \overline{S2}\ \overline{S3}\ k1)$$

$$\underline{K1 = \overline{F0}\ \overline{F1}\ \overline{S0}\ \overline{S2}\ \overline{S3}(S1 \vee k1)}$$

$$\underline{Y1 = \overline{F0}\ \overline{S1}\ \overline{k1}\ S2}$$

3. Für die Darstellung des Stromlaufplanes wird zunächst die endgültige Schaltungsgleichung für K1 benutzt, um aus dem Kennbuchstabenzusammenhang einen entsprechenden Schaltungszusammenhang darzustellen. Anschließend wird die

Schaltungsgleichung für Y1 angeknüpft. Abschließend können bauliche und sicherheitstechnische Besonderheiten Berücksichtigung finden, die für die Schaltungsfunktion ohne Bedeutung sind, wie z.B. Vertauschung von Kontakten zur Verminderung des Verdrahtungsaufwandes, Berücksichtigung der Notabschaltung oder Wahl der Schutzmaßnahme nach VDE 0100.

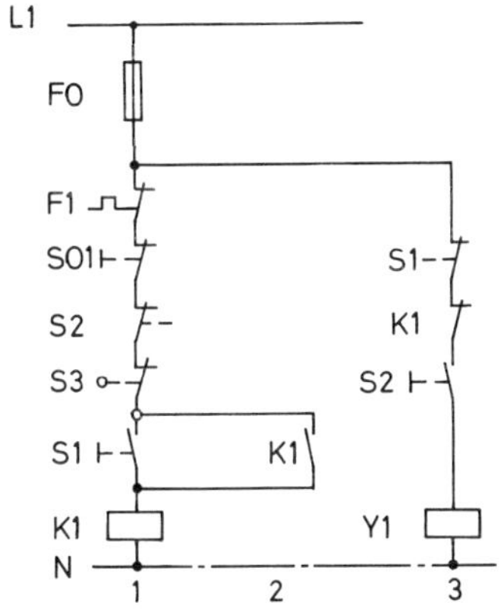

Bild 2/73 Stromlaufplan

2.7. Steuerungsentwurf mit Grundschaltungen

2.7.1. Allgemein

Umfangreichere Steuerschaltungen lassen sich auf einfachere Grundschaltungen zurückführen. Die hier aufgezeichneten Grundschaltungen sind eigenständig und können wahlweise zu kombinierten Schaltungen zusammengesetzt werden.
Zum Lesen und Zeichnen von umfangreichen Schaltplänen ist es zweckmäßig und vorteilhaft, wenn man sich nach derartigen Grundschaltungen orientiert. Funktionen und Einsatzmöglichkeiten der nachstehend beschriebenen Grundschaltungen müssen eindeutig bekannt sein, bevor damit Kombinationen und Abwandlungen durchgeführt werden. Zur Vereinfachung sind in diesem Abschnitt keine Hauptstromkreise, sondern nur Hilfsstromkreise als Stromlaufplan aufgezeichnet.
Nach der Wirkungsweise unterscheidet man grundsätzlich 2 Steuerungsarten voneinander:

a) Stellschaltungen
b) Impulsschaltungen

a) **Stellschaltungen**
Stellschaltungen werden überwiegend mit handbetätigten Dreh-Kipp- oder Hebelschaltern sowie mit selbsttätig schaltenden Begrenzern oder Wächtern durchgeführt, also mit Rastschaltern, die nach einer Betätigung in der neuen Schaltstellung verbleiben. Eine Selbsthaltung wie bei Impulssteuerungen entfällt. Es kommen hauptsächlich Ein- oder Ausschaltungen nach Bild 2/74a und Gruppenschaltungen nach Bild 2/74b zur Anwendung.
Durch Kombinationen aus Schließern und Öffnern lassen sich weitere Schaltungsvarianten erzielen (siehe Schaltungsalgebra Abschnitt 2.6). Die Anwendung der Stellschaltungen beschränkt sich auf solche Fälle, wo bei Ausfall mit anschließender Wiederkehr der Netzspannung ein Schütz oder ein

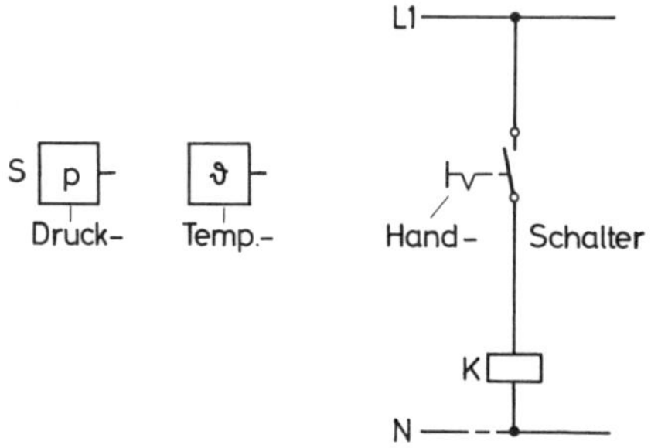

Bild 2/74a
Ausschaltung

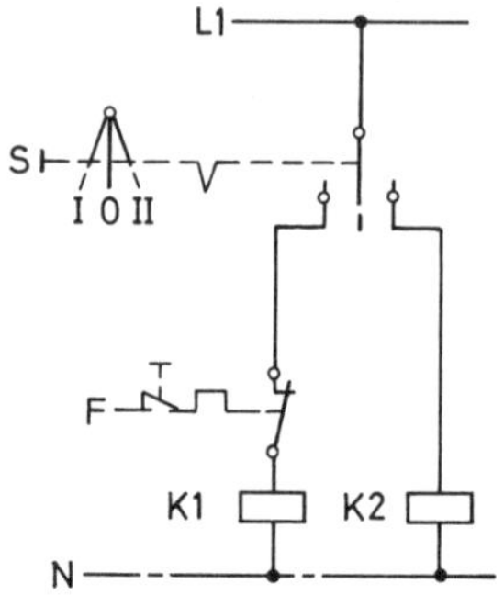

Bild 2/74b Gruppenschaltung

Verbraucher sofort wieder erregt werden darf, ohne daß die Sicherheit dadurch gefährdet wird. Als Beispiel seien Kompressor- und Pumpensteuerungen genannt. Motorschutzrelais sind in diesem Fall nur mit eingestellter Wiedereinschaltsperre einzusetzen.
Zu den Stellschaltungen gehören auch alle direkt betätigten Hauptstromkreise von Geräte-, Motoren- und Lampenschaltungen. Als Beispiel seien Aus-, Wende-, Wechsel-, Serien- und Gruppenschaltungen genannt.

b) **Impulsschaltungen**

Impulsschaltungen erhält man mit sogenannten Tastschaltern, wie z.B. Druckknopftaster, Wächter, Regler, Schütze usw. Auch elektronische Bausteine dienen häufig der impulsartigen Signalgabe. Man unterscheidet zwischen Schaltungen ohne Selbsthaltung (Tippbetrieb) nach Bild 2/75a und Schaltungen mit Selbsthaltung (Selbsthaltebetrieb) nach Bild 2/75b.
Durch Kombinationen verschiedener Grundschaltungen mit und ohne Selbsthaltung ergeben sich verschiedenste Steuerungsmöglichkeiten, auf die im Abschnitt 2.8 eingegangen wird.

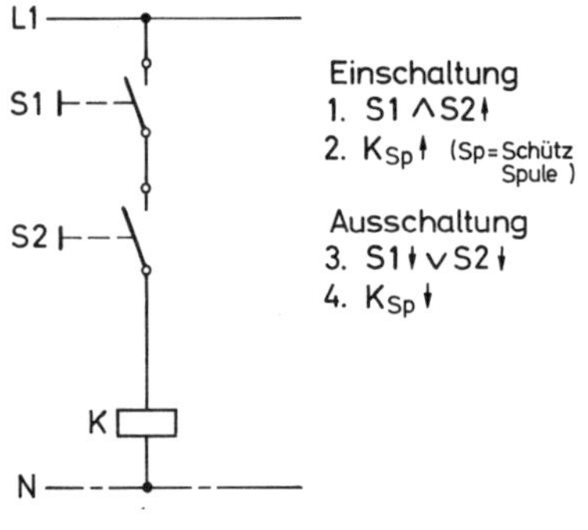

Bild 2/75a Tippbetrieb

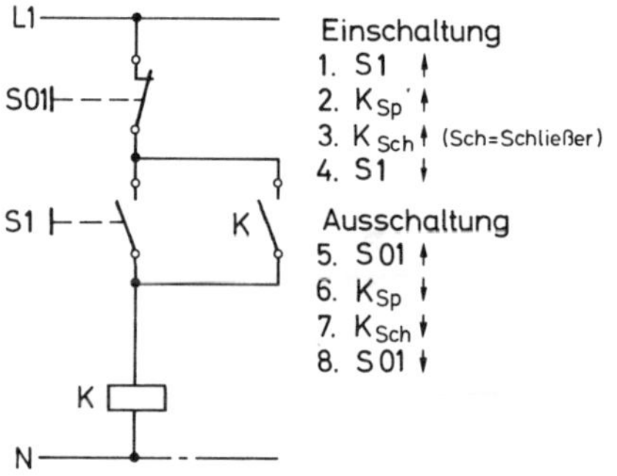

Bild 2/75b Haltegliedsteuerung

2.7.2. Grundschaltungen

2.7.2.1. Tippbetrieb

Unter Tippbetrieb versteht man eine **Impulsschaltung ohne Selbsthaltung**. Ein häufiges Anwendungsbeispiel ist die Tastersteuerung für das Einrichten einer Bearbeitungsmaschine. Die im Bild 2/75a aufgeführte Steuerung kann als Zweihand-Sicherheitsschaltung aufgefaßt werden. Die Einschaltung kann nur erfolgen, wenn sich beide Hände der Bedienungsperson außerhalb des Gefahrenbereiches an den Tastern befinden.

2.7.2.2. Haltegliedsteuerung

Haltegliedsteuerungen oder Selbsthalteschaltungen kommen zur Anwendung für Dauereinschaltungen nach kurzzeitiger Einschaltimpulsgabe oder für Abschaltungen nach einem Ausschaltimpuls. Als Anwendungsbeispiel können Taster- und Relaissteuerungen genannt werden.
Sollen Befehle von verschiedenen Stellen aus erteilt werden, so sind die Einschaltbefehlsgeber (Schließer) parallel und die Ausschaltbefehlsgeber (Öffner) in Reihe zu schalten. Siehe Schaltalgebra, Abschnitt 2.6.6 Oder-Verknüpfung.
Einschaltglied und Halteglied müssen parallel zueinander angeordnet werden (Bild 2/75b).
Durch Netzspannungsausfall öffnet sich mit abfallendem Schützanker die Selbsthaltung, und eine wiederkehrende Netzspannung kann keine selbsttätige Wiedereinschaltung verursachen. Diese Schaltung hat daher eine sogenannte Unterspannungsauslösung. Zur Wiedereinschaltung ist ein erneuter Einschaltimpuls vom Befehlsschalter nötig.
Aus Sicherheitsgründen soll das Schütz (K) bei einer gemeinsamen Betätigung beider Taster (S 0 und S 1) nicht anziehen. Diese Forderung wird durch die Reihenschaltung von S 0 und S 1 erfüllt.

2.7.2.3. Folgeschaltung

Unter Folgeschaltung versteht man allgemein eine Nacheinanderschaltung oder Zuschaltung von Schützen oder von Verbrauchern. In Bild 2/76a ist eine einfache Nacheinanderschaltung von 2 Schützen aufgeführt.
Nach dieser Schaltung kann Schütz K 2 nicht allein, sondern nur in Verbindung mit Schütz K 1 eingeschaltet sein. Werden mehrere Schütze in der gleichen Art oder zusätzlich erweitert mit Selbsthalteschaltungen aneinandergereiht, so erhält man eine Kaskadenschaltung. Die Kaskadenschaltung trifft man häufig bei Förderbandanlagen an (Bild 2/90).
Folgeschaltungen kommen allgemein dann zur Anwendung, wenn die Forderung besteht, daß ein Gerät oder ein Verbraucher nur dann einschaltbar ist, wenn ein anderer wichtiger Verbraucher bereits betrieben wird. Als Beispiel sei die Schaltung eines Ölpumpen- und Antriebsmotors einer

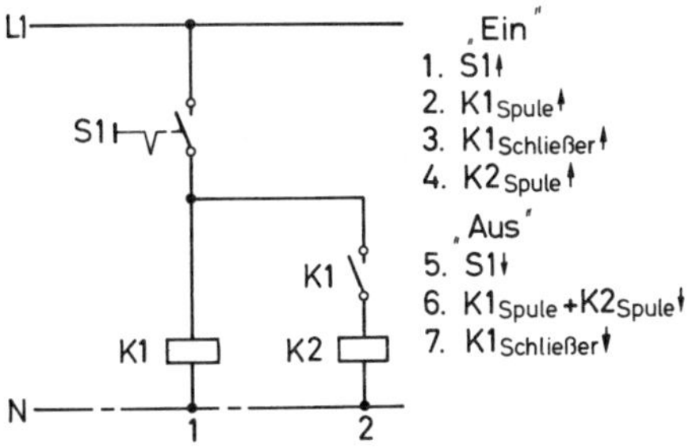

Bild 2/76a Folgeschaltung

Werkzeugmaschine genannt. Der Hauptantrieb darf nur in Verbindung mit der Schmierölversorgung betrieben werden. Bei Ausfall der Schmierölversorgung muß der Hauptantrieb mit abgeschaltet werden.
Beim Ausschaltvorgang werden nach Bild 2/76a beide Schütze zur gleichen Zeit abgeschaltet. Eine Rückschaltfolge (Folgeschaltungsumkehrung, z.B. erst K 1 und dann K 2 ausschalten) ergibt sich durch Anschließen des Strompfades Nr. 2 direkt an L 1.

2.7.2.4. Verzögerungsfolgeschaltungen

Durch den Einsatz von Zeitrelais ist es möglich, verzögerte Schaltvorgänge zu erhalten, wie sie häufig bei automatischen Anlaßschaltungen erforderlich sind. Bei der automatischen Y△-Schaltung, Kusa-Schaltung, Drehstromschleifringläufer-Anlaßschaltung usw. kommen verzögerte Folgeschaltungen zur Anwendung. Auch lassen sich Einschaltströme mehrerer Verbraucher durch Folgeschaltungen zeitlich zueinander versetzen, um das Netz zu entlasten.
Nach der in Bild 2/76b dargestellten Schaltung wird das Schütz K 2 verzögert durch das Zeitrelais K 1 eingeschaltet. Das Schütz bleibt solange eingeschaltet, bis das Zeitrelais durch den Dauerkontaktgeber S abgeschaltet wird. Das Schütz kann nach dieser Grundschaltung nur gemeinsam mit dem Zeitrelais eingeschaltet sein.
Meistens werden Zeitrelais nach erfolgtem Verzögerungsvorgang wieder abgeschaltet. Die Abschaltung wird nicht durch das Zeitrelais selbst durchgeführt, sondern durch ein nachgeschaltetes Schütz. Nach der Abschaltung des Zeitrelais durch den Öffner vom Schütz K geht auch der Schließer des Zeitrelais in die Ausgangsstellung zurück. Aus diesem Grund ist eine Selbsthaltung für das Schütz erforderlich, so wie es aus Bild 2/76c ersichtlich ist.
Zur verzögerten Abschaltung von Schützen, Relais bzw. Geräten werden rückschaltverzögerte Zeitrelais eingesetzt (Abschn. 2.2.5.4). Anwendungsmöglichkeiten sind z.B. Umschaltverzögerungen bei Wendeschützschaltungen, Intervallschaltungen sowie Lichtschaltungen mit einem sogenannten Treppenhausautomaten.

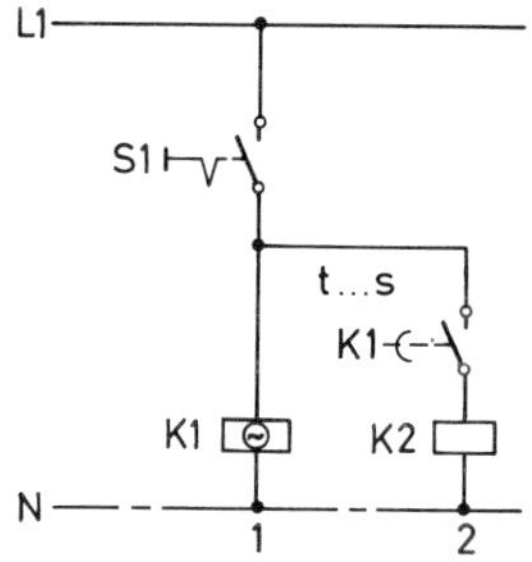

„Ein"
1. S1↑
2. $K1_{\text{Spule}}$↑
3. $K1_{\text{Schließer}}$↑
4. $K2_{\text{Spule}}$↑

„Aus"
5. S1↓
6. $K1_{\text{Spule}}+K2_{\text{Spule}}$↓
7. $K1_{\text{Schließer}}$↓

Bild 2/76b Verzögerungsfolgeschaltung (ED 100%)

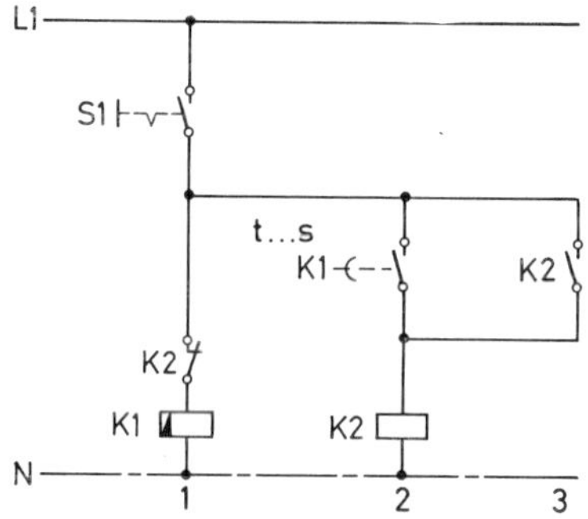

„Ein"
1. S1↑
2. $K1_{\text{Spule}}$↑
3. $K1_{\text{Schließer}}$↑
4. $K2_{\text{Spule}}$↑
5. $K2_{\text{Schließer}}+K2_{\text{Öffner}}$↑
6. $K1_{\text{Spule}}$↓
7. $K1_{\text{Schließer}}$↓

„Aus"
8. S1↓
9. $K2_{\text{Spule}}$↓
10. $K2_{\text{Schließer + Öffner}}$↓

Bild 2/76c Verzögerungsfolgeschaltung

2.7.2.5. *Verriegelungsschaltungen*

Durch Verriegelungsschaltungen lassen sich Zu- oder Abschaltungen von Strompfaden verhindern oder erzwingen.
Häufig soll durch eine Verriegelung verhindert werden, daß zwei Hauptschütze zur gleichen Zeit einschalten oder sich während des Umschaltens zeitlich überschneiden. Verriegelungen kommen praktisch bei Wendeschaltungen, Y△ -Schaltungen, Polumschaltungen usw. vor. Bei fehlender bzw. unzureichender Verriegelung kann es zu Funktionsstörungen durch Außenleiterschlüsse mit ihren Folgeerscheinungen kommen.
In Verbindung mit elektrischen Verriegelungen kommen auch rein mechanische Verriegelungen für eine zusätzliche Sicherheit zur Anwendung. Diese Verriegelungen lassen sich an baulich zusammenhängenden Schaltgeräten durch Hebelwirkungen erzielen.
Elektrische Verriegelungen erhält man durch das Schalten von Öffnern der Schütze und der Befehlstaster in den Hilfsstrompfaden.
In der nach Bild 2/77a gezeigten Überkreuzverriegelung mit den Öffnern der Schütze (ohne Tasteröffner) besteht die Möglichkeit einer Überschneidung. Die Gefahr von Kurzschlüssen bei Wendeschaltungen dieser Art zur Drehrichtungsumkehr ist sehr groß. Sind die Taster S 1 und S 2 gleichzeitig geschlossen, so werden beide Schütze gleichzeitig erregt. Die Schützanker ziehen gemeinsam an, so daß alle Hauptkontakte kurzzeitig zum Schließen kommen. Das schneller schaltende Schütz schaltet dann mit seinem Öffner das langsamere Schütz wieder ab.

Bild 2/77a
Verriegelung über die Öffner der Schütze

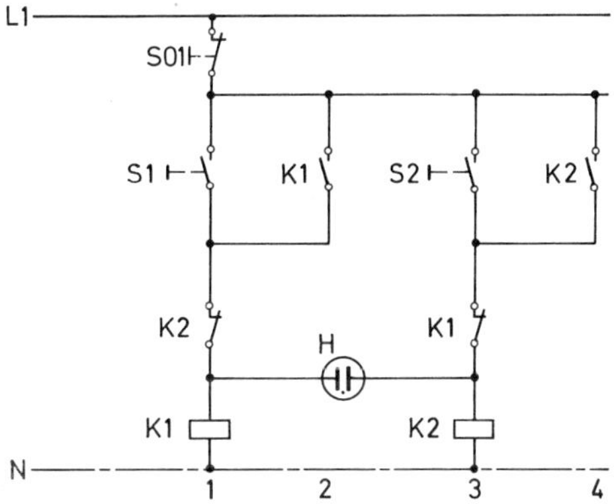

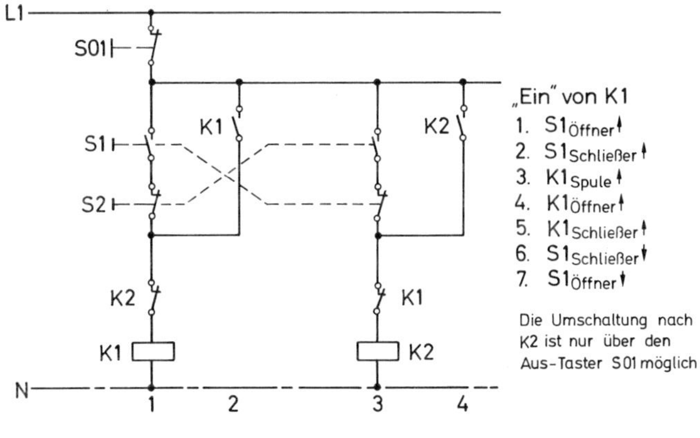

Bild 2/77b
Verriegelung über die Öffner der Schütze und der Taster (Wendeschützschaltung)

Durch eine zusätzliche Verriegelung mit den Öffnern der Taster nach Bild 2/77b ist bei gleichzeitiger Betätigung der Taster überhaupt keine Erregung der Schütze möglich. Mit der Betätigung der Taster werden zunächst die Öffner geöffnet, bevor die Schließer schließen. Damit ist eine Überschneidung ausgeschlossen.
Bei Wendeschützschaltungen, wo eine Direktumkehr von Linkslauf nach Rechtslauf verhindert werden soll, darf die Umschaltung von K 1 nach K 2 nur über die Betätigung des Austasters S 0 möglich sein. Dieses wird dadurch erfaßt, daß man den Selbsthaltekontakt des jeweiligen Schützes parallel zum Verriegelungskontakt des Tasters schaltet.
Für eine Direktumschaltung der Schütze (Reversieren) von K 1 nach K 2 mit dem Taster S 2 ist der Selbsthaltekontakt K 1 direkt parallel zum Schließer S 1 zu legen. Dieses Prinzip gilt auch für die Direktumkehr von K 2 nach K 1.

2.7.2.6. *Kontrollschaltungen*

Zur Anzeige des Einschalt-, Ausschalt- und Störzustandes einer Schaltanlage bedient man sich hauptsächlich optischer und akustischer Meldegeräte, deren Schaltsymbole in Tabelle 2/1 abgebildet sind. Drei verschiedene Möglichkeiten der **Einschaltkontrolle** mit optischen Meldern sind in den Bildern 2/78a bis c aufgeführt. Durch Parallel- und Reihenschaltungen von Schließern ergeben sich mehrere Kombinationsmöglichkeiten für Einschaltkontrollen.

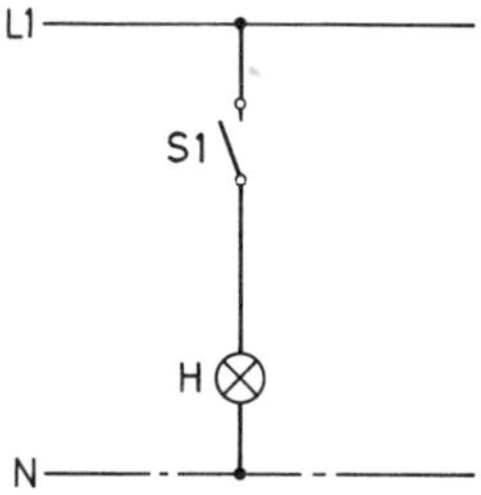

Bild 2/78a
Einschaltkontrolle

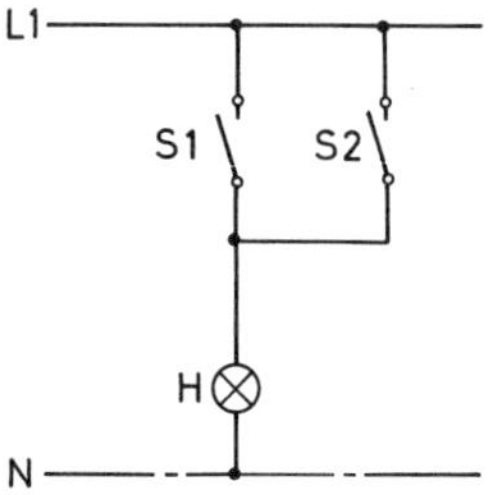

Bild 2/78b
Einschaltkontrolle (Oder)

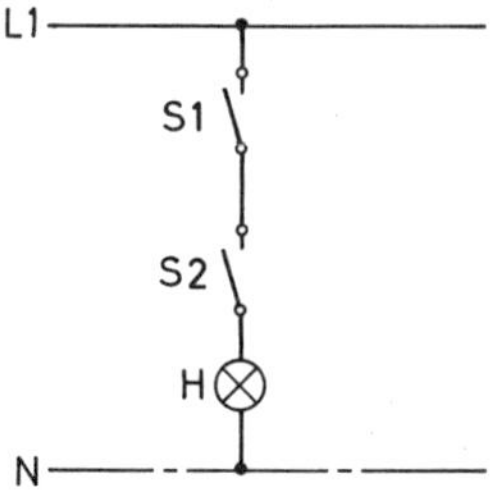

Bild 2/78c
Einschaltkontrolle (Und)

Weitere Möglichkeiten sind in den Bildern 2/77a und 2/89b aufgeführt.
Ausschaltkontrollen erfolgen sinngemäß mit den Öffnern der Schütze (Bild 2/79a). Einen Sonderfall stellt die Ausschaltkontrolle mit der Glimmlampe dar (Bild 2/79b). Im Ausschaltzustand des Schützes liegt die Glimmlampe in Reihe mit der Schützspule an voller Netzspannung. Mit der Einschaltung des Schützes wird die Glimmlampe durch den Schließer des Schützes kurzgeschlossen, so daß sie erlischt. Die Anwendung dieser Auskontrollschaltung findet man häufig bei der Hausinstallation in Lampenschaltern.
Die **Anzeige des Störungszustandes** einer Schaltung, wie z.B. bei einer Zwangsabschaltung durch Überlastung, kann durch den Hilfskontakt eines Bimetallrelais bewirkt werden (Bild 2/80).
Es ist darauf zu achten, daß der Wechsler des Bimetallrelais oberhalb der Schützselbsthaltung angebracht wird. Unterhalb des Selbsthaltekontaktes steht nach einer Abschaltung des Schützes keine Spannung für die Auskontrollampe zur Verfügung.

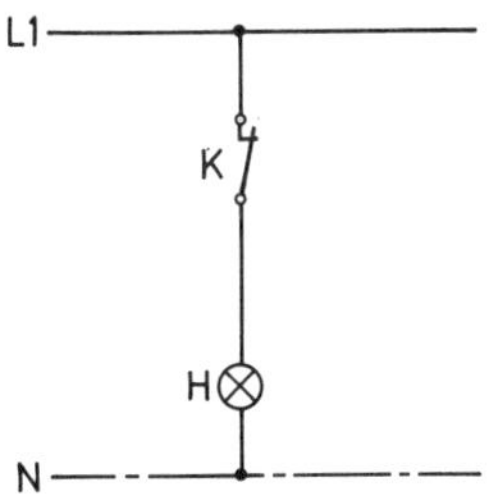

Bild 2/79a
Ausschaltkontrolle mit Öffner

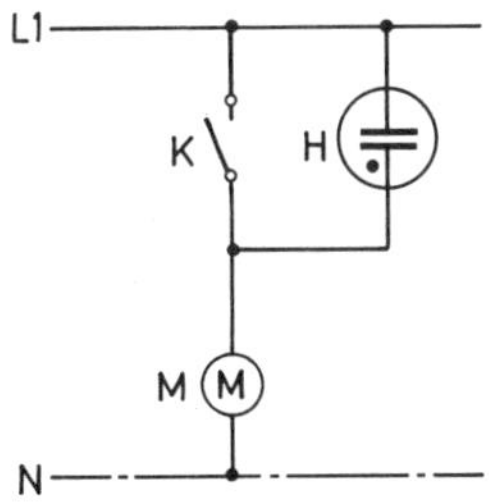

Bild 2/79b
Ausschaltkontrolle mit Schließer

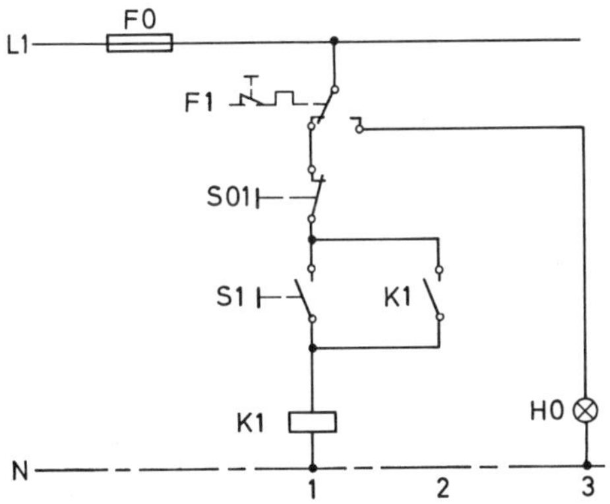

Bild 2/80 Störkontrolle

2.7.2.7. Sonderschaltungen für Gleichstrombetrieb

Wechselstromschütze an Gleichspannungen erhalten zur Strombegrenzung (Einstellung des Haltestromes) einen vorgeschalteten Widerstand. Gleichstrombetätigte Schütze haben den Vorteil des geräuschlosen Betriebes während der Einschaltstellung (Bild 2/81).

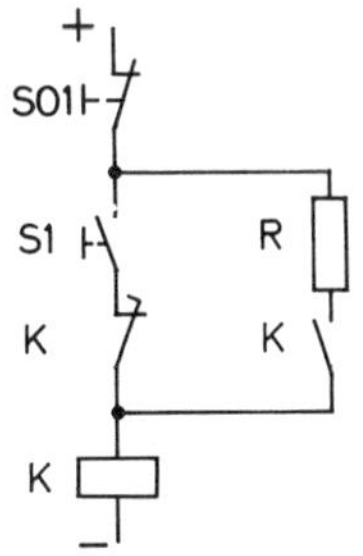

Bild 2/81 Wechselstromschütz an Gleichspannung

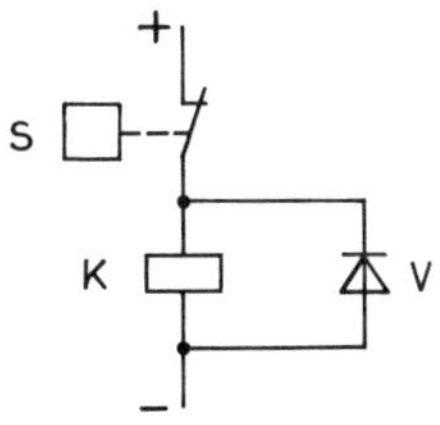

Bild 2/82 Funkentstörung

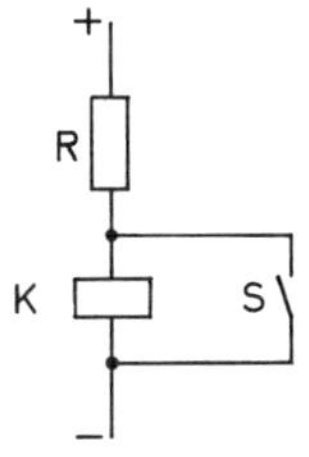

Bild 2/83 Relais mit Parallelkontakt

Die bei der Stromkreisunterbrechung in der Antriebsspule auftretende Induktionsspannung kann über die Diode V kurzgeschlossen werden, somit entstehen an anderen Betriebsmitteln keine Störungen, wie z.B. Abreißfunken am Schaltkontakt (Bild 2/82).
Bei Schwachstromsteuerungen mit Relais besteht die Möglichkeit, durch ein parallel zum Antrieb geschaltetes Schaltglied Relais zu schalten (Bild 2/83).

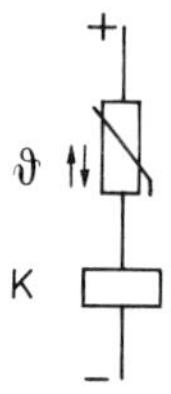

Bild 2/84 Relais mit veränderlichem Widerstand

Durch die Reihenschaltung von veränderlichen Widerständen mit Relaisspulen lassen sich Steuerungen zur Überwachung von Temperaturen, Lichtverhältnissen, Zeiten usw. aufbauen (Bild 2/84). Für hohe Ansprechgenauigkeiten werden elektronische Schaltungen eingesetzt. Für diese Zwecke wird insbesondere der Schmitt-Trigger meistens in Verbindung mit einem Verstärker verwendet. Es handelt sich um einen elektronischen Schwellwertschalter, der bei langsamen Veränderungen und beim Erreichen des Sollwertes schlagartig bzw. spontan anspricht.

2.8. Steuerungsbeispiele

Es sollen einige Beispiele der Planung von schützgesteuerten Anlagen aufgezeichnet werden. Die Steuerschaltungen werden textlich oder sinnbildlich erklärt. Hauptstromkreise werden als Übersichtsschaltplan oder als Hauptstromlaufplan und Steuerstromkreise nur als Stromlaufplan aufgeführt. Auf die Zeichnung eines Wirkschaltplanes kann verzichtet werden, da die Anordnungen und Aderzahlen sowie Leitungsverbindungen genauer aus dem Anlagenplan zu entnehmen sind.
In der Meisterprüfung erhält der Anwärter häufig eine Textaufgabe, nach der er selbsttätig eine den VDE-Bestimmungen entsprechende, funktionsgerechte Installationsanlage als Meisterstück zu planen und zu errichten hat. Oftmals werden für Prüfungszwecke Installationsanlagen in verkleinertem Maßstab an einer Montagewand angebracht. Zur Vereinfachung der Darstellung und im Hinblick auf die Meisterprüfung sind die nachfolgend aufgeführten Anlagenentwürfe auf eine Installationsanlage an einer Montagewand (Brettmontage) ausgerichtet. In den textlichen Erläuterungen der Aufgabenbeispiele sind bezüglich der Steuerfunktion Hinweise auf die entsprechenden Grundschaltungen aufgeführt.

2.8.1. Kühlanlage

Es ist die Schützschaltung für eine Kühlanlage mit einem Kompressormotor und mit einem Lüftermotor zu entwerfen.
Hauptstromkreise und Steuerstromkreis sind gesondert abzusichern. Die Darstellung der Hauptstromkreise ist im Übersichtsschaltplan nach Bild 2/85a aufgeführt. Der Steuerstromlaufplan (Bild 2/85b) wird nachstehend entwickelt. Die erforderlichen Grundschaltungen werden vergleichsweise mit angegeben:
Die Anlage soll über einen handbetätigten Gruppenschalter mit den Schaltstellungen Hand-0-Automat wahlweise direkt oder automatisch über einen Kühlhausthermostaten gesteuert werden (Gruppenschaltung nach Bild 2/74b).
Der Gruppenschalter dient zur Einstellung von drei Betriebsstellungen:

a) Ausschaltstellung 0:
Lüfter- und Kompressormotor sind ausgeschaltet.

b) Handbetrieb H:
Hauptschütz K 1 und Kompressorschütz K 2 werden unabhängig vom Temperaturwächter S 2 erregt.

c) Automatbetrieb A:
Mit ansteigender Raumtemperatur schließt der Temperaturwächter S 2 seinen Schaltkontakt, so daß die Anlage in Betrieb geht. Bei ausreichender Kühltemperatur wird die Anlage über S 2 ausgeschaltet, um mit ansteigender Raumtemperatur das Arbeitsspiel fortzusetzen.

Beide Motoren sind so zu schalten, daß bei dem Ausfall des Lüftermotors M 1 der Kompressormotor M 2 selbsttätig außer Betrieb geht (Folgeschaltung nach Bild 2/76a).

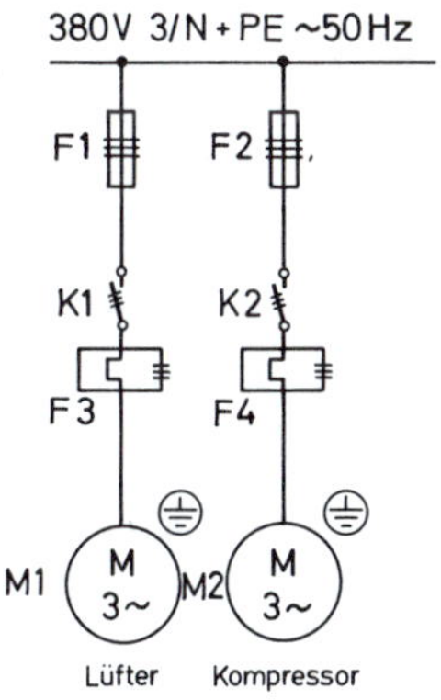

Bild 2/85a Übersichtsschaltplan der Kühlanlagenschaltung

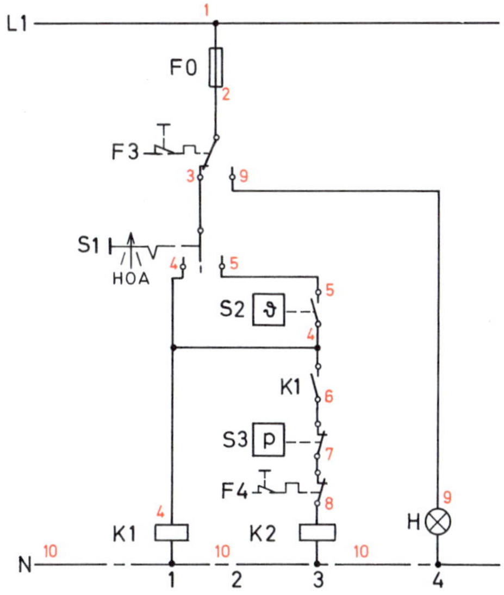

Bild 2/85b Stromlaufplan

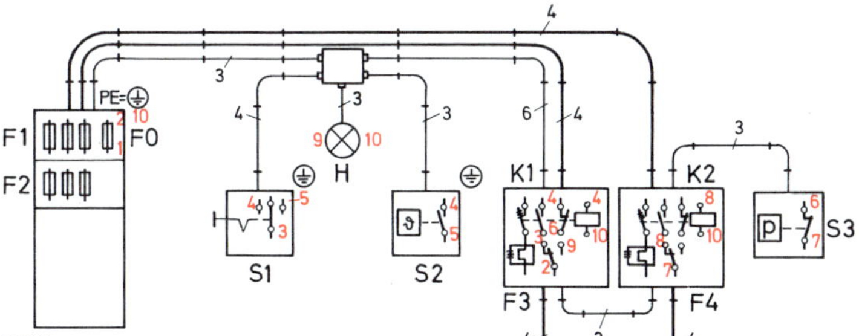

Erklärung:
S 1 Gruppenschalter Hand-0-Automat
S 2 Kühlhausthermostat (Temperaturwächter)
F 3 Lüfter-Motorschutzrelais
F 4 Kompressor-Motorschutzrelais
S 3 Druckbegrenzer

Bild 2/85c Anlagenplan

Ein Druckbegrenzer S 3 oder ein thermisches Überstromrelais F 4 schaltet den Kompressormotor ab.
Der Lüftermotor wird durch ein thermisches Überstromrelais bei einer Überlastung zur Abschaltung gebracht. Diese Störung soll mit einer im Sichtbereich liegenden Stör-Kontrollampe angezeigt werden (Kontrollschaltung wie etwa bei Bild 2/80).
Durch sinnvolles Zusammensetzen der genannten Grundschaltungen erhält man den in Bild 2/85b aufgeführten Steuerstromkreis. Die Anlagenplanung soll als Feuchtrauminstallation durchgeführt werden. Als Schutzmaßnahme wird die Nullung mit gesondert geführtem Schutzleiter gefordert. Aufbau und Zusammenhang der Anlage sind aus dem Anlagenplan nach Bild 2/85c ersichtlich.

2.8.2. KuSa-Schaltung

(**Ku**rzschlußläufermotor-**Sa**nftanlauf)
Es ist eine automatische Anlaßschaltung für den sanften Anlauf des Drehstrommotors einer Textilmaschine zu planen. Der Drehstrommotor soll mittels Doppeldrucktastern von zwei verschiedenen Orten aus bedienbar sein (Impulssteuerung nach Bild 2/75b als Oder-Schaltung). An jeder Taststelle ist eine Einschaltkontrollampe (rot) vorzusehen, die mit der Einschaltung sofort aufleuchtet.
Der Anlaßwiderstand R, der vor der Motorwicklung in einem Außenleiter liegt, soll durch ein Schütz nach einer Anlaßzeit von $t = 5$ s überbrückt werden. Für den Verzögerungsvorgang soll ein Zeitrelais mit motorischem Antrieb Verwendung finden (Verzögerungsfolgeschaltung nach Bild 2/76c). Bei dem Ausfall des Netzschützes soll das Überbrückungsschütz unverzögert mit abfallen (Folgeschaltung).
Die Zusammensetzung der genannten Grundschaltungen ergibt den Stromlaufplan dieser Steuerung nach Bild 2/86b.

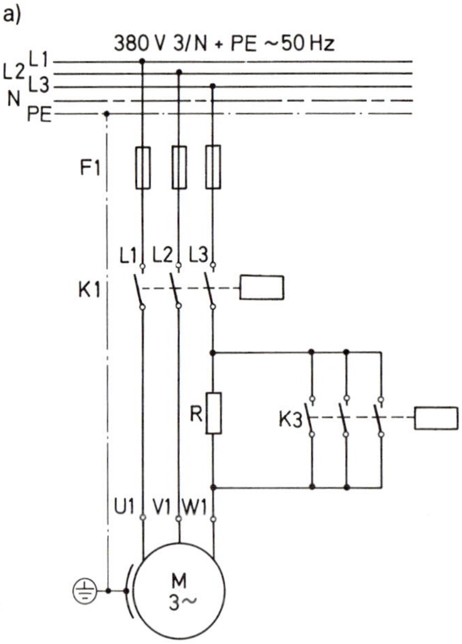

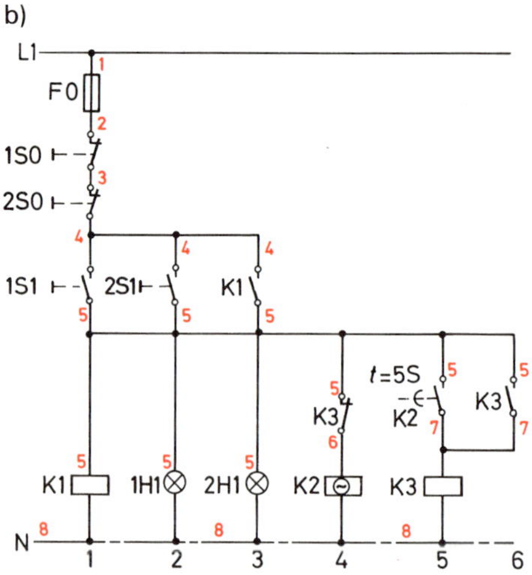

Bild 2/86a und b KuSa-Schaltung

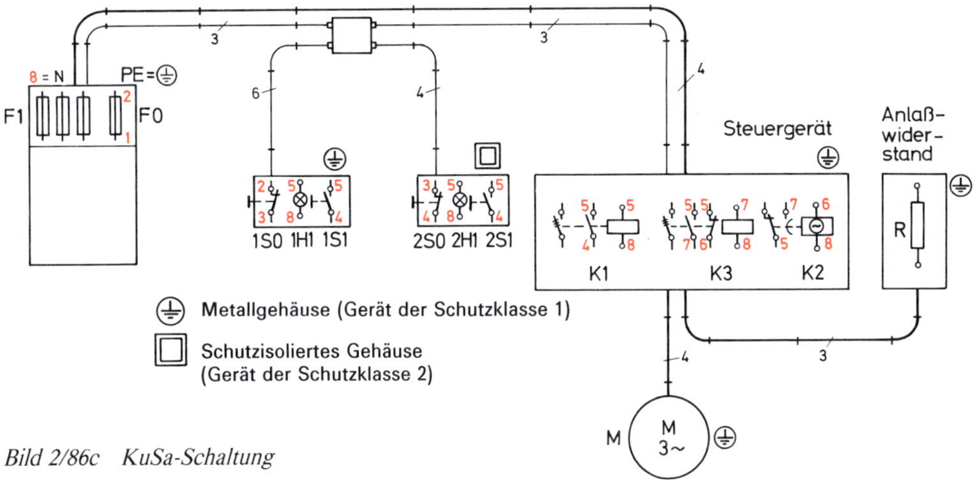

Bild 2/86c KuSa-Schaltung

Die gleiche Steuerungsart kann bei der Anlaßschaltung mit der Anlaßdrossel, bei einem Schleifringläufer-Selbstanlasser und ähnlichen Schaltungen verwendet werden (siehe Bild 2/91).
Die Anlagenplanung ist als Feuchtrauminstallation zu erstellen. Als Schutzmaßnahme wird die Nullung mit getrennt geführtem Schutzleiter gewählt. Der Hauptstromkreis ist als Stromlaufplan nach Bild 2/86a aufgeführt. Ein Zusammenhang der gesamten Anlage ist aus dem Anlageplan nach Bild 2/86c zu ersehen.

2.8.3. Automatische Y△-Anlaßschaltung

Ein Drehstrommotor mit einer Leistung von 10 kW soll am Drehstromnetz 380 V betrieben werden. Direkteinschaltung des Motors darf wegen des hohen Anlaufstromes lt. TAB nicht erfolgen. Die Betätigung des Motors soll von einem Doppeldrucktaster mit Leuchtmelder ermöglicht werden. Der Leuchtmelder zeigt den Einschaltzustand sofort an. Für den Verzögerungsvorgang soll ein elektrothermisches Zeitrelais Verwendung finden. Haupt- und Hilfsstromkreis sind in einer Verteilung gesondert abzusichern. Der Überlastungsschutz des Motors wird durch ein Bimetallrelais, das sich am Netzschütz befindet, gewährleistet. Es kommen schutzisolierte Geräte zur Anwendung. Der Hauptstromkreis wird am zweckmäßigsten als Stromlaufplan nach Bild 2/87a aufgezeichnet.
Der Stromlaufplan der Steuerung läßt sich aus folgenden Grundschaltungen erstellen:

1. Impulssteuerung mit Selbsthaltung.
2. Folgeschaltung zwischen Y-Schütz und Netzschütz. Nach dieser Folgeschaltung halten sich das Y-Schütz und das Netzschütz gemeinsam durch die Netzschützselbsthaltung.
3. Verzögerungsschaltung.
   Bei dieser Verzögerungsschaltung wird keine Zuschaltung mit dem Zeitrelais durchgeführt, sondern es wird das Y-Schütz zur Abschaltung gebracht, bevor das △-Schütz durch den Öffner des Y-Schützes zur Einschaltung kommt.
4. Einfache Verriegelungsschaltung zwischen Y-Schütz und △-Schütz in den Strompfaden Nr. 1 und 3 mit den Öffnern dieser Schütze.

Der Stromlaufplan der Steuerung ist aus Bild 2/87b ersichtlich und die Anordnung aus Bild 2/87c.

Bild 2/87a Y △*-Schützschaltung*

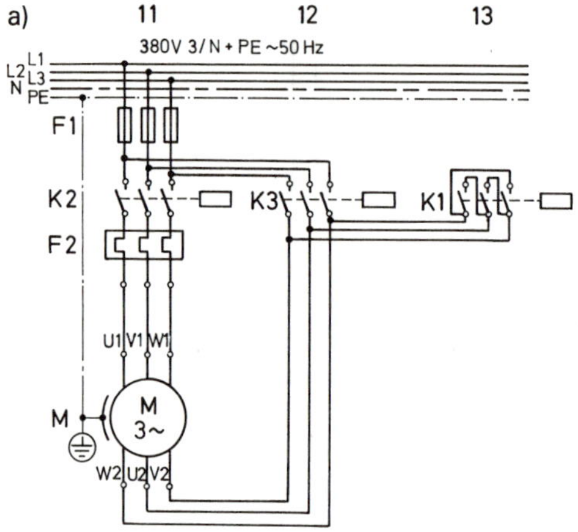

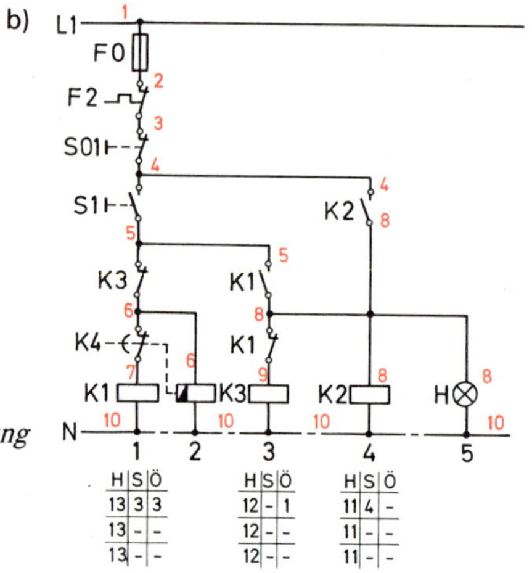

Funktionsablauf für den Einschaltvorgang

1. S 1 ↑
2. K 1 Spule + K 4 ↑
3. K 1 Öffner ↑
4. K 1 Schließer ↑
5. K 2 Spule + H ↑
6. K 2 Schließer ↑
7. S 1 ↓
8. K 4 Öffner ↑
9. K 1 Spule, Schließer, Öffner + K 4 Spule, Öffner ↓
10. K 3 Spule ↑
11. K 3 Öffner ↑

Bild 2/87b, c
Y △*-Schützschaltung*

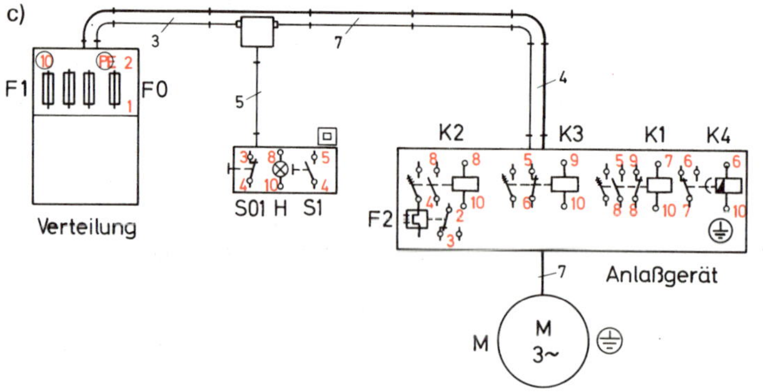

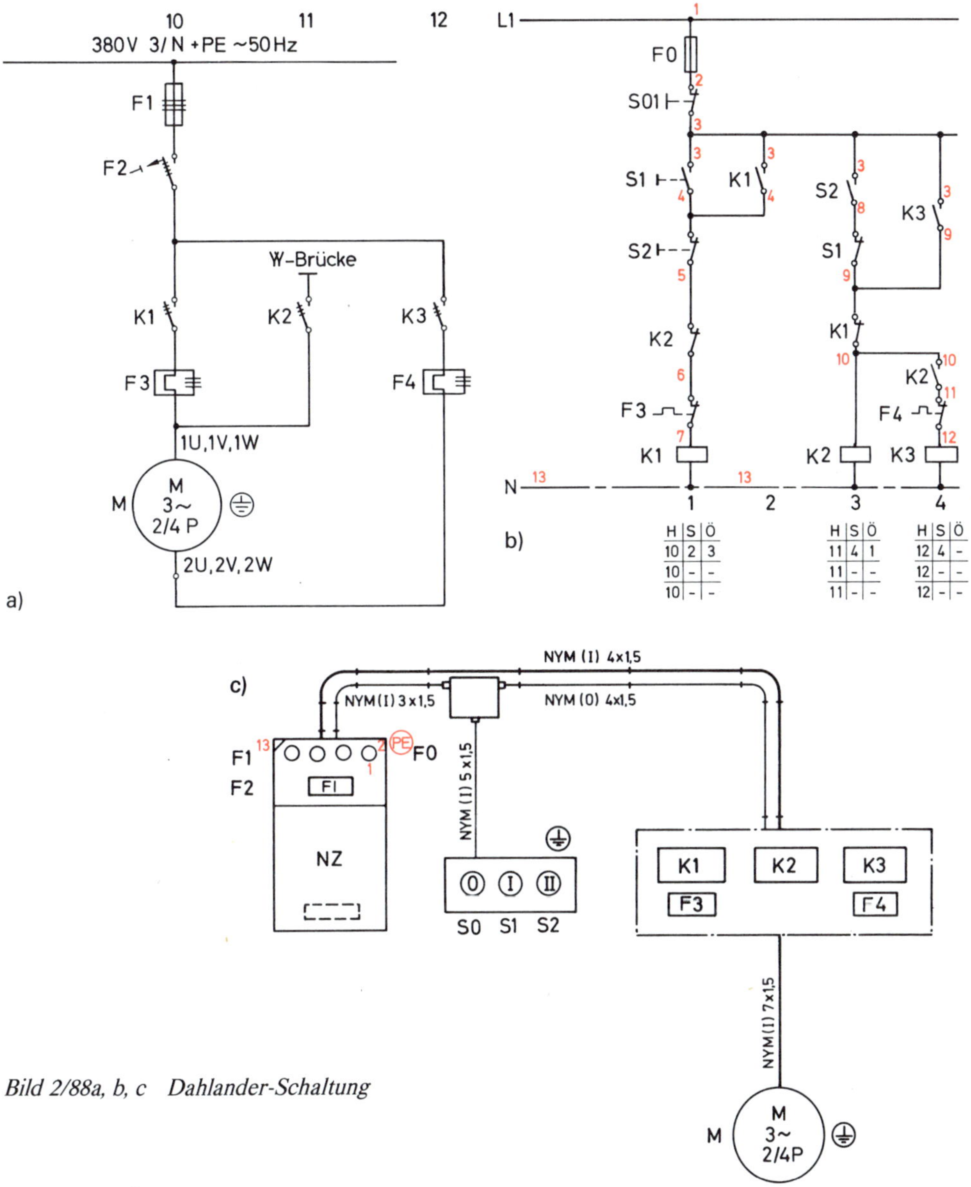

Bild 2/88a, b, c Dahlander-Schaltung

2.8.4. Dahlander-Schützschaltung

Ein polumschaltbarer Drehstrommotor für zwei Drehzahlen mit einer Dahlanderwicklung △ YY, soll mittels einer Schützschaltung von einer Befehlsschaltstelle aus bedient werden (Bild 2/88a, b, c). Es ist gefordert, daß die niedrige oder die hohe Drehzahl wahlweise aus dem Stillstand heraus direkt einschaltbar sein soll. Die Möglichkeit einer direkten Umschaltung von der hohen auf die niedrige Drehzahl ist in diesem Fall zu verhindern. Diese Drehzahländerung darf nur über zwischenzeitliches Betätigen des Austasters durchzuführen sein (Verriegelungsschaltung nach Bild 2/77b).

Damit das Netzschütz K 3 für die Einschaltung der hohen Drehzahl erst dann erregt wird, wenn die ⅄⅄-Brücke durch Schütz K 2 wirksam ist, kommt eine Folgeschaltung zwischen K 2 und K 3 mit Selbsthaltung durch K 3 zur Anwendung. Laststromkreis und Steuerstromkreis sind gesondert abzusichern. Überlastungsschutz der Motorwicklung wird jeweils durch ein Bimetallrelais für die niedrige und für die hohe Drehzahlstufe gewährleistet.

2.8.5. Begrenzungssteuerung (Wendeschützschaltung)

Der Antriebsmotor für eine Bewegungseinrichtung mit Vorschub und Rücklauf soll von einer Taststelle aus mit den Schaltstellungen Linkslauf, Aus, Rechtslauf gesteuert werden. Der Einschaltzustand ist in Nähe der Taststelle durch nur eine Kontrollampe für Links- und Rechtslauf anzuzeigen. Zwei Endtaster sollen eine wegabhängige Begrenzung durchführen, d.h., wenn die jeweilige Endstellung beim Vor- oder Rücklauf erreicht ist, erfolgt eine automatische Abschaltung des Antriebsmotors. Durch Tasterbetätigung kann der Motor in seiner Gegendrehrichtung wieder in Betrieb genommen werden. Anwendungsmöglichkeiten dieser Steuerungsart bieten sich an Arbeitsmaschinen, Aufzugseinrichtungen, Garagentorsteuerungen usw. Die zur Unfallverhütung erforderlichen Sicherheitsvorkehrungen, wie Sicherheitsschalter oder Lichtschranken, sind nicht mit eingezeichnet (Bild 2/89a, b, c).

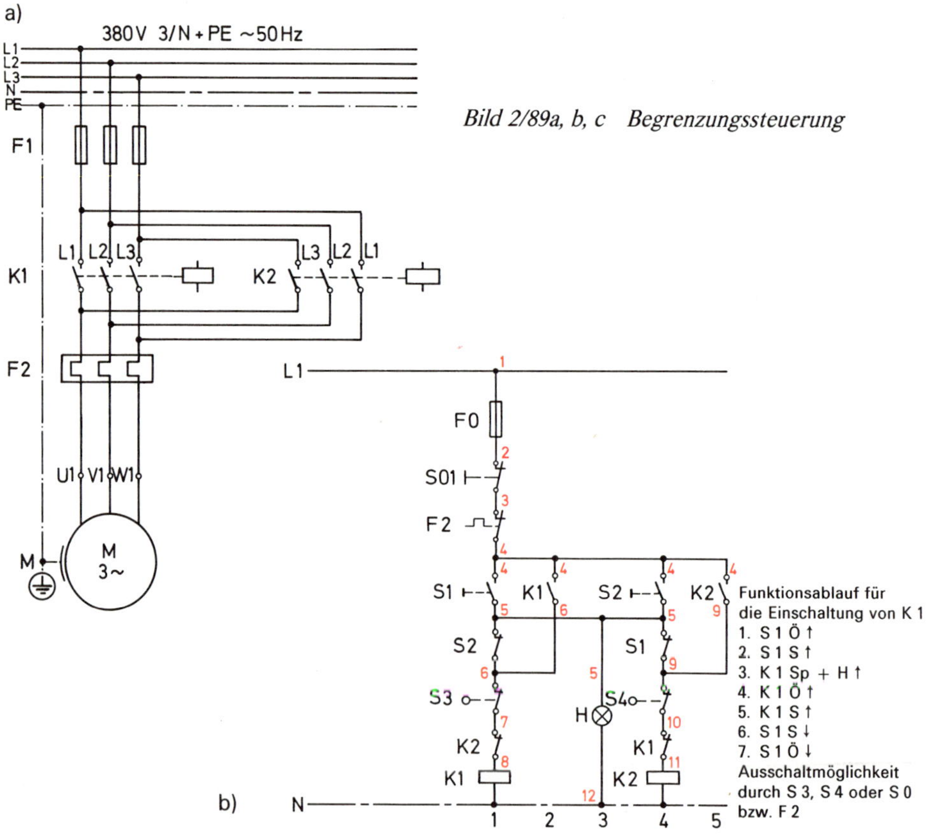

Bild 2/89a, b, c Begrenzungssteuerung

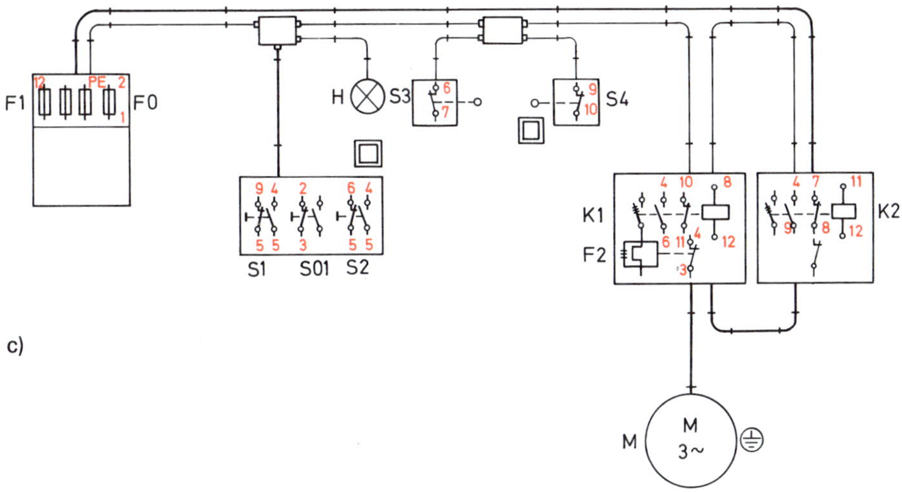

c)

2.8.6. Kaskadenschaltung

Die Kaskadenschaltung ist eine mehrfach aneinandergereihte Folgeschaltung. Verwendung finden derartige Steuerungsarten bei Anlaßschaltungen, Stufenschaltungen, Förderbandschaltungen usw., also immer dort, wo ein nachfolgend einzuschaltendes Gerät nur dann zur Einschaltung kommen darf, wenn ein vorhergehendes bereits betrieben wird.
Drei Förderbänder nach Bild 2/90a sind so zu schalten, daß bei dem Ausfall oder dem Ausschalten eines Förderbandes keine Stauungen des Fördergutes eintreten. Danach darf Band Nr. I alleine betrieben werden, Band Nr. II darf in Verbindung mit Band Nr. I laufen, und Band Nr. III darf nur in Verbindung mit den anderen beiden Bändern laufen. Die Einschaltung erfolgt daher zwangsläufig, entgegen der Förderrichtung, von Band I nach Band III.
Zur Vereinfachung kann die Schaltung so abgestimmt werden, daß bei dem Ausfall von Band II die gesamte Anlage stillgesetzt wird. Kraft- und Steuerkreis sind aus den Bildern 2/90b und c zu entnehmen. Der Anlagenplan ist in Bild 2/90d aufgeführt. Als Schutzmaßnahme wurde hier die FI-Schutzschaltung gewählt.

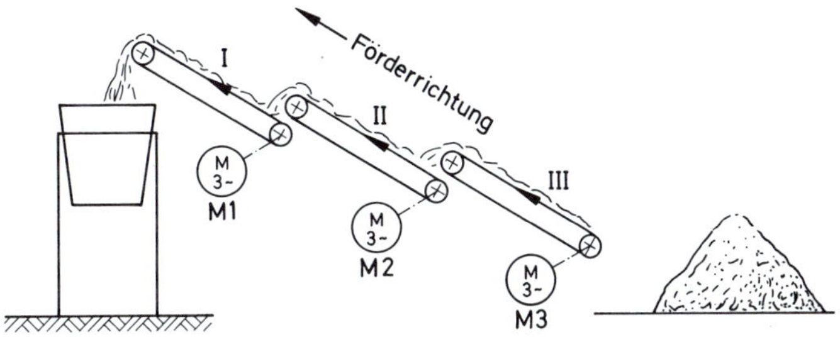

Bild 2/90a
Förderbandanlage

Bild 2/90b, c, d Förderbandanlage

b)

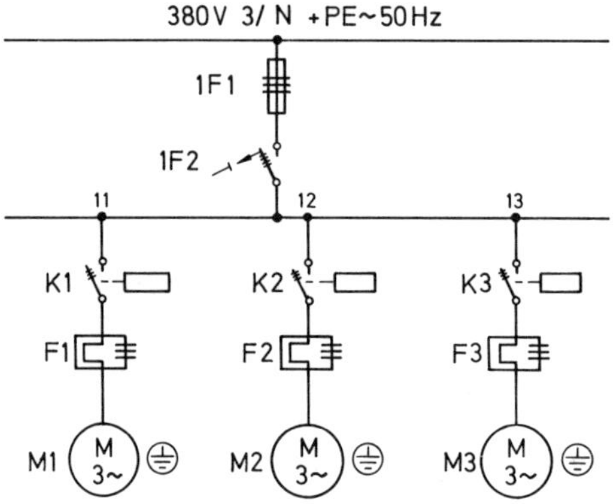

c)

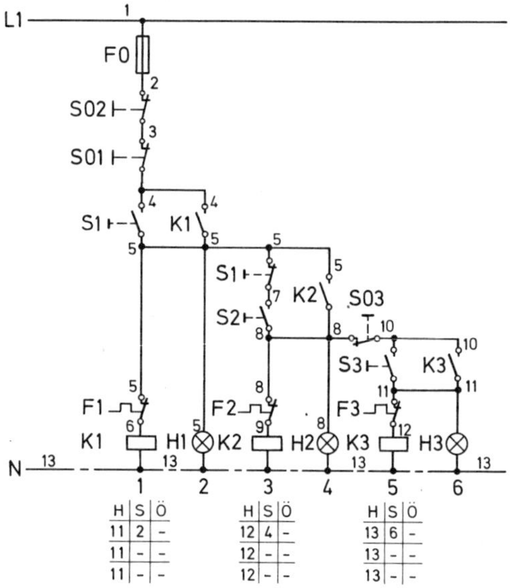

d)

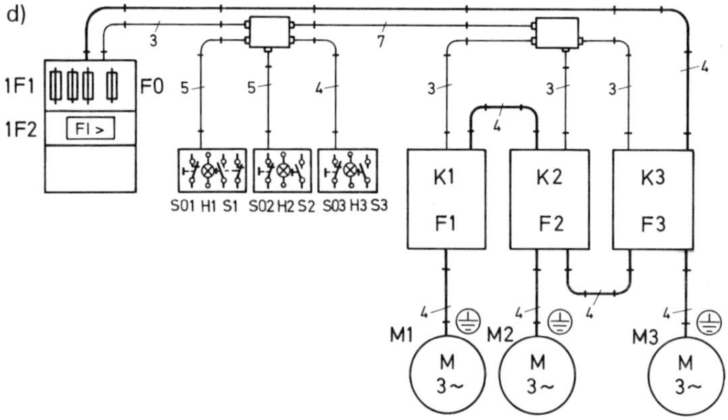

2.8.7. Schleifringläufer-Selbstanlasserschaltung

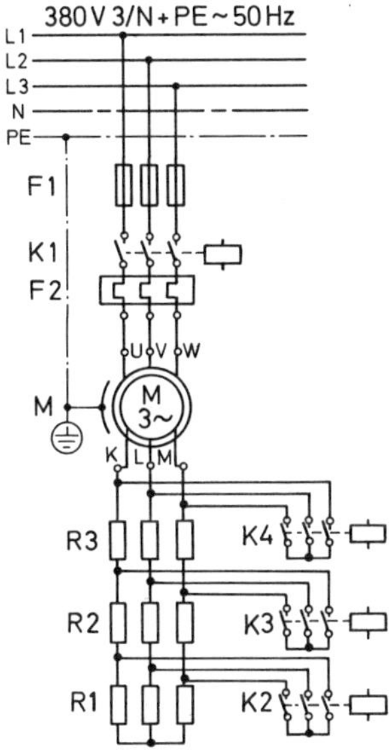

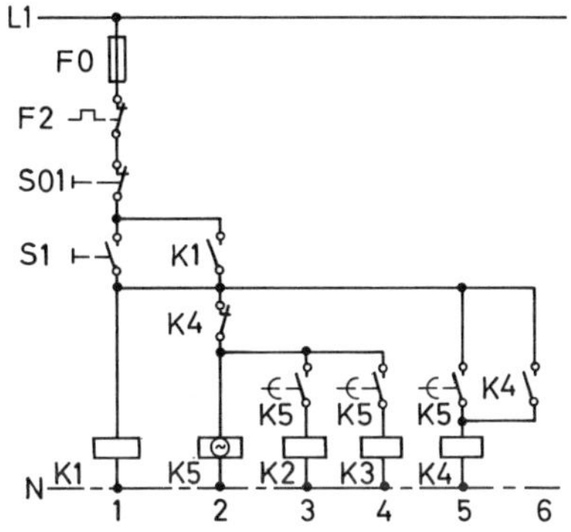

Bild 2/91
Schleifringläufer-Selbstanlasser

Zeitrelais K 5 oder Programmgeber K 5 schaltet K 2, K 3 und K 4 nacheinander ein, bis K 4 zur Selbsthaltung kommt und K 5, K 2 und K 3 abschaltet.

2.8.8. Bremswächterschaltung

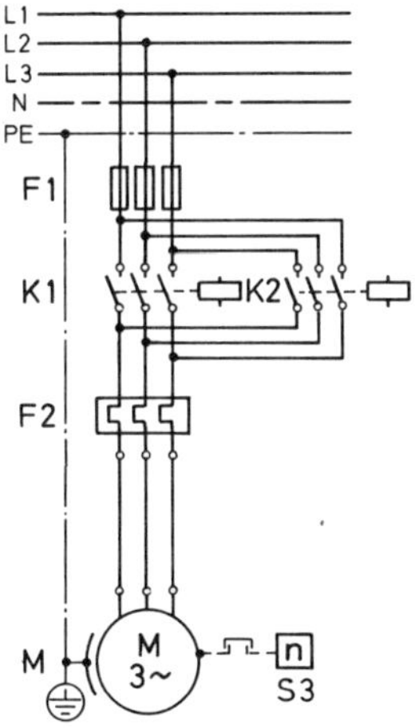

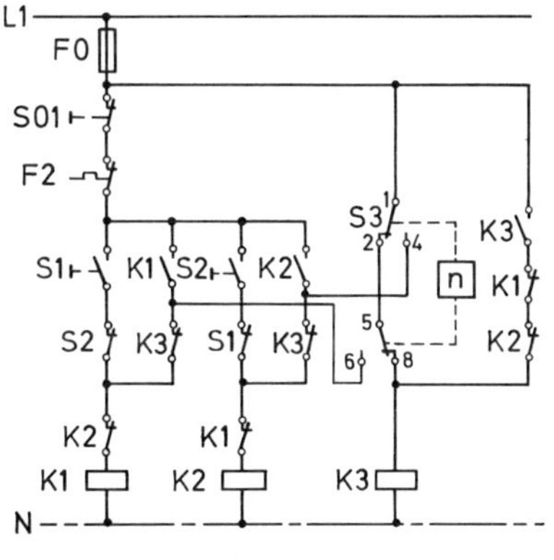

Rechts- und Linkslaufschütz K 1 und K 2 wirken gegenseitig beim Abschalten durch S 01 als Bremsschütz. Die Einschaltung einer Drehrichtung kann nur vom Stillstand aus erfolgen. Im Ruhezustand ist das Hilfsschütz K 3 über den Bremswächter S 3 eingeschaltet. Nach dem Einschalten von Schütz K 1 wird das Hilfsschütz K 3 abgeschaltet, weil der Bremswächter S 3 den oberen Wechsler nach rechts schaltet, damit ist K 2 in Schaltbereitschaft. Hauptschütz K 2 bleibt bei einer Bremsung solange eingeschaltet, bis es über das Hilfsschütz K 3 vom Bremswächter abgeschaltet wird. Das Hilfsschütz bleibt im Ruhezustand erregt, so daß keine ungewollte Einschaltung beim zufälligen Drehen der Welle erfolgen kann.

Bild 2/92
Bremswächterschaltung

2.8.9. Selbsttätige Netzumschaltung

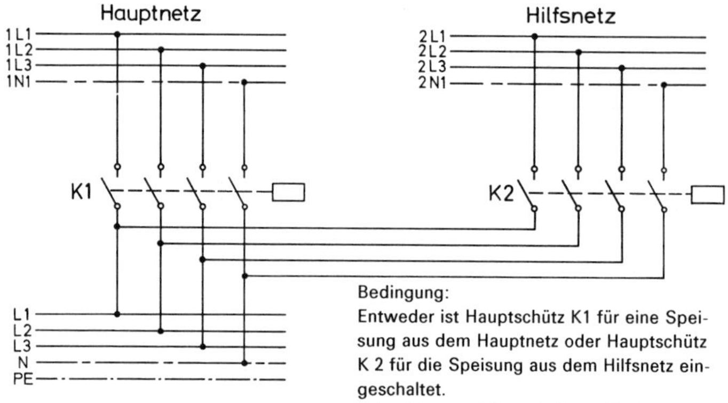

Bedingung:
Entweder ist Hauptschütz K1 für eine Speisung aus dem Hauptnetz oder Hauptschütz K 2 für die Speisung aus dem Hilfsnetz eingeschaltet.
Schutzleiteranschlüsse sind gemäß VDE 0100 § 53 auszuführen.

Die Einschaltung von K 1 erfolgt kurzzeitig verzögert über K 11. Unterschreitet die Netzspannung einen über den Stellwiderstand R eingestellten Wert, so fällt das Hilfsschütz K 11 ab und damit auch das Hauptschütz K 1. Gleichzeitig bekommt K 21 Spannung und bringt verzögert das Hauptschütz K 2 zum Einschalten. Kommt die Spannung des Hauptnetzes wieder, so erfolgt eine selbsttätige Zurückschaltung.

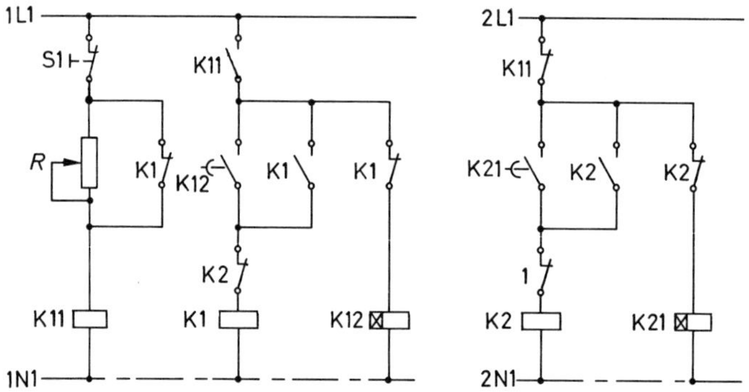

Bild 2/93
Selbsttätige Netzumschaltung

2.8.10. Feuerungsanlage

Allgemein

Flüssige oder gasförmige Brennstoffe (Öl bzw. Gas) werden unter Zuführung von Luft zur Wärmegewinnung verbrannt. Zur Vermeidung von Gefahren sind Flamm- und Temperaturüberwachungen am Brenner nötig.

Zur Steuerung der Raumtemperatur, z.B. bei einer Zentralheizung, ist eine vom Brenner unabhängige Temperatursteuerung vorhanden (rote Linienführung im Bild 2/94).

Die Beeinflussung der Raumtemperatur erfolgt durch den Raumthermostaten, über den die Umwälzpumpe geschaltet wird. Zur beschleunigten Aufheizung des Raumes wird die Umwälzpumpe eingeschaltet, die das heiße Wasser aus dem Heizkessel zu den Heizkörpern pumpt. Dem kälteren Rücklaufwasser, das zur Erwärmung zum Kessel zurückfließt, wird im Mischer heißes Wasser beigemischt. Damit erspart man dem Kessel größere Temperaturschocks, die sich nachteilig auf die Lebensdauer auswirken. Der Mischer kann auch das heiße Wasser, daß zum Heizkörper fließt, mit dem kälteren Rücklaufwasser mischen, so daß die Heizkörper eine annähernd gleichbleibende Oberflächentemperatur behalten. Der Mischer kann von Hand oder mit einem

Bild 2/94
Prinzipdarstellung einer Ölheizungsanlage

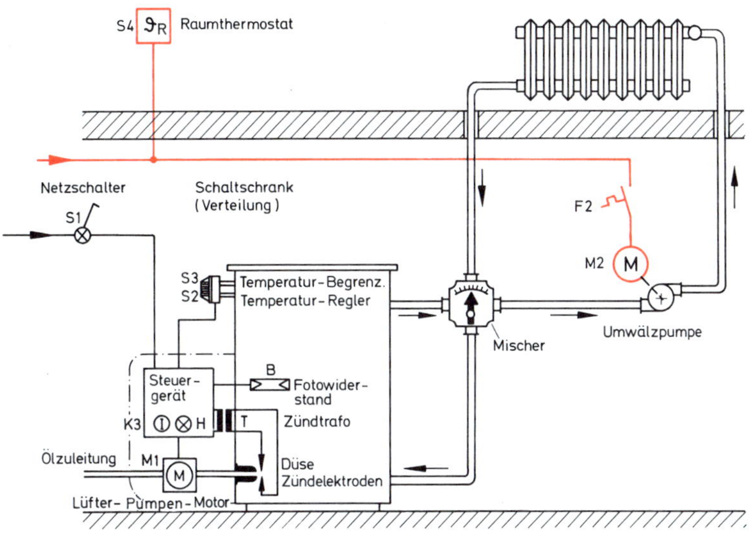

Stellmotor automatisch betätigt werden, um in Abhängigkeit von der Außentemperatur die Wärmeabgabe an den Raum zu beeinflussen. Für eine Nachtabsenkung der Raumtemperatur kann eine Zeitsteuerung Verwendung finden (siehe auch elektrische Speicherheizung, Band: Klimatechnik).

Mit dem Erreichen der am Raumthermostaten eingestellten Temperatur (Sollwert) wird die Umwälzpumpe wieder abgeschaltet. Die Verwendung einer thermischen Rückführung im Raumthermostaten ermöglicht ein genaues Einhalten der Raumtemperatur ohne größere Abweichungen vom Sollwert.

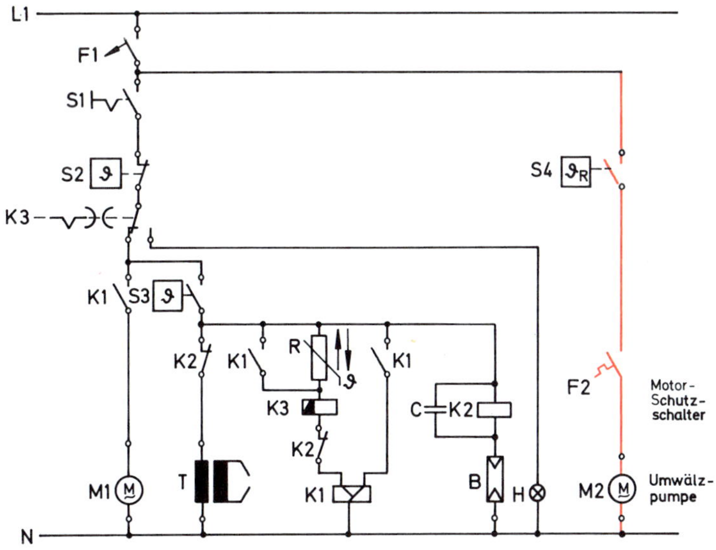

Bild 2/95
Stromlaufplan

Umwälzpumpen größerer Leistung oder für Drehstrombetrieb lassen sich mit Hilfe eines Schützes vom Raumthermostat aus steuern. Die Raumtemperatursteuerung kann unabhängig von der Steuerung der Kesseltemperatur erfolgen.
Die Kesseltemperatur wird mit dem eingebauten Temperaturregler S 2 möglichst konstant auf den für die Jahreszeit notwendigen Temperaturwert gehalten. Größere Temperaturschwankungen im Kessel sind sehr nachteilig und erhöhen die Korrosionsgefahr.
Dem Kessel wird laufend Wärme abgefordert, die durch Aufheizung mit dem Brenner wieder ersetzt wird. Nach dem Absinken der Kesseltemperatur bis zum unteren Grenzwert des Temperaturreglers wird der Brenner automatisch in Betrieb gesetzt (siehe Brennersteuerung). Der Temperaturbegrenzer S 2 dient zur Sicherheit, damit die obere zulässige Temperaturgrenze beim Versagen des Temperaturreglers nicht überschritten wird.
Zum automatischen Betrieb des Brenners und zur Flammüberwachung ist ein Steuergerät erforderlich. Steuergeräte (Feuerungsautomaten) werden in vielfältiger Ausführung angeboten.
Das Prinzip der Schaltung und des Programmablaufes soll mit Hilfe einer vereinfachten Schaltung nach Bild 2/95 erklärt werden.

Brennersteuerung

a) **Anlauf mit Flammüberwachung und Betrieb**

Mit dem Einschalten des Temperaturreglers S 3 wird der Zündtransformator T in Betrieb gesetzt. (Bei größeren Anlagen ist eine Vorbelüftung oder Luftspülung des Brennraumes erforderlich.) Nach einer Vorzündzeit von mehreren Sekunden wird der Ölpumpenmotor M 1 eingeschaltet. Diese Verzögerung wird durch den temperaturabhängigen Widerstand R erreicht, der dem Relais vorgeschaltet ist. Die Brennstoffzufuhr ist eingeleitet. Mit der über einen Lüfter zugeführten Luftmenge ergibt sich ein brennbares Gemisch, das sich durch den Zündfunken entflammen läßt.
Die Helligkeit der Flamme verringert den Betrag des Fotowiderstandes B, so daß Flammwächterrelais K 2 anspricht und die Zündung ausschaltet, nachdem die Nachzündzeit beendet ist. Der Brenner bleibt solange in Betrieb, bis er die Kesseltemperatur aufgeheizt hat und durch den Regler S 3 wieder abgeschaltet wird.

b) **Anlauf ohne Flammbildung und Störausschaltung**

Die Anlage soll sich selbsttätig abschalten, wenn es innerhalb einer eingestellten Sicherheitszeit zu keiner Flammbildung kommt. Mit dem Einsetzen der Zündung beginnt die Sicherheitszeit, die durch eine Gesamtabschaltung der Steuerung beendet wird, wenn keine Flamme auftritt. Die Abschaltung erfolgt durch das thermisch verzögerte Relais K 3. Der Wechsler von diesem Relais hat eine mechanische Rückgangsperre und bringt die Störkontrollampe H zum Aufleuchten. Eine Wiedereinschaltung ist nur von Hand am Automaten möglich, nachdem sich das Bimetallrelais K 3 wieder abgekühlt hat.

c) **Flammstörung während des Betriebes**

Reißt die Flamme während des Betriebes ab, wird ein sofortiger Wiederzündversuch eingeleitet. Das Flammwächterrelais K 2 fällt ab, weil der Fotowiderstand B sich vergrößert. Die Öffner von K 2 schalten den Sicherheitskreis, der aus K 1, K 3, K 2 und K 1 gebildet wird, sowie den Zündtransformator T sofort wieder ein. Kommt es innerhalb der beginnenden Sicherheitszeit zu einer neuen Flammbildung, so bleibt die Anlage in Betrieb. Wenn keine Flamme entsteht, wird es bei Überschreitung der Sicherheitszeit eine Störausschaltung geben.

Stichwortverzeichnis

T

U

V

W

Z